Mundo Maior
Editora
Seu futuro começa aqui.

Revista Espírita

Primeiro Volume – Ano 1858

Título do original francês: Revue Spirite D´Etudes Psychologiques
Tradução: Salvador Gentile

1ª Edição – Junho/2003 – Mundo Maior Editora

Diretoria Editorial:
Onofre Astínfero Baptista/Eurípedes Rodrigues dos Reis

Diagramação:
Renata de Carvalho Gomes

Paginação:
Set-up Time Artes Gráficas

Concepção da capa:
Agência de Comunicação

Elaboração da capa:
Luis Carlos Peres

Revisão:
Adriana Moreira de Carvalho

Mundo Maior
Editora
Seu futuro começa aqui.

Mundo Maior Editora
Fundação Espírita André Luiz
Rua Duarte de Azevedo, 728 - Santana - São Paulo/SP - CEP 02036-022
CNPJ 65.080.616/0001-65
Tel.: (0__ 11) 6979 2157 - feal@feal.com.br

REVISTA ESPÍRITA

Primeiro Volume

1858

Mundo Maior
Editora
Seu futuro começa aqui

Índice Geral das Matérias

do Primeiro Volume

Ano 1858

Janeiro

Fevereiro

Março

Abril

Maio

Junho

Julho

Agosto

Setembro

Outubro

Novembro

Dezembro

REVISTA ESPÍRITA,

JORNAL

DE ESTUDOS PSICOLÓGICOS

Janeiro

INTRODUÇÃO

A rapidez com a qual se propagam em todas as partes do mundo, os fenômenos estranhos das manifestações espíritas são uma prova do interesse que causam. Simples objeto de curiosidade, a princípio, não tardaram em despertar a atenção dos homens sérios que entreviram, desde o início, a influência inevitável que devem ter sobre o estado moral da sociedade. As idéias novas que deles surgem, se popularizam cada dia mais, e nada poderia lhes deter o progresso, pela razão muito simples de que esses fenômenos estão ao alcance de todo mundo, ou quase todo, e que nenhuma força humana pode os impedir de se produzirem. Se os abafam em algum ponto, eles reaparecem em cem outros. Aqueles, pois, que poderiam nele, ver um inconveniente qualquer, serão constrangidos pela força das coisas, a lhes sofrer as conseqüências, como ocorreu com as indústrias novas que, na sua origem, feriram interesses privados, e com as quais todo o mundo acabou por se ajeitar, porque não poderia fazer de outro modo. O que não se fez e disse contra o magnetismo! e, todavia, todos os raios que se lançaram contra ele, todas as armas com as quais o atingiram, mesmo o ridículo, se enfraqueceram diante da realidade e não serviram senão para o colocar mais e mais em evidência. É que o magnetismo é uma força natural, e que, diante das forças da Natureza, o homem é um pigmeu semelhante a esses cãezinhos que ladram, inutilmente, contra o que os assusta. Há manifestações espíritas como a do sonambulismo; se elas não se produzem à luz do dia, publicamente, ninguém pode se opor a que tenham lugar na intimidade, uma vez que, cada família, pode achar um médium entre seus membros, desde a criança até o velho, como pode achar um sonâmbulo. Quem, pois, poderia impedir, a qualquer pessoa, de ser médium ou sonâmbula? Aqueles que combatem a coisa, sem dúvida, não refletiram nela. Ainda uma vez, quando uma força é da Natureza, se pode detê-la um instante: aniquilar, jamais! Não se faz senão desviar-lhe o curso. Ora, a força que se revela no fenômeno das manifestações, qualquer que seja a sua causa, está na Natureza, como a do magnetismo; não será aniquilada, pois, como não se pode aniquilar a força elétrica. O que é preciso fazer, é a observá-la, estudar todas as suas fases para, delas, deduzir as leis que a regem. Se for um erro, uma ilusão, o tempo lhe fará justiça; se for a verdade, a verdade é como o vapor: quanto mais se a comprime, maior é a sua força de expansão.

Se espanta, com razão, que, enquanto na América só os Estados Unidos possuem dezessete jornais consagrados a essas matérias, sem contar uma multidão de escritos não periódicos, a França, o país da Europa, onde essas idéias foram mais prontamente aclimatadas, não possua um único jornal(1). Não se poderia, pois, contestar a utilidade de um órgão especial, que mantenha o público ao corrente dos progressos desta ciência nova, e o premuna contra os exageros da credulidade, tão bem quanto contra o ceticismo. É essa lacuna que nos propomos preencher com a publicação desta revista, com o fim de oferecer um meio de comunicação a todos aqueles que se interessam por estas questões, e de ligar, por um laço comum, aqueles que compreendem a Doutrina Espírita sob o seu verdadeiro ponto de vista moral: a prática do bem e da caridade evangélica com relação a todo o mundo.

Se não se tratasse de uma coleta de fatos, a tarefa seria fácil; eles se multiplicam, sobre todos os pontos, com uma tal rapidez, que a matéria não faltaria; mas os fatos unicamente se tornariam monótonos, pela seqüência mesma de seu número e, sobretudo de sua semelhança. O que é preciso ao homem que reflete, é alguma coisa que fale à sua inteligência. Poucos anos decorreram desde a aparição dos primeiros fenômenos, e já estamos longe das mesas girantes e falantes que não foram senão a infância. Hoje, é uma ciência que descobre todo um mundo de mistérios, que torna patente verdades eternas, que não foram

(1) Não existe, até o presente momento, na Europa, senão um jornal consagrado à Doutrina Espírita, é o *Journal de l'âme*, publicado em Genève pelo doutor Boessinger. Na América, o único jornal francês é o *Spiritualiste de la Nouvelle-Orléans*, publicado pelo senhor Barthès.

dadas senão ao nosso espírito de pressentir; é uma doutrina sublime que mostra ao homem o caminho do dever, e que abre o campo, o mais vasto, que ainda fora dado à observação do filósofo. Nossa obra seria, pois, incompleta e estéril se permanecêssemos nos estreitos limites de uma revista anedótica, cujo interesse seria bem rapidamente esgotado.

Talvez nos contestem a qualificação de *ciência* que damos ao Espiritismo. Ele não poderia, sem dúvida, *em algum caso,* ter os caracteres de uma ciência exata, e está precisamente aí o erro daqueles que pretendem julgá-lo e experimentá-lo como uma análise química, como um problema matemático: já é muito que tenha o de uma ciência filosófica. Toda ciência deve estar baseada sobre fatos; mas só os fatos não constituem a ciência; a ciência nasce da coordenação e da dedução lógica dos fatos: é o conjunto das leis que os regem. O Espiritismo chegou ao estado de ciência? Se se o entende uma ciência perfeita, sem dúvida, seria prematuro responder afirmativamente; mas as observações são, desde hoje, bastante numerosas para se poder, pelo menos, deduzir os princípios gerais, e é aí que começa a ciência.

A apreciação razoável dos fatos, e das conseqüências que deles decorrem, é, pois, um complemento sem o qual a nossa publicação seria de uma medíocre utilidade, e não ofereceria senão um interesse muito secundário para quem reflita, e quer se inteirar daquilo que vê. Todavia, como o nosso objetivo é chegar à verdade, acolheremos todas as observações que nos forem endereçadas, e tentaremos, quanto nos permita o estado dos conhecimentos adquiridos, seja levantar as dúvidas, seja esclarecer os pontos ainda obscuros. Nossa revista será, assim, uma tribuna aberta, mas onde a discussão não deverá jamais desviar-se das leis, as mais escritas, das conveniências. Em uma palavra, discutiremos, mas não *disputaremos*. Os inconvenientes de linguagem jamais tiveram boas razões aos olhos de pessoas sensatas; é a arma daqueles que não a têm melhor, e essa arma reverte contra quem dela se serve.

Se bem que os fenômenos, dos quais iremos nos ocupar, se tenham produzido, nestes últimos tempos, de modo mais geral, tudo prova que ocorreram desde os tempos mais recuados. Não se tratam de fenômenos naturais como as invenções que seguem o progresso do espírito humano; desde que estão na ordem das coisas, a causa é tão velha quanto o mundo e os efeitos devem se ter produzido em todas as épocas. O que, pois, testemunhamos hoje não é uma descoberta moderna: é o despertar da antiguidade, mas da antiguidade liberta da companhia mística que engendrou as superstições, da antiguidade esclarecida pela civilização e o progresso nas coisas positivas.

A conseqüência capital, que ressalta desses fenômenos, é a comunicação que os homens podem estabelecer com os seres do mundo incorpóreo, e os conhecimentos que podem, em certos limites, adquirir sobre seu estado futuro. O fato das comunicações com o mundo invisível se encontra em termos inequívocos nos relatos bíblicos; mas, de um lado, para certos céticos, a Bíblia não tem uma autoridade suficiente; por outro lado, para os crentes, são fatos sobrenaturais, suscitados por um favor especial da Divindade. Não haveria aí, pois, para todo o mundo, uma prova da generalidade dessas manifestações, se não as encontrássemos em milhares de outras fontes diferentes. A existência dos Espíritos, e a sua intervenção no mundo corporal, está testada e demonstrada, não mais como um fato excepcional, mas como princípio geral, em Santo Agostinho, São Jerônimo, São Crisóstomo, São Gregório de Nazianzemo e muitos outros Pais da Igreja. Essa crença forma, por outro lado, a base de todos os sistemas religiosos. Os mais sábios filósofos da antiguidade a admitiram: Platão, Zoroastro, Confúcio, Apuleio, Pitágoras, Apolônio de Tiana e tantos outros. Nós a encontramos nos mistérios e nos oráculos, entre os Gregos, os Egípcios, os Hindus, os Caldeus, os Romanos, os Persas, os Chineses. A vemos sobreviver a todas as vicissitudes dos povos, a todas as perseguições, desafiar todas as revoluções físicas e morais da Humanidade. Mais tarde, a encontramos nos adivinhos e feiticeiros da Idade Média, nos Willis e nas Walkirias dos Escandinavos, nos Elfos dos Teutões e nos Domeschnios Doughi dos Eslavos, nos Ourisks e nos Brownies da Escócia, nos Poulpicans e nos Tensarpoulicts dos Bretões, nos Cemis dos Caraíbas, em uma palavra, em toda a falange de ninfas, de gênios bons e maus, de silfos, de gnomos, de fadas, de duendes, com os quais todas as nações povoaram o espaço. Encontramos a prática das evocações entre os povos da Sibéria, no Kamtchatka, na Islândia, entre os índios da América do Norte, entre os aborígenes do México e do Peru, na Polinésia e mesmo entre os estúpidos selvagens da Nova Holanda. De alguns absurdos que essa crença esteja cercada e disfarçada segundo os tempos e os lugares, não se pode deixar de convir que ela parte de um mesmo princípio, mais ou menos desfigurado; ora, uma doutrina não se torna universal, não sobrevive a milhares de gerações, nem se implanta, de um pólo ao outro, entre os povos mais dessemelhantes, em todos os graus da escala social, sem estar fundada em alguma coisa de positiva. O que é essa alguma coisa? É o que nos demonstram as recentes manifestações. Procurar as relações que podem e devem ter entre essas manifestações e todas essas crenças é procurar a verdade. A história da Doutrina Espírita, de alguma forma, é a do Espírito humano; iremos estudar todas essas fontes que nos forneceram uma mina inesgotável de observações, tão instrutivas quanto interessantes, sobre os fatos gerais pouco conhecidos. Essa parte nos dará a oportunidade de explicar a origem de uma multidão de lendas e de crenças populares, interpretando a parte da verdade, da alegoria e da superstição.

No que concerne as manifestações atuais, daremos conta de todos os fenômenos patentes, dos quais fomos testemunhas ou que vieram ao nosso conhecimento, quando parecerem merecer a atenção dos nossos leitores. Faremos o mesmo com os efeitos espontâneos que se produzem, freqüentemente, entre as pessoas, mesmo as mais estranhas às práticas das manifestações espíritas, e que revelem seja a ação de uma força oculta, seja a independência da alma; tais são os fatos de visões, aparições, dupla vista, pressentimentos, advertências íntimas, vozes secretas etc. À relação dos fatos acrescentaremos a explicação, tal como ela ressalta do conjunto dos princípios. Faremos anotar, a esse respeito, que esses princípios são aqueles que decorrem do próprio ensinamento dado pelos Espíritos, e que faremos, sempre, abstração das nossas próprias idéias. Não será, pois, uma teoria pessoal que exporemos, mas a que nos tiver sido comunicada, e da qual não seremos senão o intérprete.

Uma larga parte será, igualmente, reservada às comunicações, escritas ou verbais, dos Espíritos, todas as vezes que tiverem um fim útil, assim como as evocações de personagens antigas ou modernas, conhecidas ou obscuras, sem negligenciar as evocações íntimas que, freqüentemente, não são menos instrutivas; abarcaremos, em uma palavra, todas as fases das manifestações materiais e inteligentes do mundo incorpóreo.

A Doutrina Espírita nos oferece, enfim, a única solução possível e racional de uma multidão de fenômenos morais e antropológicos, dos quais, diariamente, somos testemunhas, e para os quais se procuraria, inutilmente, a explicação em todas as doutrinas conhecidas. Classificaremos nessa categoria, por exemplo, a simultaneidade dos pensamentos, a anomalia de certos caracteres, as simpatias e as antipatias, os conhecimentos intuitivos, as aptidões, as propensões, os destinos que parecem marcados de fatalidade, e, num quadro mais geral, o caráter distintivo dos povos, seu progresso ou sua degeneração etc. À citação dos fatos acrescentaremos a busca das causas que puderam os produzir. Da apreciação desses atos, ressaltarão, naturalmente, úteis ensinamentos sobre a linha de conduta mais conforme com a sã moral. Em suas instruções, os Espíritos superiores têm, sempre, por objetivo excitar, nos homens, o amor ao bem pela prática dos preceitos evangélicos; nos traçam, por isso mesmo, o pensamento que deve presidir à redação dessa coletânea.

Nosso quadro, como se vê, compreende tudo o que se liga ao conhecimento da parte metafísica do homem; a estudaremos em seu estado presente e em seu estado futuro, porque estudar a natureza dos Espíritos, é estudar o homem, uma vez que deverá fazer parte, um dia, do mundo dos Espíritos; por isso acrescentamos, ao nosso título principal, o de *jornal de estudos psicológicos*, a fim de fazer compreender toda a sua importância.

Nota. Por multiplicadas que sejam nossas observações pessoais, e as fontes em que as haurimos, não dissimulamos nem as dificuldades da tarefa, nem a nossa insuficiência. Contamos, para isso, suprir com o concurso benevolente de todos aqueles que se interessam por essas questões; seremos, pois, muito reconhecidos pelas comunicações que queiram bem nos transmitir sobre os diversos objetos de nossos estudos; apelamos, a esse respeito, a sua atenção sobre os pontos seguintes, sobre os quais poderão nos fornecer documentos:

1º Manifestações materiais ou inteligentes, obtidas em reuniões às quais assistiram;

2º Fatos de lucidez sonambúlica e de êxtase;

3º Fatos de segunda vista, previsões, pressentimentos etc.

4º Fatos relativos ao poder oculto atribuído, com ou sem razão, a certos indivíduos;

5º Lendas e crenças populares;

6º Fatos de visões e aparições;

7º Fenômenos psicológicos particulares que ocorrem, algumas vezes, no instante da morte;

8º Problemas morais e psicológicos para resolver;

9º Fatos morais, atos notáveis de devotamento e abnegação, dos quais possa ser útil propagar o exemplo;

10º Indicação de obras, antigas ou modernas, francesas ou estrangeiras, onde se encontrem fatos relativos à manifestação de inteligências ocultas, com a designação e, se possível, a citação das passagens. Do mesmo modo, no que concerne a opinião emitida sobre a existência dos Espíritos e suas relações com os homens, pelos autores antigos ou modernos, cujo nome e saber podem dar autoridade.

Não daremos conhecimento dos nomes das pessoas que queiram nos dirigir as comunicações, senão quando, para isso, formos formalmente autorizados.

DIFERENTES NATUREZAS DE MANIFESTAÇÕES

Os Espíritos atestam a sua presença de diversas maneiras, segundo sua aptidão, sua vontade e seu maior ou menor grau de elevação. Todos os fenômenos dos quais teremos ocasião de nos ocupar se relacionam naturalmente, a um ou a outro desses modos de comunicação. Cremos, pois, para facilitar o entendimento dos fatos, dever abrir a série de nossos artigos pelo quadro das diferentes naturezas de manifestações. Podem ser resumidas assim:

1º *Ação oculta*, quando ela não tem nada de ostensivo. Tais são, por exemplo, as inspirações ou sugestões de pensamento, as advertências íntimas, as influências sobre os acontecimentos etc.;

2º *Ação patente* ou *manifestação*, quando ela é apreciável de um modo qualquer;

3º *Manifestações físicas* ou *materiais* são aquelas que se traduzem por fenômenos sensíveis, tais como os ruídos, o movimento e o deslocamento de objetos. Essas manifestações não comportam, freqüentemente, nenhum sentido direto; elas não têm por objetivo senão chamar a nossa atenção sobre alguma coisa, e nos convencer da presença de uma força superior à do homem;

4º *Manifestações visuais* ou *aparições*, quando um Espírito se revela à visão, sob uma forma qualquer, sem ter nenhuma das propriedades conhecidas da matéria;

5º *Manifestações inteligentes*, quando revelam um pensamento. Toda manifestação que comporte um sentido, não fora senão um simples movimento ou um ruído que acuse uma certa liberdade de ação, responde a um pensamento ou obedece a uma vontade, é uma manifestação inteligente. Ocorrem em todos os graus;

6º *As comunicações* são as manifestações inteligentes que têm por objetivos uma troca seguida de pensamentos entre o homem e os Espíritos.

A natureza das comunicações varia segundo o grau de elevação ou inferioridade, de saber ou ignorância do Espírito que se manifeste, e segundo a natureza do assunto de que se trata. Elas podem ser: *frívolas*, *grosseiras*, *sérias* ou *instrutivas*.

As comunicações frívolas emanam de Espíritos levianos, zombadores e traquinas, mais maliciosos de que maus, que não ligam nenhuma importância ao que dizem.

As comunicações grosseiras se traduzem por expressões que chocam o decoro. Elas não emanam senão de Espíritos inferiores, ou que não estão ainda despojados de todas as impurezas da matéria.

As comunicações sérias são graves quanto ao assunto e à maneira que são feitas. A linguagem dos Espíritos superiores é sempre digna e isenta de toda a trivialidade. Toda comunicação que exclui a frivolidade e a grosseria, e que tem um fim útil, seja de interesse privado, é, por isso mesmo, séria.

As comunicações instrutivas são as comunicações sérias que têm por objetivo principal um ensinamento qualquer, dado pelos Espíritos sobre as ciências, a moral, a filosofia, etc. São mais ou menos profundas e mais ou menos *verdadeiras*, segundo o grau de evolução e de *desmaterialização* do Espírito. Para se retirar dessas comunicações um proveito real, é preciso que sejam regulares e continuem com perseverança. Os Espíritos sérios se ligam àqueles que querem se instruir e os secundam, ao passo que deixam aos Espíritos levianos o cuidado de divertir, com gracejos, àqueles que não vêem, nas manifestações, senão uma distração passageira. Não é senão pela regularidade e pela freqüência das comunicações, que se pode apreciar o valor moral e intelectual dos Espíritos com os quais se conversa, e o grau de confiança que merecem. Se é preciso experiência para julgar os homens, é preciso, talvez, mais ainda para julgar os Espíritos.

DIFERENTES MODOS DE COMUNICAÇÕES

As comunicações inteligentes entre os Espíritos e os homens, podem ocorrer por sinais, pela escrita e pela palavra.

Os sinais consistem no movimento significativo de certos objetos, e, mais freqüentemente, nos ruídos ou pancadas. Quando esses fenômenos comportam um sentido, não permitem duvidar da intervenção de uma inteligência oculta, pela razão que, *se todo efeito tem uma causa, todo efeito inteligente deve ter uma causa inteligente.*

Sob a influência de certas pessoas, designadas pelo nome de *médiuns,* e algumas vezes espontaneamente, um objeto qualquer pode executar movimentos convencionados, bater um número determinado de golpes e transmitir, assim, respostas por *sim* e por *não*, ou designação das letras do alfabeto.

Os golpes podem, também, se fazerem ouvir sem nenhum movimento aparente, e sem causa ostensiva, seja na superfície, seja na própria *textura* dos corpos inertes, numa parede, numa pedra, num móvel ou qualquer outro objeto. De todos esses objetos, sendo a mesa a mais cômoda pela mobilidade e pela facilidade para se colocar ao seu redor, é o meio do qual se tem, mais freqüentemente, servido, e daí a designação, do fenômeno em geral, pelas expressões bastante triviais de *mesas falantes* e de *dança das mesas*; expressões que convém banir, primeiro porque se prestam ao ridículo, segundo porque podem induzir em erro, fazendo crer que as mesas, a esse respeito, têm uma influência especial.

Daremos a esse modo de comunicação o nome de *sematologia espírita*, palavra que dá, perfeitamente, a idéia e compreende todas as variedades de comunicações por sinais, movimento de corpos ou pancadas. Um dos nossos correspondentes nos propôs mesmo designar, especialmente este último meio, o das pancadas, pela palavra *tiptologia.*

O segundo modo de comunicação é a escrita; nós o designaremos sob o nome de *psicografia*, igualmente empregada por um correspondente.

Para se comunicarem pela escrita, os Espíritos empregam, como intermediárias, certas pessoas dotadas da faculdade de escrever sob a influência da força oculta que as dirige, e que cedem a um poder, evidentemente, fora do seu controle; porque elas não podem nem se deter, nem prosseguir à vontade, e, o mais freqüentemente, não têm consciência do que escrevem. Sua mão é agitada por movimento involuntário, quase febril; tomam o lápis, a seu malgrado e o deixam do mesmo modo; nem a vontade, nem o desejo podem a fazer seguir, caso não o deve. É a *psicografia direta.*

A escrita é obtida, também, pela só imposição das mãos sobre um objeto convenientemente disposto e munido de um lápis ou de qualquer outro instrumento próprio para escrever. Os objetos mais geralmente empregados são as pranchetas ou as cestas dispostas para esse efeito. A força oculta, que age sobre a pessoa, se transmite ao objeto que se torna, assim, um apêndice da mão e lhe imprime o movimento necessário para traçar os caracteres. É a *psicografia indireta*.

As comunicações transmitidas pela psicografia são mais ou menos extensas, segundo o grau da faculdade mediadora. Alguns não obtêm senão palavras; em outros, a faculdade se desenvolve pelo exercício, e escrevem frases completas, e, freqüentemente, dissertações desenvolvidas sobre assuntos propostos, ou tratados espontaneamente pelos Espíritos, sem serem provocados por nenhuma pergunta.

A escrita é, algumas vezes, limpa e muito legível; de outras vezes, não é decifrável senão por aquele que escreve, e que a lê, então, por uma espécie de intuição ou de dupla vista.

Sob a mão da mesma pessoa, a escrita muda, em geral, de modo completo, com a inteligência oculta que se manifesta, e o mesmo caráter de escrita se reproduz cada vez que a mesma inteligência se manifesta de novo. Esse fato, entretanto, nada tem de absoluto.

Os Espíritos transmitem, algumas vezes, certas comunicações escritas sem intermediário direto. Os caracteres, nesse caso, são traçados espontaneamente por uma força extra-humana, visível ou invisível. Como é útil que cada coisa tenha um nome, a fim de se poder entender, daremos a esse modo de comunicação escrita o de *espiritografia* ou para distingui-la da *psicografia* ou escrita obtida por um médium. A diferença, entre esses dois nomes é fácil de se compreender. Na psicografia, a alma do médium desempenha, necessariamente, um certo papel, ao menos como intermediário, ao passo que na espiritografia é o Espírito que age diretamente, por si mesmo.

O terceiro modo de comunicação é a palavra. Certas pessoas sofrem, nos órgãos da voz, a influência da força oculta que se faz sentir na mão daqueles que escrevem. Elas transmitem, pela palavra, tudo o que os outros transmitem pela escrita.

As comunicações verbais, como as comunicações escritas, têm, algumas vezes, lugar sem intermediário corpóreo. Palavras e frases podem ressoar em nossos ouvidos ou em nosso cérebro, sem causa física aparente. Os Espíritos podem, igualmente, nos aparecer em sonho, ou no estado de vigília, e nos dirigir a palavra para nos dar advertências ou instruções.

Para seguir o mesmo sistema de nomenclatura, que adotamos para as comunicações escritas, deveríamos chamar a palavra transmitida pelo médium *psicologia*, e a proveniente diretamente do Espírito *espiritologia*. Mas a palavra *psicologia* tendo já uma acepção conhecida, não podemos a deturpar. Designaremos, pois, todas as comunicações verbais sob o nome de *espiritologia*; as primeiras pelas palavras *espiritologia mediata*, e as segundas pelas de *espiritologia direta*.

Dos diferentes modos de comunicação, a *sematologia* é o mais incompleto; é muito lento e não se presta, senão com dificuldade, aos desenvolvimentos de uma certa extensão. Os Espíritos superiores dela não se servem com boa vontade, seja por causa da lentidão, seja porque as respostas, por *sim* e por *não*, são incompletas e sujeitas a erro. Para ensinar, eles preferem os mais rápidos: a escrita e a palavra.

A escrita e a palavra são, com efeito, os meios mais completos para a transmissão do pensamento dos Espíritos, seja pela precisão das respostas, seja pela extensão dos desenvolvimentos que elas comportam. A escrita tem a vantagem de deixar traços materiais, e de ser um dos meios mais adequados para combater a dúvida. De resto, não se é livre para escolher; os Espíritos não se comunicam senão pelos meios que eles julgam apropriados: isso depende das aptidões.

RESPOSTAS DOS ESPÍRITOS A ALGUMAS PERGUNTAS

P. Como os Espíritos podem agir sobre a matéria? Isso parece contrário a todas as idéias, que fazemos, da natureza dos Espíritos.

R. "Segundo vós, o Espírito não é nada, é um erro; já o dissemos, o Espírito é alguma coisa, e é por isso que ele pode agir por si mesmo; mas vosso mundo é muito grosseiro para que o possa fazer sem intermediário, quer dizer, sem o laço que une o Espírito à matéria."

Observações. O laço que une o Espírito à matéria, não sendo, ele mesmo, senão imaterial, pelo menos impalpável, essa resposta não resolveria a questão, se não tivéssemos exemplo de forças igualmente inapreciáveis agindo sobre a matéria: é assim que o pensamento é a causa primeira de todos os nossos movimentos voluntários; que a eletricidade tomba, eleva e transporta massas inertes. Do fato de que não se conheça o motor, seria ilógico concluir que ele não existe. O Espírito pode, pois, ter alavancas que nos são desconhecidas; a Natureza nos prova, todos os dias, que sua força não se detém no testemunho dos sentidos. Nos fenômenos espíritas, a causa imediata é, sem contradição, um agente físico; mas, a causa primeira é uma inteligência que age sobre esse agente, como nosso pensamento age sobre os nossos membros. Quando queremos bater, é nosso braço que age, não é o pensamento que bate: ele dirige o braço.

P. Entre os Espíritos que produzem efeitos materiais, os que se chamam de *batedores* formam uma categoria especial, ou são os mesmos que produzem os movimentos e os ruídos?

R. "O mesmo Espírito pode, certamente, produzir efeitos muito diferentes, mas há os que se ocupam, mais particularmente, de certas coisas, como, entre vós, tendes os ferreiros e os que fazem trabalhos pesados."

P. O Espírito que age sobre os corpos sólidos, seja para os mover, seja para bater, está na própria substância do corpo, ou fora dessa substância?

R. "Um e outro; dissemos que a matéria não é um obstáculo para os Espíritos; eles penetram tudo."

P. As manifestações materiais, tais como os ruídos, o movimento dos objetos e todos esses fenômenos que, freqüentemente, se se compraz provocar, são produzidos, indistintamente, por Espíritos superiores e por Espíritos inferiores?

R. "Não são senão Espíritos inferiores que se ocupam dessas coisas. Os Espíritos superiores, algumas vezes, deles se servem como tu farias com um carregador, a fim de os levar a escutar. Podes crer que os Espíritos, de uma ordem superior, estejam às vossas ordens para vos divertir com pasquinagens? É como se perguntásseis se, em todo mundo, os homens sábios e sérios são os malabaristas e os bufões."

Nota. Os Espíritos que se revelam por efeitos materiais são, em geral, de uma ordem inferior. Eles divertem ou assustam àqueles para quem o espetáculo dos olhos tem mais atrativos do que o exercício da inteligência; são, de alguma sorte, os saltimbancos do mundo espírita. Agem, algumas vezes, espontaneamente; outras vezes, por ordem de Espíritos superiores.

Se as comunicações dos Espíritos superiores oferecem um interesse mais sério, as manifestações físicas têm, igualmente, sua utilidade para o observador; elas nos revelam forças desconhecidas na Natureza, e nos dão o meio de estudar o caráter, e, se podemos assim nos exprimir, os costumes de todas as classes da população espírita.

P. Como provar que a força oculta, que age nas manifestações espíritas, está fora do homem? Não se poderia pensar que ela reside nele mesmo, quer dizer, que age sob o impulso do seu próprio Espírito?

R. "Quando uma coisa ocorre contra a tua vontade e teu desejo, é certo que não fostes tu quem a produziu; mas, freqüentemente, és a alavanca da qual o Espírito se serve para agir, e tua vontade lhe vem em ajuda: pode ser um instrumento mais ou menos cômodo para ele."

Nota. É, sobretudo nas comunicações inteligentes que a intervenção de uma força estranha se torna patente. Quando essas comunicações são espontâneas e fora do nosso pensamento e do nosso controle, quando respondem a perguntas cuja solução é desconhecida dos assistentes, é preciso lhe procurar a causa fora de nós. Isso se torna evidente para quem observe os fatos com atenção e perseverança; as nuanças de detalhes escapam ao observador superficial.

P. Todos os Espíritos estão aptos para dar manifestações inteligentes?

R. "Sim, uma vez que todos os Espíritos são inteligências; mas, como os há de todos os graus, tal como entre vós, uns dizem coisas insignificantes ou estúpidas, os outros, coisas sensatas."

P. Todos os Espíritos estão aptos a compreender as perguntas que se lhes coloquem?

R. "Não; os Espíritos inferiores são incapazes de compreender certas questões, o que não lhes impede de responderem bem ou mal; é ainda como entre vós."

Nota. Vê-se, por aí, o quanto é essencial se colocar em guarda contra a crença no saber indefinido dos Espíritos. Ocorre, com eles, como com os homens; não basta interrogar a qualquer um para ter uma resposta sensata, é preciso saber a quem se dirige.

Quem quer conhecer os costumes de um povo, o deve estudar desde o baixo até o ápice da escala; não ver senão uma classe, é fazer dele uma idéia falsa se julga o todo pela parte. O povo dos Espíritos é como os nossos, há de tudo, do bom, do mal, do sublime, do trivial, do saber e da ignorância. Quem não o observou, como filósofo, em todos os graus não pode se gabar de o conhecer. As manifestações físicas nos fazem conhecer os Espíritos de baixo estágio; é a rua e a cabana. As comunicações instrutivas e sábias nos colocam em relação com os Espíritos elevados; é a elite da sociedade: o castelo, o instituto.

MANIFESTAÇÕES FÍSICAS

Lemos o que se segue, em *Spiritualiste de la Nouvelle-Orléans,* do mês de fevereiro de 1857:

–"Recentemente, nos perguntamos se todos os Espíritos, indistintamente, fazem mover as mesas, produzem ruídos etc., e logo a mão de uma dama, muito séria para brincar com essas coisas, traçou violentamente estas palavras:

–"Quem faz os macacos dançarem em vossas ruas? São os homens superiores?

"Um amigo, espanhol de nascimento, que era espiritualista, e que morreu no verão passado, nos deu diversas comunicações; numa delas, acha-se esta passagem:

"As manifestações que procurais não estão entre aquelas que agradam mais aos Espíritos sérios e elevados. Confessamos, todavia, que elas têm sua utilidade, porque, mais que nenhuma outra, talvez, elas podem servir para convencer os homens de hoje.

"Para obter essas manifestações, é preciso, necessariamente, que se desenvolvam certos médiuns, cuja constituição física esteja em harmonia com os Espíritos que as podem produzir. Ninguém duvida que os vereis, mais tarde, se desenvolverem entre vós; e, então, não serão pequenos golpes que ouvireis, mas ruídos semelhantes a um fogo circulante de fuzilaria entremeado de tiros de canhão.

"Em uma parte recuada da cidade, se acha uma casa habitada por uma família alemã, aí se ouvem ruídos estranhos, ao mesmo tempo que certos objetos são deslocados; pelo menos nos asseguram, porque não os verificamos; mas pensando que o chefe dessa família poderia nos ser útil, o convidamos a algumas sessões que têm por objetivo esse gênero de manifestações, e, mais tarde, a mulher desse bravo homem não quis que continuasse a ser dos nossos, porque, nos disse esse último, o barulho aumentou entre eles. A esse propósito, eis o que nos foi escrito pela mão da Senhora...

"Não podemos impedir os Espíritos imperfeitos de fazerem barulho, ou outras coisas aborrecidas e mesmo apavorantes; mas o fato de estarem em relação conosco, que somos bem intencionados, não pode senão diminuir a influência que exercem sobre o médium em questão."

Faremos notar a concordância perfeita que existe entre o que os Espíritos disseram em Nova Orleans, com respeito à fonte das manifestações físicas, e o que foi dito a nós mesmos. Nada poderia, com efeito, pintar essa origem com mais energia do que esta resposta, ao mesmo tempo, tão espiritual e tão profunda: *"quem faz dançar os macacos nas nossas ruas? São os homens superiores?"*

Teremos ocasião de narrar, segundo os jornais da América, numerosos exemplos dessas espécies de manifestações, bem mais extraordinárias do que aquelas que acabamos de citar. Se nos responderá, sem dúvida, com este provérbio: tem belo mentir que vem de longe. Quando coisas tão maravilhosas nos chegam de duas mil léguas, e quando não se as pode verificar, concebe-se a dúvida; mas esses fenômenos atravessaram os mares com o Sr. Home, que dele nos deu amostras. É verdade que o Sr. Home não se colocou num teatro para operar seus prodígios, e que todo o mundo, pagando um preço de entrada, não os pôde ver; por isso, muitas pessoas o tratam de hábil prestidigitador, sem refletir que a elite da sociedade, que foi testemunha desses fenômenos, não se prestaria, benevolentemente, a lhe servir de parceiro. Se o Sr. Home tivesse sido um charlatão, não estaria precavido em recusar as ofertas brilhantes de muitos estabelecimentos públicos, e teria recolhido o ouro a mãos cheias. Seu desinteresse é a resposta, a mais peremptória, que se possa dar aos seus detratores. Um charlatanismo desinteressado seria sem sentido e uma monstruosidade. Falaremos, mais tarde e com mais detalhes, do Sr. Home e da missão que o levou à França. Eis, à espera disso, um fato de manifestação espontânea que distinto médico, digno de toda confiança, nos relatou, e que é tão mais autêntico quanto as coisas se passaram entre seus conhecimentos pessoais.

Uma família respeitável tinha por empregada doméstica uma jovem órfã de catorze anos, cuja bondade natural e a doçura de caráter lhe haviam granjeado a afeição de seus senhores. No mesmo quarteirão, habitava uma outra família, cuja mulher tinha, não se sabe porquê, tomado essa jovem em antipatia, ao ponto de não haver espécie de mau proceder do qual ela não fora o objeto. Um dia, quando voltava, a vizinha saiu furiosa, armada de uma vassoura, e a quis atingir. Assustada, ela se precipita contra a porta, quer tocar, infelizmente o cordão se encontra cortado, e ela não se o pode alcançar; mas, eis que a campainha se agita por si mesma, e se lhe vem abrir. Em sua perturbação, ela não se inteirou do que havia se passado; mas, desde então, a campainha continuou a tocar, de tempo em tempo, sem motivo conhecido, tanto de dia quanto à noite, e quando se ia ver à porta, não se encontrava ninguém. Os vizinhos do quarteirão foram acusados de pregar essa má peça; foi dada a queixa perante o comissário de polícia, que fez uma investigação, procurou se algum cordão secreto comunicava fora, e não pôde nada descobrir; entretanto, a coisa persistia, cada vez mais, em detrimento do repouso de todo o mundo, e, sobretudo, da pequena pajem, acusada de ser a causa desse barulho. Segundo conselho que lhes foi dado, os senhores da jovem decidiram a afastar deles, e a colocaram com amigos no campo. Desde então, a campainha permaneceu tranqüila, e nada de semelhante se produziu no novo domicílio da órfã.

Esse fato, como muitos outros que vamos relatar, não se passou nas margens do Missouri ou do Ohio, mas em Paris, Passagem dos Panoramas. Resta, agora, o explicar. A jovem não tocou a campainha, isso é positivo; ela estava muito terrificada com o que se passara para pensar em uma travessura da qual fora a primeira vítima.Uma coisa não menos positiva, era que a agitação da campainha se devia à sua presença, uma vez que o efeito cessou quando ela partiu. O médico, que testemunhou o fato, o explica por uma possante ação magnética, exercida pela jovem inconscientemente. Essa razão não nos parece de nenhum modo concludente, pois, por que teria ela perdido essa força depois da sua partida? A isso disse que o terror inspirado pela presença da vizinha deveu produzir, na jovem, uma superexcitação de maneira a desenvolver a ação magnética, e que o efeito cessou com a causa. Confessamos não estar convencidos com esse raciocínio. Se a intervenção de uma força oculta não está aqui demonstrada de maneira peremptória, ela é ao menos provável, segundo os fatos análogos que conhecemos. Admitindo, pois, essa intervenção, diremos que, na circunstância em que o fato se produziu na primeira vez, um Espírito protetor, provavelmente, quis que a jovem escapasse do perigo que corria; que, malgrado a afeição que os senhores tinham por ela, era talvez de seu interesse que ela saísse daquela casa, eis porque o ruído continuou até que tivesse partido.

OS GOBELINS

A intervenção de seres incorpóreos nas minúcias da vida privada, fez parte das crenças populares de todos os tempos. Não pode, sem dúvida, caber no pensamento de uma pessoa sensata tomar ao pé da letra todas as lendas, todas as histórias diabólicas e todos os contos ridículos, que se gosta de contar ao lado do fogo. Entretanto, os fenômenos, dos quais somos testemunhas, provam que esses próprios contos repousam sobre alguma coisa, porque o que se passa em nossos dias, pôde e deveu se passar em outras épocas. Que se aparte, desses contos, o maravilhoso e o fantástico dos quais a superstição os vestiu ridiculamente, e se encontrarão todos os caracteres, fatos e gestos dos nossos Espíritos modernos; uns bons, benevolentes, prestativos em servir, como os bons *Brownies*, outros mais ou menos traquinas, espertos, caprichosos e mesmo maus, como os *Gobelins* da Normândia, que se encontram sob os nomes de *Bogles* na Escócia, de *Boghards* na Inglaterra, de *Cluricaunes* na Irlanda, de *Puckas* na Alemanha. Segundo a tradição popular, esses duendes se introduzem nas casas, onde procuram todas as ocasiões de brincar maldosamente: "Eles batem nas portas, deslocam os móveis, dão golpes sobre os barris, batem no teto e no assoalho, assoviam baixinho, produzem suspiros lamentosos, tiram as cobertas e as cortinas dos que estão deitados etc."

O Boghart dos Ingleses exerce particularmente suas malícias contra as crianças, às quais parece ter aversão: "Freqüentemente, lhes arranca sua fatia de pão com manteiga e sua tigela de leite, agita durante a noite as cortinas de seu leito; sobe e desce as escadas com grande ruído, joga sobre o assoalho as baixelas e os pratos, e causa muitos outros estragos nas casas."

Em alguns lugares da França, os Gobelins são considerados como uma espécie de fantasmas domésticos, que se tem o cuidado de nutrir com iguarias, as mais delicadas, porque eles trazem, aos seus senhores, o trigo que furtam dos celeiros de outrem. É verdadeiramente curioso encontrar essa velha superstição, da antiga Gália e entre os Borussianos do século X (os Prussianos de hoje). Seus *Koltkys,* ou gênios domésticos vinham também roubar trigo dos celeiros para levarem àqueles de quem gostavam.

Quem não reconhece, nessas traquinagens – à parte da indelicadeza do trigo roubado, do qual é provável que os autores se desculpavam em detrimento da reputação dos Espíritos –, quem, dizemos, não reconhecerá nossos Espíritos batedores e aqueles que podem, sem lhes injuriar, serem chamados de perturbadores? Que um fato semelhante àquele que nos reportamos, mais acima, dessa jovem de Panoramas, tivesse se passado no campo, teria sido, sem nenhuma dúvida, levado à conta do Gobelin do lugar, depois de amplificado pela imaginação fecunda das comadres; não faltará ter visto o pequeno demônio pendurado na campainha, zombando e fazendo caretas aos tolos que iam abrir a porta.

EVOCAÇÕES PARTICULARES

MÃE, ESTOU AQUI!

A senhora *** havia perdido, há alguns meses, sua filha única, de catorze anos de idade, objeto de toda a sua ternura, e muito digna de seus lamentos pelas qualidades que prometiam fazer, dela, uma mulher perfeita. Essa jovem pessoa havia sucumbido a uma longa e dolorosa doença. A mãe, inconsolável com essa perda, via, dia a dia, sua saúde se alterar, e repetia, sem cessar, que iria logo se juntar com sua filha. Instruída quanto à possibilidade de se comunicar com os seres de além-túmulo, a senhora*** resolveu procurar, em uma conversa com a sua criança, um alívio para sua pena. Uma dama de seu conhecimento era médium, mas pouco experimentada, uma e outra, para semelhantes evocações, sobretudo em uma circunstância tão solene, me convidou para a assistir. Não éramos senão três: a mãe, a médium e eu. Eis o resultado dessa primeira sessão.

A MÃE. Em nome de Deus Todo-Poderoso, Espírito de Julie ***, minha filha querida, eu te peço vir se Deus o permite.

JULIE. Mãe! Eu estou aqui.

A MÃE. É mesmo tu, minha criança, quem me responde? Como posso saber que és tu?

JULIE. Lili.

(Era um pequeno nome familiar dado à jovem, em sua infância; não era conhecido nem pelo médium nem por mim, já que, desde vários anos, não a chamava senão pelo seu nome de Julie. A esse sinal, a identidade era evidente; a mãe, não podendo dominar sua emoção, explode em soluços).

JULIE. Mãe! Por que se afligir? Sou feliz; bem feliz; não sofro mais e te vejo sempre.

A MÃE. Mas eu não te vejo. Onde estás?

JULIE. Aí; ao lado de ti, minha mão sobre a senhora *** (a médium) para fazer com que escreva o que te digo. Veja minha escrita. (A escrita era, com efeito, a da sua filha.)

A MÃE. Tu dizes: minha mão; tens, pois, um corpo?

JULIE. Não tenho mais esse corpo que me fazia sofrer; mas tenho dele a aparência. Não estás contente que eu não sofra mais, uma vez que posso conversar contigo?

A MÃE. Se eu te visse, pois, te reconheceria?

JULIE. Sim, sem dúvida, e tu já me tens visto, freqüentemente, em teus sonhos.

A MÃE. Eu te revi, com efeito, em meus sonhos, mas acreditei que era um efeito da minha imaginação, uma lembrança.

JULIE. Não; sou bem eu que estou sempre contigo, e que procura te consolar; fui eu quem te inspirou a idéia de me evocar. Tenho muitas coisas a te dizer. Desconfie do Sr. ***, ele não é franco.

(Esse Senhor, só conhecido da mãe, e assim nomeado espontaneamente, era uma nova prova da identidade do Espírito que se manifestava.)

A MÃE. Que pode, pois, fazer contra mim o senhor ***?

JULIE. Não posso te dizer; isso me é proibido. Não posso senão te advertir para dele desconfiar.

A MÃE. Estás entre os anjos!

JULIE. Oh! não ainda; não sou bastante perfeita.

A MÃE. Não te reconheço, no entanto, nenhum defeito; tu eras boa, doce, amorosa e benevolente para todo o mundo; será que isso não basta?

JULIE. Para ti, mãe querida, eu não tinha nenhum defeito; eu acreditava nisso; tu me dizias, muito freqüentemente! Mas, no presente, vejo o que me falta para ser perfeita.

A MÃE. Como adquirirás as Qualidades que te faltam?

JULIE. Em novas existências, que serão mais e mais felizes.

A MÃE. Será sobre a Terra que terás essas novas existências?

JULIE. Disso não sei nada.

A MÃE. Uma vez que não havias feito mal durante tua vida, porque tanto sofreste?

JULIE. Prova! Prova! Eu a suportei com paciência, pela minha confiança em Deus; por isso, sou bem feliz hoje. Até breve, mãe querida!

Em presença de semelhantes fatos, quem ousaria falar do nada do túmulo, quando a vida futura se nos revela, por assim dizer, palpável? Essa mãe, minada pelo desgosto, goza, hoje, de uma felicidade inefável por poder conversar com sua criança; não há mais, entre elas, separação; suas almas se confundem e se expandem, no seio uma da outra, pela permuta dos seus pensamentos.

Malgrado o véu do qual cercamos essa relação, não nos permitiríamos a publicar se não estivéssemos formalmente autorizados.

Pudessem, disse-nos essa mãe, todos aqueles que perderam suas afeições sobre a Terra, experimentar a minha mesma consolação!

Não acrescentaremos senão uma palavra endereçada àqueles que negam a existência dos bons Espíritos; nós lhes perguntaremos como poderiam provar que o Espírito dessa jovem era um demônio malfazejo.

UMA CONVERSÃO

A evocação seguinte não oferece um interesse menor, embora em um outro ponto de vista.

Um Senhor, que designaremos sob o nome de Georges, farmacêutico de uma cidade do sul, tinha, há pouco, perdido seu pai, objeto de toda sua ternura e de profunda veneração. O Sr. Georges, pai, unia, a uma instrução muito extensa, todas as qualidades que fazem o homem de bem, embora professando opiniões muito materialistas. Seu filho partilhava, a esse respeito, e mesmo ultrapassava, as idéias de seu pai; duvidava de tudo: de Deus, da alma, da vida futura. O Espiritismo não poderia admitir com tais pensamentos. A leitura de *O Livro dos Espíritos,* entretanto, produziu nele uma certa reação, corroborada por uma conversa direta que tivemos com ele. Sim, disse ele, meu pai poderia responder, não duvido mais. Foi, então, que teve lugar a evocação que vamos narrar e na qual encontraremos mais de um ensinamento.

– Em nome do Todo-Poderoso, Espírito de meu pai, peço vos manifestar. Estais perto de mim?. "Sim." – Por que não vos manifestais diretamente a mim, quando nos amamos tanto? "Mais tarde". – Poderemos nos encontrar um dia? "Sim, logo." Nos amaremos como nesta vida? "Mais". – Em qual meio estais? "Eu sou feliz" – Estais reencarnado ou errante? "Errante, por pouco tempo."

– Que sensação experimentastes quando deixastes vosso envoltório corporal? "De perturbação." – Quanto tempo durou esta perturbação? "Pouco para mim, muito para ti." – Podeis avaliar a duração dessa perturbação, segundo a nossa maneira de contar? "Dez anos para ti, dez minutos para mim.". – Mas não faz esse tempo que vos perdi, pois, não faz senão quatro meses! "Se tu, vivente, tivésseis se colocado em meu lugar, teria sentido esse tempo."

– Credes, agora, em um Deus justo e bom? "Sim." – Nele acreditáveis quando vivo sobre a Terra? "Dele tinha a presciência, mas não acreditava nele." Deus é Todo-Poderoso! "Não me elevei até ele para medir sua força; só ele conhece os limites de sua força, porque *só ele é seu igual*." – Te ocupas com os homens? "Sim." – Seremos punidos ou recompensados segundo nossos atos? "Se fazes o mal, o sofrerás." – Serei recompensado se fizer o bem? "*Avançarás em teu caminho.*" – Estou no bom caminho? "Faze o bem, e nele estarás." – Creio ser bom, mas seria melhor se devesse, um dia, vos encontrar como recompensa? "Que esse pensamento te sustente e encoraje." – Meu filho será bom como seu avô? "Desenvolva suas virtudes, sufoque seu vícios."

– Não podia crer que nos comunicássemos, assim, neste momento, tão maravilhoso isso me parecia. "De onde vem tua dúvida?" – De que, partilhando vossas opiniões filosóficas, fui levado a tudo atribuir à matéria. *"Vês à noite, o que vês de dia.?"* – Estou, pois, na noite, ó meu pai! "Sim." – Que vedes de mais maravilhoso? "Explica-te melhor." – Haveis reencontrado minha mãe, minha irmã, e Anna, a boa Anna? "Eu as revi." – As vedes quando quereis? "Sim."

– Vos é penoso ou agradável que me comunique, assim, convosco? "É uma felicidade, para mim, se te posso levar ao bem." – Como poderia fazer, voltando para casa, para me comunicar convosco, o que me faz tão feliz? Isso serviria para melhor me conduzir, me ajudaria melhor a elevar meus filhos? "Cada vez que um movimento te levar ao bem, sou eu: serei eu que te inspirarei."

– Tenho medo de vos importunar. "Fale, ainda, se queres." – Uma vez que o permite, vos endereçarei, ainda, algumas perguntas. De qual doença morrestes? "Minha prova estava em seu final." – Onde contraístes o depósito pulmonar que se formou? "Pouco importa; o corpo não é nada, o Espírito é tudo." – De qual natureza é a enfermidade que me desperta, tão freqüentemente, à noite? "O saberás mais tarde." – Creio que minha doença é grave, e queria, ainda, viver para os meus filhos. "Ela não o é; *o coração do homem é uma máquina para a vida*: deixe a Natureza operar."

– Uma vez que estais presente, sob que forma estais? "Sob a aparência da minha forma corporal." – Estais em um lugar determinado? "Sim, atrás de Ermance" (o médium). – Poderíeis nos aparecer visivelmente? "Para quê! Teríeis medo."

– Nos vedes, todos, aqui reunidos? "Sim." – Tendes uma opinião sobre cada um de nós, aqui presentes? "Sim." – Gostaria de nos dizer alguma coisa, a cada um de nós? "Em que sentido me fazes essa pergunta? – Quero dizer no ponto de vista moral. "Em outra vez; basta por hoje."

O efeito produzido, sobre o senhor Georges, por essa comunicação, foi imenso, e uma luz inteiramente nova parecia já iluminar suas idéias; uma sessão que teve, no dia seguinte, com a senhora Roger, sonâmbula, acabou por dissipar o pouco de dúvidas que poderia lhe restar. Eis um extrato da carta que nos escreveu, a esse respeito. "Essa senhora, espontaneamente, entrou em detalhes comigo, bastante precisos, com respeito ao meu pai, minha mãe, meus filhos, minha saúde, descreveu com uma tal exatidão todas as circunstâncias da minha vida, lembrando mesmo de fatos que, desde há muito tempo, haviam escapado da minha memória; me deu, em uma palavra, provas tão patentes dessa maravilhosa faculdade, da qual são dotados os sonâmbulos lúcidos, que a reação de idéias se completou, em mim, desde esse momento. Na evocação, meu pai me revelou sua presença; na sessão sonambúlica, eu era, por assim dizer, testemunha ocular da vida extracorpórea, da vida da alma. Para descrever com tanta minúcia e exatidão, e a duzentas léguas de distância, o que não era conhecido senão por mim, era preciso o ver; ora, uma vez que não podia ser com os olhos do corpo, haveria, pois, um laço misterioso, invisível, que ligava a sonâmbula às pessoas e às coisas ausentes, e que ela não havia jamais visto; haveria, pois, alguma coisa fora da matéria; que poderia ser essa alguma coisa, senão o que se chama a alma, o ser inteligente, cujo corpo não é senão o envoltório, mas cuja ação se estende muito mais além da nossa esfera de atividade?" Hoje, o Sr. Georges, não somente não é mais materialista, mas é um dos mais fervorosos e mais zelosos adeptos do Espiritismo, onde está duplamente feliz, pela confiança que lhe inspira, agora, o futuro e pelo prazer motivado que encontra para fazer o bem.

Essa evocação, muito simples à primeira vista, não é menos notável em mais de um aspecto. O caráter do Sr. Georges, pai, se reflete em suas respostas breves e sentenciosas, que eram de seus hábitos; falava pouco, não dizia, nunca, uma palavra inútil; mas não é mais o cético quem fala; reconhece seu erro; seu Espírito é mais livre, mais clarividente, que pinta a unidade e o poder de Deus por estas admiráveis palavras: *Só ele é seu igual*; é aquele que, em vida, atribuía tudo a matéria, e que diz, agora: *O corpo não é nada, o Espírito é tudo*; e esta outra frase sublime: *Vês à noite o que vês de dia?* Para o observador atento, tudo tem uma importância, e é assim que encontra, a cada passo, a confirmação das grandes verdades ensinadas pelos Espíritos.

OS MÉDIUNS JULGADOS

Os antagonistas da Doutrina Espírita se apossaram, zelosamente, de um artigo publicado pelo *Scientific american,* do dia 11 de julho último, sob o título: *Os médiuns julgados.* Vários jornais franceses o reproduziram como um argumento sem réplica; nós mesmos o reproduzimos, fazendo seguir de algumas observações, que lhe mostrarão o valor.

"Há algum tempo, uma oferta de 500 dólares (2,500 francos) foi feita, por intermédio do *Boston Courier,* a toda pessoa que, na presença e em satisfação de um certo número de professores, da Universidade de Cambridge, reproduzisse alguns desses fenômenos misteriosos que os espiritualistas dizem, comumente, terem sido produzidos por intermédio de agentes chamados *médiuns*".

"O desafio foi aceito pelo doutor Gardner, e por várias pessoas que se vangloriavam de estar em comunicação com os Espíritos. Os concorrentes se reuniram nos edifícios Albion, em Boston, na última semana de junho, dispostos a fazerem a prova da sua força sobrenatural. Entre eles, se notavam as jovens Fox, que se tornaram tão célebres pela sua superioridade nesse gênero. A comissão, encarregada de examinar as pretensões dos aspirantes ao prêmio, se compunha dos professores Pierce, Agassiz, Gould e Horsford, de Cambridge, todos os quatro sábios muito distintos. As experiências espiritualistas duraram vários dias; jamais os médiuns encontraram mais bela ocasião de colocarem em evidência seu talento ou sua inspiração; mas, como os sacerdotes de Baal, ao tempo de Elias, invocaram em vão suas divindades, assim como o prova a passagem seguinte, do relatório da comissão:

"A comissão declara que o doutor Gardner não tendo se saído bem em lhe apresentar um agente, ou médium, que revelasse a palavra confiada aos Espíritos em um quarto vizinho; que lesse a palavra inglesa escrita no interior de um livro ou sobre uma folha de papel dobrada; que respondesse uma questão que só as inteligências superiores podem responder; que fizesse ressoar um piano sem o tocar, ou avançar uma mesa, em um pé, sem o impulso das mãos; se mostrando impotente para dar, à comissão, testemunho de um fenômeno que se pudesse, mesmo usando uma interpretação larga e benevolente, considerar como o equivalente das provas propostas; de um fenômeno exigindo, para sua produção, a intervenção de um Espírito, supondo ou implicando, pelo menos, essa intervenção; de um fenômeno desconhecido, até aqui, à ciência, e cuja causa não fosse, imediatamente, assinalável para a comissão, palpável para ela, não tem nenhum título para exigir, do *Courier*, de Boston, a entrega da soma proposta de 2,500". francos."

A experiência, feita nos Estados Unidos, a propósito dos *médiuns*, lembra aquela que se fez, há uma dezena de anos, na França, para ou contra os sonâmbulos lúcidos, quer dizer, magnetizados. A Academia de ciência recebeu a missão de conceder um prêmio de 2,500 francos ao *sujet* magnético que lesse de olhos fechados. Todos os sonâmbulos fazem, voluntariamente, esse exercício, nos salões ou nos teatros; lêem em livros fechados e decifram uma carta inteira, sentando-se de onde a colocam, bem dobrada e fechada sobre seu ventre; mas, diante da Academia, não se pôde nada ler de todo e o prêmio não foi ganho."

Essa experiência prova, uma vez mais, da parte de nossos antagonistas, sua ignorância absoluta dos princípios sobre os quais repousam os fenômenos das manifestações espíritas. Entre eles, há uma idéia fixa de que esses fenômenos devem obedecer à vontade, e se produzirem com a precisão de uma máquina. Esquecem, totalmente, ou, dizendo melhor, não sabem que a causa desses fenômenos é inteiramente moral, e que as inteligências que lhes são os primeiros agentes não estão ao capricho de quem quer que seja, nem mais de médiuns do que de outras pessoas. Os Espíritos agem quando lhes apraz, e diante de quem lhes apraz; freqüentemente, é quando menos se espera que a manifestação ocorre com maior energia, e quando é solicitada ela não ocorre. Os Espíritos têm condições de ser que nos são desconhecidas; o que está fora da matéria não pode estar submetido ao cadinho da matéria. É, pois, se equivocar, julgá-los do nosso ponto de vista. Se crêem útil se revelarem por sinais particulares o fazem; mas isso jamais à nossa vontade, nem para satisfazer uma vã curiosidade. É preciso, por outro lado, considerar uma causa bem conhecida que afasta os Espíritos: é sua antipatia por certas pessoas, principalmente por aquelas que, através de perguntas sobre coisas conhecidas, querem pôr a sua perspicácia em prova. Quando uma coisa existe, se diz, eles a devem saber; ora, é precisamente porque a coisa nos é conhecida, ou tendes os meios de a verificar por vós mesmos, aqueles não se dão ao trabalho de responder; essa suspeição os irrita e deles não se obtém nada de satisfatório; ela afasta, sempre, os Espíritos sérios que não falam, de boa vontade, senão às pessoas que a eles se dirigem com confiança e sem dissimulação. Disso não temos, todos os dias, exemplos entre nós? Homens superiores, e que têm consciência de seu valor, se alegrariam em responder a todas as tolas perguntas que tenderiam a lhes submeter a um exame, como escolares? Que diriam se lhes dissessem: "Mas, se não respondeis, é porque não sabeis?" Eles vos voltariam as costas: é o que fazem os Espíritos.

Se assim é, direis, de qual meio dispomos para nos convencer? No próprio interesse na doutrina dos Espíritos, não devem desejar fazer prosélitos? Responderemos que é ter bastante orgulho em se crer alguém indispensável ao sucesso de uma causa; ora, os Espíritos não amam os orgulhosos. Eles convencem aqueles que o desejam; quanto aos que crêem na sua importância pessoal, provam o pouco caso que deles fazem, não os escutando. Eis, de resto, sua resposta a duas perguntas sobre esse assunto:

Se podem pedir, aos Espíritos, sinais materiais como prova da sua existência e da sua força? *Resp.* "Se pode, sem dúvida, provocar certas manifestações, mas nem todo o mundo está apto para isso, e, freqüentemente o que perguntais não o obtendes; eles não estão ao capricho dos homens."

Mas quando uma pessoa pede esses sinais para se convencer, não haveria utilidade em a satisfazer, uma vez que seria um adepto a mais? *Resp.* "Os Espíritos não fazem senão aquilo que querem, e o que lhes é permitido. Vos falando e respondendo a vossas perguntas, atestam a sua presença: isso deve bastar ao homem sério que procura a verdade na palavra."

Escribas e Fariseus disseram a Jesus: Mestre, muito gostaríamos que nos fizésseis ver algum prodígio. Jesus respondeu: "Esta raça má e adúltera pede um prodígio, e não se lhe dará outro senão aquele de Jonas (SÃO MATEUS)."

Acrescentaremos, ainda, que é conhecer bem pouco a natureza e a causa das manifestações para crer as estimular com um prêmio qualquer. Os Espíritos desprezam a cupidez do mesmo modo que o orgulho e o egoísmo. E só essa condição pode ser, para eles, um motivo para se absterem de se comunicarem. Sabeis, pois, que obtereis cem vezes mais de um médium desinteressado do que daquele que é movido pela atração do ganho, e que um milhão não faria ocorrer o que não deve ser. Se nós nos espantamos com uma coisa, é que se tenha procurado médiuns capazes de se submeterem a uma prova que tinha por aposta uma soma de dinheiro.

VISÕES

Lê-se no *Courrier de Lyon*:

"Na noite de 27 para 28 de agosto de 1857, um caso singular de visão intuitiva, se produziu na Croix-Rousse, nas circunstâncias seguintes:

"Há três meses mais ou menos, o casal B...., honestos operários tecelões, movidos por um sentimento de louvável comiseração, recolheram em sua casa, na qualidade de doméstica, uma jovem um pouco idiota e que habita os arredores de Bourgoing.

"No último domingo, entre duas e três horas da manhã, o casal B.... foi despertado em sobressalto pelos gritos agudos, produzidos pela sua doméstica, que dormia num sótão contíguo ao seu quarto.

"A senhora B.... acendendo uma lâmpada, sobe para o sótão e encontra a sua criada que, derretida em lágrimas, e num estado de exaltação de espírito, difícil de descrever, chamava, contorcendo os braços em terríveis convulsões, sua mãe que ela acabava de ver morrer, dizia ela, diante de seus olhos.

"Depois de consolar a jovem, o melhor possível, a senhora B.... retorna ao seu quarto. Esse incidente estava quase esquecido quando, ontem, terça-feira, antes do meio-dia, um carteiro do correio entrega ao senhor B.... uma carta do tutor da jovem, que informava, a este último, que, na noite de domingo para segunda-feira, entre duas e três horas da manhã, sua mãe tinha morrido em conseqüência de uma queda que sofreu, caindo do alto de uma escada.

"A pobre idiota partiu ontem mesmo, pela manhã, para Bourgoing, acompanhada pelo senhor B...., seu patrão, para ali recolher a parte de sucessão que lhe cabia na herança de sua mãe, da qual havia visto, tão tristemente, em sonho, o fim deplorável."

Os fatos desta natureza não são raros, e, freqüentemente, tivemos ocasião de os narrar, cuja autenticidade não poderia ser contestada. Eles se produzem, algumas vezes, durante o sono no estado de sonho; ora, como os sonhos não são outra coisa do que um estado de sonambulismo natural incompleto, designaremos as visões, que ocorrem nesse estado, sob o nome de *visões sonambúlicas*, para distingui-las das que ocorrem no estado de vigília e que chamaremos *visões pela dupla vista*. Chamaremos, enfim, *visões extáticas,* aquelas que ocorrem no êxtase; elas têm, geralmente, por objeto os seres e as coisas do mundo incorpóreo. O fato seguinte pertence à segunda categoria.

Um armador, nosso conhecido, morando em Paris, nos contou, há poucos dias, o que segue: "No último mês de abril, estando um pouco doente, fui passear nas Tuileries com meu sócio. Fazia um tempo soberbo; o jardim estava cheio de gente. De repente, a multidão desapareceu aos meus olhos; não senti mais o meu corpo, fui como que transportado, e vi, distintamente, um navio entrando no porto de Havre. Eu o reconheci como sendo o *Clémence*, que esperávamos das Antilhas; eu o vi atracar no cais, distinguindo claramente os mastros, as velas, os marinheiros e todos os mais minuciosos detalhes, como se estivesse nesses lugares. Disse, então, ao meu companheiro: Eis o *Clémence* que chega; dele recebemos a notícia hoje mesmo, sua travessia foi feliz. Voltando para minha casa, me entregaram um telegrama. Antes de tomar conhecimento dele, disse: É o anúncio da chegada do *Clémence*, que entrou no Havre às três horas. O telegrama confirmava, com efeito, essa entrada na hora em que eu a havia visto nas Tuileries."

Quando as visões têm por objeto os seres do mundo incorpóreo, se poderia, com alguma aparência de razão, as levar à conta da imaginação, e as qualificar de alucinações, porque nada pode demonstrar a sua exatidão; mas, nos dois fatos que acabamos de narrar, é a realidade, a mais material e a mais positiva, que se evidencia. Desafiamos todos os fisiologistas e todos os filósofos para os explicar pelos sistemas ordinários. Só a Doutrina Espírita pode, deles, dar conta pelo fenômeno e a emancipação da alma que, escapando momentaneamente de suas faixas materiais, se transporta para fora da esfera da atividade corporal. No primeiro fato acima, é provável que a alma da mãe veio procurar a filha para a advertir da sua morte; mas, no segundo, é certo que não foi o navio que veio procurar o armador nas Tuileries; é preciso, pois, que tenha sido a alma deste que foi o procurar em Havre.

RECONHECIMENTO DA EXISTÊNCIA DOS ESPÍRITOS

E DAS SUAS MANIFESTAÇÕES

Se as primeiras manifestações espíritas fizeram numerosos adeptos, elas encontraram não somente muitos incrédulos, mas adversários ferrenhos, e, freqüentemente, mesmo interessados no seu descrédito. Hoje, os fatos falaram tão alto que impõem sua evidência, e se há, ainda, incrédulos sistemáticos, podemos lhes predizer, com exatidão, que poucos anos se passarão para que ocorra com os Espíritos, como na maioria das descobertas que foram combatidas com todo exagero, ou consideradas como utopias por aqueles mesmos cujo saber deveria fazer menos céticos no que toca ao progresso. Já vimos muitas pessoas, entre aqueles que não estiveram no estado de aprofundar estes estranhos fenômenos, convirem que nosso século é tão fecundo em coisas extraordinárias, e que a Natureza tem tantos recursos desconhecidos, que haveria muita leviandade em negar aquilo que não se compreende. Estes dão prova de sabedoria. Eis, à espera disso, uma autoridade que não poderia ser suspeita de se prestar, levianamente, a uma mistificação, e que é um dos principais jornais ásticos de Roma, *A Civilta Cattolica*. Reproduziremos, a seguir, um artigo que esse jornal publicou no mês de março último, e se verá que seria difícil provar a existência e a manifestação dos Espíritos por argumentos mais peremptórios. É verdade que diferimos deles sobre a natureza dos Espíritos; não os admite senão os maus, ao passo que nós os admitimos bons e maus: é um ponto que trataremos, mais tarde, com todos os desenvolvimentos necessários. O reconhecimento das manifestações espíritas por uma autoridade tão séria e tão respeitável, é um ponto capital; resta, pois, as julgar: é o que faremos no próximo número. O *Univers*, reproduzindo este artigo, o faz preceder das sábias reflexões seguintes:

"Na oportunidade de uma obra publicada em Ferrara, sobre a prática do *Magnetismo animal*, falamos, ultimamente, aos nossos leitores, dos sábios artigos que apareceram na *Civilta Cattolica*, de Roma, sobre a *Necromancia moderna*, nos reservando o lhes fazer mais amplamente conhecer. Damos, hoje, o último desses artigos, que contém, em algumas páginas, as conclusões da revista romana. Além do interesse que se liga, naturalmente, a essas matérias e a confiança que deve inspirar um trabalho publicado Por a *Civilta*, a oportunidade particular da questão, nesse momento, nos dispensa chamar a atenção sobre um assunto que muitas pessoas trataram, na teoria e na prática, de um modo muito pouco sério, a despeito dessa regra, de vulgar prudência, que manda que, quanto mais os fatos sejam extraordinários, mais se proceda com circunspecção."

"Eis esse artigo: "De todas as teorias que se colocaram à frente para explicar, *naturalmente*, os diversos fenômenos conhecidos sob o nome de *Espiritualismo americano*, não há uma só delas que alcance, completamente, o objetivo, e, menos ainda, que venha dar a razão de todos esses fenômenos. Se uma, ou outra, dessas hipóteses basta para explicar alguns, restará, sempre, muitos que permanecerão inexplicados e inexplicáveis. A fraude, a mentira, o exagero, as alucinações devem, seguramente, ter uma larga parte nos fatos que se informam; mas, depois de fazer esse desconto, resta, deles, ainda, uma massa tal que, para negar a realidade, seria preciso recusar toda crença na autoridade dos sentidos e do testemunho humano. Entre os fatos em questão, um certo número pode se explicar com a ajuda da teoria mecânica ou mecânico-fisiológica; mas há uma parte, e é de muito a mais considerável, que não pode, de nenhuma maneira, se prestar a uma explicação desse gênero. A essa ordem de fatos, se relacionam todos os fenômenos nos quais os efeitos obtidos sobrepassam, evidentemente, a intensidade da força motriz que deveria, diz-se, os produzir. Tais são: 1º os movimentos, os sobressaltos violentos de massas pesadas e solidamente equilibradas, à simples pressão, ao só toque das mãos; 2º os efeitos e os movimentos que se produzem sem nenhum contato, conseqüentemente, sem nenhum impulso mecânico, seja imediato, enfim, esses outros efeitos que são de natureza a manifestar, em quem os produz, uma inteligência e uma vontade distintas daquelas dos experimentadores. Para dar razão a essas três ordens de fatos diversos, temos, ainda, a teoria do magnetismo; mas, por mais largas concessões que se lhes esteja disposto a fazer, e a admitindo mesmo, de olhos fechados, todas as hipóteses gratuitas sobre as quais ela se funda, todos os erros e os absurdos dos quais está cheia, e as faculdades miraculosas atribuídas, por ela, à vontade humana, ao fluido nervoso e a outros agentes magnéticos quaisquer, essa teoria não poderá, jamais, com a ajuda desses princípios, explicar como uma mesa magnetizada por um *médium* manifeste, em seus movimentos, uma inteligência e uma vontade própria, quer dizer, distintas daquelas do *médium*, e que, às vezes, são contrárias e superiores à inteligência, à vontade deste.

"Como dar razão a semelhantes fenômenos? Queremos recorrer, nós também, a não sei quais causas ocultas, quais forças ainda desconhecidas da Natureza? à explicações novas de certas faculdades, de certas leis que, até o presente, permaneceram inertes e como adormecidas no seio da criação? Igualmente, gostaríamos de confessar, abertamente, nossa ignorância e mandar o problema aumentar o número de tantos enigmas dos quais o pobre espírito humano não pôde, até o presente, e não poderá jamais encontrar a palavra. De resto, não hesitamos, por nossa conta, em confessar a nossa ignorância com respeito a vários fenômenos em questão, dos quais a natureza é tão equívoca e tão obscura que a atitude mais sábia, nos parece ser a de não procurar os explicar. Em compensação, há outros para os quais não nos parece difícil encontrar a solução; é verdade que é impossível a procurar nas causas naturais; mas por que, então, hesitaremos em a pedir a essas causas que pertencem à ordem sobrenatural? Talvez, disso seremos desviados pela objeção que nos oponham os céticos e aqueles que, negando essa ordem sobrenatural, nos dizem que não se pode definir até onde se estendem as forças da Natureza; que o campo que resta a descobrir, para as ciências físicas, não tem limites; que ninguém não sabe o bastante quais são os limites da ordem natural para poder indicar, com precisão, o ponto onde termina esta e onde começa a outra. A resposta, a uma semelhante objeção, nos parece fácil: admitindo que não se possa determinar de um modo preciso, o ponto de divisão dessas duas ordens opostas, a ordem natural e a ordem sobrenatural, não se segue que não se possa jamais definir com certeza se tal efeito dado pertence a uma ou a outra, dessas ordens. Quem pode, no arco-íris, distinguir o ponto preciso onde termina uma das cores e onde começa a cor seguinte? Quem pode fixar o instante exato em que se acaba o dia em que começa a noite? E, entretanto, não se encontra um homem bastante limitado para disso concluir que não se possa saber se tal zona do arco-íris é vermelha ou amarela, se a tal hora é dia ou noite. Quem não vê que, para conhecer a natureza de um fato, não é, de modo algum, necessário passar pelo limite onde começa, onde termina a categoria à qual pertence; e que basta se constatar se há caracteres que são próprios dessa categoria.

"Apliquemos essa observação, tão simples, à presente questão: não podemos dizer até onde vão as forças da Natureza; entretanto, se dando um fato, podemos, freqüentemente, segundo seus caracteres certos dizer, com certeza, que ele pertence à ordem sobrenatural. E, para não sair de nosso problema, entre os fenômenos das mesas falantes, há vários que, para nós, manifestam esses caracteres da maneira a mais evidente; tais são aqueles nos quais o agente, que remove as mesas, age como causa inteligente e livre ao mesmo tempo em que mostra uma inteligência e uma vontade que lhes são próprias, quer dizer, superiores ou contrárias a inteligência e a vontade dos *médiuns*, dos experimentadores, dos assistentes; distintas em uma palavra destas, qualquer que possa ser o modo que ateste essa distinção. Em casos semelhantes, se é bem forçado a admitir, seja como for, que esse agente é um espírito e não um espírito humano, e que, desde então, está fora dessa ordem, dessas causas que costumamos chamar naturais, daquelas dizemos, que não ultrapassam as forças do homem.

"Tais são, precisamente, os fenômenos que, como dissemos mais acima, resistiram a toda outra teoria fundada sobre os princípios puramente naturais, ao passo que, na nossa, encontram sua explicação, a mais fácil e a mais clara, uma vez que cada um sabe que a força dos Espíritos sobre a matéria sobrepassa, em muito, as forças do homem; e uma vez que não há efeito maravilhoso entre aqueles citados, da necromancia moderna, que não possa ser atribuído à sua ação".

"Sabemos muito bem que, nos vendo colocar, aqui, os Espíritos em cena, mais de um leitor sorrirá de piedade. Sem falar dessas pessoas que, em verdade materialistas, não crêem na existência dos Espíritos e rejeitam, como uma fábula, tudo o que não é matéria ponderável e palpável, não mais que aqueles que, admitindo inteiramente que existem Espíritos, lhes recusam toda influência, toda intervenção no que toca ao nosso mundo; há, em nossos dias, muitos homens que, atribuindo aos Espíritos o que nenhum bom católico não poderia lhes recusar, a saber: a existência e a faculdade de intervir nos fatos da vida humana, de modo oculto ou patente, ordinário ou extraordinário, parecem desmentir, entretanto, na prática, sua fé e considerar uma vergonha, como um excesso de credulidade, como uma superstição de velhas, admitir a ação desses mesmos Espíritos, em certos casos especiais, contentando-se em não a negar em tese geral. E, para dizer a verdade, depois de um século, se zombou tanto da simplicidade da Idade Média, a acusando de ver, por toda parte, Espíritos malefícios e feiticeiros, e tanto se declamou a esse respeito, que não é maravilha se tantas cabeças fracas, que querem parecer fortes, experimentarem, de hoje em diante, repugnância e como uma espécie de vergonha crer na intervenção dos Espíritos. Mas esse excesso de incredulidade, não é nada menos insensato do que não o fora, em outras épocas, o excesso contrário, e se, em semelhante matéria, muito crer conduz a superstições vãs, não querendo nada admitir, em compensação, vai direto à impiedade do naturalismo. O homem sábio, o cristão prudente, deve, pois, evitar, igualmente, esses dois extremos e se colocar firme sobre a linha intermediária: porque é aí que se encontram a verdade e a virtude. Atualmente, nessa questão de mesas falantes, de qual lado uma fé prudente nos fará inclinar?

"A primeira, a mais sábia das regras que nos impõe essa prudência, nos ensina que, para explicar os fenômenos que oferecem um caráter extraordinário, não se deve recorrer à causas sobrenaturais, senão quando as que pertencem à ordem natural não bastem para lhes dar conta. De onde se segue, em compensação, a obrigação de admitir as primeiras quando as segundas são insuficientes. Está aí, justamente, nosso caso; com efeito, entre os fenômenos dos quais falamos, há os que nenhuma teoria, nenhuma causa puramente natural, poderia dar razão. É, pois, não somente prudente, mas, ainda, necessário procurar sua explicação na ordem sobrenatural, ou em outras palavras, as atribuir aos puros Espíritos, uma vez que, fora e acima da Natureza, não existe outra causa possível.

"Eis uma segunda regra, um *critério* infalível para pronunciar, a respeito de um fato qualquer, se ele pertence à ordem natural ou sobrenatural: é o de lhe examinar bem os caracteres, e de determinar, segundo eles, a natureza da causa que o produziu. Ora, os fatos desse gênero, os mais maravilhosos, aqueles que nenhuma outra teoria pode explicar, oferecem caracteres tais que demonstram uma causa, não somente inteligente e livre, mas, ainda, dotada de uma inteligência e de uma vontade que nada têm de humana; então, essa causa não pode ser senão um puro Espírito".

"Assim, por dois caminhos, um indireto e negativo, que procede por exclusão, o outro direto e positivo, naquilo que se funda sobre a própria natureza dos fatos observados, chegamos a essa mesma conclusão, a saber: que entre os fenômenos da necromancia moderna há, pelo menos, uma categoria de fatos que, sem nenhuma dúvida, são produzidos por Espíritos. Somos conduzidos a esta conclusão por um raciocínio tão simples, tão natural, que longe de temer, o aceitando, de ceder a uma imprudente credulidade, creríamos, ao contrário, fazer prova, recusando o admitir, de uma fraqueza e de uma incoerência de espírito irrecusáveis. Para confirmar nossa asserção, os argumentos não nos fariam falta; mas, o espaço e o tempo nos faltam para os desenvolver aqui. O que dissemos, até o presente, basta plenamente e pode se resumir nas quatro proposições seguintes:

"1º Entre os fenômenos em questão, postos de lado o que se pode, razoavelmente, atribuir à impostura, às alucinações e aos exageros, existe ainda, neles, um grande número dos quais não se pode colocar em dúvida a realidade, sem violar todas as leis de uma crítica sadia.

"2º Todas as teorias naturais, que expusemos e discutimos mais acima, são impotentes para darem uma explicação satisfatória para todos esses fatos. Se elas explicam alguns deles, deixam um maior número (e são os mais difíceis) totalmente inexplicados e inexplicáveis.

"3º Os fenômenos dessa última ordem, implicando a ação de uma causa inteligente, que não a do homem, não podem se explicar senão pela intervenção de Espíritos, qualquer que seja, aliás, o caráter desses Espíritos, pergunta que nos ocorrerá a toda hora.

"4º Todos esses fatos podem ser divididos em quatro categorias: muitos, dentre eles, devem ser rejeitados ou como falsos ou como produzidos fraudulamente; quanto aos outros, os mais simples, os mais fáceis de conceber, tais como as mesas girantes, em certas circunstâncias, uma explicação puramente natural: por exemplo, a de um impulso mecânico; uma terceira classe se compõe de fenômenos mais extraordinários e mais misteriosos, sobre a natureza dos quais se fica em dúvida, porque se bem que pareçam ultrapassar as foras da Natureza, não apresentam, entretanto, caracteres tais que se deva, evidentemente, para explicá-los, recorrer a uma causa sobrenatural. Alinhamos, enfim, na quarta categoria, os fatos que oferecendo, de modo evidente, esses caracteres devem ser atribuídos à operação invisível de puros Espíritos.

"Mas, esses Espíritos, quem são? São bons ou maus Espíritos? anjos ou demônios? almas felizes ou almas condenadas? A resposta, a esta última parte do nosso problema, não poderia ser duvidosa, por pouco que se considere, de uma parte, a natureza desses diversos Espíritos, de outra, o caráter das suas manifestações. É o que nos resta a demonstrar.

HISTÓRIA DE JOANA D'ARC

DITADA POR ELA MESMA, À SENHORITA ERMANCE DUFAUX.

É uma pergunta que, freqüentemente, nos colocamos, o saber se os Espíritos, que respondem, com mais ou menos precisão, às perguntas que se lhe dirigem, poderiam fazer um trabalho de grande fôlego. A prova disso está na obra da qual falamos; porque, ali, não se trata mais de uma série de perguntas e de respostas; é uma narração completa e seguida, como a teria feito um historiador, e contendo uma multidão de detalhes, pouco ou nada conhecidos, sobre a vida da heroína. Àqueles que poderiam crer que a Senhorita Dufaux é inspirada pelos seus conhecimentos pessoais, responderemos que ela escreveu esse livro com a idade de catorze anos; que havia recebido a instrução que recebem todas as jovens de boa família, educadas com cuidado, mas, mesmo que tivesse ela uma memória fenomenal, não é nos livros clássicos que se podem buscar os documentos íntimos que se encontrariam, talvez dificilmente, nos arquivos do tempo. Os incrédulos, nós o sabemos, terão, sempre, mil objeções a fazer; mas, para nós que vimos o médium na obra, a origem do livro não poderia causar nenhuma dúvida.

Se bem que a faculdade da senhorita Dufaux se preste à evocação de qualquer Espírito, do que tivemos prova, por nós mesmos, nas comunicações pessoais que nos transmitiu, sua especialidade é a história. Ela escreveu, do mesmo modo, a de Louis

XI e a de Charles VIII, que serão publicadas como a de Joana D'Arc. Apresentou-se, nela, um fenômeno bastante curioso. Ela era, no princípio, muito bom médium psicógrafo, escrevendo com uma grande facilidade; pouco a pouco, se tornou médium falante, e, à medida que essa nova faculdade se desenvolveu, a primeira enfraqueceu; hoje, ela escreve pouco ou muito dificilmente, mas o que há de bizarro, é que, falando, tem necessidade de um lápis à mão, simulando escrever; é preciso uma terceira pessoa para reunir as suas palavras, como as da Sibila. Do mesmo modo que todos os médiuns favorecidos pelos bons Espíritos, não recebeu senão comunicações de uma ordem elevada!

Teremos ocasião de voltar sobre a história de Joana D'Arc, para explicar os fatos de sua vida, relativos às suas relações com o mundo invisível, e citaremos o que ditou, ao seu intérprete, de mais notável a esse respeito. (1° volume, in – 12; 3 fr. Dentu, Palais-Royal.)

O LIVRO DOS ESPÍRITOS(1)

CONTENDO

OS PRINCÍPIOS DA DOUTRINA ESPÍRITA

Sobre a natureza dos seres do mundo incorpóreo, suas manifestações e suas relações com os homens; as leis morais, a vida presente, a vida futura, e o futuro da Humanidade;

ESCRITO SOB O DITADO E PUBLICADO POR ORDEM DE ESPÍRITOS SUPERIORES

Por ALLAN KARDEC

Esta obra, como indica seu título, não é uma doutrina pessoal, é o resultado do ensinamento direto dos próprios Espíritos, sobre os mistérios do mundo onde estaremos um dia e sobre todas as questões que interessam à Humanidade; nos dão, de alguma sorte, o código da vida em nos traçando o caminho da

(1) 1° vol. In-8° em 2 col., 3 fr.; Casa Dentu, Palais-Royal, e no escritório do jornal, rua dos Mártires, n° 8.

felicidade futura. Este livro, não sendo os frutos de nossas próprias idéias, uma vez que, sobre muitos pontos importantes, tínhamos um modo de ver muito diferente, nossa modéstia nada sofreria com os nossos elogios; preferimos, entretanto, gostamos mais deixar falar aqueles que são inteiramente desinteressados na questão.

O *Courier de Paris*, de 11 de junho de 1857, continha, sobre esse livro, o artigo seguinte:

A DOUTRINA ESPÍRITA

O editor Dentu vem de publicar, há pouco tempo, uma obra muito notável; queríamos dizer muito curiosa, mas há dessas coisas que repelem toda qualificação banal.

O Livro dos Espíritos, do senhor Allan Kardec, é uma página nova do grande livro do próprio Infinito, e estamos persuadidos de que se colocará um marcador nessa página. Ficaríamos desolados se cressem que fazemos, aqui, uma propaganda bibliográfica; se pudéssemos supor que assim fora, quebraríamos nossa pena imediatamente. Não conhecemos, de modo algum, o autor, mas confessamos francamente que ficaríamos felizes em o conhecer. Aquele que escreveu a introdução, colocada na frente de *O Livro dos Espíritos*, deve ter a alma aberta a todos os nobres sentimentos.

Para que não se possa, aliás, suspeitar da nossa boa-fé e nos acusar de tomar partido, diremos, com toda sinceridade, que jamais fizemos um estudo aprofundado das questões sobrenaturais. Unicamente, se os fatos que se produziram nos espantaram, não nos fizeram, pelo menos, jamais dar de ombros. Somos um pouco dessas pessoas que se chamam de sonhadoras, porque não pensam inteiramente como todo o mundo. A vinte léguas de Paris, à tarde sob as grandes árvores, quando não tínhamos ao nosso redor senão algumas cabanas disseminadas, pensamos, naturalmente, de qualquer outra coisa do que na Bolsa, no macadame dos bulevares, ou nas corridas de Longchamps. Nos perguntamos, com freqüência, e isso muito tempo antes de ter ouvido falar dos médiuns, o que se passava nisso que se convencionou chamar mais alto. Esboçamos mesmo, outrora, uma teoria sobre os mundos invisíveis, que havíamos guardado, cuidadosamente, para nós, e que ficamos bem felizes de reencontrar, quase inteiramente, no livro do Sr. Allan Kardec.

A todos os deserdados da Terra, a todos aqueles que caminham ou que caem, molhando com suas lágrimas a poeira do caminho, diremos: Lede *O Livro dos Espíritos*, isso vos tornará mais fortes. Aos felizes, também, àqueles que não encontram, em seu caminho, senão as aclamações da multidão ou os sorrisos da fortuna, diremos: Estudai-o, ele vos tornará melhores.

O corpo da obra, diz o Sr. Allan Kardec, deve ser reivindicado, inteiramente, pelos Espíritos que o ditaram. Está admiravelmente classificado por perguntas e por respostas. Estas últimas são, algumas vezes, verdadeiramente sublime, isso não nos surpreende. Mas não foi preciso um grande mérito a quem as soube provocar?

Desafiamos os mais incrédulos a rirem lendo esse livro, no silêncio e na solidão. Todo o mundo honrará o homem que lhe escreveu o prefácio.

A doutrina se resume em duas palavras: *Não façais aos outros o que não quereríeis que se vos fizesse.* Estamos tristes que o Sr. Allan Kardec não tenha acrescentado: *e fazei aos outros o que gostaríeis que vos fosse feito.* O livro, de resto, o diz claramente, e, aliás, a doutrina não estaria completa sem isso. Não basta jamais fazer o mal, é preciso, também, fazer o bem. Se não sois senão um homem honesto, não haveis cumprido senão a metade do vosso dever. Sois um átomo imperceptível dessa grande máquina que se chama mundo, e onde nada deve ser inútil. Não nos digais, sobretudo, que se pode ser útil sem fazer o bem; nos veríamos forçados a vos replicar com um volume.

Lendo as admiráveis respostas dos Espíritos, na obra do Sr. Kardec, nos dissemos que haveria aí um belo livro para se escrever. Bem cedo reconhecemos que estávamos enganados: o livro está todo feito. Não poderíamos senão o estragar, procurando o completar.

Sois homem de estudo, e possuís a boa-fé que não pede senão para se instruir? Lede o livro primeiro sobre a Doutrina Espírita.

Estais colocado na classe das pessoas que não se ocupam senão de si mesmas, fazem, como se diz, seus pequenos negócios tranqüilamente, e não vêem nada ao redor de seus interesses? Lede as *Leis morais*.

A infelicidade vos persegue encarniçadamente, e a dúvida vos cerca, às vezes, com seu abraço glacial? Estudai o livro terceiro: *Esperanças e Consolações*.

Todos vós, que tendes nobres pensamentos no coração e que credes no bem, lede o livro inteiro.

Se encontrar alguém que ache, no seu interior, matéria de gracejo, nós o lamentaremos sinceramente.

G. DU CHALARD.

Entre as numerosas cartas que nos foram dirigidas, desde a publicação de *O Livro dos Espíritos,* não citaremos senão duas, porque resumem, de alguma sorte, a impressão que esse livro produziu, e o fim essencialmente moral dos princípios que encerra.

Bourdeaux, 25 de abril de 1857.

Senhor,

Colocásteis a minha paciência em uma grande prova, pela demora na publicação de o *O Livro dos Espíritos,* anunciada desde há muito tempo; felizmente, não perdi por esperar, porque ele sobrepassa todas as idéias que pude dele formar, de acordo com o prospecto. Vos pintar o efeito que produziu em mim seria impossível: sou como um homem que saiu da obscuridade; me parece que uma porta fechada, até hoje, veio a ser, subitamente, aberta; minhas idéias cresceram em algumas horas! Oh! quanto a Humanidade, e todas as suas miseráveis preocupações, me parecem mesquinhas e pueris, depois desse futuro, do qual não duvido mais, mas que era para mim tão obscurecido pelos preconceitos que eu o imaginava a custo! Graças ao ensinamento dos Espíritos, ele se apresenta sob uma forma definida, compreensível, maior, bela, e em harmonia com a majestade do criador. Quem ler, como eu, esse livro, e o meditando, nele encontrará tesouros inexauríveis de consolações, porque ele abarca todas a fases da existência. Eu fiz, na minha vida, danos que me afetaram vivamente; hoje, não me deixam nenhum remorso e a minha preocupação é a de empregar, utilmente, meu tempo e as minhas faculdades para apressar o meu adiantamento, porque o bem, agora, é um objetivo para mim, e compreendo que uma vida inútil é uma vida egoísta, que não pode nos fazer dar um passo, na vida futura.

Se todos os homens que pensam como vós e eu, e vós os encontrareis muitos, espero-o para a honra da Humanidade, pudessem se entender, se reunir, agir de acordo, que força não teriam para apressar essa regeneração que nos está anunciada! Quando for a Paris, terei a honra de vos ver, e se não for para abusar dos vossos momentos, eu vos pedirei alguns desenvolvimentos sobre certas passagens, e alguns conselhos sobre a aplicação das leis morais, às circunstâncias que nos são pessoais. Recebei, até lá, eu vos peço, senhor, a expressão de todo o meu reconhecimento, porque haveis me proporcionado um grande bem, me mostrando o único caminho da felicidade real, neste mundo, e, talvez, vos deverei, a mais, um melhor lugar no outro.

Vosso todo devotado, D.....*capitão reformado.*

Lyon, 4 de julho de 1857.

SENHOR,

Não sei como vos exprimir todo o meu reconhecimento sobre a publicação de *O Livro dos Espíritos*, que tenho depois de relê-lo. O quanto nos fizesteis saber, é consolador para a nossa pobre Humanidade. Eu vos confesso que, da minha parte, estou mais forte e mais corajoso para suportar as penas e os aborrecimentos ligados à minha pobre existência. Partilhei, com vários de meus amigos, as convicções que hauri na leitura da vossa obra: todos estão muito felizes, compreendem, agora, as desigualdades das posições na sociedade, e não *murmuram* mais contra a Providência; a esperança certa de um futuro muito mais feliz, se eles se comportam bem, os consola e lhes dá coragem. Gostaria, senhor, de vos ser útil; não sou senão um pobre filho do povo, que se fez uma pequena posição, pelo seu trabalho, mas que tem falta de instrução, tendo sido obrigado a trabalhar bem jovem; todavia, sempre amei muito a Deus, e fiz tudo o que pude para ser útil aos meus semelhantes; é por isso que procuro tudo o que pode ajudar na felicidade de meus irmãos. Iremos nos reunir, vários adeptos que estavam esparsos; faremos todos os nossos esforços para vos secundar: haveis levantado o estandarte, cabe a nós vos seguir; contamos com vosso apoio e vossos conselhos.

Sou, senhor, se ouso dizer meu confrade, Vosso todo devotado, C ....

Freqüentemente, se nos dirigem perguntas sobre a maneira pela qual obtivemos as comunicações que são objeto de *O Livro dos Espíritos*. Resumimos, aqui, com a maior boa vontade, as respostas que demos, a esse respeito, que isso nos dará ocasião de cumprir um dever de gratidão para com as pessoas que quiseram nos prestar seu concurso.

Como explicamos, as comunicações por pancadas, dito de outro modo, pela tiptologia, são muito lentas e muito incompletas para um trabalho de longo fôlego, também não empregamos, jamais, esse meio; tudo foi obtido pela escrita e por intermédio de vários médiuns psicógrafos. Nós mesmos preparamos as perguntas e coordenamos o conjunto da obra; as respostas são, textualmente, as que nos foram dadas pelos Espíritos; a maioria, foi escrita sob nossos olhos, algumas foram tomadas de comunicações que nos foram dirigidas por correspondentes, ou que recolhemos, por toda parte onde estivemos, para as estudar: os Espíritos parecem, para esse efeito, multiplicar, aos nossos olhos, os assuntos de observação.

Os primeiros médiuns que concorreram para o nosso trabalho foram a senhorita B***, cuja complacência nunca nos faltou; o livro foi escrito, quase por inteiro, por seu intermédio e na presença de um numeroso auditório, que assistia às sessões, e nelas tomava o mais vivo interesse. Mais tarde, os Espíritos lhe prescreveram a revisão completa em conversas particulares, para fazerem nele todas as adições e correções que julgaram necessárias. Essa parte essencial do trabalho foi feita com o concurso da senhorita Japhet[1], que se prestou, com a maior complacência e o mais completo desinteresse a todas as exigências dos Espíritos, porque eram eles que determinavam os dias e as horas de suas lições. O desinteresse não seria, aqui, um mérito particular, uma vez que os Espíritos reprovam todo o tráfico que se possa fazer com sua presença; a senhorita Japhet, que é, igualmente, sonâmbula muito notável, tinha seu tempo utilmente empregado; mas compreendeu que era, igualmente, dele fazer um emprego aproveitável, consagrando-o à propagação da Doutrina. Quanto a nós, declaramos, desde o princípio, e nos apraz confirmar aqui, que jamais entendemos fazer, de *O Livro dos Espíritos*, objeto de uma especulação, devendo os produtos serem aplicados em coisas de utilidade geral; é por isso que seremos, sempre, reconhecidos para com aqueles que se associaram, de coração, e por amor ao bem, à obra à qual nos consagramos.

ALLAN KARDEC

(1) Rua Tiquetonne, 14.

REVISTA ESPÍRITA,

JORNAL

DE ESTUDOS PSICOLÓGICOS

Fevereiro

Diferentes ordens de Espíritos

Um ponto capital, na Doutrina Espírita, é o das diferenças que existem, entre os Espíritos, sob o duplo aspecto intelectual e moral; seu ensinamento, a esse respeito, jamais variou; mas não é menos essencial saber que não pertencem, perpetuamente, à mesma ordem, e que, conseqüentemente, essas ordens não se constituem em *espécies distintas*: são diferentes graus de desenvolvimento. Os Espíritos seguem a marcha progressiva da Natureza; os das ordens inferiores são ainda imperfeitos; alcançam os graus superiores depois de estarem depurados; avançam na hierarquia à medida que adquirem as qualidades, a experiência que lhes faltam. A criança, no berço, não se parece ao que será na idade madura, e, todavia, é sempre o mesmo ser.

A classificação dos Espíritos está baseada no grau do seu adiantamento, nas qualidades que adquiriram e nas imperfeições das quais, ainda, não se despojaram. Essa classificação, de resto, nada tem de absoluta; cada categoria não apresenta um caráter distinto senão no seu conjunto; mas de um grau ao outro a transição é imperceptível, e, sobre os limites, a nuança se apaga como nos reinos da Natureza, como nas cores do arco-íris, ou, ainda nos diferentes períodos da vida do homem. Pode-se, pois, formar um maior ou menor número de classes segundo o ponto de vista sob o qual se considera a questão. Ocorre aqui como em todos os sistemas de classificações científicas; esses sistemas podem ser mais ou menos completos, mais ou menos racionais, mais ou menos cômodos para a inteligência, porém, quaisquer que sejam, não mudam nada ao fundo da ciência. Os Espíritos, interrogados sobre esse ponto, puderam, pois, variar no número das categorias, sem que isso tivesse conseqüências. Serviu-se dessa aparente contradição, sem refletir que eles não ligam nenhuma importância ao que é puramente convencional; para eles, o pensamento é tudo; nos deixam a forma, a escolha das palavras, as classificações, em uma palavra, os sistemas.

Acrescentemos, ainda, esta consideração que não se deve, jamais, perder de vista, é que, entre os Espíritos, como entre os homens, há muito ignorantes, e que não seria demais se colocar em guarda contra tendência a crer que todos devem tudo saber porque são Espíritos. Toda classificação exige método, análise e conhecimento profundo do assunto. Ora, no mundo dos Espíritos, os que têm conhecimentos limitados são, como aqui os ignorantes, inabilitados a abarcar um conjunto, a formular um sistema; aqueles mesmo que disso são capazes, podem variar nos detalhes, segundo seu ponto de vista, sobretudo quando uma divisão nada tem de absoluta. Linnée, Jussieu, Tournefort, têm, cada um, o seu método, e a Botânica não mudou por isso; é que não inventaram nem as plantas, nem os seus caracteres; observaram as analogias segundo as quais formaram os grupos ou classes. Foi assim que procedemos; não inventamos nem os Espíritos, nem os seus caracteres; vimos e observamos, os julgamos por suas palavras e seus atos, depois foram classificados por semelhanças; é o que cada um teria feito em nosso lugar.

Não podemos, entretanto, reivindicar a totalidade desse trabalho como sendo obra nossa. Se o quadro, que damos em seguida, não foi textualmente traçado pelos Espíritos, e se dele tivemos a iniciativa, todos os elementos dos quais se compõe foram tomados dos seus ensinamentos; não nos restou mais do que lhes formular a disposição material.

Os Espíritos admitem, geralmente, três categorias principais ou três grandes divisões. Na última, a que está na base da escala, estão os Espíritos imperfeitos que têm, ainda, todos ou quase todos os degraus a percorrer; se caracterizam pela predominância da matéria sobre o Espírito e pela propensão ao mal. Os da segunda, se caracterizam pela predominância do Espírito sobre a matéria e pelo desejo do bem: são os bons Espíritos. A primeira, enfim, compreende os Puros Espíritos, aqueles que alcançaram o supremo grau de perfeição.

Essa divisão nos parece perfeitamente racional e apresentar caracteres bem definidos; não nos restou mais do que fazer ressaltar, por um número suficiente de subdivisões, as nuanças principais do conjunto; foi isso o que fizemos com o concurso dos Espíritos, cujas instruções benevolentes jamais nos faltaram.

Com a ajuda desse quadro, será fácil determinar a classe e o grau de superioridade, ou inferioridade dos Espíritos com os quais podemos entrar em intercâmbio e, conseqüentemente, o grau de confiança e de estima que merecem. De outra parte, nos interessa pessoalmente, porque, como pertencemos, por nossa alma, ao mundo espírita, no qual reentraremos deixando nosso envoltório mortal, nos mostra o que nos resta a fazer para chegarmos à perfeição e ao bem supremo. Faremos observar, todavia, que os Espíritos não pertencem sempre, exclusivamente, a tal ou tal classe; seu progresso, não se cumprindo senão gradualmente, e, freqüentemente, mais num sentido do que num outro, podem reunir os caracteres de várias categorias, o que é fácil de apreciar por sua linguagem e por seus atos.

ESCALA ESPÍRITA

TERCEIRA ORDEM – ESPÍRITOS IMPERFEITOS

Caracteres gerais. – Predominância da matéria sobre o Espírito. Propensão ao mal. Ignorância, orgulho, egoísmo e todas as más paixões que lhes são a conseqüência.

Têm intuição de Deus, mas não o compreendem.

Nem todos são essencialmente maus; em alguns, há mais de leviandade, de inconseqüência e de malícia do que de verdadeira maldade. Uns não fazem nem o bem nem o mal; mas somente por isso, que não fazem o bem, denotam a sua inferioridade. Outros, ao contrário, se comprazem no mal, e ficam satisfeitos quando encontram oportunidade de o fazer.

Podem aliar a inteligência à maldade ou à malícia; mas, qualquer que seja o seu desenvolvimento intelectual, suas idéias são pouco elevadas e seus sentimentos mais ou menos abjetos.

Seus conhecimentos, sobre as coisas do mundo espírita, são limitados, e o pouco que sabem se confunde com as idéias e os preconceitos da vida corporal. Não podem, dele, nos dar senão noções falsas e incompletas; mas o obervador atento, freqüentemente, encontra em suas comunicações, mesmo imperfeitas, a confirmação de grandes verdades ensinadas pelos Espíritos superiores.

Seu caráter se revela pela sua linguagem. Todo Espírito que, em suas comunicações, revela um mau pensamento, pode ser classificado na terceira ordem; conseqüentemente, todo mau pensamento que nos é sugerido vem dum Espírito dessa ordem.

Vêem a felicidade dos bons, e essa visão, para eles, é um tormento incessante, porque experimentam todas as angústias que a inveja e o ciúme podem produzir.

Conservam a lembrança e a percepção dos sofrimentos da vida corporal, e essa impressão, freqüentemente, é mais penosa do que a realidade. Sofrem, pois, verdadeiramente, pelos males que sofreram e pelos que fizeram os outros sofrer; e, como sofrem por longo tempo, crêem sofrer sempre; Deus, para os punir, quer que assim creiam.

Pode-se os dividir em quatro grupos principais.

Nona classe. ESPÍRITOS IMPUROS. – São inclinados ao mal e dele fazem o objeto das suas preocupações. Como Espíritos, dão conselhos pérfidos, insuflam a discórdia e a desconfiança, e tomam todas as máscaras para melhor enganarem. Ligam-se aos caracteres fracos para ceder às suas sugestões, a fim de os compelir à sua perdição, satisfeitos em poderem retardar o seu adiantamento, os fazendo sucumbir nas provas que suportam.

Nas manifestações, são reconhecidos pela sua linguagem; a trivialidade e a grosseria das expressões, nos Espíritos como nos homens, é sempre um indício de inferioridade moral, senão intelectual. Suas comunicações revelam a baixeza das suas inclinações, e se querem fazer que se enganem, falando de modo sensato, não podem sustentar o seu papel por muito tempo e acabam, sempre, por trair a sua origem.

Certos povos fazem deles divindades malfazejas, outros os designam sob o nome de demônios, maus gênios, Espíritos do mal.

Os seres vivos que animam, quando estão encarnados, são inclinados a todos os vícios que engendram as paixões vis e degradantes: a sensualidade, a crueldade, o embuste, a hipocrisia, a cupidez, a sórdida avareza.

Fazem o mal pelo prazer de o fazer, o mais freqüentemente, sem motivos e pelo ódio ao bem, quase sempre, escolhem as suas vítimas entre as pessoas honestas. São flagelos para a Humanidade, a qualquer classe da sociedade a que pertençam, e o verniz da civilização não os garante do opróbrio e da ignomínia.

Oitava classe. ESPÍRITOS LEVIANOS. – São ignorantes, malignos, inconseqüentes e zombeteiros. Imiscuem-se em tudo, respondem a tudo, sem se importarem com a verdade. Comprazem-se em causar pequenos aborrecimentos, pequenas alegrias, em atormentar, em induzir maliciosamente ao erro através de mistificações e travessuras. A esta classe pertencem os Espíritos vulgarmente designados sob os nomes de *duendes*, *espíritos diabólicos*, *gnomos*, *demônios gracejadores*. Estão sob a dependência de Espíritos superiores, que os empregam, freqüentemente, como o fazemos com os serviçais e operários.

Parecem, mais do que outros, apegados à matéria, e representam ser os agentes principais das vicissitudes dos elementos do globo, seja porque habitam o ar, a água, o fogo, os corpos duros ou as entranhas da Terra.

Manifestam, freqüentemente, sua presença por efeitos sensíveis tais como os golpes, o movimento e deslocamento anormal dos corpos sólidos, a agitação do ar etc. o que se lhes faz dar o nome de Espíritos batedores ou perturbadores. Reconhece-se que, esses fenômenos, não são devidos a uma causa fortuita e natural, quando têm um caráter intencional e inteligente. Todos os Espíritos podem produzir esses fenômenos, mas os Espíritos elevados os deixam, em geral, nas atribuições de Espíritos inferiores, mais aptos às coisas materiais do que às coisas inteligentes.

Em suas comunicações com os homens, sua linguagem, algumas vezes, é espirituosa e engraçada, mas, quase sempre, sem profundidade; aproveitam os erros e os ridículos que exprimem em tiradas mordazes e satíricas. Se ostentam nomes supostos, mais freqüentemente, é por malícia do que por maldade.

Sétima classe. ESPÍRITOS PSEUDO-SÁBIOS. – Seus conhecimentos são bastante extensos, mas crêem saber mais do que sabem em realidade. Tendo alcançado algum progresso em diversos pontos de vista, sua linguagem tem um caráter sério que pode enganar sobre as suas capacidades e as suas luzes; mas, o mais freqüentemente, não é senão um reflexo dos preconceitos e das idéias sistemáticas da vida terrestre; é uma mistura de algumas verdades ao lado dos mais absurdos erros, no meio dos quais mostram a presunção, o orgulho, o ciúme e a teimosia dos quais não puderam se despojar.

Sexta classe. ESPÍRITOS NEUTROS. – Não são nem bastante bons para fazerem o bem, nem bastante maus para fazerem o mal; pendem tanto para um quanto para o outro, e não se elevam acima da condição vulgar da humanidade, tanto pela moral quanto pela inteligência. Participam das coisas deste mundo, das quais lamentam as alegrias grosseiras.

SEGUNDA ORDEM – BONS ESPÍRITOS

Caracteres gerais. – Predominância do Espírito sobre a matéria; desejo do bem. Suas qualidades e o seu poder para fazerem o bem estão em razão do grau que alcançaram: uns têm a ciência, os outros, a sabedoria e a bondade; os mais avançados unem o saber às qualidades morais. Não estando, ainda, completamente desmaterializados, conservam, mais ou menos, segundo sua classe, os traços da existência corporal, seja na forma da linguagem, seja em seus hábitos, onde se encontram mesmo algumas das suas manias; de outro modo, seriam Espíritos perfeitos.

Compreendem Deus e o Infinito, e já gozam da felicidade dos bons. São felizes pelo bem que fazem e pelo mal que impedem.

O amor que os une é, para eles, a fonte de uma felicidade inefável que não se altera nem pela inveja, nem pelos desgostos, nem pelos remorsos, nem por nenhuma das más paixões que fazem o tormento dos Espíritos imperfeitos; mas todos têm, ainda, provas a suportar até que tenham atingido a perfeição absoluta.

Como Espíritos, suscitam bons pensamentos, desviam os homens do caminho do mal, protegem, na vida, aqueles que disso se tornam dignos, e neutralizam a influência dos Espíritos imperfeitos naqueles que não se comprazem em a suportar.

Aqueles em quem estão encarnados, são bons e benevolentes para seus semelhantes; não são movidos nem pelo orgulho, nem pelo egoísmo, nem pela ambição; não sentem nem ódio, nem rancor, nem inveja, nem ciúme e fazem o bem pelo bem.

A essa ordem pertencem os Espíritos designados, nas crenças vulgares, sob os nomes de *bons gênios*, *gênios protetores*, *Espíritos do bem*. Nos tempos de superstição e de ignorância, deles fizeram divindades benfazejas.

Podem, igualmente, ser divididos em quatro grupos principais.

Quinta classe. ESPÍRITOS BENEVOLENTES. – Sua qualidade dominante é a bondade; se comprazem em servir aos homens e os proteger, mas seu saber é limitado: seu progresso se cumpriu mais no sentido moral do que no sentido intelectual.

Quarta classe. ESPÍRITOS SÁBIOS. – O que os distingue, especialmente, é a extensão dos seus conhecimentos. Preocupam-se menos com questões morais do que com questões científicas, para as quais têm mais aptidão; mas não encaram a ciência senão sob o ponto de vista da utilidade, e nisso não misturam nenhuma das paixões que são próprias dos Espíritos imperfeitos.

Terceira classe. ESPÍRITOS SENSATOS. – Suas qualidades morais, da mais elevada ordem, formam seu caráter distintivo. Sem terem conhecimentos ilimitados, são dotados de uma capacidade intelectual que lhes proporciona um julgamento sadio sobre os homens e sobre as coisas.

Segunda classe. ESPÍRITOS SUPERIORES. – Reúnem a ciência, a sabedoria e a bondade. Sua linguagem não respira senão a benevolência; é constantemente digna, elevada, freqüentemente sublime. Sua superioridade os torna, mais do que aos outros, aptos a nos darem mais justas noções sobre as coisas do mundo incorpóreo, nos limites do que é permitido ao homem conhecer. Comunicam-se, de boa vontade, com aqueles que procuram a verdade de boa-fé, e cuja alma esteja bastante liberta dos laços terrestres para a compreender, mas se afastam daqueles animados unicamente pela curiosidade, ou que a influência da matéria afasta da prática do bem.

Quando, por exceção, se encarnam sobre a Terra, é para nela cumprirem uma missão de progresso, e nos oferecem, então, o modelo da perfeição à qual a Humanidade pode aspirar neste mundo.

PRIMEIRA ORDEM: PUROS ESPÍRITOS

Caracteres gerais. – Influência da matéria nula. Superioridade intelectual e moral absoluta com relação aos Espíritos de outras ordens.

Primeira classe. Classe única. – Percorreram todos os graus da escala e se despojaram de todas as impurezas da matéria. Tendo alcançado a soma de perfeição, da qual a criatura é suscetível, não têm mais a suportar nem provas, nem expiações. Não estando mais sujeitos à reencarnação em corpos perecíveis, para eles, é a vida eterna que cumprem no seio de Deus.

Gozam de uma felicidade inalterável, porque não estão sujeitos nem às necessidades, nem às vicissitudes da vida material; mas essa felicidade não é a de uma *ociosidade monótona passada numa contemplação perpétua.* São os mensageiros e os ministros de Deus, cujas ordens executam para a manutenção da harmonia universal. Comandam a todos os Espíritos que lhes são inferiores, os ajudam a se aperfeiçoarem e lhes assinalam a sua missão. Assistir os homens em suas aflições, os excitar ao bem ou à expiação das faltas que os distanciam da felicidade suprema, para eles, é uma doce ocupação. São designados, algumas vezes, sob o nome de anjos, arcanjos ou serafins.

Os homens podem entrar em comunicação com eles, mas bem presunçoso seria aquele que pretendesse os ter, constantemente, às suas ordens.

ESPÍRITOS ERRANTES OU ENCARNADOS

Sob o aspecto das qualidades íntimas, os Espíritos são de diferentes ordens, que percorrem, sucessivamente, à medida que se depuram. Como *estado*, podem estar *encarnados*, quer dizer, unidos a um corpo, num mundo qualquer; ou *errantes*, quer dizer, desligados do corpo material e esperando uma nova encarnação para se melhorarem.

Os Espíritos *errantes* não formam uma categoria especial; é um dos estados em que podem se encontrar.

O estado *errante* ou *erraticidade*, não constitui uma inferioridade para os Espíritos, uma vez que, nele, podem estar em todos os graus. Todo Espírito que não esteja encarnado, está por isso mesmo, *errante*, com exceção dos *Puros Espíritos* que, não tendo mais encarnação a suportarem, estão no seu estado definitivo.

A encarnação, não sendo senão um estado transitório, a *erraticidade* é, na realidade, o estado normal dos Espíritos, e esse estado não é, forçosamente, uma expiação para eles; são felizes ou infelizes segundo o grau de sua elevação, e segundo o bem ou o mal que fizeram.

O FANTASMA DA SENHORITA CLAIRON[1]

Esta história produziu muito ruído em seu tempo, pela posição da heroína e pelo grande número de pessoas que lhe foram testemunhas. Malgrado sua singularidade, ela seria provavelmente esquecida se a senhorita Clairon não a houvesse consignado em

(1) A senhorita Clairon, nascida em 1723, morreu em 1803. Estreou na companhia italiana com a idade de 13 anos, e na Comédia francesa em 1743. Retirou-se do teatro em 1765, com a idade de 42 anos.

suas Memórias, de onde extraímos a narração que dela vamos fazer. A analogia que ela apresenta com alguns fatos que se passam em nossos dias, lhe dá um lugar natural nesta Coletânea.

A senhorita Clairon, como se sabe, era tão notável pela sua beleza quanto pelo seu talento como cantora e atriz trágica; tinha inspirado, a um jovem bretão, Sr. de S..., uma dessas paixões que, freqüentemente, decidem na vida, quando não se tem bastante força de caráter para dela triunfar. A ele, a senhorita Clairon, não respondia senão pela amizade; todavia, as assiduidades do Sr. de S... se lhe tornaram de tal modo importunas que resolveu romper toda relação com ele. O desgosto que disso ele sentiu lhe causou uma longa enfermidade da qual morreu. A coisa se passou em 1743. Deixemos a senhorita Clairon falar:

"Dois anos e meio haviam decorrido entre o nosso conhecimento e a sua morte. Ele me rogou conceder, aos seus últimos momentos, a doçura de me ver ainda; os que me rodeavam, que impediram de fazer essa visita. Ele morreu não tendo, perto de si, senão os seus domésticos e uma velha dama, única sociedade que teve, desde há muito tempo. Habitava, então, a Rempart, perto da Chaussée-d'Antin, onde se começava a construir; eu, à rua Bussy, perto da rua Seine e abadia Saint-Germain. Tinha minha mãe, e vários amigos vieram jantar comigo... Vinha de cantar muito lindas canções de pastores, com as quais meus amigos estavam no arrebatamento, quando, pelas onze horas, sucedeu o grito, o mais agudo. Sua sombria modulação e sua duração, espantaram todo o mundo; senti-me desfalecer, e estive, quase um quarto de hora, inconsciente...

Todos os meus, meus amigos, meus vizinhos, a própria polícia, ouviam o mesmo grito, sempre à mesma hora, sempre partindo de sob a minha janela, e não parecendo sair senão do vago do ar... Raramente jantava na cidade, mas, nos dias que jantava, não se ouvia nada, e, várias vezes, perguntando por suas novidades, à minha mãe, à minha família, quando reentrava no meu quarto, partia do meio de nós. Uma vez, o presidente de B..., com o qual havia jantado, quis me reconduzir para se assegurar de que nada me tinha acontecido no caminho. Como me desejasse boa noite na minha porta, o grito partiu entre ele e mim. Assim como toda Paris, ele sabia essa história: todavia, refugiou-se em sua carruagem, mais morto do que vivo.

"Uma outra vez, pedi ao meu camarada Rosely para me acompanhar à rua Saint-Honoré para escolher tecidos. O único assunto da nossa conversa foi o meu fantasma (era assim que o chamava). Esse jovem, cheio de espírito, não crendo em nada, entretanto, estava tocado pela minha aventura; instou-me a evocar o fantasma, me prometendo que nele creria, se me respondesse. Seja por fraqueza, seja por audácia, fiz o que me pedia: o grito saiu em três reprises, terríveis pelo seu estrondo e sua rapidez. No nosso retorno, foi preciso o socorro de toda a casa para nos tirar da carruagem, onde ambos estivemos sem conhecimento. Depois desta cena, fiquei alguns meses sem nada ouvir. Acreditava-me livre para sempre, e me enganei.

"Todos os espetáculos haviam sido mandados para Versailles, para o casamento do Delfim. Havia-me arrumado, na avenida de Saint-Cloud, um quarto que ocupava com a senhora Grandval. Às três horas da manhã, eu lhe disse: Estamos no fim do mundo; ao grito seria embaraçoso ter que nos procurar aqui... Ele saiu! A senhora Grandval acreditou que o inferno todo estivesse no quarto: ela correu, de camisa, de alto a baixo a casa, onde ninguém pôde fechar o olho durante a noite; mas, ao menos, foi a última vez que se fez ouvir.

"Sete ou oito dias depois, conversando com a minha roda costumeira, o sino de onze horas foi seguido de um tiro de fuzil, dado em uma das minhas janelas. Todos nós ouvimos o tiro; todos vimos o fogo; a janela não tinha nenhum tipo de dano. Concluímos, todos, que queriam a minha vida, que haviam errado o alvo e que seria preciso tomar precauções para o futuro. O senhor Marville, então tenente de polícia, fez visitar as casas defronte a minha; a rua foi repleta de todos os espiões possíveis; mas, quaisquer cuidados que se tivessem tomado, esse tiro, durante três meses inteiros, foi ouvido, visto, dado sempre à mesma hora, na mesma vidraça, sem que ninguém tivesse jamais podido ver de que sítio partia. Esse fato foi constatado nos registros da polícia.

"Acostumada com o meu fantasma, que achava um diabo bastante bom, uma vez que se conservava em enganos sagazes, não tomando consciência da hora que era, fazendo muito calor, abri a janela eleita e, o intendente e eu, nos apoiamos sobre o balcão. Soam onze horas, o tiro parte e nos lança, todos os dois, no meio do quarto, onde caímos como mortos. Retornando a nós mesmos, sentindo que não tínhamos nada, reconhecendo que havíamos recebido, ele sobre a face esquerda, eu sobre a face direita, a mais terrível bofetada que se tenha jamais aplicado, nos pusemos a rir como dois loucos.

"Dois dias depois, convidada pela senhorita Dumesnil para estar numa pequena festa noturna, que dava na sua casa da barrière Blanche, subi em uma viatura, às onze horas, com minha aia. Fazia o mais belo luar, e fomos conduzidas pelos bulevares que começavam a se encher de casas. Minha aia me disse: Não foi aqui que morreu o Sr. de S...? – Segundo as notícias que me deram, deve ser, lhe disse, designando com meu dedo, uma das duas casas ali diante de nós. De uma delas partiu esse mesmo tiro de fuzil que me perseguia: atravessa a nossa viatura; o cocheiro dobra sua marcha, se crendo atacado por ladrões. Chegamos ao encontro, fazendo força para refrear nossos sentidos, e, de minha parte, penetrada de um terror que conservei por muito tempo, o confesso; mas essa explosão foi a última, das armas de fogo.

À sua explosão, sucedeu um estalar de mãos, tendo uma certa medida e redobros. Esse ruído, ao qual a bondade do público me havia acostumado, não me deixou fazer nenhuma observação durante muito tempo; meus amigos a fizeram por mim. Nós espreitamos, me disseram: é às onze horas, quase sob vossa porta que ele ocorre; nós o ouvimos, não vimos ninguém; isso não pode ser senão uma conseqüência daquilo que haveis experimentado. Como esse ruído não tinha nada de terrível, não conservei a data da sua duração. Não prestei mais atenção aos sons melodiosos que se fizeram ouvir depois; parecia que uma voz celeste dava o esboço da ária nobre e tocante que ela ia cantar; essa voz começava na esquina de Bussy e terminava na minha porta; e, como ocorreu como todos os outros sons precedentes, ouvia-se e não se via nada. Enfim, tudo cessou depois de um pouco mais de dois anos e meio."

Daí a algum tempo, a senhorita Clairon recebe, da dama idosa que tinha sido a amiga devotada do Sr. de S..., o relato dos seus últimos momentos. "Ele contava, disse ela, todos os minutos, até as dez horas e meia, quando seu lacaio veio dizer que, decididamente, não vínheis. Depois de um momento de silêncio, ele me aperta a mão com um redobramento de desespero que me assusta. *A bárbara!... com isso não ganhará nada; eu a perseguirei tanto depois da minha morte como a persegui durante a minha vida!...* Quis tratar de o acamar, mas estava morto."

Na edição que temos sob os olhos, esse relato está precedido da nota seguinte, sem assinatura:

"Eis uma anedota bem singular da qual se fez, e se fará, sem dúvida, muitos juízos diferentes. Ama-se o maravilhoso, mesmo sem nele crer: a senhorita Clairon parecia convencida da realidade dos fatos que ela conta. Nos contentaremos em anotar que, no tempo em que ela foi ou acreditou atormentada por seu fantasma, tinha de vinte e dois anos e meio a vinte e cinco anos; que é a idade da imaginação, e que essa faculdade era continuamente exercida e exaltada, nela, pelo gênero de vida que levava no teatro e fora do teatro. Pode-se lembrar, ainda, que ela disse, no início das suas Memórias, que, em sua infância, não se entretinha senão com aventuras de fantasmas e de feiticeiros, que se lhe disse serem histórias verdadeiras."

Não conhecendo o fato senão pelo relato da senhorita Clairon, não o podemos julgar senão por indução; ora, eis o nosso raciocínio. Esse acontecimento, descrito em seus mais minuciosos detalhes pela própria senhorita Clairon, tem mais autenticidade do que se tivesse sido narrado por um terceiro. Acrescentamos que, quando ela escreveu a carta, na qual ele se acha relatado, tinha ao redor de sessenta anos, e passada a idade da credulidade, da qual fala o autor da nota. Esse autor não põe em dúvida a boa-fé da senhorita Clairon sobre a sua aventura, unicamente pensa que ela pode ter sido o joguete de uma ilusão. Que o fosse uma vez, isso não seria nada espantoso, mas que tenha sido durante dois anos e meio, isso nos parece mais difícil; nos parece mais difícil ainda supor que essa ilusão foi partilhada por tantas pessoas, testemunhas oculares e auriculares dos fatos, e pela própria polícia. Para nós, que conhecemos o que pode se passar nas manifestações espíritas, a aventura nada tem que possa nos surpreender, e a temos por provável.Nesta hipótese, não hesitamos em pensar que o autor, de todas essas más ações, não era outro senão a alma ou espírito do Sr. de S..., se anotarmos, sobretudo, a coincidência das suas últimas palavras com a duração dos fenômenos. Ele havia dito: Eu a perseguirei tanto depois da minha morte, como durante a minha vida. Ora, suas relações com a senhorita Clairon tinham durado dois anos e meio, justo tanto tempo quanto o das manifestações que seguiram a sua morte.

Algumas palavras, ainda, sobre a natureza desse Espírito. Não era mau, e é com razão que a senhorita Clairon o qualifica como bastante bom rapaz, mas não se pode dizer, no entanto, que foi a própria bondade. A paixão violenta, à qual sucumbiu, como homem, prova que, nele, as idéias terrestres eram dominantes. Os traços profundos dessa paixão, que sobreviveu à destruição do corpo, prova que, como Espírito, estava, ainda, sob a influência da matéria. Sua vingança, por inofensiva que fosse, denota sentimentos pouco elevados. Se, pois, se quiser reportar ao nosso quadro da classificação dos Espíritos, não será difícil assinalar a sua classe; a ausência de maldade real, naturalmente, descarta a última classe, a dos Espíritos impuros; mas, evidentemente, ligava-se a outras classes da mesma ordem; nada, nele, poderia lhe justificar uma classe superior.

Uma coisa digna de nota é a sucessão dos diferentes modos dos quais manifestou a sua presença. Foi no mesmo dia e no momento da sua morte que ele se fez ouvir pela primeira vez, e isso no meio de um alegre jantar. Quando vivo, via a senhorita Clairon pelo pensamento, rodeada da auréola que a imaginação empresta ao objeto de uma paixão ardente; mas, uma vez a alma desembaraçada do seu véu material, a ilusão dá lugar à realidade. Ele está aí, ao seu lado, e a vê rodeada de *amigos*, tudo devendo aumentar seu ciúme; ela parece, pela sua jovialidade e pelos seus cantos, insultar o seu desespero, e o seu desespero se traduz por um grito de raiva que repete, cada dia, à mesma hora, como para lhe reprovar sua recusa em ir consolá-lo em seus últimos momentos. Aos gritos, sucedem os tiros de fuzil, inofensivos, é verdade, mas que não denotam menos uma raiva impotente e a vontade de perturbar o seu repouso. Mais tarde, o seu desespero toma um caráter mais calmo; retorna, sem dúvida, a idéias mais sadias, e parece haver tomado partido; lhe resta a lembrança dos aplausos dos quais ela era objeto, e os repete. Mais tarde, enfim, lhe diz adeus, a fazendo ouvir sons que pareciam eco dessa voz melodiosa que o havia fascinado tanto em sua vida.

ISOLAMENTO DOS CORPOS PESADOS

O movimento dado aos corpos inertes, pela vontade é, hoje, tão conhecido que seria quase pueril relatar fatos desse gênero; não ocorre o mesmo quando esse movimento é acompanhado de certos fenômenos menos vulgares, tais como, por exemplo, o da suspensão no espaço. Se bem que os anais do Espiritismo, deles, cita numerosos exemplos, esse fenômeno apresenta uma tal derrogação das leis da gravidade que a dúvida parece muito natural a quem dele não tenha sido testemunha. Nós mesmos, confessamos, por habituados que estamos com as coisas extraordinárias, ficamos bem contentes em lhe constatar a realidade.

Os fatos que vamos narrar se passaram várias vezes, sob os nossos olhos, nas reuniões que tiveram lugar outrora na casa do Sr. B***, rua Lamartine, e sabemos que se produziram muitas vezes em outro lugar; podemos, pois, os certificar como incontestáveis. Eis como as coisas se passaram:

Oito ou dez pessoas, entre as quais se encontravam algumas dotadas de uma força especial, sem serem, todavia, médiuns reconhecidos, se colocavam ao redor de uma mesa de salão, pesada e maciça, as mãos pousadas sobre a borda e todas unidas em intenção e vontade. Ao cabo de um tempo mais ou menos longo, dez minutos ou um quarto de hora, segundo as disposições ambientes eram mais ou menos favoráveis, a mesa, apesar de seu peso de quase 100 quilos, se punha em movimento, deitando à direita ou à esquerda, sobre o assoalho, se transportando para diversas partes designadas do salão, depois se erguendo, ora sobre um pé, ora sobre o outro, até formar um ângulo de 45 graus, se balançando com rapidez, imitando os movimentos longitudinais e laterais de um navio. Se, nessa posição, os assistentes redobravam esforços por sua vontade, a mesa se destacava, inteiramente, do solo, a 10 ou 20 centímetros de elevação, sustendando-se, assim, no espaço, sem nenhum ponto de apoio, durante alguns segundos, para cair com todo o seu peso.

O movimento da mesa, seu erguimento sobre um pé, seu balanço, se produziam quase à vontade, freqüentemente, várias vezes na noite, e, freqüentemente também, sem nenhum contato das mãos; só a vontade bastava para que a mesa se dirigisse para o lado indicado. O isolamento completo era mais difícil de se obter, mas se repetiu com bastante freqüência para que possa ser considerado como um fato excepcional. Ora, isso não se passou unicamente na presença de adeptos, os quais se poderia crer muito accessíveis à ilusão, mas diante de vinte ou trinta pessoas, dentre as quais se encontravam, algumas vezes, as que lhe eram muito pouco simpáticas, que não deixavam de supor alguma preparação secreta, sem consideração para com os senhores da casa, cujo caráter honorável deveria afastar toda suspeição de fraude, e porque, aliás, teria sido um singular prazer o de passar, todas as semanas, várias horas a mistificar uma assembléia sem proveito.

Narramos o fato em toda a sua simplicidade, sem restrições nem exageros. Não diremos, pois, que vimos a mesa voltear no ar como uma pluma; mas, tal como ele é, esse fato não deixa de demonstrar a possibilidade do isolamento dos corpos pesados sem apoio algum, por meio de uma força até então desconhecida. Não diremos, não mais, que basta estender a mão, ou fazer um sinal qualquer, para que, no mesmo instante, a mesa se mova e se eleve como por encanto.

Diremos, ao contrário, por ser verdade, que os primeiros movimentos se operam, sempre, com uma certa lentidão, e não adquirem, senão gradualmente, a sua máxima intensidade. O erguimento completo não ocorria senão depois de vários movimentos preparatórios, que eram espécie de ensaio e um tipo de impulso. A força atuante parecia redobrar esforços pelo encorajamento dos assistentes, como um homem, ou um cavalo, que cumpre pesada tarefa, e que se anima com a voz e com o gesto. Uma vez produzido o efeito, tudo retornava à calma, e, por alguns instantes, nada se obtinha, como se essa mesma força tivesse necessidade de retomar fôlego.

Tivemos, com freqüência, oportunidade de citar fenômenos desse gênero, sejam espontâneos, sejam provocados, e realizados em proporções e com circunstâncias bem mais extraordinárias; mas, quando deles somos testemunhas, os relatamos, sempre, de modo a evitar toda interpretação falsa ou exagerada. Se, no fato acima relatado, tivéssemos nos contentado em dizer que vimos uma mesa de 100 quilos se elevar com o único contato das mãos, ninguém duvide que, muitas pessoas, se figurariam que se havia elevado até o teto e com a rapidez de um golpe de vista. É assim que as coisas, as mais simples, tornam-se prodígios pelas proporções que lhes empresta a imaginação. O que isso deve ser quando os fatos atravessaram os séculos e passaram pela boca dos poetas! Se se dissesse que a superstição é a filha da realidade, se teria o ar de expor um paradoxo, e, todavia, nada é mais verdadeiro; não há superstição que não repouse sobre um fundo real; tudo está em discernir onde termina uma e começa a outra. O verdadeiro meio de combater as superstições, não é o de as contestar de modo absoluto; no espírito de certas pessoas, há idéias que não se desarraigam mais facilmente, porque têm, sempre, fatos a citar em apoio da sua opinião; ao contrário, é preciso demonstrar o que há de real; então, não resta senão o exagero ridículo, para o qual o bom senso faz justiça.

A FLORESTA DE DODONE E A ESTÁTUA DE MEMNON

Para chegarmos à floresta de Dodone, passamos pela rua Lamartine, e nos detemos um instante na casa do Sr. B***, onde vimos um móvel dócil nos colocar um novo problema de estática.

Os assistentes, em um número qualquer, estão colocados ao redor da mesa em questão, em uma ordem igualmente qualquer, porque não há, aí, nem números, nem lugares cabalísticos; têm as mãos pousadas sobre a beirada; fazem, seja mentalmente, seja em voz alta, apelos aos Espíritos que têm o hábito de atenderem o seu convite. Conhece-se a nossa opinião sobre esse gênero de Espíritos, por isso nós os tratamos um pouco sem cerimônia. Quatro ou cinco minutos apenas são decorridos, quando um ruído claro de *toc, toc,* se faz ouvir na mesa, freqüentemente, bastante forte para ser ouvido na sala vizinha, e se repete ainda por muito tempo, e ainda com a freqüência que se deseja. A vibração se faz sentir nos dedos, e, aplicando-se o ouvido contra a mesa, reconhece-se, não ao ponto de se enganar, que o ruído tem a sua fonte na própria substância da madeira, porque toda a mesa vibra, desde os pés até a superfície.

Qual é a causa desse ruído? É a madeira que opera ou é, como se disse, um Espírito? Descartemos, primeiro, toda idéia de fraude; estamos entre pessoas muito sérias, e de muito boa companhia, para se divertir às custas daqueles que querem muito admitir entre elas; aliás, essa casa não é privilegiada; os mesmos fatos se produzem em cem outras, também muito louváveis. Permita-nos, à espera da resposta, uma pequena digressão.

Um jovem candidato bacharel estava em seu quarto ocupado em decorar o seu exame de retórica; bate-se à sua porta. Admitís, penso, que se pode distinguir pela natureza do ruído e, sobretudo, pela sua repetição se é causado por um estálido da madeira, agitação do vento ou uma outra causa fortuita, ou se é alguém que bate para pedir entrada. Neste último caso, o ruído tem um caráter intencional com o qual não se pode equivocar-se; é o que a si mesmo diz nosso estudante. Entretanto, para não se desviar do dever inutilmente, quis se assegurar pondo o visitante em prova. Se é alguém, disse, que bata uma, duas, três, quatro, cinco, seis pancadas; batei alto, baixo,à direita, à esquerda; batei o compasso; batei a chamada etc. e, a cada um desses comandos, o ruído obedece com a mais perfeita pontualidade. Certamente, pensa ele, não pode ser nem o jogo da madeira, nem o vento, nem mesmo um gato, por inteligente que se o suponha. Eis um fato, vejamos a quais conseqüências nos conduzirão os argumentos silogísticos. Fez, então, o seguinte raciocínio: Ouvi um ruído, portanto, alguma coisa o produziu; esse ruído obedece ao meu comando, pois, a causa que o produziu me compreende; ora, quem compreende tem inteligência, portanto, a causa desse ruído é inteligente. Se ela é inteligente, não é nem a madeira nem o vento; se não é nem a madeira nem o vento, é, pois, alguém. Em razão disso, vai abrir a porta. Vê-se que não há necessidade de ser doutor para tirar essa conclusão, e nós cremos o nosso aprendiz bacharel bastante aferrado aos seus princípios para tirar a seguinte. Suponhamos que ele vá abrir a porta e não encontre ninguém, e que o ruído nem por isso continue menor, exatamente do mesmo modo; prosseguirá seu raciocínio: "Acabo de me provar, sem contestação, que o ruído foi produzido por um ser inteligente, uma vez que responde ao meu pensamento. Ouço sempre esse ruído diante de mim, e é certo que não sou eu quem bate, portanto, é um outro; ora, esse outro, eu não o vejo: portanto, é invisível. Os seres corpóreos, pertencendo à Humanidade, são perfeitamente visíveis; ora, o que bate, sendo invisível, não é um ser corpóreo humano. Ora, uma vez que chamamos Espíritos os seres incorpóreos, este que bate, não sendo um ser corpóreo, é, pois, um Espírito."

Cremos, as conclusões do nosso estudante, rigorosamente lógicas; só que aquilo que demos como uma suposição é uma realidade, no que concerne às experiências feitas na casa do Sr. B***. Acrescentaremos que não houve necessidade da imposição de mãos, todos os fenômenos se produziram igualmente bem quando a mesa estava isolada de todo contacto. Assim, segundo o desejo manifestado, os golpes eram batidos na mesa, na parede, na porta, e no lugar designado, verbal ou mentalmente; eles indicavam a hora, o número de pessoas presentes; batiam o tambor, a chamada, o ritmo de uma ária conhecida; imitavam o trabalho do tanoeiro, o rangido da serra, o eco, tiros seguidos ou de pelotões, e muitos outros efeitos, muito longos para serem descritos. Nos foi dito terem ouvido, em certos círculos, imitar o assovio do vento, o sussurro das folhas, o ribombo do trovão, o marulho das ondas, o que nada tem de mais surpreendente. A inteligência da causa se torna mais patente quando, no meio desses mesmos golpes, se obtêm respostas categóricas a certas perguntas; ora, é a essa causa inteligente que nós chamamos, ou, para melhor dizer, chamou a si mesma, *Espírito*. Quando esse Espírito quer dar uma comunicação mais longa, indica, por um sinal particular, que quer escrever; então, o médium escrevente toma o lápis e transmite o seu pensamento por escrito.

Entre os assistentes, não falamos daqueles que estavam ao redor da mesa, mas de todas as pessoas que enchiam o salão, havia incrédulos puro sangue, meio crentes e adeptos fervorosos, mistura pouco favorável como se sabe. Os primeiros, deixaremos à vontade, esperando que a luz se faça para eles. Respeitamos todas as crenças, mesmo a incredulidade que é, também, uma espécie de crença, quando ela se respeita bastante a si mesma para não machucar as opiniões contrárias. Dela não falaríamos, pois, se não devesse nos fornecer uma observação útil. Seu raciocínio, muito menos prolixo do que o do nosso estudante, geralmente, se resume assim: Eu não creio nos Espíritos, portanto, não devem ser Espíritos. Uma vez que não são Espíritos, isso deve ser um malabarismo. Essa conclusão os conduz, naturalmente, a supor que a mesa esteja preparada ao modo de Robert Houdin. A isso, a nossa resposta é bem simples: seria preciso, primeiro, que todas as mesas e todos os móveis estivessem preparados, uma vez que, entre eles, não há privilegiados; somente não conhecemos mecanismo bastante engenhoso para produzir *à vontade* todos os efeitos que descrevemos; em terceiro lugar, seria preciso que o Sr. B*** houvesse preparado as paredes e as portas do seu apartamento, o que é pouco provável; em quarto lugar, enfim, seria preciso que se tivesse preparado,do mesmo modo, as mesas, as portas e as paredes de todas as casas onde semelhantes fenômenos se produzem diariamente, o que não é presumível, porque se conheceria o hábil construtor de tantas maravilhas.

Os meio crentes admitem todos os fenômenos, mas ficam indecisos sobre a causa. Os reenviamos aos argumentos do nosso futuro bacharel.

Os crentes apresentam três nuanças bem caracterizadas: os que não vêem, nessas experiências, senão uma diversão, um passatempo, e cuja admiração se traduz por estas palavras, ou suas análogas: é espantoso! É singular! é bem engraçado! mas que não vão além. Há, em seguida, as pessoas sérias, instruídas, observadoras, às quais não escapa nenhum detalhe, e para as quais as menores coisas são objeto de estudo. Vêm, em seguida, os ultracrentes, se assim podemos nos exprimir, ou, para dizer melhor, os crentes cegos, aos quais se pode censurar um excesso de credulidade; aos quais a fé, insuficientemente esclarecida, lhes dá uma tal confiança nos Espíritos, que lhes emprestam todos os conhecimentos e, sobretudo, *a presciência*; é, também, com a melhor fé do mundo que pedem notícias de todos os seus negócios, sem pensarem que deles teriam sabido tudo igualmente junto ao primeiro ledor de boa sorte. Para eles, a mesa falante não é um objeto de estudo e de observação, é um *oráculo*. Não têm contra ela senão a sua forma trivial e os usos muito vulgares, mas que a madeira, da qual está feita, em lugar de estar configurada para as necessidades domésticas, estivesse de pé, teríeis uma *árvore falante*; se estivesse talhada numa estátua, teríeis um *ídolo* diante do qual os povos crédulos viriam se prosternar.

Agora, transponhamos os mares e vinte e cinco séculos, e nos transportando ao pé do monte Tomarus, em Epire, aí encontraremos a floresta sagrada, cujos carvalhos representavam oráculos; acrescentai o prestígio do culto e a pompa das cerimônias religiosas, e vos explicareis, facilmente, a veneração de um povo ignorante e crédulo que não podia ver a realidade através de tantos meios de fascinação.

A madeira não é a única substância que pode servir de *veículo* à manifestação dos Espíritos bastidores. As vimos se produzirem numa parede, por conseqüência, na pedra. Temos, pois, também *pedras falantes*. Que essas pedras representem um personagem sagrado, teremos a estátua de Memnon, ou de Júpiter Ammon, representando oráculos como as árvores de Dodone.

A história, é verdade, não nos disse que esses oráculos eram representados por pancadas, como o vemos em nossos dias. Era, na floresta de Dodone, pelo assovio do vento através das árvores, pelo sussurro das folhas, ou o murmúrio da fonte que jorra ao pé do carvalho consagrado a Júpiter. A estátua de Memnon, se diz, produzia sons melodiosos aos primeiros raios do sol. Mas a história nos diz, também, como tivemos ocasião de o demonstrar, que os antigos conheciam perfeitamente os fenômenos atribuídos aos Espíritos batedores. Ninguém duvide de que não esteja aí o princípio da sua crença na existência de seres animados nas árvores, nas pedras, nas águas, etc. Mas, desde que esse gênero de manifestações foi explorado, os golpes não bastavam mais; os visitantes eram muito numerosos para que se pudesse dar, a cada um, uma sessão particular; isso teria sido, aliás, coisa muito simples; seria preciso o prestígio e, no momento em que eles enriqueciam o templo com as suas oferendas, seria preciso lhes dar pelo seu dinheiro. O essencial era que o objeto fosse olhado como sagrado e habitado por uma divindade; se podia, desde então, o fazer dizer tudo o que se quisesse sem tomar muitas precauções.

Os sacerdotes de Memnon, se diz, usavam de fraude; a estátua era oca, e os sons que ela fornecia eram produzidos por algum meio acústico. Isso era possível e mesmo provável. Os Espíritos, mesmo os simples batedores, que são em geral menos escrupulosos do que os outros, não estão sempre, como dissemos, à disposição do primeiro que chegue; têm sua vontade, suas ocupações, suas suscetibilidades, nem uns nem outros gostam de ser explorados pela cupidez. Que descrédito, para os sacerdotes, se não tivessem podido fazer falar oportunamente seu ídolo! Seria preciso suprir o seu silêncio, e, se fosse necessário, dar um golpe de mão; aliás, seria bem mais cômodo do que se dar tanto trabalho, e se poderia formular as respostas segundo as circunstâncias. O que vemos em nossos dias, não prova menos que as crenças antigas tinham, por princípio, o conhecimento das manifestações espíritas, e foi com razão que dissemos que o Espiritismo moderno é o despertar da Antigüidade, mas da antiguidade esclarecida pelas luzes da civilização e da realidade.

A AVAREZA

DISSERTAÇÃO MORAL DITADA POR SÃO LUÍS À SENHORITA HERMANCE DUFAUX

6 de janeiro de 1858.

I.

Tu que possuis, escuta-me. Um dia, dois filhos de um mesmo pai receberam, cada um, um alqueire de trigo. O primogênito encerrou o seu em um lugar oculto; o outro encontra, em seu caminho, um pobre que pede esmola; corre a ele, e vira, no pano do seu casaco, a metade do trigo que lhe foi dado, depois continuou sua rota, e foi semear o resto no campo paterno.

Ora, por esse tempo, veio uma grande fome, os pássaros do céu morriam ao lado do caminho. O irmão primogênito correu ao seu esconderijo, mas aí não encontra senão pó; o caçula, tristemente, ia contemplar o seu trigo, desanimado, quando encontra o pobre ao qual havia assistido. Irmão, lhe disse o mendigo, ia morrer, tu me socorreste; agora, que a esperança secou em teu coração, segue-me. Teu meio alqueire quintuplicou em minhas mãos, apaziguarei a tua fome e viverás na abundância.

2.

Escuta-me, avaro! conheces a felicidade? sim, não é? Teu olhar brilha com um sombrio esplendor em tua órbita que a avareza cavou mais profundamente; os lábios se fecham; teu nariz treme e prestas atenção. Sim, ouço, é o ruído do ouro que a tua mão acaricia o jogando em teu esconderijo. Tu dizes: É a volúpia suprema. Silêncio! Vem alguém. Fecha depressa. Bem! Estás pálido! teu corpo estremece. Tranqüiliza-te; os passos se distanciam. Abre; olha, ainda, o teu ouro. Abre! não tremas mais; estás bem sozinho. Ouves! Não, nada; é o vento que geme passando sobre a soleira da porta. Olha; quanto ouro! mergulha plenamente as mãos: faze soar o metal; tu és feliz.

Feliz, tu! mas a noite é sem repouso e o teu sono é atormentado por fantasmas.

Tens frio! te aproximas da chaminé; te aqueces nesse fogo que crepita tão alegremente. A neve cai; o viajor se envolve, friorento, em seu casaco, e o pobre tirita sob os seus andrajos. A chama do fogo se abranda; atire madeira. Mas não; pare! é o teu ouro que consomes com essa madeira; é o teu ouro que queima.

Tens fome! tens, toma; sacia-te; tudo isso é teu, pagaste com o teu ouro. De teu ouro! essa abundância te deixa indignado, esse supérfluo é necessário para sustentar tua vida? não, esse pequeno pedaço de pão basta; ainda é muito. Tuas vestes caem em farrapos; a casa se fende e ameaça ruir; tu sofres de frio e de fome; mas que importa! tens o ouro.

Infeliz! esse ouro, a morte dele te separará. Tu o deixarás à beira do túmulo, como o pó que o viajor sacode no limiar da porta onde a sua família bem-amada o espera para festejar o seu regresso.

Teu sangue enfraquece, envelhecido pela tua miséria voluntária, está frio nas veias. Os herdeiros ávidos acabam de atirar o teu corpo num canto do cemitério; te vês face a face com a eternidade. Miserável! que fizeste desse ouro que te foi confiado para soerguer o pobre? Ouves essas blasfêmias? vês essas lágrimas? vês esse sangue? Essas blasfêmias são as do sofrimento que terias podido acalmar; essas lágrimas, tu as fizeste correr; esse sangue, foste tu que o verteste. Tens horror de ti; gostarias de fugir e não o podes. Sofres, condenado! e te contorces em teu sofrimento. Sofres! nada de piedade para ti. Não tiveste entranhas para o teu irmão infeliz; quem as terá para ti? Sofre! sofre sempre! teu suplício não terá fim. Deus quer, para te punir, que o CREIAS assim.

Nota. Escutando o fim dessas eloqüentes e poéticas palavras, nos surpreendemos ouvindo São Luís falar da eternidade dos sofrimentos, quando todos os Espíritos superiores concordam em combater essa crença, mas estas últimas palavras: *Deus quer, para te punir, que o CREIAS assim* vieram tudo explicar. Nós as reproduzimos nos caracteres gerais dos Espíritos da terceira ordem. Com efeito, quanto mais os Espíritos são imperfeitos, mais as suas idéias são restritas e circunscritas; o futuro, para eles, está no vago: não o compreendem. Sofrem; seus sofrimentos são longos; e, para os que sofrem por longo tempo, é sofrer sempre. Esse próprio pensamento é um castigo.

Em um próximo artigo, citaremos fatos de manifestações que poderão nos esclarecer sobre a natureza dos sofrimentos além-túmulo.

PALESTRAS DE ALÉM-TÚMULO

SENHORITA CLARY D... – EVOCAÇÃO

Nota. A senhorita Clary D..., interessante criança, que morreu em 1580, com a idade de treze anos e, desde então, ficou como o gênio da sua família, onde é freqüentemente evocada, e à qual dá um grande número de comunicações do mais alto interesse. A palestra que relataremos a seguir, ocorreu entre ela e nós no dia 12 de janeiro de 1857, por intermédio de seu irmão médium.

1. *P.* Tendes uma lembrança precisa da vossa existência corporal? – *R.* O Espírito vê o presente, o passado e um pouco do futuro, segundo a sua perfeição e a sua aproximação de Deus.

2. *P.* Essa condição, a da perfeição, é relativa só ao futuro ou se relaciona, igualmente, com o presente e o passado? – *R.* O Espírito vê o futuro, mais claramente, à medida que se aproxima de Deus. Depois da morte, a alma vê e abarca com um golpe de vista, todas as suas *emigrações* passadas, mas não pode ver o

que Deus lhe prepara; é preciso, para isso, que ele esteja inteiramente em Deus, *depois de muitas existências*.

3. *P*. Sabeis em qual época sereis reencarnada? – *R*. Em 10 ou 100 anos.

4. *P*. Será nesta Terra ou em um outro mundo? – *R*. Num outro mundo.

5. *P*. O mundo em que estareis, com relação a Terra, tem condições melhores, iguais ou inferiores? – *R*. Muito melhores do que na Terra; nele se é feliz.

6. *P*. Uma vez que estais aqui entre nós, estais num lugar determinado, em que sítio? – *R*. Estou com aparência etérea; posso dizer que o meu Espírito, propriamente dito, se estende para muito mais longe; vejo muitas coisas, e me transporto para bem longe daqui com a rapidez do pensamento; minha aparência está à direita do meu irmão e guia o seu braço.

7. *P*. O corpo etéreo, do qual estais revestida, vos permite sentir as sensações físicas, como, por exemplo, a do calor ou do frio? – *R*. Quando me lembro muito do meu corpo, sinto uma espécie de impressão, como quando se tira um casaco e se o crê ainda o vestir algum tempo depois.

8. *P*. Acabais de dizer que podeis vos transportar com a rapidez do pensamento; o pensamento não é a própria alma que se separa do seu envoltório? – *R*. Sim.

9. *P*. Quando o vosso pensamento se transporta para alguma parte, como se dá a separação da vossa alma? – *R*. A aparência se desvanece; o pensamento caminha sozinho.

10. *P*. É, pois, uma faculdade que se separa; o ser permanece onde está? - *R*. A forma não é o ser.

11. P. Mas como esse pensamento age? Não age, pois, por intermédio da matéria? – *R*. Não.

12. *P*. Quando a vossa faculdade de pensar se separa, não agis mais por intermédio da matéria? – *R*. A sombra se esvanece; ela se reproduz onde o pensamento a guia.

13. *P*. Uma vez que não tínheis senão 13 anos quando vosso corpo morreu, como ocorre que possais nos dar, sobre questões tão abstratas, respostas que estão fora do entendimento de uma criança da vossa idade? – *R*. Minha alma é tão antiga!

14. *P*. Podeis nos citar, entre as vossas existências anteriores, uma das que mais elevaram os vossos conhecimentos? – *R*. Estive no corpo de um homem que tornei virtuoso; depois da sua morte, fui levada ao corpo de uma jovem cuja face era a marca da alma; Deus me recompensa.

15. *P*. Poderia nos ser dado vos ver assim tal como sois atualmente? – *R*. Vós o poderíeis.

16. *P*. Como poderíamos? Isso depende de nós, de vós ou de pessoas mais íntimas? – *R*. De vós.

17. *P*. Quais condições deveriam se cumprir para isso? – *R*. Recolher-vos por algum tempo, com fé e fervor; serem menos numerosos, vos isolar um pouco, e fazerdes vir um médium no gênero de Home.

O SR HOME

Os fenômenos realizados pelo Sr. Home produziram tanto mais sensações porque vieram confirmar as narrações maravilhosas chegadas de além-mar, e a cuja veracidade se ligou uma certa desconfiança. Ele nos mostrou que, deixando de lado a maior possibilidade ao exagero, deles restou o bastante para confirmar a realidade de fatos se cumprindo fora de todas as leis conhecidas.

Tem-se falado do Sr. Home em sentidos muito diversos, e confessamos que seria preciso muito para que todo o mundo lhe fosse simpático, uns por espírito de sistema, outros por ignorância. Queremos mesmo admitir, nestes últimos, uma opinião conscienciosa, pela falta de terem podido constatar os fatos por si mesmos; mas se, nesse caso, a dúvida é permitida, uma hostilidade sistemática e apaixonada está sempre deslocada. Em todo o estado de processo, julgar o que não se conhece é uma falta de lógica, o de apreciar sem provas é um esquecimento das conveniências. Façamos, por um instante, abstração da intervenção dos Espíritos, e não vejamos, nos fatos narrados, senão simples fenômenos físicos. Quanto mais esses fatos sejam estranhos, mais merecem atenção. Explicai-os como quiserdes, mas não os contesteis *a priori*, se não quiserdes fazer duvidar do vosso julgamento. O que deve espantar, e o que nos parece mais anormal ainda do que os fenômenos em questão, é de ver esses mesmos que debateram, sem cessar, contra a oposição de certos corpos sábios com relação às idéias novas, que lhes lançam, incessantemente, à face, e isso em termos os menos circunspectos, os dissabores suportados pelos autores das mais importantes descobertas, Fulton, Jenner e Galileu, que citam a toda hora, eles mesmos caírem num defeito semelhante, eles que dizem, com razão, que há poucos anos ainda, quem houvesse falado em se corresponder, em alguns segundos, de um canto do mundo ao outro, teria passado por insensato. Se crêem no progresso, do qual se dizem apóstolos, que sejam, pois, coerentes consigo mesmos, e não atraiam é para si a censura que endereçam aos outros de negarem o que não compreendem.

Voltemos ao senhor Home. Chegado a Paris no mês de outubro de 1855, se encontrou, desde o início, lançado no mundo mais elevado, circunstância que deveria ter imposto mais circunspecção no julgamento que se lhe fez, porque quanto mais o mundo é elevado e esclarecido, menos é suspeito de estar sendo benevolentemente enganado por um aventureiro. Mesmo essa posição tem suscitado comentários. Pergunta-se quem é o Sr. Home. Para viver neste mundo, para fazer viagens custosas, se diz, é necessário que se tenha fortuna. Se não a tem, é preciso que seja sustentado por pessoas poderosas. Alinhavaram-se, sobre esse tema, mil suposições, uma mais ridícula do que as outras. O que não se disse também de sua irmã que ele veio procurar, há um ano mais ou menos; era, se dizia, um médium mais poderoso do que ele; os dois deveriam realizar prodígios de fazerem empalidecer os de Moisés. Mais de uma vez, perguntas nos foram dirigidas a esse respeito; eis a nossa resposta.

O senhor Home, vindo à França, não se dirigiu ao público; ele não ama nem procura a publicidade. Se tivesse vindo com objetivo de especulação, teria corrido o país solicitando a propaganda em sua ajuda; teria procurado todas as ocasiões de se promover, ao passo que as evita; teria posto um preço à suas manifestações, ao passo que ele não pede nada a ninguém. Malgrado a sua reputação, o Sr. Home não é, pois, o que se pode chamar um homem público, sua vida privada não pertence senão a ele. Do momento que nada pede, ninguém tem o direito de inquirir como vive, sem cometer uma indiscrição. É sustentado por pessoas poderosas? isso não nos diz respeito; tudo o que podemos dizer é que, nessa sociedade de elite, conquistou simpatias reais e fez amigos devotados, ao passo que a um prestidigitador se diverte e se o paga, e tudo está dito. Não vemos, pois, no Sr. Home senão uma coisa: um homem dotado de uma faculdade notável. O estudo dessa faculdade é tudo o que nos interessa, e tudo o que deve interessar a quem não esteja movido unicamente pelo sentimento da curiosidade. A história ainda não abriu, sobre ele, o livro dos seus segredos; até lá ele não pertence senão à ciência. Quanto à sua irmã, eis a verdade: É uma criança de onze anos, que foi conduzida a Paris para a sua educação, da qual está encarregada uma ilustre pessoa. Sabe com dificuldade em que consiste a faculdade do seu irmão. É bem simples, como se vê, bem prosaico para os apreciadores do maravilhoso.

Agora, por que o Sr. Home veio à França? Não foi para procurar fortuna, como acabamos de provar. Foi para conhecer o país? Ele não o percorre; sai pouco, e não tem, de modo algum, os hábitos de um turista. O motivo patente foi o conselho dos médicos, que acreditaram o ar da Europa necessário à sua saúde, mas os fatos mais naturais, freqüentemente, são providenciais. Pensamos, pois, que se veio foi porque deveria para aqui vir. A França, ainda na dúvida no que concerne às manifestações espíritas, tinha necessidade de que um grande lance fosse cunhado; o Sr. Home foi quem recebeu essa missão, e quanto mais o lance tocou alto, mais teve de ressonância. A posição, o crédito, as luzes daqueles que o acolheram, e que ficaram convencidos pela evidência dos fatos, abalaram as convicções de uma multidão de pessoas, mesmo entre aquelas que não puderam ser testemunhas oculares. A presença do Sr. Home, pois, terá sido um poderoso auxiliar para a propagação das idéias espíritas; se não convenceu a todo o mundo, lançou sementes que frutificarão tanto mais quanto os próprios médiuns se multiplicarão. Essa faculdade, como, aliás, já o dissemos, não é um privilégio exclusivo; ela existe em estado latente, e em diversos graus, numa multidão de indivíduos, não esperando senão uma ocasião para se desenvolver; o princípio está em nós pelo próprio efeito da nossa organização; está na Natureza; todos nós o temos em germe, e não está longe o dia em que veremos os médiuns surgirem de todos os pontos, no nosso meio, em nossas famílias, no pobre como no rico, a fim de que a verdade seja conhecida por todos, porque, segundo o que nos está anunciado, é uma nova era, uma nova fase que começa para a Humanidade. A evidência e a vulgarização dos fenômenos espíritas darão um novo curso às idéias morais, como o vapor deu um novo curso à indústria.

Se a vida privada do Sr. Home deve estar fechada às investigações de uma indiscreta curiosidade, há certos detalhes que podem, a justo título, interessar o público, e que é mesmo inútil conhecer pela apreciação dos fatos.

O Sr. Daniel Dunglas Home nasceu em 15 de março de 1833, perto de Edimbourg. Tem, pois, hoje, 24 anos. Ele descende da antiga e nobre família dos Dunglas da Escócia, outrora soberana. É um jovem de talhe mediano, louro, cuja fisionomiaq melancólica nada tem de excêntrica; é de uma compleição muito delicada, de maneiras simples e doces, de um caráter afável e benevolente sobre o qual o contato das grandezas não lançou nem arrogância nem ostentação. Dotado de uma excelente modéstia, jamais exibiu sua excelente faculdade, jamais fala de si mesmo, e se, na expansão da intimidade, conta às coisas que lhe são pessoais, é com simplicidade, e jamais com a ênfase própria das pessoas com as quais a malevolência procura o comparar. Vários fatos íntimos que são do nosso conhecimento pessoal, provam nele nobres sentimentos e uma grande elevação de alma; nós o constatamos com tanto mais prazer quanto se conhece a influência das disposições morais sobre a natureza das manifestações.

Os fenômenos dos quais o Sr. Home é o instrumento involuntário, têm sido, por vezes, contados por amigos muito zelosos, com um entusiasmo exagerado, do qual se apodera a malevolência. Tais que sejam, não poderiam ter necessidade de uma amplificação, mais nociva do que útil à causa. Sendo o nosso objetivo o estudo sério de tudo o que se liga à ciência espírita, nos limitaremos na estrita realidade dos fatos constatados por nós mesmos ou pelas testemunhas oculares, mais dignas de fé. Poderemos, pois, os comentar com a certeza de não raciocinar sobre coisas fantásticas.

O Sr. Home é um médium do gênero daqueles que produzem manifestações ostensivas, sem excluir, por isso, as comunicações inteligentes; mas as suas predisposições naturais lhe dão, para as primeiras, uma aptidão mais especial. Sob a sua influência, os mais estranhos ruídos se fazem ouvir, o ar se agita, os corpos sólidos se movem, se erguem, se transportam de um lugar a outro através do espaço, instrumentos de música fazem ouvir sons melodiosos, seres do mundo extracorpóreo aparecem, falam, escrevem e, freqüentemente, vos abraçam até causar dor. Ele mesmo foi visto, várias vezes, em presença de testemunhas oculares, elevado sem sustentação a vários metros de altura.

Do que nos foi ensinado sobre a classe dos Espíritos que produzem, em geral, essas espécies de manifestações, não seria preciso disso concluir que o Sr. Home não está em relação senão com a classe íntima do mundo espírita. Seu caráter e as qualidades morais que os distinguem, devem, ao contrário, lhe granjear a simpatia dos Espíritos superiores; ele não é, para estes últimos, senão um instrumento destinado a abrir os olhos dos cegos por meios enérgicos, sem estar, por isso, privado de comunicações de uma ordem mais elevada. É uma missão que aceitou; missão que não está isenta nem de tribulações nem de perigos, mas que cumpre com resignação e perseverança, sob a égide do Espírito de sua mãe, seu verdadeiro anjo guardião.

A causa das manifestações do Sr. Home é inata nele; sua alma, que parece não se prender ao corpo senão por fracos laços, tem mais afinidade pelo mundo espírita do que pelo mundo corpóreo; por isso, ela se separa sem esforços, e entra, mais facilmente do que em outros, em comunicação com os seres invisíveis. Essa faculdade se revelou nele desde a mais tenra infância. Com a idade de seis meses, seu berço se balançava inteiramente sozinho, na ausência da sua babá, e mudava de lugar. Nos seus primeiros anos, era tão débil que tinha dificuldade para se sustentar; sentado sobre um tapete, os brinquedos que não podia alcançar, vinham, eles mesmos, se colocar ao seu alcance. Com três anos teve as suas primeiras visões, mas não lhes conservou a lembrança. Tinha nove anos quando a sua família foi se fixar nos Estados Unidos; aí os mesmos fenômenos continuaram com uma intensidade crescente à medida que avançava em idade, mas a sua reputação, como médium, não se estabeleceu senão em 1850, por volta da época em que as manifestações espíritas começaram a se tornar populares nesse país. Em 1854, veio para a Itália, nós o dissemos, por sua saúde; espanta Florença e Roma com verdadeiros prodígios. Convertido a fé católica, nessa última cidade, tomou a obrigação de romper as suas relações com o mundo dos Espíritos. Durante um ano, com efeito, seu poder oculto parece o ter abandonado; mas como esse poder estava acima da sua vontade, ao cabo desse tempo, assim como lhe havia anunciado o Espírito de sua mãe, as manifestações se reproduziram com uma nova energia. Sua missão estava traçada; deveria se distinguir entre aqueles que a Providência escolheu para nos revelar, por sinais patentes, a força que domina todas as grandezas humanas.

Se o Sr. Home não fora, como o pretendem certas pessoas que julgam sem ter visto, senão um hábil prestidigitador, teria sempre, sem nenhuma dúvida, à sua disposição, peças em sua sacola, ao passo que não é senhor de os produzir à vontade. Seria a ele, pois, impossível ter sessões regulares, porque, freqüentemente, seria no momento em que teria necessidade que a sua faculdade lhe faltaria. Os fenômenos se manifestam, algumas vezes, espontaneamente, no momento em que menos são esperados ao passo que, em outras, se é impotente para os provocar, circunstância pouco favorável a quem quisesse fazer exibições em horas fixadas. O fato seguinte, tomado entre mil, disso é uma prova. Há mais de quinze dias, o Sr. Home não tinha podido obter nenhuma manifestação, quando, estando a almoçar na casa de um dos seus amigos, com duas ou três outras pessoas do seu conhecimento, os golpes se fazem súbito ouvir nas paredes, nos móveis e no teto. Parece, disse, que voltam. O Sr. Home, nesse momento, estava sentado no sofá com um amigo. Um doméstico traz a bandeja de chá e se apressa em a colocar sobre a mesa situada no meio do salão; esta, embora fosse pesada, se eleva subitamente e se destaca do solo em 20 a 30 centímetros de altura, como se tivesse sido atraída pela bandeja; apavorado, o criado a deixa escapar, e a mesa, de um pulo, se atira em direção do sofá e vem cair diante do Sr. Home e seu amigo, sem que nada do que estava em cima tivesse se desarrumado. Esse fato, sem contradita, não é o mais curioso daqueles que teríamos a relatar, mas apresenta essa particularidade, digna de nota, de ter se produzido espontaneamente, sem provocação, num círculo íntimo, onde nenhum dos assistentes, cem vezes testemunhas de fatos semelhantes, tinha necessidade de novos testemunhos; seguramente, não era o caso para o Sr. Home de mostrar as suas habilidades, se habilidades havia.

Num próximo artigo, citaremos outras manifestações.

AS MANIFESTAÇÕES DOS ESPÍRITOS

RESPOSTA AO SR. VIENNET, POR PAUL AUGUEZ (1)

O Sr. Paul Auguez é um adepto sincero e *esclarecido* da Doutrina Espírita; sua obra, que lemos com um grande interesse, onde se reconhece a pena elegante do autor de *Élus de l'avenir*, é uma demonstração lógica e sábia dos pontos fundamentais dessa Doutrina, quer dizer, da existência dos Espíritos, das suas relações com os homens e, por conseqüência, da imortalidade da alma e da sua individualidade depois da morte. Sendo o seu objetivo principal responder às agressões sarcásticas do Sr. Viennet, não aborda, senão; os pontos capitais e se limita a provar, pelos fatos, pelo raci-

(1) Brochura in-12; preço 2,50 francos, em Dentu, Palais-Royal, e em Germer Baillière, rua da Escola de Medicina, 4.

ocínio e com as autoridades mais respeitáveis, que essa crença não está fundada em idéias sistemáticas ou preconceitos vulgares, mas que repousa sobre bases sólidas. A arma do Sr. Viennet é o ridículo, a do Sr. Auguez é a ciência. Por numerosas citações, que atestam um estudo sério e uma profunda erudição, prova que os adeptos de hoje, malgrado o seu numero, sem cessar crescente, e as pessoas de todos os países que a ele se ligam, são, como pretende o ilustre e acadêmico, cérebros desequilibrados, essa enfermidade lhes é comum com os maiores grandes gênios, dos quais a Humanidade se honra.

Em suas refutações, o Sr. Auguez tem sempre sabido conversar a diginidade da linguagem, e é um mérito do qual não poderíamos louvar demais; em nenhuma parte delas se encontram essas diatribes deslocadas, tornadas lugares comuns de mau gosto, e que nada provam, senão uma falta de saber viver. Tudo o que ele diz é sério, grave, profundo, e à altura do sábio ao qual se dirige. Convenceu-o? ignoramos; disso duvidamos mesmo, para falar francamente; mas como, em definitivo, seu livro foi feito para todo o mundo, as sementes que lança não serão de todo perdidas. Teremos, mais uma vez, ocasião de as citar de passagem, no curso desta publicação, à medida que a ela formos conduzidos pela natureza do assunto.

A teoria desenvolvida pelo Sr. Auguez, salvo, talvez, alguns pontos secundários, sendo a que nós mesmos professamos, não faremos, nessa consideração, nenhuma crítica da sua obra que se distinguirá e será lida com proveito. Não teríamos desejado senão uma coisa, que é um pouco mais de clareza nas demonstrações, e do método na ordem das matérias. O Sr. Auguez tratou a questão como sábio, porque se dirigia a um sábio capaz, seguramente, de compreender as coisas mais abstratas, mas não teria pensado que escrevia menos para um homem do que para o público, que lê sempre com mais prazer e proveito o que compreende sem esforços.

ALLAN KARDEC.

AOS LEITORES DA REVISTA ESPÍRITA

Vários dos nossos leitores quiseram responder ao apelo, que fizemos em nosso 1º número, com respeito às notícias a nos fornecerem. Um grande número de fatos nos foram assinalados, entre os quais os há muito importantes, do que lhes somos infinitamente reconhecidos; não o somos menos quanto às reflexões que os acompanham, algumas vezes, mesmo quando revelam um conhecimento incompleto da matéria: darão lugar a esclarecimentos sobre os pontos que não terão sido bem compreendidos. Se não fazemos uma menção imediata dos documentos que nos foram fornecidos, não passam desapercebidos por isso; deles sempre tomamos boa nota, para serem aproveitados cedo ou tarde.

A falta de espaço não é a única causa que possa retardar a publicação, mas também, a oportunidade das circunstâncias e a necessidade de os ligar aos artigos dos quais podem ser úteis complementos.

A multiplicidade das nossas ocupações, unida à extensão da nossa correspondência, freqüentemente, nos coloca na impossibilidade material de responder como o desejaríamos, e como o deveríamos, às pessoas que nos honram em nos escrever Nós lhes pedimos, insistentemente, não tomarem em mau sentido um silêncio independente da nossa vontade. Esperamos que a sua boa vontade com isso não se esfrie, e que queiram muito não interromper suas interessantes comunicações; para esse efeito, pedimos de novo sua atenção sobre a nota que demos no fim da introdução do nosso primeiro número, a respeito das notícias que solicitamos da sua bondade, rogando, de outra parte, não deixarem de nos dizer quando poderemos, sem inconvenientes, mencionar os lugares e as pessoas.

As observações acima se aplicam, igualmente, às perguntas que nos são dirigidas sobre diversos pontos da Doutrina. Quando elas necessitam de um desenvolvimento de certa extensão, nos é tanto menos possível as dar por escrito, quanto, bem freqüentemente, a mesma coisa devesse ser repetida a um grande número de pessoas. Estando a nossa revista destinada a nos servir de meio de correspondência, essas respostas, nela encontrarão naturalmente seu lugar, à medida que os assuntos tratados nos fornecerem ocasião, e isso com tanto mais vantagem quanto as explicações poderão ser mais completas e aproveitarão a todos.

ALLAN KARDEC.

REVISTA ESPÍRITA,

JORNAL

DE ESTUDOS PSICOLÓGICOS

Março

A PLURALIDADE DOS MUNDOS

Quem não teria perguntado, considerando a Lua e os outros astros, se esses globos são habitados? Antes que a ciência nos tivesse iniciado quanto à natureza desses astros, disso se podia duvidar; hoje, no estado atual dos nossos conhecimentos, há pelo menos probabilidades; mas se fizeram a essa idéia, verdadeiramente sedutora, objeções tiradas da própria ciência. A Lua, se diz, parece não ter mais atmosfera, e, talvez, água. Em Mercúrio, tendo em vista a sua proximidade do Sol, a temperatura média deve ser a do chumbo fundido, de sorte que, se houver chumbo, deverá correr como a água dos nossos rios. Em Saturno, é tudo o oposto; não temos termo de comparação para o frio que nele deve reinar; a luz do Sol, ali, deve ser muito fraca, apesar do reflexo das suas sete luas e do seu anel, porque, a essa distância, o Sol não deve parecer senão como uma estrela de primeira grandeza. Em tais condições, se pergunta se seria possível viver.

Não se concebe que uma semelhante objeção possa ser feita por homens sérios. Se a atmosfera da Lua não pôde ser percebida, é racional que disso se infere que não exista? Não pode estar formada de elementos desconhecidos ou muito rarefeitos para não produzir refração sensível? Diremos a mesma coisa da água ou dos líquidos que nela existam. Com relação aos seres vivos, não seria negar o poder divino crendo impossível uma organização diferente da que nós conhecemos, quando, sob os nossos olhos, a previdência da Natureza se estende com uma solicitude tão admirável até o menor dos insetos, e dá, a todos os seres, órgãos apropriados ao meio ao qual devem habitar, seja sob a água, o ar ou a terra, sejam mergulhados na obscuridade ou expostos ao clarão do Sol? Se não tivéssemos jamais visto os peixes, não poderíamos conceber seres vivos na água; não faríamos uma idéia da sua estrutura. Quem poderia crer, ainda há pouco tempo, que um animal pudesse viver um tempo indefinido no seio de uma pedra! Mas, sem falar desses extremos, os seres que vivem sob o fogo da zona tórrida poderiam existir nos gelos polares? e, todavia, há, nesses gelos, seres organizados para esse clima rigoroso e que não poderiam suportar o ardor de um sol vertical. Por que, pois, não admitiríamos que seres possam estar constituídos de modo a viverem sobre outros globos e num meio todo diferente do nosso? Seguramente, sem conhecer a fundo a constituição física da Lua, dela sabemos o bastante para estarmos certos de que, tais como somos, ali não poderíamos viver, tanto como não podemos no seio do Oceano, em companhia dos peixes. Pela mesma razão, os habitantes da Lua, se pudessem vir sobre a Terra, constituídos para viverem sem ar, ou num ar muito rarefeito, talvez muito diferente do nosso, seriam asfixiados em nossa espessa atmosfera, como somos quando caímos na água. Ainda uma vez, se não temos a prova material e *visual* da presença de seres vivos em outros mundos, nada prova que não possam existir, cujo organismo seja apropriado a um meio ou a um clima qualquer. O simples bom senso nos diz, ao contrário, que assim deve ser, porque repugna à razão crer que esses inumeráveis globos que circulam no espaço não são senão massas inertes e improdutivas. A observação nos mostra, deles, superfícies acidentadas por montanhas, vales, barrancos, vulcões extintos ou em atividade; por que, pois, não haveriam seres orgânicos? Seja, se dirá; que haja plantas, mesmo animais, isso pode ser; mas seres humanos, homens civilizados como nós, conhecendo Deus, cultivando as artes, as ciências, isso será possível?

Seguramente, nada prova, matematicamente, que os seres que habitam os outros mundos sejam homens como nós, nem que sejam seres mais ou menos avançados quanto nós, moralmente falando; mas, quando os selvagens da América viram desembarcar os Espanhóis, não duvidaram mais que, além dos mares, existia um outro mundo cultivando artes que lhes eram desconhecidas. A Terra é salpicada de uma inumerável quantidade de ilhas, pequenas ou grandes, e tudo o que é habitável está habitado; não surge um rochedo no mar que o homem não plante, no instante, sua bandeira. Que diríamos se os habitantes de uma das menores dessas ilhas, conhecendo perfeitamente a existência das outras ilhas e continentes, mas, jamais havendo tido relações com aqueles que os habitam, se cressem os únicos seres vivos do globo? Nós lhes diríamos: Como podeis crer que Deus haja feito o mundo só para vós? por qual estranha bizarria vossa pequena ilha, perdida num canto do Oceano, teria o privilégio de ser a única habitada? Podemos dizer outro tanto de nós com respeito às outras esferas. Por que a Terra, pequeno globo imperceptível na imensidão do Universo, que não se distingue dos outros planetas nem pela sua posição, nem pelo seu volume, nem pela sua estrutura, porque não é nem a menor nem a maior, nem está no centro nem na extremidade, por que, digo, seria, entretantas outras, única residência de seres racionais e pensantes? que homem sensato poderia crer que esses milhões de astros, que brilham sobre as nossas cabeças, não foram feitos senão para recrear a nossa visão? Qual seria, então, a utilidade desses outros milhões de globos imperceptíveis a olho nu, e que não servem nem mesmo para nos clarear? não haveria, ao mesmo tempo, orgulho e impiedade em pensar que assim deve ser? Àqueles que a impiedade pouco toca, diremos que é ilógico.

Chegamos, pois, por um simples raciocínio, que muitos outros fizeram antes de nós, a concluir pela pluralidade dos mundos, e esse raciocínio se encontra confirmado pela revelação dos Espíritos. Eles nos ensinam, com efeito, que todos esses mundos são habitados por seres corpóreos apropriados à constituição física de cada globo; que entre os habitantes desses mundos, uns são mais, outros são menos avançados do que nós do ponto de vista intelectual, moral e mesmo físico. Ainda mais, hoje, sabemos que podemos entrar em relação com eles, e deles obter notícias sobre o seu estado; sabemos, ainda, que não só todos esses globos são habitados por seres corpóreos, mas que o espaço está povoado por seres inteligentes, invisíveis para nós por causa do véu material lançado sobre a nossa alma, e que revelam a sua existência por meios ocultos ou patentes. Assim, tudo é povoado no Universo, a vida e a inteligência estão por toda parte: sobre os globos sólidos, no ar, nas entranhas da terra, e até nas profundezas etéreas. Haverá, nessa doutrina, alguma coisa que repugne à razão? Não é, ao mesmo tempo, grandiosa e sublime? Ela nos eleva pela nossa própria pequenez, diferentemente desse pensamento egoísta e mesquinho que nos coloca como os únicos seres dignos de ocupar o pensamento de Deus.

JÚPITER E ALGUNS OUTROS MUNDOS

Antes de entrarmos nos detalhes das revelações que os Espíritos nos fizeram, sobre o estado dos diferentes mundos, vejamos a quais conseqüências lógicas poderemos chegar, por nós mesmos e unicamente pelo raciocínio. Reportando-se à escala espírita que demos no precedente número, pedimos às pessoas desejosas de aprofundarem seriamente essa ciência nova, estudarem com cuidado esse quadro e dele se compenetrarem; nele encontrarão a chave de mais de um mistério.

O mundo dos Espíritos se compõe de almas de todos os humanos desta Terra e de outras esferas, desligadas dos laços corporais; do mesmo modo, todos os humanos são animados por Espíritos neles encarnados. Há, pois, solidariedade entre esses dois mundos: os homens terão as qualidades e as imperfeições dos Espíritos com os quais estão unidos; os Espíritos serão mais ou menos bons ou maus segundo os progressos que tiverem feito durante a sua existência corporal. Essas poucas palavras resumem toda a doutrina. Como os atos dos homens são o produto do seu livre arbítrio, levam a marca da perfeição ou da imperfeição do Espírito que os provocam. Nos será, pois, muito fácil fazermos uma idéia do estado moral de um mundo qualquer, segundo a natureza dos Espíritos que o habitem; poderemos, de algum modo, descrever a sua legislação, traçar o quadro dos seus costumes, dos seus usos, das suas relações sociais. Suponhamos, pois, um globo habitado, exclusivamente, por Espíritos da nona classe, por Espíritos impuros, e a ele nos transportaremos pelo pensamento. Nele veremos todas as paixões desencadeadas e sem freio; o estado moral no último grau de embrutecimento; a vida animal em toda a sua brutalidade; nada de laços sociais, porque cada um vive e não age senão para si e para satisfazer os seus apetites grosseiros; o egoísmo nele reina com soberania absoluta, e arrasta consigo o ódio, a inveja, o ciúme, a cupidez, a morte.

Passemos, agora, para uma outra esfera, onde se encontrem Espíritos de todas as classes da terceira ordem: Espíritos impuros, Espíritos levianos, Espíritos pseudo-sábios, Espíritos neutros. Sabemos que, em todas as classes dessa ordem, o mal domina; mas, sem terem o pensamento do bem, o do mal decresce à medida que se afastam da última classe. O egoísmo é sempre o móvel principal das ações, mas os costumes são mais brandos, a inteligência mais desenvolvida; o mal, aí, estará um pouco disfarçado, enfeitado e dissimulado. Essas próprias qualidades, engendram um outro defeito, que é o orgulho; porque as classes mais elevadas são bastante esclarecidas para terem consciência da sua superioridade, mas não o bastante para compreenderem o que lhes falta; daí a sua tendência à escravidão das classes inferiores, e de raças mais fracas, que tenham sob o seu jugo. Não tendo o sentimento do bem, não têm senão o instinto do seu *eu* e acionam a sua inteligência para satisfazerem as suas paixões. Numa tal sociedade, se o elemento impuro domina, esmagará o outro; no caso contrário, os menos maus procurarão destruir os seus adversários; em todos os casos, haverá luta, luta sangrenta, luta de extermínio, porque são dois elementos que têm interesses opostos. Para proteger os bens e as pessoas, serão necessárias leis; mas essas leis serão ditadas pelo interesse pessoal e não pela justiça; o forte as fará, em detrimento do fraco.

Suponhamos, agora, um mundo onde, entre os elementos maus que acabamos de ver, se encontrem alguns dos da segunda ordem; então, em meio da perversidade, veremos aparecer algumas virtudes. Se os bons estiverem em minoria, serão vítimas dos maus; mas, à medida que aumente a sua preponderância, a legislação será mais humana, mais eqüitativa, e a caridade cristã não será, para todos, uma letra morta. Desse próprio bem, vai nascer um outro vício. Apesar da guerra que os maus declarem, sem cessar, aos bons, não poderão os impedir de os estimar em seu foro íntimo; vendo a ascendência da virtude sobre o vício, e não tendo nem a força nem a vontade de a praticar, procurarão a parodiar; lhe tomam a máscara; daí os hipócritas, tão numerosos em toda sociedade onde a civilização é imperfeita.

Continuemos nossa rota através dos mundos, e nos detenhamos neste, que nos vai repousar um pouco do triste espetáculo que acabamos de ver. Não é habitado senão por Espíritos da segunda ordem. Que diferença! O grau de depuração que alcançaram exclui, entre eles, todo pensamento do mal, e só essa palavra nos dá a idéia do estado moral dessa feliz região. A legislação, aí, é bem simples, porque os homens não têm do que se defenderem, uns contra os outros; ninguém quer o mal para o seu próximo, ninguém se apropria do que não lhe pertence, ninguém procura viver em detrimento do seu vizinho. Tudo respira a benevolência e o amor; os homens não procuram se prejudicar; não há ódio; o egoísmo é desconhecido e a hipocrisia não teria finalidade. Aí todavia, não reina a igualdade absoluta, porque a igualdade absoluta supõe uma identidade perfeita no desenvolvimento intelectual e moral; ora, veremos, pela escala espiritual, que a segunda ordem compreende vários graus de desenvolvimento; haverá, pois, nesse mundo, desigualdades, porque uns serão mais avançados do que outros; mas, como entre eles não há senão o pensamento do bem, os mais elevados não conceberão nada de orgulho, e os outros nada de ciúme. O inferior compreende a ascendência do superior e se submete, porque essa ascendência é puramente moral e ninguém dela se serve para oprimir.

As conseqüências que tiramos, desses quadros, embora apresentadas de um modo hipotético, não deixam de ser perfeita-mente racionais, e cada um pode deduzir o estado social de um mundo qualquer, segundo a proporção dos elementos morais dos quais se supõe composto. Vimos que, abstração feita da revelação dos Espíritos, todas as probabilidades são para a pluralidade dos mundos; ora, não é menos racional pensar que todos não estão num mesmo grau de perfeição, e que, por isso mesmo, nossas suposições podem muito bem ser realidades. Não o conhecemos, senão o nosso, de um modo positivo. Que categoria ele ocupa nessa hierarquia? Ah! basta considerar o que aqui se passa para ver que está longe de merecer a primeira categoria, e estamos convencidos de que, lendo estas linhas, já se lhe terá marcado seu lugar. Quando os Espíritos nos dizem que estão, senão na última, pelo menos nas últimas, o simples bom senso nos diz, infelizmente, que não se enganam; temos muito a fazer para o elevar à categoria daquele que descrevemos em último lugar, e temos muita necessidade de que o Cristo venha nos mostrar o caminho.

Quanto à aplicação, que podemos fazer, do nosso raciocínio, aos diferentes globos do nosso turbilhão planetário,não temos senão os ensinamentos dos Espíritos; ora, para quem não admite senão provas palpáveis, é positivo que sua asserção, a esse respeito, não tenha a certeza da experimentação direta. No entanto, não aceitamos, todos os dias, com confiança as descrições que os viajantes nos fazem, de países que jamais vimos? Se nós não devêssemos crer senão por nossos olhos, não creríamos em grande coisa. O que dá aqui um certo peso ao dizer dos Espíritos, é a correlação que existe entre eles, pelo menos nos pontos principais. Para nós, que fomos cem vezes testemunhas dessas comunicações, que pudemos as apreciar em seus menores detalhes, que nelas escrutamos o forte e o fraco, observamos as semelhanças e as contradições, encontramos todos os caracteres da probabilidade; todavia, não lhes damos senão sob benefício de inventário, a título de notícias, aos quais cada um está livre para ligar a importância que julga adequada.

Segundo os Espíritos, o planeta *Marte* seria ainda menos avançado do que a *Terra*; os Espíritos que nele estão encarnados pareceriam pertencer, quase exclusivamente, à nona classe, a dos Espíritos impuros, de sorte que o primeiro quadro, que demos acima, seria a imagem desse mundo. Vários outros pequenos globos estão, com algumas nuanças, na mesma categoria. A *Terra* viria em seguida; a maioria de seus habitantes pertence, incontestavelmente, a todas as classes da terceira ordem, e a parte menor às últimas classes da segunda ordem. Os Espíritos superiores, os da segunda e da terceira classe, nela cumprem, algumas vezes, uma missão de civilização e progresso, e são exceções. *Mercúrio* e *Saturno* vêm depois da Terra. A superioridade numérica dos bons Espíritos lhes dá a preponderância sobre os Espíritos inferiores, do que resulta uma ordem social mais perfeita, relações menos egoístas, e, por conseqüência, uma condição de existência mais feliz. A *Lua* e *Vênus* estão quase no mesmo grau e, sob todos os aspectos, mais avançados do que Mercúrio e Saturno. *Juno* e *Urano* seriam ainda superiores a esses últimos. Pode-se supor que os elementos morais, desses dois planetas, são formados das primeiras classes da terceira ordem e, na grande maioria, de Espíritos da segunda ordem. Os homens, neles, são infinitamente mais felizes do que sobre a Terra, pela razão de que não têm nem as mesmas lutas a sustentar, nem as mesmas tribulações a suportar, e não estão expostos às mesmas vicissitudes físicas e morais.

De todos os planetas, o mais avançado, sob todos os aspectos, é *Júpiter*. Ali, é o reino exclusivo do bem e da justiça, porque não há senão *bons Espíritos*. Pode-se fazer uma idéia do feliz estado dos seus habitantes pelo quadro que demos do mundo habitado sem a participação dos Espíritos da segunda ordem.

A superioridade de Júpiter não está somente no estado moral dos seus habitantes; está, também, na sua constituição física. Eis a descrição que nos foi dada, desse mundo privilegiado, onde reencontramos a maioria dos homens de bem que honraram nossa Terra pelas suas virtudes e seus talentos.

A conformação dos corpos é quase a mesma deste mundo, mas é menos material, menos denso e de uma maior leveza específica. Ao passo que rastejamos penosamente sobre a Terra, o habitante de Júpiter se transporta, de um lugar para outro, roçando a superfície do solo, quase sem fadiga, como o pássaro no ar ou o peixe na água. Sendo a matéria, da qual o corpo está formado, mais depurada, ela se dissipa, depois da morte, sem ser submetida à decomposição pútrida. Ali não se conhece a maioria das enfermidades que nos afligem, sobretudo aquelas que têm sua fonte nos excessos de todos os gêneros e na desordem causada pelas paixões. A alimentação está em relação com essa organização etérea; não seria bastante substanciosa para os nossos estômagos grosseiros, e a nossa seria muito pesada para eles; ela se compõe de frutas e plantas, e, aliás, haurem, de algum modo, a maior parte do meio ambiente do qual aspiram as emanações nutritivas. A duração da vida é, proporcionalmente, muito maior que sobre a Terra; a média equivale a cinco dos nossos séculos. O desenvolvimento também é muito mais rápido, e a infância dura apenas alguns de nossos meses.

Sob esse envoltório leve, os Espíritos se desligam facilmente e entram em comunicação recíproca unicamente pelo pensamento, sem excluir, todavia, a linguagem articulada; também a segunda vista é, para a maioria, uma faculdade permanente; seu estado normal pode ser comparado ao dos nossos sonâmbulos lúcidos; é também porque se manifestam, a nós, mais facilmente do que aqueles que estão encarnados em mundos mais grosseiros e mais materiais. A intuição que têm de seu futuro, a segurança que lhes dá uma consciência isenta de remorsos, fazem com que a morte não lhes cause nenhuma apreensão; vêem-na chegar sem medo e como uma simples transformação.

Os animais não estão excluídos desse estado progressivo, sem se aproximarem, entretanto, do homem, mesmo sob o aspecto físico; seus corpos, mais materiais se ligam ao solo, como nós à Terra. Sua inteligência é mais desenvolvida do que nos nossos; a estrutura dos seus membros se dobra a todas exigências do trabalho; são encarregados da execução de obras manuais; são os servidores e os operários: as ocupações dos homens são puramente intelectuais. O homem é, para eles, uma divindade, mas uma divindade tutelar que jamais abusa do seu poder para os oprimir.

Os Espíritos que habitam Júpiter, geralmente, se comprazem, quando querem se comunicar conosco, na descrição do seu planeta, e quando se lhes pergunta a razão, respondem que é a fim de nos inspirar o amor ao bem pela esperança de, para lá, ir um dia. Foi com esse objetivo que um deles, que viveu na Terra com o nome de Bernard Palissy, o célebre oleiro do décimo sexto século, empreendeu, espontaneamente e sem ser solicitado para isso, uma série de desenhos notáveis, tanto pela sua singularidade quanto pelo talento da execução, e destinado a nos dar a conhecer, até nos menores detalhes, esse mundo tão estranho e tão novo para nós. Alguns retratam personagens, animais, cenas da vida privada; mas, os mais notáveis, são aqueles que representam habitações, verdadeiras obras-primas das quais nada sobre a Terra poderia nos dar uma idéia, porque essa não se parece com nada do que conhecemos; é um gênero de arquitetura indescritível, tão original e, no entanto, tão harmoniosa, de uma ornamentação tão rica e tão graciosa, que desafia a mais fecunda imaginação. O Sr. Victorien Sardou, jovem literato e dos nossos amigos, cheio de talento e de futuro mas em nada desenhista, lhes serviu de intermediário. Palissy nos promete uma série que nos dará, de algum modo, a monografia ilustrada desse mundo maravilhoso. Esperamos que essa curiosa e interessante coletânea sobre a qual voltaremos num artigo especial consagrado aos médiuns desenhistas, poderá ser, um dia, entregue ao público.

O planeta Júpiter, apesar do quadro sedutor que dele nos foi dado, não é o mais perfeito entre os mundos. Há outros, desconhecidos para nós, que lhes são bem superiores, no físico e no moral, e cujos habitantes gozam de uma felicidade ainda mais perfeita; lá é a morada dos Espíritos mais elevados, cujo envoltório etéreo nada mais tem das propriedades conhecidas da matéria.

Várias vezes, nos foi perguntado se pensamos que a condição do homem nesse mundo é um obstáculo absoluto a que pudesse passar, sem intermediário, da Terra para Júpiter. A todas as perguntas que tocam à Doutrina Espírita, jamais respondemos segundo as nossas próprias idéias, contra as quais estamos sempre desconfiando. Nos limitamos a transmitir o ensinamento que nos foi dado, ensinamento que não aceitamos com leviandade e com um entusiasmo irrefletido. À questão acima, respondemos simplesmente, porque tal é o sentido formal das nossas instruções e o resultado das nossas próprias observações: SIM, o homem, deixando a Terra, pode ir imediatamente para Júpiter, ou para um mundo análogo, porque esse não é o único dessa categoria. Pode-se disso ter a certeza? NÃO. Pode-se para lá ir porque há, sobre a Terra, embora em pequeno número, Espíritos bastante bons e bastante desmaterializados para não serem deslocados para um mundo onde o mal não tem acesso. Não há a certeza disso, porque pode-se se iludir sobre o mérito pessoal, e se pode, aliás, ter uma outra missão a cumprir. Aqueles que podem esperar esse favor, não são, seguramente, nem os egoístas, nem os ambiciosos, nem os avaros, nem os ingratos, nem os ciumentos, nem os orgulhosos, nem os vaidosos, nem os hipócritas, nem os sensuais, nem nenhum daqueles que estão dominados pelo amor aos bens terrestres; a estes, talvez, seja preciso, ainda, longas e rudes provas. Isso depende de sua vontade.

CONFISSÕES DE LUÍS XI

HISTÓRIA DE SUA VIDA DITADA POR ELE MESMO À SENHORITA ERMANCE DUFAUX

Falando da *História de Joana D'Arc ditada por ela mesma*, e da qual nos propusemos citar diversas passagens, dissemos que a senhorita Dufaux havia escrito, do mesmo modo, a *História de Luís XI*. Esse trabalho, um dos mais completos nesse gênero, contém documentos preciosos do ponto de vista histórico. Luís XI nele se mostra o profundo político que conhecemos; mas, além disso, nos dá a chave de vários fatos até então inexplicados. Do ponto de vista espírita, é um dos mais curiosos modelos de trabalhos de longo fôlego produzidos pelos Espíritos. A esse respeito, duas coisas são particularmente notáveis: a rapidez da execução (quinze dias bastaram para ditar a matéria de um grande volume); em segundo lugar, a lembrança, tão precisa, que um Espírito pode conservar dos acontecimentos da vida terrestre. Àqueles que duvidarem da origem desse trabalho, e honrando a memória da senhorita Dufaux, responderemos que seria preciso, com efeito, da parte de uma criança de catorze anos, uma memória bem fenomenal, e um talento de uma precocidade não menos extraordinária, para escrever, num único impulso, uma obra dessa natureza; mas, supondo que assim fosse, perguntaremos onde essa criança teria haurido as explicações inéditas da suspeitosa política de Luís XI, e se não fora mais interessante, aos seus pais, disso lhes deixar o mérito. Das diversas histórias escritas por seu intermédio, a de Joana D'Arc foi a única publicada. Fazemos votos para que as outras cedo o sejam, e lhes predizemos um sucesso tanto maior quanto as idéias espíritas são, hoje, infinitamente mais difundidas. Extraímos da de Luís XI a passagem relativa à morte do conde de Charolais:

Os historiadores chegados a esse fato histórico: "Luís XI dá ao conde de Charolais a tenência geral de Normandie," confessam que não compreendem que um rei, tão grande político, haja cometido uma tão grande falta[1].

As explicações dadas por Luís XI são difíceis de contradizer, já que estão confirmadas por três atos conhecidos de todo o mundo: a conspiração de Constain, a viagem do conde de Charolais, que segue à execução do culpado, e, enfim, a obtenção, por esse príncipe, da tenência geral da Normandie, província que reunia os Estados dos duques de Bourgogne e de Bretagne, inimigos sempre unidos contra Luís XI.

Luís XI assim se exprime:

"O conde de Charolais foi gratificado com a tenência geral de Normandie e com uma pensão de trinta e seis mil libras. Era uma imprudência bem grande aumentar assim o poder da casa de Bourgogne. Embora essa digressão nos distancie da seqüência dos negócios da Inglaterra, creio dever indicar aqui os motivos que me fizeram agir assim.

"Algum tempo depois do seu retorno para os Países Baixos, o duque Philippe de Bourgogne tinha caído perigosamente enfermo. O conde de Charolais amava verdadeiramente seu pai, apesar dos desgostos que lhe havia causado: é verdade que seu caráter ardente e impetuoso e, sobretudo, minhas péfidas insinuações poderiam o desculpar. Cuida dele com uma afeição toda filial e não deixa, nem de dia, nem de noite, a cabeceira do seu leito".

"O perigo do velho duque me havia levado a sérias reflexões: odiava o conde e acreditava ter tudo a temer dele; aliás, não tinha senão uma filha de tenra idade, o que teria produzido depois da morte do duque, que não parecia dever viver muito tempo, uma minoria que os Flamands, sempre turbulentos teriam tornado extremamente agitada. Teria podido, então, me apossar facilmente, se não fora de todos os bens da casa de Bourgogne, pelo menos de uma parte, seja escondendo essa usurpação numa aliança, seja deixando tudo o que a força lhe dá de odioso. Havia mais razões, do que era preciso, para fazer envenenar o conde de Charolais; aliás, o pensamento de um crime não me espantava mais.

(1) *História de França,* por Velly e continuadores.

"Consegui seduzir o copeiro do príncipe, Jean Constain. A Itália era, de algum modo, o laboratório dos envenenadores: foi para lá que Constain enviou Jean d'lvy, que ele havia ganho com a ajuda de uma soma considerável que deveria pagar-lhe em seu retorno. D'lvy quis saber a quem esse veneno estava destinado; o copeiro teve a imprudência de confessar que era para o conde de Charolais.

"Depois de ter feito sua incumbência, d'lvy se apresenta para receber sua soma prometida; mas, longe de lhe dar, Constain o cobre de injúrias. Furioso com essa recepção, d'lvy jura disso tirar vingança. Vai procurar o conde de Charolais e lhe confessa tudo o que sabia. Constain foi detido e conduzido ao castelo de Rippemonde. O medo da tortura o fez tudo confessar, exceto minha cumplicidade, talvez, esperando que intercedesse por ele. Já estava no alto da torre, lugar destinado ao seu suplício, e se apressava em o decapitar, quando testemunhou o desejo de falar ao conde. Conta-lhe, então, o papel que havia tomado nessa tentativa. O conde Charolais apesar do espanto e da cólera que experimentou, se cala, e as pessoas presentes não puderam formar senão vagas conjecturas fundadas sobre os movimentos de surpresa que o relato lhe arrancou. Apesar da importância dessa revelação, Constain foi decapitado e seus bens foram confiscados, mas entregue à sua família pelo duque de Bourgogne.

"Seu denunciante experimentou a mesma sorte, que deveu em parte à imprudente resposta que deu ao príncipe de Bourgogne; este, lhe tendo perguntado se teria denunciado o complô, se houvera sido pago da soma prometida, ele teve a inconcebível temeridade de dizer que não.

"Quando o conde veio a Tours, me pediu uma entrevista particular, lá deixou estourar toda a sua fúria e me cobriu de censuras: Apazigüei-o dando-lhe a tenência geral de Normandie e a pensão de trinta e seis mil libras; a tenência geral não foi senão um título vão; quanto à pensão, não recebeu senão o primeiro vencimento."

A FATALIDADE E OS PRESSENTIMENTOS

INSTRUÇÕES DADAS POR SÃO LUÍS

Um dos nossos correspondentes nos escreveu o que segue:

"No mês de setembro último, uma embarcação leve, fazendo a travessia de Dunkerque à Ostende, foi supreendida por um tempo agitado e pela noite; o barquinho sossobra, e das oito pessoas que o tripulavam, quatro perecem; as outras quatro, entre as quais me encontrava, conseguiram se manter sobre a quilha. Permanecemos toda a noite nessa horrível posição, sem outra perspectiva do que a morte, que nos parecia inevitável e da qual experimentamos todas as angústias. Ao amanhecer, tendo o vento nos levado à costa, pudemos ganhar a terra a nado.

"Por que nesse perigo, *igual para todos*, só quatro pessoas sucumbiram? Anotai que, por minha parte, é a sexta ou sétima vez que escapo de um perigo tão iminente, e quase nas mesmas circunstâncias. Sou verdadeiramente levado a crer que mão invisível me protege. Que fiz para isso? Não sei muito; sou sem importância e sem utilidade neste mundo, e não me gabo de valer mais do que os outros; longe disso: havia, entre as vítimas do acidente, um digno eclesiástico, modelo de virtudes evangélicas, e uma venerável irmã de São Vicente de Paulo, que iam cumprir uma santa missão de caridade cristã. A fatalidade me parece desempenhar um grande papel no meu destino. Os Espíritos, nela não estariam para alguma coisa? Seria possível ter, por eles, uma explicação a esse respeito, lhes perguntando, por exemplo, se são eles que provocam ou afastam os perigos que nos ameaçam?..."

Conforme o desejo de nosso correspondente, dirigimos as perguntas seguintes ao Espírito de São Luís que gosta de se comunicar conosco todas as vezes que há uma instrução útil para dar.

1. Quando um perigo iminente ameaça alguém, é um Espírito que dirige o perigo, e quando dele escapa, é um outro Espírito que o afasta?

Resp. Quando um Espírito se encarna, escolhe uma prova; a escolhendo se faz uma espécie de destino, que não pode mais conjurar, uma vez que a ele está submetido; falo de provas físicas. Conservando o Espírito seu livre arbítrio, sobre o bem e o mal, é sempre o senhor para suportar ou repelir a prova; um bom Espírito, o vendo fraquejar, pode vir em sua ajuda, mas não pode influir, sobre ele, de maneira a dominar sua vontade. Um Espírito mau, quer dizer, inferior, lhe mostrando, lhe exagerando um perigo físico, pode o abalar e o amedrontar, mas, a vontade do Espírito encarnado não fica menos livre de todo entrave.

2. Quando um homem está no ponto de perecer por acidente, me parece que o livre arbítrio nisso não vale nada. Per-

gunto, pois, se é um mau Espírito que provoca esse acidente, que dele é, de algum modo, o agente; e, no caso em que se livra do perigo, se um bom Espírito veio em sua ajuda.

Resp. O bom Espírito ou o mau Espírito não pode senão sugerir bons ou maus pensamentos, segundo sua natureza. O acidente está marcado no destino do homem. Quando a tua vida é posta em perigo, se trata de uma advertência que tu mesmo a desejaste, a fim de te desviares do mal e de te tornares melhor. Quando tu escapas desse perigo, ainda sob a influência do perigo que correste, pensas mais ou menos fortemente, segundo a ação mais ou menos forte dos bons Espíritos, em te tornares melhor. O mau Espírito sobrevindo (digo mau subentendendo que o mal ainda está nele), pensas que escaparás do mesmo modo de outros perigos e deixas, de novo, tuas paixões se desencadearem.

3. A fatalidade que parece presidir aos destinos materiais de nossas vidas seria, ainda, o efeito do nosso livre arbítrio?

Resp. Tu mesmo escolheste tua prova: quanto mais ela for rude, melhor tu a suportes, mais tu te elevas. Aqueles que passam sua vida em abundância e na felicidade humana, são Espíritos frouxos que permanecem estacionários. Assim, o número dos infortunados sobrepuja em muito o dos felizes desse mundo, tendo em vista que os Espíritos procuram, em maior parte, a prova que lhes será a mais frutífera. Eles vêem muito bem a futilidade de vossas grandezas e de vossas alegrias. Aliás, a vida mais feliz é sempre agitada, sempre perturbada, não fosse isso senão pela ausência da dor.

4. Compreendemos perfeitamente essa doutrina, mas isso não nos explica se certos Espíritos têm uma ação direta sobre a causa material do acidente. Suponhamos que no momento em que um homem passa sobre uma ponte, essa ponte se desmorona. Quem impeliu o homem a passar nessa ponte?

Resp. Quando um homem passa sobre uma ponte que deve se romper, não é um Espírito que o conduz a passar nessa ponte, é o instinto do seu destino que para lá o leva.

5. O que fez desmoronar a ponte?

Resp. As circunstâncias naturais. A matéria tem nela suas causas de destruição. No caso do qual se trata, o Espírito, tendo necessidade de recorrer a um elemento estranho à sua natureza para mover as forças naturais, recorrerá antes à intuição espiritual. Assim tal ponte adiante se rompe, a água tendo desconjuntado as pedras que a compõe, a ferrugem tendo corroído a corrente que a suspenda, o Espírito, digo eu, insinuará antes ao homem para que passe por essa ponte do que fazer romper uma outra sob seus passos. Aliás, tendes uma prova material do que eu adianto: qualquer acidente que chegue sempre naturalmente, quer dizer, de causas que se ligam umas as outras, se conduzem insensivelmente.

6. Tomemos um outro caso no qual a destruição da matéria não seja a causa do acidente. Um homem mal intencionado atira sobre mim, a bala me roça, não me atinge. Um Espírito benevolente pode a ter desviado? – *Resp.* Não.

7. Os Espíritos podem nos advertir diretamente de um perigo? Eis um fato que parece o confirmar: uma mulher saía de sua casa e seguia pelo boulevar. Uma voz íntima lhe diz: Vai-te; retorna para tua casa. Ela hesita. A mesma voz se faz ouvir várias vezes; então, ela volta sobre seus passos; mas, se reconsiderando, ela diz: que vou fazer em minha casa? Dela saí; é sem dúvida um efeito de minha imaginação. Então, ela continua o seu caminho. A alguns passos dali, uma viga que se soltou de uma casa, lhe atinge a cabeça e a derruba inconsciente. Qual era essa voz? Não foi um pressentimento do que ia acontecer a essa mulher? – *Resp.* A do instinto; aliás, nenhum pressentimento tem tais caracteres: sempre são vagos.

8. Que entendeis pela voz do instinto? – *Resp.* Entendo que o Espírito, antes de se encarnar, tem conhecimento de todas as fases de sua existência; quando estas têm um caráter saliente, delas conserva uma espécie de impressão no foro íntimo, e essa impressão, despertando quando o momento se aproxima, se torna pressentimento.

NOTA. As explicações acima se reportam à fatalidade dos acontecimentos materiais. A fatalidade moral está tratada, de modo completo, em *O Livro dos Espíritos*.

A UTILIDADE DE CERTAS EVOCAÇÕES PARTICULARES

As comunicações que se obtêm de Espíritos muito superiores, ou daqueles que animaram os grandes personagens da Antigüidade, são preciosas pelo alto ensinamento que encerram. Esses Espíritos adquiriram um grau de perfeição que lhes permite abranger uma esfera de idéias mais extensa, penetrar mistérios que ultrapassam a capacidade vulgar da humanidade, e, por conseguinte, de nos iniciar, melhor do que outros, em certas coisas. Não se segue disso que as comunicações de Espíritos de uma ordem menos elevada não tenham utilidade; longe disso: o observador nelas haure mais de uma instrução. Para se conhecer os costumes de um povo, é preciso o estudar em todos os graus da escala. Quem não o tivesse visto senão sob uma face, o conheceria mal. A história de um povo não é a do seu rei e das sumidades sociais; para o julgar, é preciso o ver em sua vida íntima, em seus hábitos privados. Ora, os Espíritos superiores são as sumidades do mundo espírita; sua própria elevação os coloca de tal modo acima de nós, que nos assusta pela distância que nos separa. Espíritos mais burgueses (que se nos perdoe essa expressão) nos tornam mais palpáveis as circunstâncias da sua nova existência. Entre eles, a ligação entre a vida corporal e a vida espiritual é mais íntima, nós a compreendemos melhor, porque nos toca mais de perto. Aprendendo, por eles mesmos, em que se tornaram, o que pensam, o que sentem os homens de todas as condições e de todos os caracteres, os homens de bem como os viciosos, os grandes e os pequenos, os felizes e os infelizes do século, em uma palavra, os homens que viveram entre nós, que vimos e conhecemos, dos quais conhecemos a vida real, as virtudes e os defeitos, compreendemos suas alegrias e os seus sofrimentos, nos associamos a eles e neles haurimos um ensinamento moral tanto mais proveitoso quanto as relações, entre eles e nós, sejam mais íntimas. Colocamo-nos mais facilmente no lugar daquele que foi nosso igual do que daquele que não vemos senão através da miragem de uma glória celeste. Os Espíritos vulgares nos mostram a aplicação prática das grandes e sublimes virtudes, das quais os Espíritos superiores nos ensinam a teoria. Aliás, no estudo de uma ciência, nada é inútil: Newton encontrou a lei de forças do Universo, no mais simples fenômeno.

Essas comunicações têm uma outra vantagem, que é de constatar a identidade de Espíritos de um modo mais preciso. Quando um Espírito nos diz ter sido Sócrates ou Platão, somos obrigados a crer, sob palavra, porque não carrega com ele um certificado de autenticidade; podemos ver, em seus discursos, se ele desmente ou não a origem que se dá: nós o julgaremos Espírito elevado, eis tudo; que ele tenha sido, em realidade, Sócrates ou Platão, pouco nos importa. Mas quando o Espírito de nossos parentes, de nossos amigos ou daqueles que conhecemos, se nos manifesta, se apresentam mil circunstâncias de detalhes íntimos dos quais a identidade não poderia ser colocada em dúvida: adquire-se aí; de algum modo, a prova material. Pensamos, pois, que gostarão de nos dar, de tempos em tempos, algumas dessas evocações íntimas: é o romance dos costumes da vida espírita, menos a ficção.

CONVERSAS FAMILIARES DE ALÉM-TÚMULO

O ASSASSINO LEMAIRE

Condenado pelo Supremo Tribunal da Justiça Criminal, de Aisne, à pena de morte e executado em 31 de dezembro de 1857, evocado em 29 de janeiro de 1858.

1. Peço a Deus Todo-Poderoso permitir ao assassino Lemaire, executado em 31 de dezembro de 1857, vir entre nós. – *Resp.* Aqui estou.

2. Como ocorre que tenhas vindo tão prontamente ao nosso apelo? – *Resp.* Rachel o disse[(1)].

3. Que sentimento experimentas diante de nós? – *Resp.* A vergonha.

4. Como uma jovem, doce como um cordeiro, pode servir de intermediário a um ser sanguinário como tu? – *Resp.* Deus o permitiu.

5. Conservaste todo o conhecimento até o último momento? – *Resp.* Sim.

6. E, imediatamente após a tua execução, tiveste consciência de tua nova existência? – *Resp.* Mergulhei numa perturbação imensa, da qual ainda não saí. Senti uma imensa dor; me pareceu que meu coração a sofria. Vi não sei o que rolar ao pé do patíbulo; vi o sangue correr, e a minha dor, com isso, não se tornou senão mais pungente.

(1) A senhorita Rachel, tendo sido evocada alguns dias antes, por intermédio da mesma médium, se apresenta instantaneamente. Foram-lhe feitas, a esse respeito, as perguntas seguintes:

– Como ocorreu que haveis vindo tão prontamente, no mesmo instante em que a evocamos; se diria que estáveis preparada? – *Resp.* Quando Ermance (a médium) nos chama, vimos depressa.

– Tendes, pois, muita simpatia pela senhorita Ermance? – *Resp.* Há um laço entre ela e nós. Ela vem a nós; nós vamos a ela.

- Não há, todavia, nenhuma semelhança entre o seu caráter e o vosso; como ocorre, então, que haja simpatia? – *Resp.* Ela jamais deixou inteiramente o mundo dos Espíritos.

7. Era uma dor puramente física, análoga à que seria causada por um grave ferimento: pela amputação de um membro, por exemplo? – *Resp.* Não; te figura um remorso, uma grande dor moral.

8. Quando começaste a sentir essa dor? – *Resp.* Desde que estive livre.

9. A dor física, causada pelo suplício, era sentida pelo corpo ou pelo Espírito? – *Resp.* A dor moral estava no meu espírito; o corpo sentiu a dor física; mas o Espírito, separado dele, a sentia ainda.

10. Viste teu corpo mutilado? – *Resp.* Vi não sei o que de informe que me parecia não ter deixado; no entanto, sentia-me, ainda, inteiro: era eu mesmo.

11. Que impressão essa visão teve em ti? – *Resp.* Sentia muito a minha dor; estava perdido nela.

12. É verdade que o corpo vive ainda alguns instantes depois da decapitação, e que o supliciado tem a consciência das suas idéias? – *Resp.* O Espírito se retira pouco a pouco; quanto mais os laços da matéria o enlaçam, menos a separação é pronta.

13. Quanto tempo isso dura? – *Resp.* Mais ou menos. (Ver a resposta precedente.)

14. Disse-se haver notado, na fisionomia de certos supliciados, a expressão da cólera, movimentos como se quisessem falar; era o efeito de uma contração nervosa ou a vontade nisso tinha parte? – *Resp.* A vontade; porque o Espírito não havia ainda se retirado.

15. Qual foi o primeiro sentimento que experimentaste, entretanto, em tua nova existência? – *Resp.* Um sofrimento intolerável; uma espécie de remorso pungente, cuja causa ignorava.

16. Tu te encontraste reunido aos teus cúmplices executados ao mesmo tempo que tu? – *Resp.* Para nossa infelicidade; nossa visão é um suplício contínuo; cada um de nós reprova, no outro, seu crime.

17. Reencontraste tuas vítimas? – *Resp.* Eu as vejo... são felizes... seu olhar me persegue... sinto que mergulha até o fundo do meu ser... em vão quero lhe fugir.

18. Que sentimentos experimentas diante delas? – *Resp.* A vergonha e o remorso. Levantei-as com as minhas próprias mãos, e as odeio ainda.

19. Que sentimento elas experimentam diante de ti? – *Resp.* A piedade.

20. Elas têm ódio e o desejo de vingança? – *Resp.* Não; suas preces pedem pela minha expiação. Não saberias sentir que horrível suplício é tudo dever a quem se odeia.

21. Lamentas tua vida terrestre? – *Resp.* Não lamento senão os meus crimes; se os acontecimentos estivessem ainda em minhas mãos, não sucumbiria mais.

22. Como foste conduzido à vida criminosa que levaste? – *Resp.* Escuta! Acreditei-me forte; escolhi uma rude prova; cedi às tentações do mal.

23. A tendência ao crime estava na tua natureza, ou foste arrastado pelo meio no qual viveste? – *Resp.* A tendência ao crime estava na minha natureza, porque era um Espírito inferior. Quis me elevar de repente, mas pedi além das minhas forças.

24. Se houvesse recebido bons princípios de educação, terias podido te desviar da vida criminosa? – *Resp.* Sim; mas escolhi a posição na qual nasci.

25. Terias podido te transformar num homem de bem? – *Resp.* Um homem fraco, incapaz do bem como do mal. Poderia paralisar o mal de minha natureza, durante a minha existência, mas não poderia me elevar até fazer o bem.

26. Durante a vida, acreditavas em Deus? – *Resp.* Não.

27. Diz-se que, no momento de morrer, te arrependeste; isso é verdade? – *Resp.* Acreditava num Deus vingador... tive medo da sua justiça.

28. Nesse momento teu arrependimento é mais sincero? – *Resp.* Ai de mim! Vejo o que fiz.

29. Que pensa de Deus agora? – *Resp.* Eu o sinto e não o compreendo.

30. Achas justo o castigo que te foi infligido sobre a Terra? – *Resp.* Sim.

31. Espera obter o perdão dos teus crimes? – *Resp.* Não sei.

32. Como espera resgatar os teus crimes? – *Resp.* Por novas provas; mas parece que a Eternidade está entre elas e mim.

33. Como poderás expiar as tuas faltas passadas em uma nova existência, se não tens a lembrança delas? – *Resp.* Delas terei a presciência.

34. Essas provas se cumprirão sobre a Terra ou num outro mundo? – *Resp.* Não sei.

35. Onde estás agora? – *Resp.* Estou no meu sofrimento.

36. Pergunto em qual lugar está? – *Resp.* Perto de Ermance.

37. Estais reencarnado ou errante? – *Resp.* Errante; se estivesse reencarnado, teria a esperança. Eu disse: a Eternidade me parece entre a expiação e mim.

38. Uma vez que estás aqui, se pudéssemos te ver, sob qual forma nos aparecerias? – *Resp.* Sob minha forma corporal, minha cabeça separada do tronco.

39. Poderias nos aparecer? – *Resp.* Não; deixai-me.

40. Gostaria de nos dizer como te evadiste da prisão de Montdidier? – *Resp.* Não sei mais... Meu sofrimento é tão grande que não tenho mais do que a lembrança do crime... Deixai-me.

41. Poderíamos trazer algum alívio aos teus sofrimentos? – *Resp.* Fazei votos para que a expiação chegue.

A RAINHA DE OUDE

Nota. – Nestas conversas, doravante, supriremos a fórmula de evocação, que é sempre a mesma, a menos que ela apresente, para a resposta, alguma particularidade.

1. Que sensação experimentaste deixando a vida terrestre? – *Resp.* Não o saberia dizer; experimento, ainda, perturbação.

2. Sois feliz? – *Resp.* Não.

3. Por que não sois feliz? – *Resp.* Lamento a vida... não sei... sinto uma dor pungente; a vida disso teria me livrado... gostaria que meu corpo se levantasse do seu sepulcro.

4. Lamentai-vos por não ter sido sepultada em vosso país, e de o ser entre os cristãos? – *Resp.* Sim; a terra indiana pesaria menos sobre o meu corpo.

5. Que pensais das honras públicas prestadas aos vossos despojos? – *Resp.* Foram pouca coisa; eu era rainha, nem todos dobraram os joelhos diante de mim... Deixai-me... Forçam-me a falar... Não quero que saibam o que sou agora... Fui rainha, sabei-o bem.

6. Respeitamos a vossa posição, e pedimos para nos responder para nossa instrução.

Pensais que vosso filho recuperará, um dia, os Estados de seu pai? – *Resp.* Certamente, o meu sangue reinará; disso ele é digno.

7. Dais à reintegração do vosso filho no trono de Oude a mesma importância de quando vivíeis? – *Resp.* Meu sangue não pode ser confundido na multidão.

8. Qual é a vossa opinião atual sobre a verdadeira causa da revolta das Índias? – *Resp.* O Indiano foi feito para ser senhor em sua casa.

9. Que pensais do futuro que está reservado a esse país? – *Resp.* A Índia será grande entre as nações.

10. Não se pôde inscrever, no vosso atestado de óbito, o lugar do vosso nascimento; poderíeis dizê-lo agora? – *Resp.* Nasci do mais nobre sangue da Índia. Creio que nasci em Delhy.

11. Vós que haveis vivido nos esplendores do luxo e que haveis sido cercada de honras, que pensais disso agora? – *Resp.* Eram-me devidos.

12. A posição que haveis ocupado na Terra, vos dá uma posição mais elevada no mundo onde estais hoje? – *Resp.* Sou sempre rainha... Que se me mandem escravos para me servirem!... Não sei; não me parece se importarem comigo aqui... Não obstante, sou sempre eu.

13. Pertenceis à religião muçulmana, ou a uma religião hindu? - *Resp.* Muçulmana; mas eu era muito grande para me ocupar de Deus.

14. Que diferança fazeis entre a religião que professáveis e a religião cristã, quanto à felicidade futura do homem? – *Resp.* A religião cristã é absurda; diz que todos são irmãos.

15. Qual é a vossa opinião sobre Maomé? – *Resp.* Ele não era filho do rei.

16. Ele tinha uma missão divina? – *Resp.* Que me importa isso!

17. Qual é a vossa opinião sobre o Cristo? – *Resp.* O filho de um carpinteiro não é digno de ocupar o meu pensamento.

18. Que pensais do uso que subtrai as mulheres muçulmanas dos olhares de homens? – *Resp.* Penso que as mulheres são feitas para dominarem; eu era mulher.

19. Haveis, alguma vez, invejado a liberdade da qual gozam as mulheres na Europa? – *Resp.* Não; que me importava a sua liberdade! São servidas de joelhos.

20. Qual é vossa opinião sobre a condição da mulher em geral na espécie humana? – *Resp.* Que me importam as mulheres! Se me falasses de rainhas!

21. Lembrai-vos de haver tido outras existências sobre a Terra, antes da que acabais de deixar? – *Resp.* Devo ter sido sempre rainha.

22. Por que viestes tão prontamente ao nosso chamado? – *Resp.* Eu não quis; forçaram-me a isso... Pensas, então, que me dignaria responder? Ora bem, quem sois perto de mim?

23. Quem vos forçou a vir? – *Resp.* Não o sei... Todavia, aqui não deve haver ninguém maior do que eu.

24. Em que lugar estais aqui? – *Resp.* Junto de Ermance.

25. Sob qual forma aqui estais? – *Resp.* Sou sempre rainha. Pensais, pois, que deixei de o ser? Sois pouco respeitosos... Sabei que se fala de outro modo às rainhas.

26. Por que não podemos vos ver? – *Resp.* Eu não o quero.

27. Se pudéssemos nos ver, é que vos veríamos com vossas vestimentas, vossos adereços e vossas jóias? – *Resp.* Certamente.

28. Como ocorre que, tendo deixado tudo isso, vosso Espírito de-les haja conservado a aparência, sobretudo de vossos adereços? – *Resp.* Não me foram tirados... Eu sou sempre tão bela quanto era... Não sei que idéia fazes de mim! É verdade que não me haveis jamais visto.

29. Que impressão experimentais vos encontrando em nosso meio? – *Resp.* Se pudesse, aqui não estaria: vós me tratais com tão pouco respeito! Não quero que me tratem por tu... Chamai-me Majestade, ou não responderei mais.

30. Vossa Majestade *compreendia* a língua francesa? – *Resp.* Por que não a compreenderia? Eu sabia tudo.

31. Vossa Majestade gostaria de nos responder em inglês? – *Resp.* Não... Não me deixareis, pois, tranqüila?... Quero me ir daqui... Deixai-me... Julgais-me submissa aos vossos caprichos?... Sou rainha e não sou escrava.

32. Pedimos somente consentir em responder, ainda, a duas ou três perguntas.

Resposta de São Luís, que estava presente: Deixai-a, a pobre enganada; tende piedade de sua cegueira. Que vos sirva de exemplo! Não sabeis o quanto sofre seu orgulho.

Nota. – Essa entrevista oferece mais de um ensinamento. Evocando essa majestade decaída, agora no túmulo, não esperávamos respostas de uma grande profundidade, tendo em vista o gênero de educação das mulheres nesse país; mas não pensávamos encontrar, nesse Espírito, senão a filosofia, pelo menos um sentimento mais verdadeiro da realidade, e idéias mais sadias sobre as vaidades e as grandezas deste mundo. Longe disso: nela, as idéias terrestres conservaram toda a sua força; é o orgulho que nada perdeu de suas ilusões, que luta contra a sua própria fraqueza, e que deve, com efeito, muito sofrer por sua impotência. Na previsão de respostas de uma natureza diferente, havíamos preparado diversas perguntas que se tornaram sem objeto. Essas respostas são tão diferentes daquelas que esperávamos, assim como as pessoas presentes, que não se poderia, nelas, ver a influência de um pensamento estranho. Por outro lado, têm uma marca de personalidade tão caracterizada que acusam, claramente, a identidade do Espírito que se manifestou.

Se poderia estranhar, com razão, em ver Lamaire, homem de-gradado e manchado por todos os crimes, manifestar, por sua linguagem de além-tumulo, sentimentos que denotam uma certa elevação e uma apreciação bastante exata da sua situação, ao passo que, na rainha de Oude, cuja categoria que ocupava deveria ter desenvolvido o senso moral, as idéias terrestres não sofreram nenhuma modificação. A causa dessa anomalia nos parece fácil de explicar. Lemaire, por degradado que era, vivia no meio de uma sociedade civilizada e esclarecida, que havia reagido sobre a sua natureza grosseira; inconscientemente, ele havia absorvido alguns raios da luz que o cercava, e essa luz deveu fazer nascer nele pensamentos sufocados pela sua abjeção, mas cujos germes nele não subsistiram menos. Ocorre de modo diferente com a rainha de Oude: o meio onde viveu, os hábitos, a falta absoluta de cultura intelectual, tudo deveu contribuir para manter, com toda a sua força, as idéias das quais estava imbuída desde a infância; nada veio modificar essa natureza primitiva, sobre a qual os preconceitos conservaram todo o seu império.

O DOUTOR XAVIER

SOBRE DIVERSAS QUESTÕES PSICO-FISIOLÓGICAS

Um médico de grande talento, que designaremos pelo nome de Xavier, morto há alguns meses, e que muito se ocupou com o magnetismo, havia deixado um manuscrito destinado, pensava ele, a fazer uma revolução na ciência. Antes de morrer, havia lido *O Livro dos Espíritos* e desejado se pôr em relação com o autor. A doença, com a qual sucumbiu, não lhe deixou tempo para isso. Sua evocação ocorreu a pedido de sua família, e as respostas, eminentemente instrutivas, que ela contém, nos animou a dela inserir um extrato, na nossa coletânea, suprimindo tudo o que é de interesse privado.

1. Lembrai-vos do manuscrito que haveis deixado? – *Resp.* Ligo-lhe pouca importância.

2. Qual é a vossa opinião atual sobre esse manuscrito? – *Resp.* Obra vã de um ser que ignorava a si mesmo.

3. Pensais, todavia, que essa obra poderia fazer uma revolução na ciência? – *Resp.* Vejo muito claro agora.

4. Poderíeis, como Espírito, corrigir e acabar esse manuscrito? – *Resp.* Parti de um ponto que mal conheço. Talvez, seria preciso refazer tudo.

5. Sois feliz ou infeliz? – *Resp.* Espero e sofro.

6. O que esperais? – *Resp.* Novas provas.

7. Qual é a causa dos vossos sofrimentos? – *Resp.* O mal que fiz.

8. Todavia, haveis feito o mal com intenção? – *Resp.* Conheces bem o coração do homem?

9. Estais errante ou encarnado? – *Resp.* Errante.

10. Qual era, quando vivíeis, vossa opinião sobre a Divindade? – *Resp.* Não acreditava nela.

11. Qual é agora? – *Resp.* Nela não creio bastante.

12. Tínheis o desejo de se pôr em relação comigo; lembraivos? – *Resp.* Sim.

13. Vede-me e me reconheceis pela pessoa com a qual queríeis entrar em relação? – Resp. Sim.

14. Que impressão *O Livro dos Espíritos* fez sobre vós? *Resp.* Transtornou-me.

15. Que pensais dele agora? – *Resp.* É uma grande obra.

16. Que pensais do futuro da Doutrina Espírita? – *Resp.* É grande, mas certos discípulos a prejudicam.

17. Quem são os que a prejudicam? *Resp.* Os que atacam o que existe: as religiões, as primeiras e mais simples crenças dos homens.

18. Sendo médico, e em razão dos estudos que haveis feito, poderíeis, sem dúvida, responder às perguntas seguintes:

O corpo pode conservar, por alguns instantes, a vida orgânica depois da separação da alma? – *Resp.* Sim.

19. Quanto tempo? – *Resp.* Não há tempo.

20. Precisai vossa resposta, vos peço. – *Resp.* Isso não dura senão alguns instantes.

21. Como se opera a separação da alma do corpo? – *Resp.* Igual um fluido que escapa de um vaso qualquer.

22. Há uma linha de demarcação realmente traçada entre a vida e a morte? – *Resp.* Esses dois estados se tocam e se con-

fundem; assim, o Espírito se desliga, pouco a pouco, dos seus laços; ele se desenlaça e não se quebra.

23. Esse desligamento da alma se opera mais prontamente em uns do que em outros? – *Resp.* Sim: aqueles que, em sua vida, já se elevaram acima da matéria, porque, então, sua alma pertence mais ao mundo dos Espíritos do que ao mundo terrestre.

24. Em que momento se opera a união da alma e do corpo, na criança? – *Resp.* Quando a criança respira; como se recebesse a alma com o ar exterior.

Nota. Essa opinião é conseqüência de dogma católico. Com efeito, a Igreja ensina que a alma não pode ser salva senão pelo batismo; ora, como a morte natural intra-uterina é muito freqüente, em que se tornaria essa alma privada, segundo ela, desse único meio de salvação, se ela existia no corpo antes do nascimento? Para ser conseqüente, seria preciso que o batismo tivesse lugar, se não de fato, pelo menos de intenção, desde o instante da concepção.

25. Como explicais, então, a vida intra-uterina? – *Resp.* Como a planta que vegeta. A criança vive a sua vida animal.

26. Há crime em privar uma criança da vida antes do seu nascimento, uma vez que, antes dessa época, a criança, não tendo alma, não é, de algum modo, um ser humano? – *Resp.* A mãe, ou qualquer outra, cometerá sempre um crime tirando a vida à criança antes do seu nascimento, porque é impedir a alma de suportar as provas, para as quais o corpo deveria ser instrumento.

27. A expiação, que deveria ser suportada pela alma impedida de se encarnar, não obstante, ocorrerá? – *Resp.* Sim, mas Deus sabia que a alma não se uniria a esse corpo; assim, nenhuma alma devia se unir a esse envoltório corporal: *era a prova da mãe.*

28. No caso em que a vida da mãe estaria em perigo pelo nascimento da criança, há crime em sacrificar a criança para salvar sua mãe?– *Resp.* Não é preciso sacrificar o ser que não existe ao ser que existe.

29. A união, da alma e do corpo, se opera instantaneamente ou gradualmente; quer dizer, é preciso um tempo apreciável para que essa união seja completa? – *Resp.* O Espírito não entra bruscamente no corpo. Para medir esse tempo, imaginai que o primeiro sopro que a criança recebe é a alma que entra no corpo: o tempo que o peito se eleva e abaixa.

30. A união da alma, com tal ou tal corpo, está predestinada, ou não é senão no momento do nascimento que a escolha se faz? – *Resp.* Deus a marcou; essa questão exige mais longos desenvolvi-

mentos. O Espírito, escolhendo a prova que deve suportar, pede para se encarnar; ora, Deus, que tudo sabe e tudo vê, sabia e via antes que tal alma se uniria a tal corpo. Quando o Espírito nasce nas classes baixas da sociedade, sabe que sua vida não será senão trabalho e sofrimento. A criança que vai nascer tem uma existência que resulta, até certo ponto, da posição de seus pais.

31. Por que pais bons e virtuosos dão nascimento a crianças de natureza perversa? Dito de outro modo, por que as boas qualidades dos pais não atraem sempre, por simpatia, um bom Espírito para animar seu filho? – *Resp.* Um mau Espírito pede bons pais, na esperança de que seus conselhos lhe dirigirão para um caminho melhor.

32. Os pais podem, por seus pensamentos e suas preces, atrair para o corpo da criança um bom Espírito, antes que um Espírito inferior? – *Resp.* Não; mas podem melhorar o Espírito da criança que fizeram nascer: é seu dever, crianças más são uma prova para os pais.

33. Concebe-se o amor maternal para a conservação da vida da criança, mas, uma vez que esse amor está na natureza, por que há mães que odeiam seus filhos desde o seu nascimento? – *Resp.* Maus Espíritos que tratam de entravar o Espírito da criança, a fim de que ele sucumba sob a prova que quis.

34. Nós vos agradecemos as explicações que consentistes em nos dar. – *Resp.* Para vos instruir, farei tudo.

Nota. A teoria, dada por esse Espírito, sobre o instante da união da alma e do corpo, não é inteiramente exata. A união começa desde a concepção; quer dizer, desde esse momento, o Espírito, sem estar encarnado se liga ao corpo por um laço fluídico que vai se apertando, mais e mais, até o nascimento; a encarnação não se completa senão quando a criança respira. (Ver *O Livro dos Espíritos*, nº 344 e seguintes.)

O SR. HOME

(Segundo artigo. – Ver o número de fevereiro de 1858.)

O Sr. Home, assim como dissemos, é um médium do gênero daqueles sob a influência dos quais se produzem, especialmente, fenômenos físicos, sem excluir, por isso, as manifestações inteligentes. Todo efeito que revela a ação de uma vontade livre é, por isso mesmo, inteligente; quer dizer, que não é puramente mecânico e que não poderia ser atribuído a um agente exclusivamente material; mas daí às comunicações instrutivas de uma alta importância, moral e filosófica, há uma grande distância, e não é do nosso conhecimento que o Sr. Home as obtém dessa natureza. Não sendo médium escrevente, a maioria das respostas são dadas por pancadas, indicando as letras do alfabeto, meio sempre imperfeito e muito lento, que se presta dificilmente aos desenvolvimentos de uma certa extensão. Ele obtêm, não obstante, também a escrita, mas por um outro meio, do qual falaremos dentro de pouco.

Diremos, primeiro, como princípio geral, que as manifestações ostensivas, as que ferem os nossos sentidos, podem ser espontâneas ou provocadas. As primeiras são independentes da vontade; freqüentemente, têm mesmo lugar contra a vontade daquele das quais são objeto, e ao qual não são sempre agradáveis. Os fatos desse gênero são freqüentes, e, sem remontar às narrações mais ou menos autênticas dos tempos recuados, a história contemporânea delas nos oferece numerosos exemplos cuja causa, ignorada a princípio, é hoje perfeitamente conhecida: tais são, por exemplo, os ruídos insólitos, o movimento desordenado dos objetos, as cortinas puxadas, as cobertas arrancadas, certas aparições etc. Algumas pessoas são dotadas de uma faculdade especial que lhes dá o poder de provocarem esse fenômeno, pelo menos em parte, por assim dizer, à vontade. Essa faculdade não é muito rara, e, sobre cem pessoas, cinqüenta ao menos a possuem em um grau mais ou menos grande. O que distingue o senhor Home, é que se desenvolveu nele, como nos médiuns de sua força, de um modo, por assim dizer, excepcional. Alguém, não obterá senão golpes leves, ou o deslocamento insignificante de uma mesa, ao passo que sob a influência do Sr. Home os ruídos, os mais retumbantes, se fazem ouvir, e todo o mobiliário de um quarto pode ser revirado, os móveis montandos uns sobre os outros. Por estranhos que sejam esses fenômenos, o entusiasmo de alguns admiradores, muito zelosos, ainda encontra meios de os amplificar com fatos de pura invenção. Por outro lado, os detratores não permanecem inativos; contam, sobre ele, toda espécie de chistes que não existiram senão na sua imaginação. Eis aqui um exemplo. O Sr.., marquês de..., um dos personagens que tiveram o maior interesse no Sr. Home, e em cuja casa era recebido na intimidade, se encontrava um dia na Ópera com este último. Na orquestra estava o Sr. P..., um dos nossos assinantes, que os conhecia pessoalmente, um e outro. Seu vizinho entabula conversação com ele; cai sobre o Sr. Home. "Acreditaríeis, disse ele, que esse pretenso feiticeiro, esse charlatão, encontrou meios de se introduzir na casa do marquês de..., mas seus artifícios foram descobertos, e foi posto na rua a pontapés, como um vil intrigante. – Estais Bem seguro! disse o Sr. de P..., e conheceis o Sr., o Marquês de...? – Certamente, responde o interlocutor. – Nesse caso, disse o Sr. de P..., olhai bem naquele camarote, podereis vê-lo em companhia do próprio Sr. Home, ao qual não tem o ar de dar pontapés." Neste momento, nosso azarado narrador, não julgando a ocasião favorável para continuar a conversa, tomou seu chapéu e não reapareceu mais. Pode-se julgar, por aí, o valor de certas afirmativas. Seguramente, se certos fatos espalhados pela malevolência fossem reais, lhe teriam fechado mais de uma porta; mas como as casas mais honradas sempre lhe estiveram abertas, disso se deve concluir que ele sempre, e por toda parte, se conduziu como um homem distinto. Aliás, basta ter falado, algumas vezes, com o Sr. Home, para ver que com a sua timidez e a simplicidade do seu caráter, seria o mais desajeitado de todos os intrigantes; insistimos nesse ponto pela moralidade da causa. Voltemos às suas manifestações. Sendo o nosso objetivo fazer conhecer a verdade no interesse da ciência, tudo o que relatarmos foi haurido em fontes de tal modo autênticas, que podemos lhes garantir a mais escrupulosa exatidão; nós o temos testemunhas oculares muito sérias, muito esclarecidas e colocadas muito alto para que a sua sinceridade possa ser posta em dúvida. Se se dissesse que essas pessoas puderam, de boa fé, serem vítimas de uma ilusão, responderíamos que há circunstâncias que escapam a toda suposição desse gênero; aliás, essas pessoas estavam muito interessadas em conhecerem a verdade, para não se premunirem contra qualquer falsa aparência.

O Sr. Home começa, geralmente, suas sessões pelos fatos conhecidos: pancadas em uma mesa ou em qualquer outra parte do apartamento, procedendo como dissemos alhures. Vêm, em seguida, o movimento da mesa, que se opera primeiro pela imposição das mãos, só dele ou de várias pessoas reunidas, depois a distância e sem contato; é uma espécie de preparação. Muito freqüentemente, não se obtém nada de mais; isso depende da disposição em que se encontra e, algumas vezes, também da dos assistentes; há tais pessoas diante das quais jamais nada produziu, mesmo sendo seus amigos. Não nos estenderemos sobre esses fenômenos, hoje tão conhecidos, e que não se distinguem senão pela sua rapidez e sua energia. Freqüentemente, após várias oscilações e balanços, a mesa se destaca do solo, se eleva gradualmente, lentamente, por pequenas sacudidelas, não mais do que alguns centímetros, mas até o teto, e fora do alcance das mãos; depois de estar suspensa alguns segundos no espaço, desce como subiu, lentamente, gradualmente.

A suspensão de um corpo inerte e de um peso específico incomparavelmente maior do que o do ar, sendo um fato adquirido, concebe-se que pode ocorrer o mesmo com um corpo animado. Não soubemos que o Sr. Home tenha operado sobre nenhuma outra pessoa, senão sobre si mesmo, e, ainda, esse fato não se produziu em Paris, mas foi constatado que ocorreu, várias vezes, tanto em Florença como na França, e notadamente em Bordeaux, em presença das mais respeitáveis testemunhas, que poderemos citar, se necessário. Igual à mesa, ele é elevado até o teto, depois desce do mesmo modo. O que há de bizarro nesse fenômeno é que, quando ele se produz, não é por ato de sua vontade, e ele mesmo nos disse que dele não se apercebe, e crê estar sempre no solo, a menos que olhe para baixo; somente as testemunhas o vêem se elevar; quanto a ele, experimenta nesse momento a sensação produzida pela agitação de um navio sobre as ondas. De resto, o fato que narramos não é pessoal ao Sr. Home. Deles a história cita mais de um exemplo autêntico, que relataremos ulteriormente.

De todas as manifestações produzidas pelo Sr. Home, a mais extraordinária é, sem contradita, a das aparições, por isso nelas insistiremos mais, em razão das graves conseqüências que delas decorrem e da luz que lançam sobre uma multidão de outros fatos. Ocorre o mesmo com sons produzidos no ar, com instrumentos de música que tocam sozinhos, etc. Examinaremos esses fenômenos com detalhes em nosso próximo número.

O Sr. Home, de retorno de uma viagem à Holanda, onde produziu, na corte e na mais alta sociedade, uma profunda sensação, acaba de partir para a Itália. Sua saúde, gravemente alterada, lhe faz necessário um clima mais ameno.

Confirmamos, com prazer, o que alguns jornais relataram, de um legado de 6.000 francos de renda, que lhe foi feito por uma dama inglesa, convertida por ele à Doutrina Espírita, e em reconhecimento da satisfação que com ele experimentou. O Sr. Home merecia, sob todos os aspectos, esse honroso testemunho. Esse ato, da parte de uma doadora, é um precedente ao qual aplaudiremos, todos os que partilham as nossas convicções; esperemos que, um dia, a Doutrina terá o seu Mecenas: a posteridade inscreverá o seu nome entre os benfeitores da Humanidade. A religião nos ensina a existência da alma e a sua imortalidade; o Espiritismo disso nos dá prova palpável e viva, não mais pelo raciocínio, mas pelos fatos. O materialismo é um dos vícios da sociedade atual, porque engendra o egoísmo. O que há, com efeito, fora do *eu* para quem tudo relaciona com a matéria e a vida presente? A Doutrina Espírita, intimamente ligada às idéias religiosas, nos esclarecendo sobre a nossa natureza, nos mostra a felicidade na prática das virtudes evangélicas; lembra o homem quanto aos seus deveres para com Deus, a sociedade e a si mesmo; ajudar a sua propagação é dar um golpe mortal na praga do ceticismo, que nos invade como um mal contagioso; honra, pois, àqueles que empregam, nessa obra, os bens com que Deus os favoreceu sobre a Terra!

O MAGNETISMO E O ESPIRITISMO

Quando apareceram os primeiros fenômenos espíritas, algumas pessoas pensaram que essa descoberta (se se pode aplicar-lhe esse nome) iria dar um golpe fatal no Magnetismo, e que ocorreria com ele como com as invenções, das quais as mais aperfeiçoadas fazem esquecer sua precedente. Esse erro não tardou em se dissipar, e, prontamente, se reconheceu o parentesco próximo dessas duas ciências. Todas as duas, com efeito, baseadas sobre a existência e a manifestação da alma, longe de se combaterem, podem e devem se prestar um mútuo apoio: elas se completam e se explicam uma pela outra. Seus adeptos respectivos, todavia, diferem sobre alguns pontos: certos magnetistas[1] não admitem, ainda, a existência, ou pelo menos a manifestação dos Espíritos: crêem poder tudo explicar pela única ação do fluido magnético, opinião que nos limitamos a constatar, nos reservando a discutir mais tarde. Nós mesmos a partilhamos no princípio; mas, como tantos outros, devemos nos render à evidência dos fatos. Os adeptos do Espiritismo, ao contrário, são todos partidários do magnetismo; todos admitem a sua ação e reconhecem nos fenômenos sonambúlicos uma manifestação da alma. Essa oposição, de resto, se enfraquece dia a dia, e é fácil prever que não está longe o tempo em que toda distinção terá cessado. Essa divergência de opinião não tem nada que deva surpreender. No início de uma ciência, ainda tão nova, é muito simples que cada um, encarando a coisa sob o seu ponto de vista,

(1) O magnetizador é aquele que pratica o magnetismo; magnetista se diz de alguém que lhe adote os princípios. Pode-se ser magnetista sem ser magnetizador, mas não se pode ser magnetizador sem ser magnetista

dela se tenha formado uma idéia diferente. As ciências, as mais positivas, tiveram, e têm ainda,suas seitas que sustentam com ardor teorias contrárias; os sábios ergueram escolas contra escolas, bandeiras contra bandeiras, e, muito freqüentemente, pela sua dignidade, sua polêmica, se tornar irritante e agressiva pelo amor-próprio melindrado, e desviada dos limites de uma sábia discussão. Esperamos que os sectários do Magnetismo e do Espiritismo, melhores inspirados, não dêem ao mundo o escândalo de discussões muito pouco edificantes, e sempre fatais para a propagação da verdade, de qualquer lado que esteja. Se pode ter sua opinião, a sustentar, a discutir; mas o meio de se esclarecer não é o de se dilacerar, procedimento sempre pouco digno de homens sérios, e que se torna ignóbil se o interesse pessoal está em jogo.

O Magnetismo preparou os caminhos do Espiritismo, e os rápidos progressos dessa última doutrina são, incontestavelmente, devidos à vulgarização das idéias sobre a primeira. Dos fenômenos magnéticos, do sonambulismo e do êxtase, às manifestações espíritas, não há senão um passo; sua conexão é tal que é, por assim dizer, impossível falar de um sem falar do outro. Se devêssemos ficar fora da ciência magnética, nosso quadro estaria incompleto, e se poderia nos comparar a um professor de física que se abstivesse de falar da luz. Todavia, como o Magnetismo já tem entre nós órgãos especiais, justamente autorizados, se tornaria supérfluo cair sobre um assunto tratado com a superioridade do talento e da experiência; dele não falaremos, pois, senão acessoriamente, mas suficientemente para mostrar as relações íntimas das duas ciências que, na realidade, não fazem senão uma.

Devíamos, aos nossos leitores, essa profissão de fé, que terminamos rendendo uma justa homenagem aos homens de convicção que, afrontando o ridículo, os sarcasmos e os dissabores, estão corajosamente devotados à defesa de uma causa toda humanitária. Qualquer que seja a opinião dos contemporâneos sobre a sua conta pessoal, opinião que é sempre, mais ou menos, o reflexo de paixões vivas, a posteridade lhes fará justiça; colocará o nome do barão Du Potet, diretor do *Jornal do Magnetismo*, do Sr. Millet, diretor da *União Magnética*, ao lado dos seus ilustres predecessores, o marquês de Puységur e o sábio Deleuze. Graças aos seus esforços perseverantes, o Magnetismo, tornado popular, colocou um pé na ciência oficial, onde dele já se fala, em voz baixa. Essa palavra passou para a linguagem usual; ela não espanta mais, e quando alguém se diz magnetizador, não lhe riem mais ao nariz.

ALLAN KARDEC.

REVISTA ESPÍRITA,

JORNAL

DE ESTUDOS PSICOLÓGICOS

Abril

Período psicológico

Se bem que as manifestações espíritas hajam ocorrido em todas as épocas, é incontestável que se produzem hoje de um modo excepcional. Os Espíritos, interrogados sobre esse fato, foram unânimes em sua resposta: "Os tempos, disseram eles, marcados pela Providência, para uma manifestação universal, são chegados. Estão encarregados de dissiparem as trevas da ignorância e os preconceitos; é uma era nova que começa e prepara a regeneração da Humanidade." Esse pensamento se encontra desenvolvido, de um modo notável, em uma carta que recebemos de um dos nossos assinantes, e da qual extraímos a passagem seguinte:

"Cada coisa tem o seu tempo; o período que vem de se escoar, parece ter sido especialmente destinado, pelo Todo-Poderoso, ao progresso das ciências matemáticas e físicas, e, provavelmente, foi tendo em vista dispor os homens aos conhecimentos exatos, que se terá oposto, durante longo tempo, à manifestação dos Espíritos, como se essa manifestação devesse prejudicar o positivismo que pede o estudo das ciências; quis, em uma palavra, habituar o homem a pedir, às ciências de observação, a explicação de todos os fenômenos que deveriam se produzir a seus olhos.

"O período científico parece, hoje, se enfraquecer, e, depois dos progressos imensos que viu se cumprirem, não seria impossível que o novo período, que deve se suceder, fosse consagrado, pelo Criador, às iniciações de ordem psicológica. Na imutável lei de perfectibilidade que colocou para os humanos, que pode fazer depois de os haver iniciado nas leis físicas do movimento, e lhes haver revelado os motores com os quais muda a face do globo? O homem tem sondado as profundezas mais recuadas do espaço; a marcha dos astros e o movimento geral do Universo nada têm mais de segredos para ele; lê nas camadas geológicas a história da formação do globo; a luz, à sua vontade, se transforma em imagens duradouras; domina o raio; com o vapor e a eletricidade suprime as distâncias,e o pensamento vence o espaço com a rapidez do relâmpago. Chegado a esse ponto culminante, do qual a história da Humanidade não oferece nenhum exemplo, qualquer que tenha podido ser o grau do seu avanço nos séculos recuados, me parece racional pensar que a ordem psicológica lhe abre uma nova pista no caminho do progresso. É, pelo menos, o que se poderia deduzir dos fatos que se produzem em nossos dias e se repetem por toda parte. Esperemos, pois, que o momento se aproxime, se ainda não chegou, no qual o Todo-Poderoso vai nos iniciar em novas, grandes e sublimes verdades. Cabe a nós o compreender e o secundar na obra da regeneração."

Essa carta é do senhor Georges, do qual havíamos falado no nosso primeiro número. Não podemos senão o felicitar pelos seus progressos na Doutrina; os conhecimentos elevados que desenvolve mostram que a compreende sob seu verdadeiro ponto de vista; para ele, ela não se resume numa crença nos Espíritos e nas suas manifestações: é toda uma filosofia. Admitimos, como ele, que entramos num período psicológico e achamos as razões que nos dá perfeitamente racionais, sem crer, no entanto, que o período científico tenha dito a sua última palavra; cremos, ao contrário, que nos reserva muitos outros prodígios. Estamos numa época de transição, na qual os dois períodos se confundem.

Os conhecimentos que os Antigos possuíam sobre as manifestações de Espíritos, não seriam um argumento contra a idéia do período psicológico que se prepara. Notemos, com efeito, que, na Antigüidade, esses conhecimentos estavam circunscritos ao círculo estreito dos homens de elite; o povo não tinha, a esse respeito, senão idéias falseadas pelos preconceitos, e desfiguradas pelo charlatanismo dos padres, que se serviam delas como de um meio de dominação. Como dissemos em outra parte, esses conhecimentos jamais se perderam e as manifestações sempre se produziram; mas permaneceram no estado de fatos isolados, sem dúvida, porque o tempo para os compreender não havia chegado. O que se passa hoje tem um caráter diferente; as manifestações são gerais; elas comovem a sociedade desde a base até o cume. Os Espíritos não ensinam mais nos recintos fechados e misteriosos de um templo inacessível ao vulgo. Esses fatos se passam à luz do dia; falam a todos uma linguagem intelegível por todos; tudo anuncia, pois, uma fase nova para a Humanidade sob o ponto de vista moral.

ESPIRITISMO ENTRE OS DRUIDAS

Sob este título: *O velho novo,* o senhor Edouard Fournier publicou, no *Siècle,* há uns dez anos, uma série de artigos tão notáveis do ponto de vista da erudição, quanto interessantes sob o aspecto histórico. O autor, passando em revista todas as invenções e descobertas modernas, prova que se nosso século tem o mérito da aplicação e do desenvolvimento, não tem, pelo menos para a maioria, o da prioridade. À época em que o Sr. Edouard Fournier escrevia esses sábios folhetins, não havia ainda a questão dos Espíritos, sem o que não teria deixado de nos mostrar que, tudo o que se passa hoje, não é senão uma repetição do que os antigos sabiam muito bem, e talvez melhor do que nós. E o lastimamos por nossa conta, porque as suas profundas investigações lhe teriam permitido pesquisar a Antigüidade mística, como se pesquisou a Antigüidade industrial; fazemos coro para que, um dia, dirija para esse lado suas laboriosas pesquisas. Quanto a nós, nossas observações pessoais não nos deixam nenhuma dúvida sobre a Antigüidade e a universalidade da doutrina que os Espíritos nos ensinam. Essa coincidência entre o que nos dizem hoje e as crenças dos mais recuados tempos, é um fato significativo da mais alta importância. Faremos notar, todavia, que se encontramos por toda parte traços da Doutrina Espírita, em nenhuma parte a vemos completa: parece haver sido reservado à nossa época coordenar esses fragmentos esparsos entre todos os povos, para chegar à unidade de princípios, no meio de um conjunto mais completo e, sobretudo, mais geral de manifestações, que parecem dar razão ao autor do artigo que citamos mais acima, sobre o período psicológico no qual a Humanidade parece entrar.

A ignorância e os preconceitos, quase por toda parte, desfiguraram essa doutrina, cujos princípios fundamentais estão misturados a práticas supersticiosas de todos os tempos, exploradas para sufocar a razão. Mas sob esse montão de absurdos, germinam as mais sublimes idéias, como sementes preciosas ocultas sob os estorvos, e não esperando senão a luz vivificante do Sol para alçar vôo. Nossa geração, mais universalmente esclarecida, descarta os estorvos, mas um tal cultivo não pode se cumprir sem transição. Deixemos, pois, às boas sementes, o tempo de se desenvolverem, e às más ervas o de desaparecem. A doutrina druídica nos oferece um curioso exemplo do que acabamos de dizer. Essa doutrina, da qual conhecemos somente as práticas exteriores, se elevava, sob certos aspectos, até as mais sublimes verdades; mas essas verdades eram para apenas para os iniciados: o vulgo, terrificado pelos sangrentos sacrifício, colhia com santo nt> respeito o visgo sagrado do carvalho, e não via senão a fantasmagoria. Isso se poderá julgar pela citação seguinte, extraída de um documento tanto mais precioso quanto é pouco conhecido, e que lança uma luz inteiramente nova sobre a verdadeira teologia de nossos pais.

"Entregamos, à reflexão dos nossos leitores, um texto céltico publicado há pouco e cuja aparição causou uma certa emoção no mundo sábio. É impossível saber, ao certo, quem lhe foi o autor, nem mesmo a que século remonta. Mas, o que é incontestável, é que pertence à tradição dos bardos do país de Galles, e essa origem basta para lhe conferir um valor de primeira ordem.

"Sabe-se, com efeito, que o país de Galles se constituiu, ainda em nossos dias, no mais fiel abrigo da nacionalidade gaulesa, que, entre nós, experimentou modificações tão profundas. Apenas roçado pela dominação romana, que aí não toca senão por pouco tempo e fracamente; preservado da invasão dos bárbaros pela energia dos seus habitantes e pelas dificuldades do seu território; submetido, mais tarde, pela dinastia normanda, que deveu, todavia, lhe deixar um certo grau de independência, o nome de Galles, *Gallia*, que sempre ostentou, é um traço distintivo pelo qual ele se prende, sem descontinuidade, ao período antigo. A língua Kymrique, falada outrora em toda a parte setentrional da Gaule, jamais cessou de aí estar em uso, e muitos dos costumes são igualmente gauleses. De todas as influências estrangeiras, a do Cristianismo foi a única que encontrou meio de aí triunfar plenamente; mas não o foi sem muitas dificuldades relativamente à supremacia da Igreja Romana, cuja reforma do décimo-sexto século não fez mais do que determinar a queda, desde há muito tempo preparada, nessas regiões cheias de um sentimento indefectível de independência.

"Pode-se mesmo dizer que os druidas, convertendo-se inteiramente ao Cristianismo, não se extinguiram totalmente no país de Galles, como na nossa Bretagne, e em outros países de sangue gaulês. Tiveram, por conseqüência imediata, uma sociedade muito solidamente constituída, votada principalmente, em aparência, ao culto da poesia nacional, mas que, sob o manto poético, conservou com fidelidade notável a herança intelectual da antiga Gaule: foi a Sociedade bárdica do país de Galles, que, depois de se manter como sociedade secreta durante toda a duração da Idade Média, por uma transmissão oral dos seus monumentos literários e da sua doutrina, à imitação das práticas dos druidas, decidiu, entre o décimo-sexto e o décimo-sétimo século, confiar à escrita as partes mais essenciais dessa herança. Desse fundo, cuja autenticidade está assim atestada por uma cadeia tradicional ininterrupta, procede o texto do qual falamos; e seu valor, em razão dessas circunstâncias, não depende, como se vê, nem da mão que teve o mérito de colocá-lo por escrito, nem da época na qual a sua redação pôde ter adquirido sua última forma. O que nele respira, acima de tudo, é o espírito dos bardos da Idade Média, que, eles mesmos, eram os últimos discípulos dessa corporação sábia e religiosa que, sob o nome de druidas, dominou a Gaule, durante o primeiro período da sua história, quase do mesmo modo que o clero latino durante o da Idade Média.

"Se estaria mesmo privado de toda luz sobre a origem do texto, do qual se trata, se não se o tivesse colocado, bastante claramente, no caminho, em face do seu acordo com as informações que os autores, gregos e latinos, nos deixaram relativamente à doutrina religiosa dos druidas. Esse acordo constitui pontos de solidariedade que não sofrem nenhuma dúvida, porque se apóiam sobre as razões tiradas da própria substância do escrito; e a solidariedade assim demonstrada pelos artigos capitais, os únicos dos quais os Antigos nos falaram, se estende, naturalmente, aos desenvolvimentos secundários. Com efeito, esses desenvolvimentos, penetrados do mesmo espírito, derivam necessaria-mente da mesma fonte; fazem corpo com o fundo e não podem se explicar senão por ele. E, ao mesmo tempo que remontam, por uma geração tão lógica, aos depositários primitivos da religião druídica, é impossível lhes assinalar algum outro ponto de partida; porque, fora da influência druídica, o país do qual provêm não conheceu senão a influência cristã, que é inteiramente estranha a tais doutrinas.

"Os desenvolvimentos contidos nas tríades, estão mesmo tão perfeitamente fora do Cristianismo que o pouco de emoções cristãs, que escapam aqui e ali, em seu conjunto se distinguem do fundo primitivo à primeira vista. Essas emanações, ingenuamente saídas da consciência dos bardos cristãos, puderam, se assim se pode dizer, se intercalar nos interstícios da tradição, mas não puderam nela se fundir. A análise do texto é tão simples quanto rigorosa, uma vez que pode se reduzir em se apartar tudo o que traz a marca do Cristianismo, e, uma vez operada a triagem, se deve considerar como de origem druídica tudo o que ficar visivelmente caracterizado por uma religião diferente da do Evangelho e dos concílios. Assim, para não citar senão o essencial, partindo desse princípio bastante conhecido de que o dogma da caridade, em Deus e nos homens, é tão especial ao Cristianismo quanto o da migração das almas o é ao antigo druidismo, um certo número de tríades, nas quais respire um espírito de amor que a Gaule primitiva jamais conheceu, se trairiam imediatamente como sinais de um caráter comparativamente moderno; ao passo que as outras, animadas por um sopro diferente, deixam ver tanto melhor a marca da alta Antigüidade que as distingue.

"Enfim, não é inútil fazer obsevar que a própria forma do ensinamento contido nas tríades é de origem druídica. Sabe-se que os druidas tinham uma predileção particular pelo número três, e o empregavam especialmente, assim como nos mostram a maioria dos monumentos gauleses, para a transmissão de suas lições que, mediante essa forma precisa, se gravavam mais facilmente na memória. Diogène Laërce nos conservou uma dessas tríades que resume, sucintamente, o conjunto dos deveres do homem para com a Divindade, para com seus semelhantes e para consigo mesmo: "Honrar os seres superiores, não cometer injustiça, e cultivar em si a virtude viril."A literatura dos bardos propagou, até nós, uma multidão de aforismos do mesmo gênero, tocando todos os ramos do saber humano; ciência, história, moral, direito, poesia. Não há de mais interessantes nem de mais próprias para inspirarem grandes reflexões do que aquelas das quais aqui publicamos o texto, segundo a tradução que foi feita pelo Sr. Adolphe Pictet".

"Dessa série de tríades, as onze primeiras estão consagradas à exposição dos atributos característicos da Divindade. Foi nessa seção que as influências cristãs, como era fácil de se prever, tiveram maior ação. Se não se pode negar que o druidismo tenha conhecido o princípio da unidade de Deus, pode ser mesmo que, em conseqüência de sua predileção pelo número ternário, pôde se elevar a conceber, confusamente, alguma coisa da divina triplicidade; todavia, é incontestável de que o que completa essa alta concepção teológica – saber a distinção das pessoas e particularmente da terceira – deveu restar perfeitamente estranho a essa antiga religião. Tudo concorda em provar que os seus sectários estavam muito mais preocupados em estabelecer a liberdade do homem, do que em estabelecer a caridade; e foi mesmo em conseqüência dessa falsa posição de seu ponto de partida que pereceu. Também parece permitido se relacionar a uma influência cristã, mais ou menos determinada, todo esse início, principalmente a partir da quinta tríade.

Em seguida aos princípios gerais, relativos à natureza de Deus, o texto passa a expor a constituição do Universo. O conjunto dessa constituição está superiormente formulado em três tríades que, mostrando os seres Particulares em uma ordem absolutamente diferente da de Deus, completam a idéia que se deve formar do Ser único e imutável. Sob formas mais explícitas, essas tríades não fazem, de resto, senão o que já se sabia pelos testemunhos dos Antigos, da doutrina sobre a circulação das almas passando, alternativamente, da vida para a morte e da morte para a vida. Pode-se as considerar como o comentário de um verso célebre da *Pharsale,* na qual o poeta se exclama, dirigindo-se aos sacerdotes da Gaule, que, se o que ensinam é verdadeiro, a morte não é senão o meio de uma longa vida: *Longæ vitæ mors media est*.

DEUS E O UNIVERSO

I. - Há três unidades primitivas, e de cada uma delas não se poderia ter senão uma só: um Deus, uma verdade, um ponto de liberdade, quer dizer, o ponto onde se encontra o equilíbrio de toda a oposição.

II. - Três coisas procedem de três unidades primitivas: toda vida, todo bem e todo poder.

III. - Deus é, necessariamente, três coisas, a saber: a maior parte da vida, a maior parte da ciência e a maior parte do poder; e não poderia ter uma maior parte de cada coisa.

IV. - Três coisas que Deus não pode não ser: o que deve constituir o bem perfeito, o que deve querer o bom perfeito, e o que deve cumprir o bem perfeito.

V. - Três garantias daquilo que Deus fez e fará: seu poder infinito, sua sabedoria infinita, seu amor infinito; porque não há nada que não possa ser efetuado, que não possa se tornar verdadeiro e que não possa ser desejado por um atributo.

VI. - Três fins principais da obra de Deus, como criador de todas as coisas: diminuir o mal, reforçar o bem, e pôr em evidência toda diferença; de tal sorte que se possa saber o que deve ser, ou, ao contrário, o que não deve ser.

VII. - Três coisas que Deus não pode não conceder: o que há de mais vantajoso, o que há de mais necessário e o que há de mais belo para cada coisa.

VIII. - Três poderes da existência: não poder ser de outro modo, não ser necessariamente outro, não poder ser melhor pela concepção; e é nisso que está a perfeição de toda coisa.

IX. - Três coisas prevalecerão necessariamente: o supremo poder, a suprema inteligência, e o supremo amor de Deus.

X. - As três grandezas de Deus: vida perfeita, ciência perfeita, poder perfeito.

XI. - Três causas originais dos seres vivos: o amor divino de acordo com a suprema inteligência, a sabedoria suprema pelo conhecimento perfeito de todos os meios, e o poder divino de acordo com a vontade, o amor e a sabedoria de Deus.

OS TRÊS CÍRCULOS

XII. – Há três círculos da existência: o *círculo da região vazia (ceugant)*, onde exceto Deus, não há nada nem de vivo, nem de morto, e nenhum ser que Deus não possa atravessá-lo; o *círculo da migração (abred)*, onde todo ser animado procede da morte, e o homem o atravessou; e o *círculo da felicidade (gwynfyd)*, onde todo ser animado procede da vida, e o homem o atravessará no céu.

XIII. – Três estados sucessivos de seres animados: o estado de descida no abismo *(annoufn)*, o estado de liberdade na humanidade, e o estado de felicidade no céu.

XIV. – Três fases necessárias de toda existência com relação a vida: o começo em *annoufn*, a transmigração em *abred*, e a plenitude em *gwynfyd*; e sem essas três coisas ninguém pode existir, exceto Deus.

"Assim, em resumo, sobre esse ponto capital da teologia cristã, de que Deus, pelo seu poder criador, tira as almas do nada, as tríades não se pronunciam de modo preciso. Depois de mostrarem Deus em sua esfera eterna e inacessível, mostram simplesmente as almas nascendo no fundo do Universo, no abismo *(annoufn)*; daí, essas almas passam no círculo de migrações *(abred)*, onde seu destino se determina através de uma série de existências, conforme o uso bom ou mau que fizerem da sua liberdade; enfim, elas se elevam ao círculo supremo *(gwynfyd)*, onde as migrações cessam, onde não se morre mais, onde a vida se passa doravante na felicidade, conservando em tudo sua atividade perpétua e a plena consciência da sua individualidade. É preciso, para isso, com efeito, que o druídismo caia no erro das teologias orientais, que conduzem o homem a se absorverem finalmente no seio imutável da Divindade; porque distingue, ao contrário, um círculo especial, o círculo do vazio ou do infinito *(ceugant)*, que forma o privilégio incomunicável do Ser supremo, e no qual nenhum ser, qualquer que seja o seu grau de santidade, jamais é admitido penetrar. É o ponto mais elevado da religião, porque marca o limite colocado ao vôo das criaturas.

"O traço mais característico dessa teologia, se bem que seja um traço puramente negativo, consiste na ausência de um círculo particular, tal qual o Tártaro da Antigüidade pagã, destinado à punição sem fim das almas criminosas. Entre os druidas, o inferno propriamente dito não existe. *A distribuição dos castigos se efetua, aos seus olhos, no círculo das migrações pelo compromisso das almas em condições de existência mais ou menos infelizes, onde, sempre senhoras da sua liberdade, expiam suas faltas pelo sofrimento, e se dispõe, pela reforma dos seus vícios, a um futuro melhor*. Em certos casos, pode mesmo ocorrer que as almas retrocederam até aquela região de *annoufn*, onde tomam nascimento, e à qual não parece muito possível dar outra significação que a da animalidade. Por esse lado perigoso (a retrogradação), e que nada justifica, uma vez que a diversidade das condições de existência no círculo da humanidade, basta perfeitamente à penalidade de todos os graus, o druidismo teria, pois, chegado a deslizar até à metempsicose. Mas esse extremismo deplorável, *ao qual não conduz nenhuma necessidade da doutrina do desenvolvimento das almas pelo caminho de migrações*, parece, como se julgará pela seqüência das tríades relativas ao regime do círculo de *abred*, não ter ocupado, no sistema da religião, senão um lugar secundário.

"À parte algumas obscuridades, que se prendem talvez às difi-culdades de uma língua cujas profundezas metafísicas não nos são ainda bem conhecidas, as declarações das tríades, tocando as con-dições inerentes ao círculo de abred, derramam as mais vivas luzes sobre o conjunto da religião druídica. Nela se sente respirar o sopro de uma originalidade superior. O mistério que oferece à nossa inteligência o espetáculo da nossa existência presente, nela toma um jeito singular que não se vê em nenhuma parte, e se diria que um grande véu se rasgando, adiante e atrás da vida, a alma se sente, de repente, nadar, com uma força inesperada, através de uma extensão indefinida que, em seu cativeiro entre as portas espessas do nascimento e da morte, ela não é capaz de supor por si mesma. A qualquer julgamento que se detenha, sobre a verdade dessa doutrina, não se pode deixar de convir que não seja uma doutrina poderosa; e, refletindo no efeito que devia, inevitavelmente, produzir sobre as almas inocentes tais aberturas sobre a sua origem e o seu destino, é fácil se dar conta da imensa influência que os druidas, naturalmente, haviam adquirido sobre os espíritos de nossos pais. No meio das trevas da antigüidade, esses ministros sacros não podiam deixar de aparecer, aos olhos das populações, como os reveladores do céu e da terra.

"Eis o texto notável, do qual se trata:

O CÍRCULO DE ABRED

XV. – Três coisas necessárias no círculo de *abred:* o menor grau possível de toda a vida, e daí seu começo; a matéria de todas as coisas, e daí o crescimento progressivo, o qual não pode se operar senão no estado de necessidade; e a formação de todas as coisas da morte, e daí a debilidade das existências.

XVI. – Três coisas nas quais todo ser vivo participa, necessariamente, pela justiça de Deus: o socorro de Deus em *abred*, porque sem isso ninguém não poderia conhecer nenhuma coisa; o privilégio de ter parte no amor de Deus; e o acordo com Deus quanto ao cumprimento pelo poder de Deus, tanto quanto for justo e misericordioso.

XVII. – Três causas da necessidade do círculo de *abred*: o desenvolvimento da substância material de todo ser animado; o desenvolvimento do conhecimento de toda coisa; e o desenvolvimento da força moral para superar todo contrário e *Cythraul* (o mau Espírito) e para se livrar de *Droug* (o mal). E sem essa transição de cada estado de vida, não poderia isso ter cumprimento por nenhum ser.

XVIII – Três calamidades primitivas de *abred*: a necessidade, a ausência de memória, e a morte.

XIX – Três condições necessárias para se chegar à plenitude da ciência: transmigrar em *abred*, transmigrar em *gwynfyd*, e recordar-se de todas as coisas passadas, até em *annoufn*.

XX. – Três coisas indispensáveis no círculo de *abred*: a transgressão da lei, porque isso não pode ser de outro modo; libertação pela morte, diante de *Droug* e *Cythraul*; o crescimento da vida e do bem pelo afastamento de *Droug* na libertação da morte; e isso pelo amor de Deus que abarca todas as coisas.

XXI. – Três meios eficazes de Deus em *abred*, para dominar *Droug* e *Cythraul* e superar sua oposição com relação ao círculo de *gwynfyd*: a necessidade, a perda da memória e a morte.

XXII. – Três coisas são primitivamente contemporâneas: o homem, a liberdade e a luz

XXIII. – Três coisas necessárias para o triunfo do homem sobre o mal: a firmeza contra a dor, a transformação, *a liberdade de escolher; e com o poder que tem o homem de escolher, não se pode saber, antecipadamente, com certeza onde irá*.

XXIV. – Três alternativas oferecidas ao homem: *abred* e *gwynfyd*, necessidade e liberdade, mal e bem; o todo em equilíbrio, o homem pode, à vontade, se ligar a um ou ao outro.

XXV. – Por três coisas o homem cai sob a necessidade de *abred*: pela ausência de esforços para o conhecimento, pelo desapego ao bem, pelo apêgo ao mal. Em conseqüência dessas coisas, ele desce *abred* até seu análogo, e recomeça o curso da sua transmigração.

XXVI. – Por três coisas o homem desce de novo, necessariamente, em *abred*, se bem que, a todo outro respeito esteja ligado ao que é bom: pelo orgulho, cai até *annoufn*: pela falsidade, até o ponto de demérito equivalente, e pela crueldade, até o grau correspondente de animalidade. Daí transmigra de novo para a humanidade, como antes.

XXVII. – As três coisas principais para se obter no estado de humanidade: a ciência, o amor, a força moral, no mais alto grau possível de desenvolvimento, antes que sobrevenha a morte. Isso não pode ser obtido anteriormente ao estado de humanidade, e não o pode ser senão pelo privilégio da liberdade e da escolha. Essas três coisas são chamadas de três vitórias.

XXVIII. – Há três vitórias sobre *Croug* e *Cythraul*: a ciência, o amor, e a força moral; porque o saber, o querer e o poder, cumprem o que quer que seja em sua conexão com as coisas. Essas três vitórias começam na condição de humanidade e continuam eternamente.

XXIX. – Três privilégios da condição do homem: o equilíbrio do bem e do mal, e daí a faculdade de comparar; a liberdade na es-colha, e daí o julgamento e a preferência; e o desenvolvimento da força moral, em conseqüência do julgamento, e daí a preferência. Essas três coisas são necessárias para cumprir o que quer que seja.

"Assim, em resumo, o início dos seres no seio do Universo ocorre no ponto mais baixo da escala da vida; e se não é levar muito longe as conseqüências da declaração contida na vigésima-sexta tríade, se pode conjecturar que, na doutrina druídica, esse ponto inicial está considerado como situado no abismo confuso e misterioso da animalidade. Daí, por conseqüência, desde a própria origem da história da alma, há necessidade lógica do progresso, uma vez que os seres não estão destinados, por Deus, para demorarem numa condição tão baixa e tão obscura. Entretanto, nos estágios inferiores do Universo, esse progresso não se desenrola seguindo uma linha contínua; essa longa existência, nascida tão baixo para se elevar tão alto, se quebra em fragmentos, solidários no fundo da sua sucessão, mas do qual, graças ao defeito de memória, a misteriosa solidariedade escapa, ao menos por um tempo, à consciência do indivíduo. São as interrupções periódicas no curso secular da vida, que constituem o que chamamos a morte; de sorte que a morte e o nascimento que, por uma consideração superficial, formam acontecimentos tão diferentes, não são, em realidade, senão as duas faces do mesmo fenômeno, uma voltando para o período que se acaba, a outra para o período que se segue.

"Desde então a morte, considerada em si mesma, não é, pois, uma calamidade verdadeira, mas um benefício de Deus, que, rompendo os hábitos muito estreitos que havíamos contraído com nossa vida presente, nos transporta em novas condições e dá lugar, por aí, para nos elevarmos mais livremente a novos progressos.

"Do mesmo modo que a morte, a perda de memória que a acompanha não deve ser tomada não mais que por um benefício. É uma conseqüência do primeiro ponto; porque se a alma, no curso dessa longa vida, conservasse claramente essas lembranças de um período a outro, a interrupção não seria mais do que acidental, e não haveria, propriamente dito, nem morte, nem nascimento, uma vez que esses dois acontecimentos perderiam, desde então, o caráter absoluto que os distingue e faz a sua força. E mesmo, não parece difícil perceber diretamente, tomando o ponto de vista dessa teologia, em que a perda da memória, no que toca aos períodos passados, pode ser considerada como um benefício relativamente ao homem, em sua condição presente; porque se esses períodos passados, como a posição atual do homem em um mundo de sofrimento, se lhe torna a prova, foram infelizmente manchados de erros e de crimes, causa primeira das misérias e das expiações de hoje, é, evidentemente, uma vantagem para a alma de se encontrar descarregada da visão duma tão grande multidão de faltas e, ao mesmo tempo, de remorsos muito acabrunhantes que delas se originam. Não o obrigando a um arrependimento formal senão relativamente às culpas da sua vida atual, e se compadecendo, assim, de sua fraqueza, Deus lhe concede, efetivamente, uma grande graça.

"Enfim, segundo esse mesmo modo de considerar o mistério da vida, as necessidades de todas as naturezas às quais estamos sujeitos neste mundo, e que, desde o nosso nascimento, determinam, por uma sentença por assim dizer fatal, a forma da nossa existência no presente período, constituem um último benefício tão bastante sensível quanto os outros dois; porque são, em definitivo, essas necessidades que dão, à nossa vida, o caráter que melhor convém às nossas expiações e às nossas provas e, por conseguinte, ao nosso desenvolvimento moral; e são também essas mesmas necessidades, seja de nossa organização física, seja de circunstâncias exteriores ao meio no qual estamos colocados, que, em nos conduzindo forçosamente ao termo da morte, nos conduzem, por isso mesmo, à nossa suprema libertação. Em resumo, como dizem as tríades em sua enérgica concisão, está aí todo o conjunto e as três calamidades primitivas, e os três meios eficazes de Deus em *abred*.

"Entretanto, mediante qual conduta a alma se eleva, realmente, nesta vida, e merece alcançar, depois da morte, um mundo superior de existência? A resposta que o Cristianismo dá a essa questão fundamental é conhecida de todos: é sob a condição de desfazer, em si, o egoísmo e o orgulho, de desenvolver, na intimidade da sua substância, as forças da humildade e da caridade, únicas eficazes, únicas meritórias diante de Deus: Bem-aventurados os brandos, disse o Evangelho, bem-aventurados os humildes! A resposta do druidismo é bem diferente, e contrasta claramente com esta. Segundo suas lições, a alma se eleva na escala das existências sob a condição de fortificar, pelo seu trabalho, sobre ela mesma, sua própria personalidade, e é um resultado que ela obtém naturalmente, pelo desenvolvimento da força do caráter junto ao desenvolvimento do saber. É o que exprime a vigésima quinta tríade que declara que a alma cai na necessidade de transmigrações, quer dizer, em vidas confusas e mortais, não somente pela manutenção de más paixões, mas pelo hábito da frouxidão no cumprimento de ações justas, pela falta de firmeza na adesão ao que prescreve a consciência, em uma palavra, pela fraqueza de caráter; além desse defeito de virtude moral, a alma está ainda retida, em seu vôo para o céu, por falta do aperfeiçoamento do Espírito. A iluminação intelectual, necessária para a plenitude da felicidade, não se opera simplesmente, na alma bem-aventurada, por uma irradiação nela, do alto, toda gratuita; ela não se produz na vida celeste senão se a alma, ela mesma, não soube fazer esforços nesta vida para a adquirir. Também a tríade não fala unicamente da falta de saber, mas da falta de esforços para saber, o que é, no fundo, como para a precedente virtude, um preceito de atividade e de movimento.

"Em verdade, nas tríades seguintes, a caridade se encontra recomendada, no mesmo título que a ciência e a força moral; mas aqui ainda, como ao que toca à natureza divina, a influência do Cristianismo é sensível. É a ele, e não à forte mas dura religião dos nossos pais, que pertence a pregação e a intronização, no mundo, da lei da caridade em Deus e no homem; e se essa lei brilha nas tríades, é por uma aliança com o Evangelho, ou, por melhor dizer, por um feliz aperfeiçoamento da teologia dos druidas pela ação dos apóstolos, e não por uma tradição primitiva. Retiremos esse divino raio, e teremos, na sua rude grandeza, a moral da Gaule, moral que pôde produzir, na ordem do heroísmo e da ciência, poderosas personalidades, mas que não soube as unir entre si com a multidão dos humildes[1]."

A Doutrina Espírita não consiste somente na crença das manifestações dos Espíritos, mas em tudo o que nos ensinam sobre a natureza e o destino da alma. Se, pois, se quiser se reportar aos preceitos contidos em *O Livro dos Espíritos,* onde se encontra formulado todo o seu ensinamento, se impressionará com

(1) Extraído do *Magasin pittoresque*, 1857.

a identidade de alguns princípios fundamentais com os da doutrina druídica, dos quais um dos mais salientes, sem contradita, é o da reencarnação. Nos três círculos, nos três estados sucessivos dos seres animados, encontramos todas as fases que apresenta a nossa escala espírita. O que é, com efeito, o círculo de *abred* ou da *migração,* senão as duas ordens de Espíritos que se depuram em suas existências sucessivas? No círculo de *gwynfyd,* o homem não transmigra mais, goza da suprema felicidade. Não é a primeira ordem da escala, a dos Espíritos que, tendo cumprido todas as provas, não têm mais necessidade de encarnação e gozam da vida eterna? Anotemos, ainda, que, segundo a doutrina druídica, o homem conserva o seu livre arbítrio; se eleva gradualmente pela sua vontade, sua perfeição progressiva e as provas que suporta, de *annoufn* ou o abismo, até a perfeita felicidade em *gwynf'yd,* com a diferença, no entanto, de que o druidismo admite o retorno possível nas classes inferiores, ao passo que, segundo o Espiritismo, o Espírito pode permanecer estacionário, mas não pode degenerar. Para completar a analogia, teríamos que acrescentar à nossa escala, abaixo da terceira ordem, o círculo de *annoufn,* por caracterizar o abismo ou origem desconhecida das almas, e, acima da primeira ordem, o círculo de *ceugant,* morada de Deus, inacessível as criaturas. O quadro seguinte torna essa comparação mais sensível.

ESCALA ESPÍRITA			ESCALA DRUÍDICA
1ª ORDEM.	1ª classe. Puros Espíritos (Sem reencarnação.)		*Ceugant.* Morada de Deus. *Gwynfyd.* Morada dos Bem-aventurados. Vida Eterna.
2ª ORDEM Bons Espíritos	2ª classe. Espíritos superiores. 3ª classe. Espíritos sábios. 4ª classe. Espíritos cultos. 5ª classe. Espíritos benevolentes.	Depuraram-se e elevam pelas provas da reencarnação.	*Abred.* Círculos das migrações ou das diferentes existências corporais que as almas percorrem para chegarem de *annoufn* em *gwynfyd.*
3ª ORDEM Espíritos Imperfeitos	6ª classe. Espíritos neutros. 7ª classe. Espíritos pseudo-sábios. 8ª classe. Espíritos levianos. 9ª classe. Espíritos impuros.		*Annoufn.* Abismo; ponto de partida das almas.

A EVOCAÇÃO DE ESPÍRITOS NA ABISSÍNIA

James Bruce, em seu *Voyage aux sources du Nil*, em 1768, conta o que segue a respeito de Gingiro, pequeno reino situado na parte meridional da Abissínia, a leste do reino de Adel. Trata-se de dois embaixadores que Socinios, rei da Abissínia, envia ao papa, por volta de 1625, e que deviam atravessar o Gingiro.

"Foi, então, necessário, diz Bruce, advertir o rei de Gingiro da chegada da caravana e lhe pedir audiência; mas ele se encontrava, nesse momento, ocupado com uma operação de magia, sem a qual esse soberano não ousa jamais começar nada".

"O reino de Gingiro pode ser considerado como o primeiro dessa parte da África, onde foi estabelecida a estranha prática de predizer o futuro pela *evocação dos Espíritos,* e por uma comunicação direta com o diabo.

"O rei de Gingiro acha que devia deixar decorrer oito dias antes de admitir, em audiência, o embaixador e seu acompanhante, o jesuíta Fernandez. Em conseqüência, no nono dia, estes receberam a permissão de irem à corte, onde chegam na mesma tarde.

"Nada se faz, no país de Gingiro, sem o socorro da magia. Vê-se, por aí, o quanto a razão humana se encontra degradada, a algumas léguas de distância. Que não venham mais nos dizer que se deve atribuir essa fraqueza à ignorância ou ao calor do clima. Por que um clima quente induziria os homens a se tornarem mágicos antes que não o fariam num clima frio? Por que a ignorância aumentaria o poder do homem ao ponto de o fazer transpor os limites da inteligência comum e lhe dar a faculdade de corresponder com uma nova ordem de seres, habitantes de um outro mundo? Os Etíopes, que cercam quase toda a Abissínia são mais negros do que os Gingiranos; seu país é mais quente, e são, como eles, indígenas no lugar que habitam desde o começo dos séculos; entretanto, não adoram o diabo, nem pretendem ter nenhuma comunicação com ele; não sacrificam homens em seus altares; enfim, não se encontra, entre eles, nenhum traço dessa revoltante atrocidade.

"Nas partes da África que têm uma comunicação aberta com o mar, o comércio de escravos é um uso desde os mais recuados séculos; mas o rei de Gingiro, cujos Estados se acham situados quase no centro do continente, sacrifica ao diabo os escravos que não pode vender ao homem. É aí que começa esse horrível costume de derramar o sangue humano em todas as solenidades. Ignoro, disse o Sr. Bruce, até onde se estende no meio da África, mas olho Gingiro como o limite geográfico do reino do diabo do canto setentrional da Península."

Se o Sr. Bruce tivesse visto isso do qual somos testemunhas hoje, não acharia nada espantoso na prática de evocações em uso em Gingiro. Não vê ali senão uma crença supersticiosa, ao passo que nós nisso encontramos a causa de fatos de manifestações, falsamente interpretadas, que puderam se produzir lá como alhures. O papel que a credulidade fez o diabo desempenhar aqui, nada tem de surpreendente. Primeiro há que se anotar que, todos os povos bárbaros atribuem, à uma força malfazeja, os fenômenos que não podem explicar. Em segundo lugar, um povo bastante atrasado para sacrificar seres humanos, não pode muito atrair para si Espíritos superiores. A natureza dos que o visitam não pode, pois, senão o confirmar em sua crença. É preciso considerar, por outro lado, que os povos dessa parte da África conservaram um grande número de tradições judaicas misturadas, mais tarde, com algumas idéias informes do Cristianismo, fonte da qual, em conseqüência de sua ignorância, não hauriram senão a doutrina do diabo e dos demônios.

CONVERSAS FAMILIARES DE ALÉM-TÚMULO

Bernard Palissy (9 de março de 1858)

DESCRIÇÃO DE JÚPITER

NOTA.– Sabíamos, por evocações anteriores, que Bernard Palissy, o célebre oleiro do sexto século, habita Júpiter. As respostas seguintes confirmam, em todos os pontos, o que nos foi dito, sobre esse planeta, em diversas épocas, por outros Espíritos, e por intermédio de diferentes médiuns. Pensamos que serão lidas com interesse, como complemento do quadro que traçamos em nosso último número. A identidade que elas apresentam com as descrições anteriores, é um fato notável que é, pelo menos, uma presunção de exatidão.

1. Onde te encontraste, deixando a Terra? – R. Nela ainda habitei.

2. Em que condições estavas? – R. Sob os traços de uma mulher, amante e devotada; não era senão uma missão.

3. Essa missão durou muito tempo? – R. Trinta anos.

4. Lembras do nome dessa mulher? – R. É obscuro.

5. A estima que se tem por tuas obras, te satisfaz, e isso compensa os sofrimentos que suportaste? – R. Que me importam as obras materiais de minhas mãos! *O que me importa é o sofrimento que me elevou.*

6. Com qual objetivo traçaste, pela mão do senhor Victorien Sardou, os admiráveis desenhos que nos deste sobre o planeta Júpiter, que tu habitas? – R. Com o objetivo de inspirar o desejo de vos tornardes melhores.

7. Uma vez que voltas sempre sobre a nossa Terra, que habitaste diversas vezes, deves conhecer bastante o seu estado físico e moral para estabelecer uma comparação entre ela e Júpiter; rogamos, pois, consentir em nos esclarecer sobre diversos pontos. – R. Sobre vosso globo, não venho senão em Espírito; o Espírito não tem mais sensações materiais.

ESTADO FÍSICO DO GLOBO

8. Pode-se comparar a temperatura de Júpiter com a de uma de nossas latitudes? – R. Não; ela é branda e temperada; sempre igual, e a vossa varia. Lembrai-vos os campos Elysées que vos foi descrito.

9. O quadro que os Antigos nos deram dos campos Elysées seria o resultado do conhecimento intuitivo que tinham de um mundo superior, tal qual Júpiter, por exemplo? – R. Do conhecimento positivo; a evocação permaneceu nas mãos dos sacerdotes.

10. A temperatura varia segundo as latitudes, como aqui? – R. Não.

11. Segundo os nossos cálculos, o Sol deve aparecer aos habitantes de Júpiter sob um ângulo muito pequeno, lhes e dar–, por conseqüência, pouca luz. Podes nos dizer se a intensidade da luz é igual à da Terra, ou se é menos forte? – R. Júpiter está cercado de uma espécie de luz espiritual, em relação com a essência dos seus habitantes. A luz grosseira do vosso Sol não foi feita para eles.

12. Há uma atmosfera? – R. Sim.

13. A atmosfera é formada dos mesmos elementos da atmosfera terrestre?– R. Não; os homens não são os mesmos; suas necessidades mudaram.

14. Há água e mares? – R. Sim.

15. A água é formada dos mesmos elementos que a atmosfera terrestre? – R. Mais etéreos.

16. Há vulcões? – R. Não; nosso globo não é atormentado como o vosso; a natureza não teve suas grandes crises; é uma morada de bem-aventurados. A matéria nele mal se toca.

17. As plantas têm analogia com as nossas? – R. Sim, porém mais belas.

ESTADO FÍSICO DOS HABITANTES

18. A conformação do corpo dos habitantes tem relação com a nossa? – R. Sim, é a mesma.

19. Podes nos dar uma idéia do seu talhe, comparado ao dos habitantes da Terra? – R. Grandes e bem proporcionados. Maiores do que os maiores dos vossos homens. O corpo do homem é como a marca do seu espírito: belo onde ele é bom; o envoltório é digno dele; não é mais uma prisão.

20. Os corpos ali são opacos, diáfanos ou translúcidos? – R. Há de uns e de outros. Uns têm tal propriedade, os outros tal outra, segundo sua destinação.

21. Concebemos isso para os corpos inertes, mas nossa pergunta é relativa aos corpos humanos? – R. O corpo envolve o Espírito sem o esconder, como um véu leve lançado sobre uma estátua. Nos mundos inferiores, o envoltório grosseiro oculta o Espírito aos seus semelhantes; mas os bons nada têm a esconder: podem ler no coração uns dos outros. Que seria isso se fosse assim nesse mundo!

22. Há sexos diferentes? – R. Sim; há por toda parte onde a matéria exista; é uma lei da matéria.

23. Qual é a base da alimentação dos habitantes? É animal e vegetal como aqui? – R. Puramente vegetal; o homem é o protetor dos animais.

24. Foi-nos dito que haurem uma parte da sua alimentação no meio ambiente, do qual aspiram as emanações; isso é exato? – R. Sim.

25. A duração da vida, comparada à nossa, é mais longa ou mais curta? – R. Mais longa.

26. De quanto tempo é a vida média? – R. Como medir o tempo?

27. Não podes tomar um dos nossos séculos por termo de comparação? – R. Creio que em torno de cinco séculos.

28. O desenvolvimento da infância é proporcionalmente mais rápido do que entre nós? – R. O homem conserva a sua superioridade; a infância não comprime a sua inteligência, a velhice não a extingue.

29. Os homens estão sujeitos a doenças? – R. Não estão sujeitos aos vossos males.

30. A vida se divide entre a vigília e o sono? – R. Entre a ação e o repouso.

31. Poderias nos dar uma idéia das diversas ocupações dos homens? – R. Seria preciso dizer muito. Sua principal ocupação é encorajar os Espíritos que habitam os mundos inferiores a perseverarem no bom caminho. Não tendo infortúnio a aliviar entre eles, vão procurar onde se sofre; são os bons Espíritos que vos sustentam e vos atraem ao bom caminho.

32. Ali se cultivam certas artes? – R. São inúteis. Vossas artes são futilidades que distraem vossas dores.

33. A densidade específica do corpo do homem lhe permite se transportar, de um lugar ao outro, sem permanecer, como aqui, atado ao solo? – R. Sim.

34. Ali se experimenta o dissabor e o desgosto da vida?– R. Não; o desgosto da vida não vem senão do desprezo de si mesmo.

35. Sendo os corpos dos habitantes de Júpiter menos densos do que os nossos, são formados de matéria compactada e condensa-da ou vaporosa?– R. Compactada para nós; mas para vós ela não o seria; é menos condensada.

36. O corpo, considerado como forma de matéria, é impenetrável?– R. Sim.

37. Os habitantes têm uma linguagem articulada como nós? R. Não; há entre eles comunicação de pensamentos.

38. A segunda vista é, como se nos disse, uma faculdade normal e permanente entre vós? – R. Sim; o Espírito não tem mais entraves; nada está oculto para ele.

39. Se nada está oculto para o Espírito, conhece, pois, o futuro? (queremos falar dos Espíritos encarnados em Júpiter) – R. O conhecimento do futuro depende da perfeição do Espírito; tem menos inconvenientes para nós do que para vós; nos é mesmo necessário, até um certo ponto, para o cumprimento de missões que temos a cumprir; mas dizer que conhecemos o futuro sem restrições, seria nos colocar na mesma posição que Deus.

40. Podeis revelar tudo o que sabeis do futuro? – R. Não; esperai até que tenhais merecido o saber.

41. Comunicai-vos mais facilmente do que nós com os outros Espíritos? – R. Sim! sempre: a matéria não está mais entre eles e nós.

42. A morte inspira o mesmo horror e pavor que causa entre nós? – R. Por que seria ela apavorante? O mal não existe

mais entre nós. Só o mau vê o seu último momento com pavor; ele teme seu juiz.

43. Em que se tornam os habitantes de Júpiter depois da morte? – R. Crescem sempre em perfeição sem mais suportar provas.

44. Não há, em Júpiter, Espíritos que se submetem a provas para cumprirem uma missão? – R. Sim, mas isso não é mais uma prova; só o amor ao bem os leva a sofrer.

45. Podem falir em sua missão? – R. Não, uma vez que são bons; não há fraqueza senão onde há defeito.

46. Poderias nos nomear alguns Espíritos, habitantes de Júpiter, que cumpriram uma grande missão sobre a Terra? – R. Saint Louis.

47. Poderias nomear-nos outros? – R. Que vos importa! Há missões desconhecidas que não têm por objetivo senão a felicidade de um só; estas são, por vezes, maiores: são as mais dolorosas.

OS ANIMAIS

48. Os corpos dos animais são mais materiais do que os dos homens? – R. Sim; O homem é o rei, o deus terrestre.

49. Entre os animais há os carniceiros? – R. Os animais não se despedaçam entre si; todos vivem submissos ao homem, se amando mutuamente.

50. Mas há animais que escapam à ação do homem, como os insetos, os peixes, os pássaros? – R. Não; todos lhe são úteis.

51. Foi-nos dito que os animais são os servidores e operários que executam os trabalhos materiais, construindo as casas etc, isso é verdade? – R. Sim; o homem não se rebaixa mais servindo seu semelhante.

52. Os animais servidores são ligados a uma pessoa ou a uma família, ou são tomados e trocados à vontade, como aqui? – R. Todos são ligados a uma família particular; mudais para achar melhor.

53. Os animais servidores, ali, estão num estado de escravidão ou de liberdade; são uma propriedade ou podem mudar de senhor à vontade? – R. Estão no estado de submissão.

54. Os animais trabalhadores recebem uma remuneração qualquer por seus esforços? – R. Não.

55. Desenvolvem-se as faculdades dos animais por uma espécie de educação? – R. Eles o fazem por si mesmos.

56. Os animais têm uma linguagem mais precisa e mais caracterizada do que a dos animais terrestres? – R. Certamente.

ESTADO MORAL DOS HABITANTES

57. As casas, das quais nos deste uma amostra por seus desenhos, estão reunidas em cidades, como aqui? – R. Sim; os que se amam se reúnem; só as paixões fazem solidão ao redor do homem. Se o homem, ainda que mau, procura seu semelhante, que não é para ele senão um instrumento de dor, por que o homem puro e virtuoso fugiria do seu irmão?

58. Os Espíritos são iguais ou de diferentes graus? – R. De diferentes graus, mas de uma mesma ordem.

59. Rogamos consentir te reportar à escala espírita que demos no segundo número da *Revista,* e nos dizer a qual ordem pertencem os Espíritos encarnados em Júpiter? – R. T odos bons, todos superiores; o bem desce, algumas vezes, no mal; mas o mal jamais se mistura ao bem.

60. Os habitantes formam diferentes povos, como na Terra? – R. Sim; mas todos unidos entre si por laços de amor.

61. Assim sendo, as guerras ali são desconhecidas? – R. Pergunta inútil.

62. O homem poderá chegar, sobre a Terra, a um bastante grande grau de perfeição, para se abster de guerras? – R. Seguramente chegará; a guerra desaparece com o egoísmo dos povos e à medida que compreendem melhor a fraternidade.

63. Os povos são governados por chefes? – R. Sim.

64. Em que consiste a autoridade dos chefes? – R. No grau superior de perfeição.

65. Em que consistem a superioridade e a inferioridade dos Espíritos em Júpiter, uma vez que são todos bons? – R. Têm mais ou menos de conhecimentos e de experiência; se depuram em se esclarecendo.

66. Há, como na Terra, povos mais ou menos avançados do que os outros? – R. Não; mas nos povos há diferentes graus.

67. Se o povo mais avançado da Terra se visse transportado para Júpiter, que categoria nele ocuparia? – R. A classe dos macacos entre vós.

68. Os povos ali são governados por leis? – R. Sim.

69. Há leis penais? – R. Não há mais crimes.

70. Quem faz as leis? – R. Deus as fez.

71. Há ricos e pobres, quer dizer, homens que têm a abundância e o supérfluo, e outros a quem falta o necessário? – R. Não; todos são irmãos; se um tiver mais do que outro, ele partilhará; mas não se alegraria quando seu irmão desejasse.

72. Segundo isso, as fortunas ali seriam iguais para todos? – R. Eu não disse que todos eram ricos no mesmo grau; perguntastes se há os que têm o supérfluo e outros a quem falta o necessário.

73. Essas duas respostas nos parecem contraditórias; rogamos as concordar. – R. A ninguém falta o necessário; ninguém tem o supérfluo, quer dizer que a fortuna de cada um está em relação com a sua condição. Estais satisfeitos?

74. Compreendemos agora; mas perguntaremos, ainda, se aquele que tem o menos não é infeliz relativamente àquele que tem o mais? – R. Não pode ser infeliz, desde que não é nem invejoso, nem ciumento. A inveja e o ciúme fazem mais infelizes do que a miséria.

75. Em que consiste a riqueza em Júpiter? – R. Que vos importa!

76. Há desigualdades de posições sociais? – R. Sim.

77 . Em que são fundadas? – R. Nas leis da sociedade. Uns são mais ou menos avançados na perfeição. Aqueles que são superiores têm, sobre os outros, uma espécie de autoridade, como um pai sobre os filhos.

78. Desenvolvem-se as faculdades do homem pela educação? – R. Sim.

79. O homem pode adquirir bastante perfeição na Terra, para merecer passar imediatamente para Júpiter? – R. Sim, mas o homem, sobre a Terra, está submetido a imperfeições para que esteja em relação com seus semelhantes.

80. Quando um Espírito que deixa a Terra deve ser reencarnado em Júpiter, fica errante durante algum tempo antes de ter achado o corpo ao qual deve se unir? – R. Fica durante um certo tempo, até que esteja liberto de suas imperfeições terrestres.

81. Há várias religiões? – R. Não; todos professam o bem, e todos adoram um único Deus.

82. Há templos e um culto? – R. Por templo há o coração do homem; por culto o bem que ele faz.

(Méhémet-Ali, antigo pachá do Egito)

(16 de março de 1858)

1. Que vos animou a atender o nosso apelo? – R. Para vos instruir.

2. Estais contrariado por estar vindo entre nós, e responder às perguntas que desejamos vos endereçar? – R. Não; as que tiverem por objetivo a vossa instrução, eu consinto.

3. Que prova podeis nos dar da vossa identidade, e como poderemos saber que não é um outro Espírito que toma vosso nome? – R. De que isso serviria?

4. Sabemos por experiência que Espíritos inferiores, freqüentemente, ostentam nomes supostos, e foi por isso que fizemos esse pedido. – R. Eles ostentam também as provas; mas o Espírito que toma uma máscara se revela, também ele mesmo, por suas palavras.

5. Sob qual forma e em qual lugar estais entre nós? – R. Sob a que leva o nome de Méhémet-Ali, perto de Ermance.

6. Estaríeis satisfeitos se vos cedêssemos um lugar especial? – R. Sobre a cadeira vazia.

Nota. Havia, perto dali, uma cadeira vazia à qual não se havia prestado atenção.

7. Tendes uma lembrança precisa da vossa última existência corporal? – -R. Não a tenho ainda precisa; a morte deixoume a sua perturbação.

8. Sois feliz? – R. Não; infeliz.

9. Sois errante ou reencarnado? – R. Errante.

10. Lembrai-vos o que foste antes de vossa última existência? – R. Era pobre na Terra; invejei as grandezas terrestres; subi para sofrer.

11. Se pudésseis renascer na Terra, que condições escolheríeis de preferência? – R. Obscura; os deveres são menores.

12. Que pensais agora da posição que ocupaste em último lugar sobre a Terra? – R. Vaidade do nada! Quis conduzir homens; soubesse eu conduzir a mim mesmo!

13. Diz-se que a vossa razão esteve alterada, desde há algum tempo; isso á verdade? – R. Não.

14. A opinião pública aprecia o que fizestes pela civilização do Egito, e vos coloca na posição dos maiores príncipes. Com isso, experimentais satisfações? – R. Que me importa. A opinião dos homens é o vento do deserto que levanta a poeira.

15. Vedes com prazer vossos descendentes caminharem na mesma senda, e vos interessais por seus esforços? – R. Sim, uma vez que têm por objetivo o bem comum.

16. Vos reprovam, no entanto, atos de uma grande crueldade: deles vos arrependeis agora? – R. Eu os expio.

17. Vedes aqueles que haveis feito massacrar? – R. Sim.

18. Que sentimentos experimentam por vós? – R. O ódio e a piedade.

19. Desde que haveis deixado esta vida, revistes o sultão Mahmoud? – R. Sim; em vão fugimos um do outro.

20. Qual sentimento experimentais, um pelo outro, agora? – R. A aversão.

21. Qual é a vossa posição atual sobre as penas e as recompensas que nos esperam depois da morte? – R. A expiação é justa.

22. Qual foi o maior obstáculo que tivestes de combater para o cumprimento dos vossos objetivos progressistas? – R. Eu reinava sobre escravos.

23. Pensais que se o povo que governastes fosse cristão, teria sido menos rebelde à civilização? – R. Sim; a religião cristã eleva a alma; a religião muçulmana não fala senão à matéria.

24. Quando vivo, vossa fé na religião muçulmana era absoluta? – R. Não; eu acreditava num Deus maior.

25. Que pensais disso agora? – R. Ela não faz homens.

26. Maomé tinha, segundo vós, uma missão divina? – R. Sim, mas que a prejudicou.

27. Em que a prejudicou? – R. Quis reinar.

28. Que pensais de Jesus? – R. Este veio de Deus.

29. Qual dos dois, Jesus ou 'Maomé que, segundo vós, tem feito mais para a felicidade da Humanidade? – R. Por que o perguntais? Que povo Maomé regenerou? A religião crista saiu pura das mãos de Deus; a religião maometana é a obra de um homem.

30. Credes uma dessas duas religiões destinada a se apagar de sobre a Terra? – R. O homem progride sempre; a melhor permanecerá.

31. Que pensais da poligamia, consagrada pela religião maometana? – R. É um dos laços que retêm na barbárie os povos que a professam.

32. Credes que a submissão da mulher esteja segundo os objetivos de Deus? – R. Não; a mulher é igual ao homem, uma vez que o Espírito não tem sexo.

33. Diz-se que o povo árabe não pode ser conduzido senão com rigor; não credes que os maus tratos o embrutecem mais do que o submetem? – R. Sim; é o destino do homem; ele se avilta quando é escravo.

34. Poderíeis nos reportar aos tempos da antiguidade, quando o antigo Egito estava florescente, e nos dizer quais foram as causas da sua decadência moral? – R. A corrupção dos costumes.

35. Parece que fazeis pouco caso dos monumentos históricos que cobrem o solo do Egito; não compreendemos essa indiferença da parte de um príncipe amigo do progresso. – R. Que importa o passado! O presente não o substituiria.

36. Consentiríeis em vos explicar mais claramente? – R. Sim; não seria preciso lembrar ao antigo Egito degradado um passado muito brilhante: não o teria compreendido. Desdenhei o que me pareceu inútil; não poderia me enganar?

37. Os sacerdotes do antigo Egito tinham conhecimento da Doutrina Espírita? – R. Era a deles.

38. Recebiam manifestações? – R. Sim.

39. As manifestações que obtinham os sacerdotes egípcios tinham a mesma fonte das que Moisés obtinha? – R. Sim, ele foi iniciado por aqueles.

40. Por que as manifestações de Moisés eram mais poderosas o que as dos sacerdotes egípcios? – R. Moisés queria revelar; os sacerdotes egípcios não tendiam senão a ocultar.

41. Pensais que a doutrina dos sacerdotes Egípcios tinha qualquer relação com a dos Indianos? – R. Sim; todas as religiões mães estão ligadas entre si por laços quase invisíveis; decorrem de uma mesma fonte.

42. Qual é, das duas religiões, a dos Egípcios e a dos Indianos, que é a mãe da outra? – R. Elas são irmãs.

43. Como ocorre que vós, em vossa vida tão pouco esclarecido sobre estas questões, possa as responder com tanta profundidade? – R. Em outras existências as aprendi.

44. No estado errante, em que estais agora, tendes, pois, pleno conhecimento das vossas existências anteriores? – R. Sim, salvo da última.

45. Haveis, pois, vivido no tempo dos Faraós? – R. Sim; três vezes vivi sobre o solo egípcio: sacerdote, mendigo e príncipe.

46. Sob qual reinado fostes sacerdote? – R. É tão antigo! O príncipe era vosso Sesostris.

47. Pareceria, segundo isso, que não progredistes, uma vez que expiais, agora, os erros da vossa última existência? – R. Sim, progredi lentamente; era eu perfeito para ser sacerdote?

48. Foi porque foi sacerdote naquele tempo, que pudestes nos falar, com conhecimento de causa, da antiga religião dos Egípcios? – R. Sim; mas não sou bastante perfeito para tudo saber; outros lêem no livro do passado como num livro aberto.

49. Poderíeis nos dar uma explicação sobre o motivo da construção das pirâmides? – R. É muito tarde.

(NOTA – Eram quase onze horas da noite.)

50. Não vos faremos mais do que essa pergunta; consenti em respondê-la, eu vos peço. – R. Não, é muita tarde, essa pergunta conduzirá a outras.

51. Teríeis a bondade de nos responder numa outra ocasião? – R. Eu não me comprometo.

52. Nós vos agradecemos, nada obstante, pela complacência com a qual consentistes em responder às nossas perguntas. – R. Bem! Eu voltarei.

O Sr. HOME

(Terceiro artigo. – Ver os números de fevereiro e março de 1858.)

Não é do nosso conhecimento que o Sr. Home haja feito aparecer, pelo menos visível para todo o mundo, outras parte do corpo senão as mãos. Cita-se, todavia, um general morto na Criméia, que teria aparecido, à sua viúva, visível só para ela; mas não estivemos no caso de constatar a realidade do fato em que se refere, sobretudo, à intervenção do Sr. Home, nessa circunstância. Limitamo-nos àquilo que podemos afirmar. Por que as mãos antes que os pés ou uma cabeça? É o que ignoramos, e o que ele mesmo ignora. Os Espíritos, interrogados a esse respeito, responderam que outros médiuns poderiam fazer aparecer a totalidade do corpo; de resto, não está aí o ponto mais importante; se apenas as mãos aparecerem, as outras partes do corpo não serão menos patentes, como se verá dentro em pouco.

A aparição de mão se manifesta, geralmente, em primeiro lugar, sobre a toalha da mesa, por ondulações que produz, percorrendo toda a superfície; depois, se mostra sobre a borda da toalha que ergue; algumas vezes, vem se colocar sobre a toalha, no meio da própria mesa; freqüentemente, toma um objeto que coloca debaixo. Essa mão, visível para todo o mundo, não é vaporosa, nem translúcida; tem a cor e a opacidade naturais; no punho, termina pelo vago.

Se é tocada com precaução, confiança e sem preconceito hostil, ela oferece a resistência, a solidez e a impressão de mão viva; seu calor é suave, úmido, e comparável ao de um pombo morto há cerca de meia hora. Não é inerte, porque se agita, se presta aos movimentos que se lhe imprimem, ou resiste, vos acaricia ou vos aperta.Se, ao contrário, quereis a tomar bruscamente e de surpresa, não tocais senão o vazio. Uma testemunha ocular nos contou o fato seguinte, que lhe é pessoal. Ele tinha, entre os seus dedos, uma campainha de mesa; uma mão, primeiro invisível, depois perfeitamente aparente, veio a tomar, fazendo esforços para arrancar; não podendo conseguir, passa por cima para a fazer escorregar; o esforço de tração era tão sensível como se fora mão humana; tendo querido tomar vivamente essa mão, a sua não encontra senão o ar; tendo afastado os dedos, a campainha fica suspensa no espaço e vem, lentamente, pousar no assoalho.

Algumas vezes há várias mãos. A mesma testemunha nos relatou o fato seguinte. Várias pessoas estavam reunidas ao redor de uma dessas mesas de sala de jantar que se separam em duas. Golpes são dados; a mesa se agita, se abre por si mesma, e, através da fenda, aparecem três mãos, uma de tamanho natural, outra muito grande, e uma terceira toda velada; se tocadas, se apalpadas, vos apertam, depois se esvanecem. Na casa de um dos nossos amigos, que tinha perdido uma criança em tenra idade, foi a mão de uma criança recém-nascida que apareceu; todo mundo pôde a vê-la e toca-la; essa criança se coloca sobre sua mãe, que sente, distintamente, a impressão de todo o corpo sobre seus joelhos.

Freqüentemente, a mão vem pousar sobre vós, a vedes, ou, se não a vedes, sentis a pressão dos dedos; algumas vezes, vos acaricia, de outras vezes vos belisca até causar dor. O Sr. Home, em presença de várias pessoas, sentiu assim agarrar o punho, e os assistentes puderam ver a pele puxada. Um instante depois, sentiu morder, e a marca da impressão de dois dentes foi visivelmente assinalada durante mais de uma hora.

A mão que aparece pode também escrever. Algumas vezes, se coloca no meio da mesa, toma o lápis e traça alguns caracteres sobre o papel colocado para esse fim. O mais freqüentemente, leva o papel para sob a mesa e o traz todo escrito. Se a mão se mantém invisível, a escrita parece se produzir toda sozinha. Obtém-se por esse meio, resposta a diversas perguntas que se lhe podem dirigir.

Um outro gênero de manifestações, não menos notável, mas que se explica pelo que acabamos de dizer, o de instrumentos de música tocando sozinhos. Comumente, são pianos ou acordeons. Nessa circunstância, vêem-se distintamente as teclas se agitarem e o fole se mover. A mão que toca é ora visível, ora invisível; a música que se faz ouvir, pode ser uma música conhecida, executada a pedido que se lhe faça. Se o artista invisível é deixado por si mesmo, produz acordes harmoniosos, cujo conjunto lembra a vaga e a suave melodia da harpa eólica. Na casa de um dos nossos assinantes, onde esses fenômenos se produziram muitas vezes, o Espírito, que assim se manifestava, era o de um jovem morto desde há algum tempo e amigo da família, e que, quando vivo, tinha um notável talento como músico; a natureza das músicas que fazia ouvir de preferência, não poderia deixar nenhuma dúvida quanto à sua identidade, para as pessoas que o haviam conhecido.

O fato mais extraordinário, nesse gênero de manifestações, não é, no nosso entender, o da aparição. Se essa aparição fosse sempre aeriforme, concordaria com a natureza etérea que atribuímos aos Espíritos; ora, nada se oporia a que essa matéria etérea se tornasse perceptível, à nossa visão, por uma espécie de condensação, sem perder sua propriedade vaporosa. O que há de mais estranho é a solidificação dessa mesma matéria, bastante resistente para deixar uma impressão visível sobre os nossos órgãos. Daremos, no próximo número, a explicação desse singular fenômeno conforme o ensinamento dos próprios Espíritos. Hoje, nos limitaremos em dele deduzir uma conseqüência relativa ao toque espontâneo dos instrumentos de música. Com efeito, desde que a tangibilidade temporária dessa matéria etérea é um fato adquirido, que nesse estado uma mão, aparente ou não, oferece bastante resistência para fazer uma pressão sobre os corpos sólidos, não há nada de espantoso em que possa exercer uma pressão suficiente para fazer mover as teclas de um instrumento. De outra parte, fatos não menos positivos provam que essa mão pertence a um ser inteligente; nada tem de espantoso que essa inteligência se manifeste por sons musicais, como pode fazê-lo pela escrita ou pelo desenho. Uma vez se entrando nessa ordem de idéias, as pancadas, o movimento dos objetos e todos os fenômenos espíritas de ordem material se explicam muito naturalmente.

VARIEDADES

A malevolência, em certos indivíduos, não conhece limites; a calúnia tem sempre que vir para quem se eleve acima da multidão. Os adversários do Sr. Home acharam a arma do ridículo muito fraca; deveria, com efeito, se enfraquecer contra os nomes honoráveis que o cobrem com a sua proteção. Não podendo, pois, fazer rir às suas custas, quiseram o denegrir. Difundiu-se o boato, se adivinha com qual objetivo, e as más línguas a repetir, que o Sr. Home não havia partido para a Itália, como se havia anunciado, mas que estava preso em Mazas sob o peso das mais graves acusações, que se lhe formulam em chistes, dos quais os desocupados e os amadores do escândalo estão sempre ávidos. Podemos afirmar que não há uma palavra de verdade em todas essas maquinações infernais. Temos, sob os olhos, várias cartas do Sr. Home, datadas de Piza, de Roma, e de Nápoles, onde está neste momento, e estamos prontos para darmos a prova do que afirmamos. Os Espíritos têm muita razão em dizerem que os verdadeiros demônios estão entre os homens.

Lê-se num jornal: "Segundo a *Gazette des Hôpitaux*, contam-se, neste momento, no hospital de alienados de Zurique, 25 pessoas que perderam a razão graças às mesas girantes e aos Espíritos batedores."

Perguntaremos, primeiro, se está bem averiguado que esses 25 alienados devem toda a perda da sua razão aos Espíritos batedores, o que é, pelo menos, contestável, até haver prova autêntica. Supondo que esses estranhos fenômenos hajam podido impressionar, deploravelmente, certos caracteres fracos, perguntaremos, por outro lado, se o medo do diabo não fez mais loucos do que a crença nos Espíritos. Ora, como não se impedirá, aos Espíritos, de baterem, o perigo está na crença de que todos os que se manifestam são demônios. Afastada essa idéia, fazendo conhecer a verdade, disso não se terá mais medo do que aos fogos fátuos; a idéia de se estar assediado pelo diabo está bem feita para perturbar a razão. Eis, de resto, a contrapartida do artigo acima: "Existe um curioso documento estatístico, de funestas conseqüências, de que encanta, ao povo inglês, o hábito da intemperança e de bebidas fortes. Sobre 100 indivíduos admitidos no hospício de loucos de Hamwel, há 72 cuja alienação mental deve ser atribuída à embriaguez."

Recebemos dos nossos assinantes numerosas relações de fatos muito interessantes, que nos apressaremos em publicar nos próximos fascículos, por falta de espaço nos impedindo de o fazer neste.

ALLAN KARDEC.

REVISTA ESPÍRITA,

JORNAL

DE ESTUDOS PSICOLÓGICOS

Maio

TEORIA DAS MANIFESTAÇÕES FÍSICAS

(Primeiro artigo.)

A influência moral dos Espíritos, as relações que podem ter com a nossa alma ou o Espírito encarnado em nós, se concebem facilmente. Compreende-se que dois seres da mesma natureza possam se comunicar pelo pensamento, que é um dos seus atributos, sem auxílio dos órgãos da palavra; mas o que é mais difícil de compreender são os efeitos materiais que podem produzir, tais como os ruídos, o movimento dos corpos sólidos, as aparições e, sobretudo, as aparições tangíveis. Vamos tentar lhes dar a explicação, segundo os próprios Espíritos, e segundo a observação dos fatos.

A idéia que se forma da natureza dos Espíritos torna, à primeira vista, esses fenômenos incompreensíveis. O Espírito, se diz, é a ausência de toda matéria, portanto, não pode agir materialmente; ora, aí está o erro. Os Espíritos, interrogados sobre a questão de se saber se são imateriais, responderam isto: "*Imaterial* não é a palavra, porque o Espírito é alguma coisa, de outro modo seria o nada. É, se o quereis da matéria, mas uma matéria de tal modo etérea, que é, para vós, como se não existisse". Assim, o Espírito não é, como alguns o crêem, uma abstração, é um *ser*, mas cuja natureza íntima escapa aos nossos sentidos grosseiros.

Esse Espírito encarnado no corpo constitui a alma; quando o deixa, na morte, dele não sai despojado de todo o envoltório. Todos nos dizem que conservam a forma que tinham quando vivos, e, com efeito, quando nos aparecem, geralmente, é sob a que nós os conhecemos.

Os observemos, atentamente, no momento em que acabam de deixar a vida; estão num estado de perturbação; tudo é confuso ao redor deles; vêem seu corpo são ou mutilado, segundo o gênero de morte; por outro lado, se vêem e se sentem viver; alguma coisa lhes diz que esse corpo é o seu, e não compreendem que dele estejam separados: o laço que os unia não está, pois, ainda, inteiramente rompido.

Uma vez dissipado esse primeiro momento de perturbação, o corpo se torna para eles uma roupa velha, da qual se despojaram e que não lamentam, mas continuam a se ver sob a sua forma primitiva; ora, isto não é um sistema: é o resultado de observações feitas sobre inumeráveis sujeitos. Que se deseje, agora, se referir ao que contamos de certas manifestações produzidas pelo Sr. Home e outros médiuns desse gênero: mãos aparecem, que têm todas as propriedades de mãos vivas, que são tocadas, que vos agarram, e que, de repente, se esvanecem. Que devemos disso concluir? Que a alma não deixa tudo na sepultura e que leva alguma coisa consigo.

Haveria assim, em nós, duas espécies de matéria: uma grosseira, que constitui o envoltório exterior, outra sutil e indestrutível. A morte é a destruição, ou melhor, a desagregação da primeira, da que a alma abandona; a outra se libera e segue a alma que acha, desse modo, ter sempre um envoltório; é o que chamamos *perispírito*. Essa matéria sutil, extraída, por assim dizer, de todas as partes do corpo ao qual estava ligada durante a vida, dele conserva a impressão; ora, eis por que os Espíritos se vêem e por que nos aparecem tais quais eram quando vivos. Mas essa matéria sutil não tem a tenacidade, nem a rigidez, da matéria compacta do corpo; ela é, se assim podemos nos expressar, flexível e expansível; por isso a forma que toma, se bem que calcada sobre a do corpo, não é absoluta; ela se dobra à vontade do Espírito, que pode lhe dar tal ou tal aparência, à sua vontade, ao passo que o envoltório sólido oferece-lhe uma resistência intransponível; desembaraçado desse entrave que o comprimia, o perispírito se estende ou se retrai, se transforma, em uma palavra, se presta a todas as metamorfoses, segundo a vontade que age sobre ele.

A observação prova, e insistimos nessa palavra observação, porque toda a nossa teoria é a conseqüência de fatos estudados, que a matéria sutil, que constitui o segundo envoltório do Espírito, não se liberta senão pouco a pouco, e não instantaneamente do corpo. Assim, os laços que unem a alma e o corpo não são subitamente rompidos pela morte; ora, o estado de perturbação que observamos, subsiste durante todo o tempo em que se opera o desligamento; o Espírito não recobra a inteira liberdade de suas faculdades e a consciência clara de si mesmo, senão quando seu desligamento se completa.

A experiência prova, ainda, que a duração desse desligamento varia segundo os indivíduos. Em alguns se opera em três ou quatro dias, ao passo que, em outros, não está inteiramente realizada ao cabo de vários meses. Assim, a destruição do corpo, a decomposição pútrica, não bastam para operar a separação; por isso, certos Espíritos dizem: "Sinto que os vermes me roem"

Em algumas pessoas, a separação começa antes da morte; são as que, em vida, se elevaram, pelo pensamento e a pureza de seus sentimentos acima das coisas materiais; a morte não acha mais do que fracos laços entre a alma e o corpo, e esses laços se rompem quase instantaneamente. Quanto mais o homem viveu materialmente, quanto mais absorveu seus pensamentos nos gozos e nas preocupações da personalidade, tanto mais esses laços são tenazes; parece que a matéria sutil esteja identificada com a matéria compacta, e que haja entre elas coesão molecular; eis por que elas não se separam senão lenta e dificilmente.

Nos primeiros instantes que se seguem à morte, quando ainda há união entre o corpo e o perispírito, este conserva bem melhor a impressão da forma material, da qual reflete, por assim dizer, todas as nuanças, e mesmo todos os acidentes. Eis por que um supliciado nos disse poucos dias depois de sua execução: "Se pudésseis me ver, me veríeis com a cabeça separada do tronco". Um homem que morrera assassinado nos disse: "Vede a chaga que se me fez no coração. Acreditava que poderíamos vê-lo".

Essas considerações nos conduzirão a examinar a interessante questão da sensação dos Espíritos e de seus sofrimentos; o faremos em um outro artigo, querendo nos limitar aqui ao estudo das manifestações físicas.

Representemo-nos pois, o Espírito revestido de seu envoltório semi-material ou perispírito, tendo a forma ou *aparência* que tinha quando vivo. Alguns se servem mesmo dessa expressão pra se designarem; dizem: Minha aparência está em tal lugar. Evidentemente, estão aí os males dos Antigos. A matéria desse envoltório é bastante sutil para escapar à nossa visão em seu estado normal; mas não é, por isso, absolutamente invisível. Nós a vemos, primeiro, pelos olhos da alma, nas visões que se produzem durante os sonhos; mas não é disso que vamos nos ocupar. Pode ocorrer, nessa matéria etérea, tal modificação, o Espírito, ele mesmo pode fazê-la sofrer uma espécie de condensação, que a torna perceptível aos olhos do corpo; é o que ocorre nas aparições vaporosas. A sutileza dessa matéria lhe permite atravessar corpos sólidos; eis por que essas aparições não encontram obstáculos, e por que se esvanecem, freqüentemente, através das paredes.

A condensação pode chegar ao ponto de produzir a resistência e a tangibilidade; é o caso das mãos que são vistas e que são tocadas; mas essa condensação (é a única palavra da qual pudemos nos servir para exprimir nosso pensamento, embora a expressão não seja perfeitamente exata), essa condensação, dizemos, ou melhor, essa solidificação da matéria etérea, não estando no seu estado normal, não é senão temporária ou acidental; eis por que essas aparições tangíveis, num dado momento, vos escapam como uma sombra. Assim, do mesmo modo que vemos um corpo se nos apresentar no estado sólido, líquido ou gasoso, segundo seu grau de condensação, de igual modo à matéria etérea do perispírito pode se nos apresentar no estado sólido, vaporoso visível ou vaporoso invisível. Veremos, a seguir, como se opera essa modificação.

A mão, aparentemente tangível, oferece uma resistência; exerce uma pressão; deixa marcas, opera uma tração sobre os objetos que temos; há nela, pois, uma força. Ora, esses fatos, que não são hipóteses, podem nos colocar no caminho das manifestações físicas.

Anotemos, primeiro, que essa mão obedece a uma inteligência, uma vez que age espontaneamente, que dá sinais inequívocos de vontade, e que obedece ao pensamento; pertence pois, a um ser completo, que não nos mostra senão essa parte dele mesmo, e o que o prova, é que causa impressão com as partes invisíveis, que os dentes deixaram a impressão sobre a pele e fizeram sentir dor.

Entre as diferentes manifestações, uma das mais interessantes, sem contradita, é a do toque espontâneo de instrumentos de música. Os pianos e os acordeons parecem ser, para esse efeito, os instrumentos prediletos. O fenômeno se explica muito naturalmente por aquilo que precede. A mão que tem a força para agarrar um objeto pode muito bem ter a de se apoiar sobre as teclas para as fazer ressoar, aliás, viram-se várias vezes os dedos da mão em ação, e quando não se vê a mão, vêem-se as teclas se agitarem e o fole se abrir e fechar. Essas teclas não podem estar sendo movidas senão por mão invisível, a qual dá prova de inteligência fazendo ouvir, não sons incoerentes, mas músicas perfeitamente ritmadas.

Uma vez que essa mão pode nos cravar as unhas na carne, nos beliscar, nos arrancar o que está em nossos dedos; uma vez que a vemos agarrar e transportar um objeto como nós mesmos o faríamos, ela pode muito bem dar golpes, erguer e virar uma mesa, agitar uma campainha, puxar cortinas, até mesmo dar uma bofetada oculta.

Se perguntará, sem dúvida, como essa mão pode ter a mesma força no estado vaporoso invisível quanto no estado tangível. E por que não?

Vemos o ar que tomba edifícios, o gás que lança um projétil, a eletricidade que transmite sinais, o fluido do ímã que ergue as massas? Por que a matéria etérea do perispírito seria menos possante? Mas não vamos querer a submeter às nossas experiências de laboratório e às nossas fórmulas algébricas; não vamos, sobretudo, porque tomamos o gás por termo de comparação, lhe supor propriedades idênticas e calcular essa força como calculamos a do vapor. Até o presente, ela escapa a todos os nossos instrumentos; é uma nova ordem de idéias que não resulta de ciências exatas; eis por que essas ciências não dão aptidão especial para as apreciar.

Não damos essa teoria do movimento dos corpos sólidos, sob a influência dos Espíritos, senão para mostrar a questão sob todos os seus aspectos, e provar que, sem sair muito das idéias recebidas, se pode conhecer a ação dos Espíritos sobre a matéria inerte; mas há uma outra, de alta importância filosófica, dada pelos próprios Espíritos, e que lança sobre essa questão uma luz inteiramente nova; será compreendida melhor depois de a termos lido; aliás, é útil conhecer todos os sistemas, a fim de poder comparar.

Resta agora, pois, explicar como se opera essa modificação da substância etérea do perispírito; por qual procedimento o Espírito opera, e, como conseqüência, o papel dos médiuns na influência física para a produção desses fenômenos; o que se passa com eles, nessa circunstância, a causa e a natureza da sua faculdade etc. Será o que faremos num próximo artigo.

O ESPÍRITO BATEDOR DE BERGZABERN

Nós já havíamos ouvido falar de certos fenômenos espíritas que fizeram muito ruído em 1852, na Bavière renana, nas proximidades de Spire, e sabíamos que um relato autêntico deles havia sido publicado numa brochura alemã. Depois de pesquisas, por longo tempo infrutíferas, uma senhora, entre os nossos assinantes de Alsace, e que manifestou nessa circunstância, um zelo e uma perserverança da qual lhe somos infinitamente reconhecidos, conseguiu, enfim, adquirir para si essa brochura, que fez o obséquio de nos endereçar. Damos-lhe a tradução *in extenso;* será lida, sem dúvida, com tanto mais interesse por ser, entre tantas outras, uma prova a mais de que fatos desse gênero são de todos os tempos e de todos os países, visto que estes, dos quais tratamos, se passaram numa época em que apenas se começava a falar dos Espíritos.

PREFÁCIO

Um acontecimento estranho e, desde há vários meses, o assunto de todas as conversas de nossa cidade e dos arredores. Queremos falar do *Batedor,* como é chamado, da casa do alfaiate Pierre Sanger.

Até então, nos abstivemos de qualquer narração em nosso jornal *(Journal de Bergzabern)* sobre as manifestações que se produziram nessa casa desde o dia 1 de janeiro de 1852; como, porém, despertaram a atenção geral, a tal ponto que as autoridades creram dever pedir ao doutor Beutner uma explicação a esse respeito, e que o doutor Dupping, de Spire, se postou mesmo sobre os lugares para observar os fatos, não podemos adiar por mais tempo em as comunicar ao público.

Nossos leitores não esperem de nós um julgamento sobre a questão, no qual ficaríamos muito embaraçados; deixamos esse encargo àqueles que, pela natureza dos seus estudos e da sua posição, estão mais aptos a se pronunciarem, o que, aliás, farão sem dificuldade se chegarem a descobrir a causa desses efeitos. Quanto a nós, nos limitaremos à narração dos fatos, principalmente daqueles dos quais fomos testemunhas, ou que temos de pessoas dignas de fé, deixando ao leitor formar a sua opinião.

F. –A. Blanck,
Redator do Journal de Bergzabem.

Maio de 1852.

No dia 1 de janeiro deste ano (1852), a família Pierre Sanger, de Bergzabern, ouviu na casa que habitava e num quarto vizinho do qual ficava comumente, como um martelamento que começava primeiro por golpes surdos, parecendo virem de longe, que se tornavam depois mais fortes e mais e mais marcantes. Esses golpes pareciam ser dados sobre a parede, junto à qual estava colocada a cama onde dormia seu filho, com a idade de onze anos. Habitualmente, era entre nove horas e meia e dez horas e meia que o ruído se fazia ouvir. O casal Sanger primeiro não lhes deu atenção, mas, como essa singularidade se renovava a cada noite, pensaram que isso podia provir da casa vizinha, onde um enfermo se divertia, à guisa de passatempo, em bater o tambor na parede. Logo se convenceu que esse enfermo não existia e não podia ser a causa desse ruído. Removeu-se o solo do quarto, se derrubou a parede, mas sem resultado. A cama foi transportada para o lado oposto do quarto; então, coisa espantosa, foi desse lado que o ruído ocorreu, e logo que a criança adormecia. Estava claro que a criança estava, de algum modo, na manifestação do ruído, e se supôs, depois que todas as pesquisas da polícia nada descobriram que esse fato deveria ser atribuído a uma enfermidade da criança ou uma particularidade de sua conformação. Todavia, nada, até então, veio confirmar essa suposição. E, ainda, um enigma para os médicos.

No entanto, a coisa não faz senão se desenvolver; o ruído se prolonga além de uma hora e as pancadas têm mais força. A criança foi mudada de quarto e de cama, o batedor se manifesta nesse novo quarto, sob o leito, no leito e na parede. As pancadas não eram idênticas; eram ora fortes, ora fracas e isoladas, ora, enfim, se sucediam rapidamente, e segundo o ritmo de marchas militares e de danças.

A criança ocupava, há alguns dias, o acima mencionado quarto, quando se nota que, durante o sono, emitia palavras breves, incoerentes. As palavras se tornam logo mais distintas e mais inteligentes; parecia que a criança se entretinha com um outro ser, sobre o qual tinha a autoridade. Entre os fatos que se produziam, cada dia, o autor desta brochura narrará um do qual foi testemunha: Estava a criança em sua cama, deitada sobre o lado esquerdo. Apenas adormeceu, os golpes começaram e ela se pôs a falar da espécie: "Tu, tu, bate uma marcha".E o batedor bate uma marcha, bastante parecida com uma marcha bávara. À ordem de "Alto"! da riança, o batedor pára. A criança diz então: "Bate três, seis, noves vezes", e o batedor executa a ordem. Sob uma nova ordem de bater 19 golpes, 20 golpes se fizeram ouvir, a criança sonolenta diz: "Não está bem, foram 20 golpes," e logo 19 golpes foram contados. Em seguida, a criança pede 30 pancadas; ouvem-se 30 golpes. "100 pancadas". Não se pôde contar senão até 40, tão rapidamente se sucediam as pancadas. Ao último golpe a criança disse: "Muito bem; agora 110".Aqui não se pôde contar senão até perto de 50. Ao último golpe, o dorminhoco disse: "Não é isso, não foram senão 106," e logo 4 pancadas se fizeram ouvir para completarem o número de 110. O menino pede em seguida: "Mil"! Não foram dados senão 15 golpes. "Bem, vamos!" Ocorreram, ainda, 5 pancadas e o batedor se detém. Veio, então, na idéia dos assistentes, comandarem, eles mesmos, o batedor, que executa as ordens que lhe dão. Ele silenciava à ordem de *"Alto!* Silêncio! Sossega!" Depois, por si mesmo e sem ordem, começava a bater. Um dos assistentes disse, baixinho, em um canto do quarto, que queria mandar, unicamente pelo pensamento, que golpeasse 6 vezes. O experimentador se coloca, então, diante da cama e não diz uma única palavra: ouvem-se 6 pancadas. Mandam-se, ainda pelo pensamento, 4 golpes: quatro pancadas foram dadas. A mesma experiência foi tentada por outras pessoas, mas nem sempre com sucesso. Logo o rapaz estende os membros, afasta a coberta e se levanta.

Quando se lhe perguntou o que havia ocorrido, respondeu ter visto um homem grande e com cara de mau, que se mantinha diante da sua cama e lhe comprimia os joelhos. Acrescentou que sentia dor nos joelhos, quando esse homem batia. A criança dormiu de novo e as mesmas manifestações se reproduziram até o momento em que o relógio do quarto soou onze horas. De repente, o batedor se calou, a criança entrou num sono tranqüilo, que se reconheceu pela regularidade da respiração, e nessa noite nada mais se fez ouvir. Notamos que o batedor batia, sob a ordem que recebia, marchas militares. Várias pessoas afirmam que, quando se pedia uma marcha russa, austríaca ou francesa, ela era batida com exatidão.

No dia 25 de fevereiro, estando dormindo, o menino disse: "Não queres mais bater agora, queres raspar, muito bem! quero ver como o farás." E, com efeito, no dia seguinte, 26, em lugar de pancadas, ouve-se uma raspadura que parecia vir da cama, e que está se manifestando até este dia. Os golpes se misturaram à raspadura, ora alternadamente, ora simultaneamente, de tal modo que, nas músicas de marcha ou de dança, a raspadura faz a primeira parte, e os golpes a segunda. De acordo com o pedido, a hora do dia, a idade das pessoas presentes são indicadas por raspadura ou golpes secos. Com respeito à idade das pessoas, algumas vezes havia erro; mas era retificado na 2ª ou 3ª vez, quando se lhe dizia que o número de golpes não era exato. Muitas vezes, em lugar de responder executa uma marcha.

A linguagem da criança, durante o sono, torna-se, dia a dia, mais perfeita. O que não eram primeiro senão simples palavras, ou ordens muito breves ao batedor mudam, em sequência, numa conversação seguida com seus parentes. Assim, um dia ele se entretinha com sua irmã mais velha, sobre assuntos religiosos e num tom de exortação e de instrução, lhe dizendo que deveria ir à missa, orar todos os dias, e mostrar submissão e obediência a seu pai e mãe. À noite, retoma os mesmos assuntos de conversa; em seus ensinamentos, nada tinha de teológico, mas, unicamente, noções que se aprendem na escola.

Antes de suas conversas, se ouviam, pelo menos durante uma hora, golpes e raspadura, não somente durante o sono do menino, mas mesmo quando este estava no estado de vigília. O vimos beber e comer enquanto os golpes e as raspaduras se manifestavam, e o vimos também, no estado de vigília, dar ordens ao batedor, que foram todas executadas.

Sábado à noite, 6 de março, tendo o menino de dia, e muito desperto, predito ao seu pai que o batedor apareceria às nove horas, várias pessoas se reuniram na casa de Sanger. Soando as nove horas, quatro pancadas tão violentas foram dadas contra a parede que os assistentes com elas se assustaram. Logo, e pela primeira vez, os golpes foram dados na madeira da cama e exteriormente; toda a cama, com eles se agitou. Esses golpes se manifestaram por todos os lados da cama, ora em um lugar ora noutro. Os golpes e a raspadura se alternaram na cama. Sob as ordens do rapaz e das pessoas presentes, as pancadas se faziam ouvir, seja no interior da cama, seja no exterior. De repente, a cama se ergue em sentidos diferentes, enquanto as pancadas eram dadas com força. Mais de cinco pessoas tentaram, contudo, em vão, fazer cair à cama erguida; tendo-a, então, abandonado, ela se balança ainda alguns instantes, depois retoma a sua posição natural. Esse fato já ocorrera uma vez anteriormente, nessa manifestação pública.

Cada noite, também, o menino fazia uma espécie de discurso. Disso vamos falar muito sucintamente.

Antes de tudo, é preciso anotar que, logo que deixava cair sua cabeça, o menino dormia, e os golpes e a raspadura começavam. Aos golpes a criança gemia, agitava suas pernas e parecia não se sentir bem. Não ocorria o mesmo na raspadura. Quando chegava o momento de falar, o rapaz se deitava sobre o dorso, sua feição se tornava pálida, assim como suas mãos e seus braços. Fazia sinal com a mão direita e dizia: "Vamos! vem diante de minha cama e junta as mãos, vou te falar do Salvador do mundo." Então os golpes e a raspadura cessavam, e todos os assistentes escutavam, com uma atenção respeitosa, o discurso do dorminhoco.

Ele falava lentamente, muito ininteligivelmente e em puro alemão, o que surpreendia tanto mais quanto o menino era menos adiantado do que os seus colegas em suas aulas, o que provinha, sobretudo, de um mal dos olhos que o impedia de estudar. Suas conversas giravam em torno da vida e das ações de Jesus, desde seu décimosegundo ano, de sua presença no templo com os escribas, dos seus benefícios para com a Humanidade e dos seus milagres; em seguida, se estendia no relato dos seus sofrimentos, e criticava severamente os Judeus por terem crucificado Jesus, apesar de suas numerosas bondades e das suas bênçãos. Terminando, o menino dirigia a Deus uma fervorosa prece, "de lhe conceder a graça de suportar, com resignação, os sofrimentos que lhe enviara, uma vez que havia escolhido entrar em comunicação com o Espírito." Pedia a Deus para não o deixar morrer ainda, pois não era senão uma criança, e que não queria baixar à tumba escura. Terminados seus discursos, recitava com voz solene o *Pater noster,* depois do que dizia: "Agora podes vir" , e logo os golpes e as raspaduras recomeçavam.

Fala ainda duas vezes ao Espírito, e, a cada vez, o Espírito batedor se detinha. Dizia, ainda, algumas palavras e depois: "Agora podes ir em nome de Deus." E despertava.

Durante as suas conversas, os olhos do menino estavam bem fechados; mas seus lábios se movimentavam; as pessoas que estavam mais próximas do leito, puderam notar esse movimento. A voz era pura e harmoniosa.

Em seu despertar, se lhe perguntava o que havia visto e o que se passara. Ele respondia: "O homem que vem me ver. – Onde se acha? – Perto de minha cama com outras pessoas. – Vistes as outras pessoas? – Vi todas as que estavam perto do meu leito". Se compreenderá, facilmente, que semelhantes manifestações encontraram muitos incrédulos, e que se supôs que toda essa história não era senão uma mistificação; mas o pai não era capaz de charlatanice, sobretudo de uma charlatanice que teria exigido toda a habilidade de um prestidigitador profissional; ele gozava da reputação de um bravo e honesto homem.

Para responder a essas suposições e as fazer cessar, se transportou o menino para uma casa estranha. Logo que ali chegou, os golpes e as arranhaduras se fizeram ouvir. Além do mais, alguns dias antes, o menino tinha ido com sua mãe a uma pequena vila chamada Capelle, a cerca de meia légua dali, na casa da viúva Klein; disse que estava cansado; o deitam em um canapé e logo o mesmo fenômeno ocorreu. Várias testemunhas podem afirmar o fato. Se bem que o menino parecia passar bem de saúde, não obstante deveria estar afetado por alguma doença, que seria provada senão pelas manifestações relatadas acima, pelo menos pelos movimentos involuntários dos músculos e os sobressaltos nervosos. Faremos notar, terminando, que o menino foi conduzido, há algumas semanas, à casa do doutor Beutner, onde deveria permanecer, para que esse sábio pudesse estudar, mais de perto, os fenômenos em questão. Desde então, todo ruído cessou na casa de Sanger e se produziu na do doutor Beutner.

Tais são, em toda a sua autenticidade, os fatos que se passaram. Os entregamos ao público sem emitir julgamento. Possam os homens da arte lhes dar, em breve, uma explicação satisfatória.

BLANCK.

CONSIDERAÇÕES SOBRE O ESPÍTITO BATEDOR DE BERGZABERN

A explicação solicitada pelo narrador que acabamos de citar, é fácil de ser dada; não há senão uma, e só a Doutrina Espírita pode a fornecer. Esses fenômenos nada têm de extraordinário para quem esteja familiarizado com aqueles aos quais os Espíritos nos habituaram. Sabe-se qual papel certas pessoas fazem a imaginação representar; sem dúvida, se o menino não tivesse tido senão visões, os partidários da alucinação estariam em condições favoráveis; mas aqui havia efeitos materiais de uma natureza inequívoca, que tiveram um grande número de testemunhas, e seria preciso supor que todas estavam alucinadas ao ponto de crerem que ouviam o que não ouviam, e vissem se movimentarem móveis imóveis; ora, haveria nisso um fenômeno mais extraordinário ainda. Não resta aos incrédulos senão um recurso, o de negarem; é mais fácil e isso dispensa raciocinar.

Examinando a coisa do ponto de vista espírita, fica evidente que o Espírito que se manifestou era inferior ao do menino, uma vez que lhe obedecia; estava mesmo subordinado aos assistentes, uma vez que também podiam o comandar. Se não soubéssemos, pela Doutrina, que os Espíritos dito batedores estão na base da escala, o que se passou disso seria uma prova. Não se conceberia, com efeito, que um Espírito elevado não mais do que os nossos sábios e nossos filósofos viessem se distrair batendo marchas e valsas, representando, em uma palavra, o papel de malabarista, nem se submeter aos caprichos de seres humanos. Ele se apresenta sob os traços de um homem de mau aspecto, circunstância que não pode senão corroborar esta opinião; o moral se reflete, em geral, sobre o envoltório. Está, pois, averiguado por nós que o *batedor* de Bergzabern é um Espírito inferior, da classe dos Espíritos levianos, que se manifestou como tantos outros o fizeram e o fazem todos os dias.

Agora, com qual objetivo veio? A notícia não diz se foi chamado; hoje, quando se está mais experimentado sobre essa espécie de coisas, não se deixaria chegar um visitante tão estranho sem se informar por que veio. Não podemos, pois, senão estabelecer uma conjectura. É certo que ele nada fez que revele maldade ou má intenção; o menino não sofreu nenhuma perturbação, nem física, nem moral; só os homens teriam podido perturbar seu moral ferindo sua imaginação com contos ridículos, e é feliz porque não hajam feito. Esse Espírito, por inferior que fosse, não era, pois, nem mau nem malevolente; era simplesmente um desses Espíritos, tão numerosos, dos quais estamos, sem cessar, rodeados sem o sabermos. Poderia agir, nessa circunstância, por um simples efeito do seu capricho, como também poderia o fazer por instigação de Espíritos elevados, tendo em vista despertar a atenção dos homens e os convencer da realidade de um poder superior fora do mundo corpóreo.

Quanto ao menino, é certo que era um desses médiuns de influência física, dotados, sem o saberem, dessa faculdade, e que são para os outros médiuns o que os sonâmbulos naturais são para os sonâmbulos magnéticos. Essa faculdade dirigida com prudência, por um homem experimentado na nova ciência, teria podido produzir coisas mais extraordinárias ainda e de natureza a lançarem uma nova luz sobre esses fenômenos, que não são maravilhosos senão porque não são compreendidos.

O ORGULHO

DISSERTAÇÃO MORAL DITADA POR SÃO LUÍS À SENHORITA HERMANCE DUFAUX

(19 e 26 de janeiro de 1858)

I

Um orgulhoso possuía alguns hectares de boa terra; estava vaidoso com as pesadas espigas que cobriam o seu campo, e não abaixava senão um olhar de desdém sobre o campo estéril do humilde. Este se levantava ao canto do galo, e passava o dia todo curvado sobre o solo ingrato; recolhia pacientemente as pedras, e ia as jogar à beira do caminho; revolvia profundamente a terra e extirpava, penosamente, os espinheiros que a cobriam. Ora, seus suores fecundaram seu campo e resultou em puro trigo.

No entanto, o joio crescia no campo do soberbo e sufocava o trigo, enquanto o senhor ia se glorificar da sua fecundidade, e olhava com um olhar de piedade os esforços silenciosos do humilde.

Eu vos digo, em verdade, o orgulho é semelhante ao joio que sufoca o bom grão. Aquele dentre vós que se crê mais do que seu irmão, e que se glorifica de si, é insensato; mas é sábio esse que trabalha em si mesmo, como o humilde em seu campo, sem tirar vaidade da sua obra.

II

Houve um homem rico e poderoso que detinha o favor do príncipe; habitava palácios e numerosos servidores se apressavam sobre os seus passos a fim de prevenirem os seus desejos.

Um dia em que suas matilhas forçavam o cervo nas profundezas de uma floresta, percebeu um pobre lenhador que caminhava penosamente sob um fardo de lenha; o chama e lhe diz:

— Vil escravo! por que passas em teu caminho sem te inclinares diante de mim? Eu sou igual ao soberano, minha voz decide nos conselhos da paz ou da guerra, e os grandes do reino se curvam diante de mim. Sabe que sou sábio entre os sábios, poderoso entre os poderosos, grande entre os grandes, e a minha elevação é a obra das minhas mãos.

— Senhor! respondeu o pobre homem, temi que minha humilde saudação fosse uma ofensa para vós. Sou pobre e não tenho senão os meus braços por todo o bem, mas não desejo as vossas enganosas grandezas. Durmo o meu sono, e não temo, como vós, que o prazer do soberano me faça cair em minha obscuridade.

Ora, o príncipe se cansou do orgulho do soberbo; os grandes humilhados se reergueram sobre ele, que foi precipitado do auge do seu poder, como a folha seca que o vento varre do cume de uma montanha; mas o humilde continua pacificamente seu rude trabalho, sem preocupação com o futuro.

III

Soberbo, humilha-te, porque a mão do Senhor curvará o teu orgulho até o pó!

Escuta! Nasceste onde a sorte te colocou; saíste do seio de tua mãe fraco e nu como o último dos homens. De onde vem, pois, que eleves tua fronte mais alta do que teus semelhantes, tu que nasceste, como eles, para a dor e para a morte?

Escuta! Tuas riquezas e tuas grandezas, vaidades do nada, escaparão das tuas mãos quando o grande dia chegar, como as águas inconstantes das torrentes que o sol seca. Não carregarás de tua riqueza senão as tábuas do teu caixão, e os títulos gravados sobre a tua pedra tumular serão palavras vazias de sentido.

Escuta! O cão do coveiro brincará com os teus ossos, e eles serão misturados com os ossos do mendigo, e o teu pó se confundirá com o dele, porque um dia vós ambos não sereis senão pó. Então amaldiçoarás os dons que recebeste vendo o mendigo revestido com a sua glória, e chorarás o teu orgulho.

Humilha-te, soberbo, porque a mão do Senhor curvará o teu orgulho até o pó.

Por que, São Luís, nos fala em parábolas? – R. O espírito humano ama o mistério; a lição se grava melhor no coração, quando procurada.

— Pareceria que, hoje, a instrução deva ser dada de um modo mais direto, e sem que haja necessidade da alegoria? – R. A encontrareis no desenvolvimento. Desejo ser lido, e a moral tem necessidade de estar disfarçada sob o atrativo do prazer.

PROBLEMAS MORAIS DIRIGIDOS A SÃO LUÍS

1. De dois homens ricos, um nasceu na opulência e jamais conheceu a necessidade, o outro deve sua fortuna ao seu traba-

lho; todos os dois a empregam, exclusivamente, em sua satisfação pessoal; qual é mais culpável? – *R. Aquele que conheceu os sofrimentos: ele sabe o que é sofrer.*

2. Quem acumula sem cessar e sem fazer o bem a ninguém, encontra uma desculpa válida no pensamento de que amontoa para deixar para seus filhos? – R. *É um compromisso com a má consciência.*

3. De dois avaros, o primeiro se recusa o necessário e morre de necessidade sobre seu tesouro; o segundo não é avaro senão para os outros: ele é pródigo para si mesmo; enquanto se recusa o mais leve sacrifício para prestar serviço ou fazer uma coisa útil, nada lhe custa para satisfazer seus gozos pessoais, se lhe pede um serviço, está sempre embaraçado; querendo se proporcionar uma fantasia, a encontra sempre bastante. Qual é o mais culpável, e qual terá o pior lugar no mundo dos Espíritos? – R. *Aquele que goza; o outro já encontrou sua punição.*

4. Aquele que, quando vivo, não fez um emprego útil de sua fortuna encontra um alívio fazendo o bem depois de sua morte, pela destinação que lhe dá? – R. *Não; o bem vale o que custa.*

AS METADES ETERNAS

Extraímos a passagem seguinte de uma carta de um dos nossos assinantes.

"... Perdi, há alguns anos, uma esposa boa e virtuosa, e, apesar dos seis filhos que me deixou, me encontrava em um isolamento completo, quando ouvi falar das manifestações espíritas. Logo me encontrei no meio de um pequeno círculo de bons amigos se ocupando, cada noite, desse objeto. Aprendi, então, nas comunicações que obtivemos, que a verdadeira vida não é sobre a Terra, mas no mundo dos Espíritos; que minha Clémence ali se encontrava feliz, e que, como os outros, ela trabalhava pela felicidade daqueles que havia conhecido neste mundo. Ora, eis o ponto sobre o qual desejo ardentemente ser esclarecido por vós.

"Disse uma noite à minha Clémence: Minha cara amiga, por que, apesar de todo o nosso amor, nos ocorria de nem sempre ver a mesma coisa nas diferentes circunstâncias da nossa vida em comum, e por que estávamos sempre forçados a nos fazer concessões mútuas para vivermos em boa harmonia?

"Ela me respondeu isto: Meu amigo éramos bravas e honestas pessoas; vivemos juntos, o que se pode dizer o melhor possível sobre essa Terra de provas, mas não éramos *nossas metades eternas*. Essas uniões são raras sobre a Terra; são encontradas, entretanto, mas são um grande favor de Deus; os que têm essa felicidade, sentem gozos que te são desconhecidos.

"Podes me dizer – repliquei –, se tu vês a tua metade eterna? – Sim, disse ela, é um pobre diabo que vive na Ásia; não poderá estar reunido a mim, senão em 175 anos (segundo a vossa maneira de contar). – Estareis reunidos sobre a Terra, ou em um outro mundo? – Sobre a Terra. Mas escuta: não posso te descrever bem a felicidade dos seres assim reunidos; vou pedir a Héloise e Abailard consentirem te informar. – Então, senhor, esses dois seres felizes vieram nos falar de sua felicidade inefável". Por nossa vontade, disseram, dois não fazem senão um; viajamos nos espaços; gozamos de tudo; nos amamos com um amor sem fim, acima do qual não pode haver senão o amor de Deus e dos seres perfeitos. Vossas maiores alegrias não valem um único dos nossos olhares, um único dos nossos apertos de mão."

"O pensamento das metades eternas me deleita. Parece-me que Deus, criando a Humanidade, a fez dupla, e que disse, em separando as duas metades de uma mesma alma: Ide para os mundos e procurai as encarnações. Se bem o fizerdes, a viagem será curta, e permitirei vos reunirdes; se for de outro modo, os séculos se passarão antes que gozeis dessa felicidade. Tal é, me parece, a causa primeira do movimento instintivo que leva a Humanidade a procurar a felicidade; felicidade que não se compreende e que não se dá o tempo de compreender.

"Desejo ardentemente, senhor, ser esclarecido sobre essa teoria das metades eternas, e ficaria feliz em encontrar uma explicação, a esse respeito, em um dos vossos próximos números..."

Abailard e Héloise, que interrogamos sobre esse ponto, nos deram as respostas seguintes:

P. As almas foram criadas duplas? – R. Se tivessem sido criadas duplas, as simples seriam imperfeitas.

P. É possível que duas almas possam se reunir na eternidade e formarem um todo? – R. Não.

P. Tu e tua Héloise formais, desde a origem, duas almas bem distintas? – R. Sim.

P. Formais ainda, neste momento, duas almas distintas? – R. Sim, mas sempre unidas.

P. Todos os homens se encontram nas mesmas condições? – R. Segundo sejam mais ou menos perfeitos.

P. Todas as almas estão destinadas a se unirem, um dia, com uma outra alma? – R. Cada Espírito tem uma tendência a procurar um outro Espírito que lhe seja conforme; chamas isso de simpatia.

P. Há, nessa união, uma condição de sexo? – R. As almas não têm sexo.

Tanto para satisfazer o desejo do nosso assinante quanto para a nossa própria instrução, dirigimos as perguntas seguintes ao Espírito de São Luís.

1. As almas que devem se unir estão predestinadas a essa união desde a sua origem, e cada um de nós tem, em alguma parte do Universo, *sua metade* à qual estará, um dia, fatalmente reunido? – R. Não existe união particular e fatal entre duas almas. A união existe entre todos os Espíritos, mas em graus diferentes, segundo a categoria que ocupam, quer dizer, segundo a perfeição que adquiriram: quanto mais são perfeitos, mais são unidos. Da discórdia nascem todos os males dos humanos; da concórdia resulta a felicidade completa.

2. Em qual sentido se deve entender a palavra *metade,* da qual certos Espíritos, freqüentemente, se servem para designarem os Espíritos simpáticos? – R. A expressão é inexata; se um Espírito fosse a metade de um outro, separado deste, seria incompleto.

3. Dois Espíritos perfeitamente simpáticos, uma vez reunidos, o são por toda a eternidade, ou podem se separar e se unir a outros Espíritos? – R. Todos os Espíritos estão unidos entre si; falo daqueles que atingiram a perfeição. Nas esferas inferiores, quando um Espírito se eleva, não é mais simpático àqueles que deixou.

4. Dois Espíritos simpáticos são o complemento um do outro, ou essa simpatia resulta de uma identidade perfeita? – R. A simpatia que atrai um Espírito para um outro, é o resultado da perfeita concordância de seus pendores, de seus instintos; se um devesse completar o outro, perderia sua individualidade.

5. A identidade necessária para a simpatia perfeita, não consiste senão na semelhança de pensamentos e de sentimentos, ou bem ainda na uniformidade de conhecimentos adquiridos? – R. Na igualdade dos graus de elevação.

6. Os Espíritos que não são simpáticos hoje, o podem vir a ser mais tarde? – R. Sim, todos o serão. Assim, o Espírito que

está hoje em tal esfera inferior, em se aperfeiçoando, alcançará a esfera onde reside tal outro. Seu reencontro ocorrerá mais prontamente se o Espírito mais elevado, suportando mal as provas às quais se submeteu, se demorou no mesmo estado.

7. Dois Espíritos simpáticos podem cessar de o serem? – R. Certamente, se um for preguiçoso.

Essas respostas resolvem perfeitamente a questão. A teoria das metades eternas é uma figura que pinta a união de dois seres simpáticos; é uma expressão usada mesmo na linguagem vulgar, em falando de dois esposos, e que não é preciso prender à letra; os espíritos que dela se serviram não pertencem, seguramente, a mais elevada ordem; a esfera das suas idéias é, necessariamente, limitada e puderam tomar seu pensamento pelos termos dos quais se serviam durante sua vida corpórea. É preciso, pois, rejeitar essa idéia de que dois Espíritos, criados um para o outro, devem um dia, fatalmente, se reunir na eternidade, depois de estarem separados por um lapso de tempo mais ou menos longo.

CONVERSAS FAMILIARES DE ALÉM-TÚMULO

MOZART

Um dos nossos assinantes nos comunica as duas conversas seguintes que ocorreram com o Espírito de Mozart. Não sabemos nem onde, nem quando essas conversas tiveram lugar; não conhecemos nem os interrogadores, nem o médium; nelas somos, pois, completamente estranhos. Apesar disso, se notará a concordância perfeita que existe entre as respostas obtidas e as que foram dadas por outros Espíritos, sobre diversos pontos capitais da Doutrina, em circunstâncias diferentes, seja a nós, seja a outras pessoas, e que narramos em nossos fascículos precedentes, e em *O Livro dos Espíritos*. Chamamos, sobre essa semelhança, toda a atenção dos nossos leitores, que dela tirarão a conclusão que julgarem a propósito. Aqueles, pois, que poderiam ainda pensar que as respostas às nossas perguntas podem ter o reflexo de nossa opinião pessoal, verão por aí se, nessa ocasião, pudemos exercer uma influência qualquer. Felicitamos as pessoas que fizeram essas entrevistas pela maneira com que as perguntas estão postas. Apesar de certas faltas que decorrem da inexperiência dos interlocutores, em geral, estão formuladas com ordem, clareza e precisão, e não se afastam da linha séria: é uma condição essencial para se obter boas comunicações. Os Espíritos elevados vão às pessoas sérias que querem se esclarecer de boa-fé; os Espíritos levianos se divertem com as pessoas frívolas.

PRIMEIRA CONVERSA

1. Em nome de Deus, Espírito de Mozart, estás aqui? – R. Sim.

2. Por que antes Mozart do que um outro Espírito? – R. Foi a mim que haveis evocado: eu vim.

3. O que é um médium? – R. O agente que une o meu Espírito ao teu.

4. Quais são as modificações, tanto fisiológicas quanto anímicas que, sem o saber, o médium sofre quando entra em ação intermediária? – R. Seu corpo não sente nada, mas seu Espírito, em parte desligado da matéria, está em comunicação com o meu e me une a vós.

5. O que se passa nele, nesse momento? – R. Nada para o corpo; mas uma parte do seu Espírito é atraída para mim; faço sua mão agir pelo poder que meu Espírito exerce sobre ele.

6. Assim, o indivíduo médium entra, então, em comunicação com uma individualidade espiritual outra que a sua? – R. Certamente; também tu, sem seres médium, estás em relação comigo.

7. Quais são os elementos que concorrem para a produção desse fenômeno? – R. Atração dos Espíritos para instruírem os homens; leis de eletricidade física.

8. Quais são as condições indispensáveis? – R. É uma faculdade concedida por Deus.

9. Qual é o princípio determinante? – R. Não o posso dizer.

10. Poderias dele nos revelar as leis? – R. Não, não, não no presente; mais tarde sabereis tudo.

11. Em quais termos positivos se poderia enunciar a fórmula sintética desse maravilhoso fenômeno?– R. Leis desconhecidas, que não poderiam ser compreendidas por vós.

12. O médium poderia se pôr em relação com a alma de um vivo, e em que condições? – R. Facilmente, se o vivente dorme(1).

(1) Se uma pessoa viva for evocada no estado de vigília, pode adormecer no momento da evocação, ou pelo menos experimentar um entorpecimento e uma suspensão das faculdades sensitivas; mas, muito freqüentemente, a evocação não dá resultado, sobretudo se não for feita com uma intenção séria e benevolente.

13. Que entendes pela palavra *alma?* – R. A centelha divina.

14. E por Espírito? – R. O Espírito e a alma são uma mesma coisa.

15. A alma, enquanto Espírito imortal, tem consciência do ato da morte e consciência dela mesma, ou do *eu*, imediatamente depois da morte? – R. A alma nada sabe do passado e não conhece o futuro senão depois da morte do corpo; então vê sua vida passada e suas últimas provas; escolhe a sua nova expiação, por uma vida nova e a prova que vai suportar; também não deve se lamentar do que se sofre na Terra, e deve a suportar com coragem.

16. A alma se encontra, depois da morte, desligada de todo elemento, de todo laço terrestre? – R. De todo elemento, não; ela tem ainda um fluido que lhe é próprio, que haure na atmosfera do seu planeta, e que representa a aparência da sua última encarnação; os laços terrestres não lhe são mais nada.

17. Ela sabe de onde vem e para onde vai? – R. A questão décimaquinta responde a isso.

18. Não leva nada com ela deste mundo? – R. Nada senão a lembrança de suas boas ações, o arrependimento de suas faltas, e o desejo de ir para um mundo melhor.

19. Ela abarca, de um golpe de vista retrospectivo, o conjunto da sua vida passada? – R. Sim, para servir à sua vida futura.

20. Ela entrevê o objetivo da vida terrestre e a significação, o sentido dessa vida, assim como o curso que lhe fornecemos com respeito à vida futura? – R. Sim; ela compreende a necessidade de depuração para chegar ao infinito; quer se purificar para alcançar mundos bem-aventurados. Sou feliz; mas não estou eu já nos mundos onde se goza da visão de Deus!

21. Existe na vida futura uma hierarquia de Espíritos, e qual é sua lei? – R. Sim: é o grau de depuração que a define; a bondade, as virtudes são os títulos de glória.

22. É a inteligência, enquanto força progressiva, que lhe determina a marcha ascendente? – R. Sobretudo as virtudes: o amor ao próximo acima de tudo.

23. Uma hierarquia de Espíritos fará supor uma outra residência; esta última existe e de que forma? – R. A inteligência, dom de Deus, é sempre a recompensa das virtudes: caridade, amor ao próximo. Os Espíritos habitam diferentes planetas, segundo o seu grau de perfeição: neles gozam de mais ou menos felicidade.

24. O que é preciso entender por Espíritos superiores? – R. Os Espíritos purificados.

25. Nosso globo terrestre é o primeiro de seus degraus, o ponto de partida, ou viemos de mais baixo? – R. Há dois globos antes do vosso, que é um dos menos perfeitos.

26. Qual é o mundo que habitas? És feliz? – R. Júpiter. Nele gozo de uma grande calma; amo todos aqueles que me cercam; não temos mais ódio.

27. Se tens lembrança da vida terrestre, deves lembrar dos esposos A ..., de Viena; haveis revisto todos os dois depois da morte, em qual mundo e em quais condições? – R. Não sei onde estão; não posso te dizer. Um é mais feliz do que o outro. Por que me falas deles?

28. Podes, por uma única palavra indicativa de um fato capital da vida, que não podes haver esquecido, me fornecer uma prova certa dessa lembrança. Eu te suplico dizer essa palavra.– R. Amor, reconhecimento.

SEGUNDA CONVERSA

O interlocutor não é o mesmo. Julga-se, pela natureza da conversação, se tratar de um artista músico, feliz por conversar com um mestre. Após diversas questões que cremos inútil relatar, Mozart diz:

1. Acabemos com as perguntas de G...: falarei contigo; te direi o que entendemos por melodia em nosso mundo. Por que não me evocaste mais cedo? Eu teria respondido.

2. O que é a melodia? – R. Freqüentemente, é para ti uma lembrança da vida passada; teu Espírito se lembra do que entreviu num mundo melhor. No planeta onde estou, Júpiter, a melodia está por toda parte, no murmúrio da água, no ruído das folhas, no *canto do vento;* as flores murmuram e cantam; tudo emite sons melodiosos. Sê bom; ganha esse planeta pelas tuas virtudes; escolheste bem cantando Deus: a música religiosa ajuda a elevação da alma. Quanto gostaria poder vos inspirar o desejo de ver esse mundo onde se é tão feliz! Está pleno de caridade; tudo ali é belo! a Natureza tão admirável! Tudo vos inspira o desejo de estar com Deus. Coragem! Coragem! Crede bem em minha comunicação espírita: sou bem eu que lá estou; me alegro em poder vos dizer o que experimentamos; que eu possa vos inspirar bastante o amor ao bem para vos tornar dignos dessa recompensa, que nada são perto das outras às quais aspiro!

3. Nossa música é a mesma nos outros planetas? – R. Não; nenhuma música pode vos dar a idéia da música que temos ali; é divina! Ó felicidade! merece gozar de semelhantes harmonias: luta; coragem! Não temos instrumentos; são as plantas, os pássaros que são os coristas; o pensamento compõe e os ouvintes desfrutam sem audição material, sem o recurso da palavra, e isso a uma distância incomensurável. Nos mundos superiores isso é ainda mais sublime.

4. Qual é a duração da vida de um Espírito encarnado em outro planeta, que não seja o nosso? – R. Curta nos planetas inferiores; mais longa nos mundos como aquele onde tenho a felicidade de estar; em média, em Júpiter, ela é de trezentos a quinhentos anos.

5. Há uma grande vantagem em voltar a habitar na Terra? – R. Não, a menos que seja em missão; então, se avança.

6. Não se seria mais feliz permanecendo Espírito? – R. Não, não! se estacionaria; se pede, ao ser reencarnado, para avançar para Deus.

7. É a primeira vez que estou na Terra? – R. Não; mas não posso te falar do passado de teu Espírito.

8. Poderia te ver em sonho? – R. Se Deus o permitir, te farei ver minha casa em sonho, e dela te recordarás.

9. Onde estás aqui? – R. Entre ti e tua filha, eu vos vejo; estou sob a forma que tinha quando vivo.

10. Eu poderia te ver? - R. Sim; crê e verás. Se tivesses maior fé, nos seria permitido dizer o porquê; tua própria profissão é um laço entre nós.

11. Como entraste aqui? – R. O Espírito atravessa tudo.

12. Estás ainda bem longe de Deus? – R. Ó! sim!

13. Compreendes melhor do que nós o que é a eternidade? R. Sim, sim, não a podeis compreender tendo um corpo.

14. Que entendes pelo Universo? Teve começo e terá um fim? – R. O Universo, segundo vós, é vossa Terra! Insensatos! O Universo não teve começo e não terá fim; pensai que é a obra inteira de Deus; o Universo é o Infinito.

15. O que se deve fazer para ficar calmo? – R. Não te inquietes tanto pelo teu corpo; terás o Espírito perturbado; resiste a essa tendência.

16. O que é essa perturbação? – R. Temes a morte.

17. Que fazer para não a temer? – R. Crê em Deus; crê sobretudo, que Deus não arrebata sempre um pai *útil* à sua família.

18. Como chegar a essa calma? – R. O querer.

19. Onde haurir essa vontade? – R. Distrai teu pensamento disso pelo trabalho.

20. Que devo fazer para aperfeiçoar meu talento? – R. Podes me evocar; obtive a permissão de te inspirar.

21. Isso quando trabalhar? – R. Certamente! Quando quiseres trabalhar, algumas vezes estarei perto de ti.

22. Ouvirás minha obra? (uma obra musical do interrogador) R. És o primeiro músico que me evoca; venho a ti com prazer e escuto as tuas obras.

23. Como ocorre que nunca foste evocado? – R. Fui evocado, mas não por músicos.

24. Por quem? – R. Por várias damas e amadores, em Marseille.

25. Por que a *Ave...me* toca até às lágrimas? – R. Teu Espírito se desliga e se junta ao meu e ao de Poryolise, que me inspirou essa obra, mas esqueci esse pedaço.

26. Como podes esquecer a música composta por ti? – R. A que existe aqui é tão bela! Como lembrar-se daquilo que era todo matéria?

27. Vês minha mãe? – R. Ela está encarnada sobre a Terra.

28. Em que corpo? – R. Disso nada posso dizer.

29. E meu pai? – R. Está errante para ajudar ao bem; fará tua mãe progredir; estarão reencarnados juntos e serão felizes.

30. Vem me ver? – R. Freqüentemente; tu lhe deves os movimentos caridosos.

31. Foi minha mãe quem pediu para estar reencarnada? – R. Sim; disso tinha um grande desejo, para subir por uma nova prova e entrar num mundo superior à Terra; ela já deu um passo imenso.

32. Que queres dizer com isso? – R. Ela resistiu a todas as ten-tações; sua vida na Terra foi sublime em comparação com o seu pas-sado, que era o de um Espírito inferior; também subiu vários degraus.

33. Tinha, pois, escolhido uma prova acima das suas forças? – R. Sim, é isso.

34. Quando sonho que a vejo, é ela mesma que vejo? – R. Sim, sim.

35. Se tivesse evocado Bichat no dia da ereção de sua estátua, teria respondido? Estava lá? – R. Estava, e eu também.

36. Porque ali estavas? – R. Com vários outros Espíritos que se alegram com o bem, e que ficam felizes em ver que glorificais aqueles que se ocupam com a Humanidade sofredora.

37. Obrigado Mozart; adeus. – R. Crede, crede que ali estou... Sou feliz... Crede que há mundos acima do vosso... Crede em Deus... Evocai-me mais freqüentemente, e em companhia de músicos; estarei feliz por vos instruir e contribuir para o vosso adiantamento, e de vos ajudar a subir até Deus. Evocai-me; adeus.

O ESPÍRITO E OS HERDEIROS

Um dos nossos assinantes de Haia (Holanda), nos comunica o fato seguinte, que se passou num círculo de amigos, que se ocupavam de manifestações espíritas. Prova, acrescenta, uma vez mais e sem nenhuma contestação possível, a existência de um elemento inteligente e invisível, agindo individualmente, diretamente conosco.

Os Espíritos se anunciam pelos movimentos de uma pesada mesa e pancadas. Pergunta-se seus nomes: são os falecidos Sr. e senhora G..., muito ricos durante esta vida; o marido, de quem vinha a fortuna, não tendo filhos, deserdou os parentes próximos em favor da família de sua mulher, falecida pouco tempo antes dele. Entre as nove pessoas presentes à sessão, se encontravam duas senhoras deserdadas, assim como o marido de uma delas.

O senhor G... sempre foi um pobrediabo e o mais humilde servidor de sua mulher. Depois da morte desta, sua família se instala em sua casa para cuidar dele. O testamento foi feito com a certidão de um médico, declarando que o moribundo gozava da plenitude das suas faculdades.

O marido da senhora deserdada, que designaremos sob a inicial de R..., pede a palavra nestes termos: "Como! ousais vos apresentar aqui depois do escandaloso testamento que fizestes! Depois, exaltando-se mais e mais, acaba por lhe dizer injúrias. Então a mesa dá um salto e lança a lâmpada, com força, na cabeça do interlocutor. Este lhe pede desculpas pelo seu primeiro movimento de cólera, e lhe pergunta o que veio fazer ali. – R. Viemos vos dar conta do motivo da nossa conduta. (As respostas se deram por pancadas indicando as letras do alfabeto.)

O senhor R..., conhecendo a inépcia do marido, lhe diz bruscamente que não devia senão se retirar, e que não escutaria senão a sua mulher.

O Espírito desta diz, então, que a senhora R... e sua irmã eram bastante ricas para se privarem de sua parte na herança; que outros eram maus, e que outros, enfim, deviam suportar essa prova; que, por essas razões, essa fortuna convinha melhor à sua própria família.

O senhor R... não se contenta com essas explicações e desabafa a sua cólera em censuras injuriosas. A mesa, então, se agita violentamente, empina, dá grandes pancadas no assoalho, e tomba ainda uma vez a lâmpada sobre o senhor R... Depois de se fazer calma, o Espírito trata de persuadir que, desde a sua morte, havia sabido que o testamento foi ditado por um Espírito superior. O senhor R..., e suas damas, não querendo prosseguir numa contestação inútil, lhe oferecem um perdão sincero. Logo a mesa se ergue do lado do senhor R..., e pousa docemente e como com aperto contra a sua cadeira; as duas senhoras recebem o mesmo sinal de gratidão; a mesa tinha uma vibração muito pronunciada. O bom sentido estando restabelecido, o Espírito lamenta a herdeira atual, dizendo que acabaria por enlouquecer.

O senhor R... censura-o também, mas afetuosamente, por não ter feito o bem, durante a sua vida, com uma fortuna tão grande, acrescentando que não era lamentado por ninguém. "Sim, respondeu o Espírito, há uma pobre viúva, morando na rua... que pensa ainda, freqüentemente, em mim, porque lhe dei algumas vezes alimentos, roupas e aquecimento".

Não tendo o Espírito dito o nome dessa pobre mulher, um dos assistentes foi à sua procura e a encontra no endereço indicado; e o que não é menos digno de nota, é que depois da morte do senhor G..., ela havia mudado de domicílio; foi o último, o que foi indicado pelo Espírito.

MORTE DE LUÍS XI

(Extrato do manuscrito ditado por Luís XI à senhorita Ermance Dufaux.)

Nota. – Rogamos aos nossos leitores o obséquio de se reportarem às observações que fizemos sobre essas comunicações notáveis, em nosso artigo do mês de março último.

Não me acreditava com bastante firmeza para ouvir pronunciar a palavra morte; tinha recomendado, com freqüência, aos meus oficiais, dizerem-me somente quando me vissem em perigo: "Falai pouco", e eu já saberia o que isso significava. Quando não havia mais esperanças, Olivier le Daim me diz duramente, na presença de François de Paule e de Coittier:

— Senhor, é preciso que cumpramos nosso dever. Não tende mais esperança nesse santo homem nem em nenhum outro, porque se acabou para vós; pensai em vossa consciência, não há mais remédio.

Diante dessas palavras cruéis, toda uma revolução se operou em mim; não era mais o mesmo homem, e me espantava comigo. O passado se desenrolou rapidamente aos meus olhos, e as coisas me apareceram sob um aspecto novo: não sei o que de estranho se passava em mim. O duro olhar de Olivier le Daim, fixou sobre o meu rosto, parecia me interrogar; para me subtrair a esse olhar friamente inquisidor, respondi com aparente tranqüilidade:

— Espero que Deus me ajudará; talvez não esteja, acidentalmente, tão doente como pensais.

Ditei minhas últimas vontades e enviei, para junto do jovem rei, aqueles que ainda me cercavam. Achava-me só com o meu confessor, François de Paule, le Daim e Coittier. François me fez uma tocante exortação; a cada uma das suas palavras, me parecia que meus vícios se apagavam e que a natureza retomava seu curso; achava-me aliviado e começava a recobrar um pouco de esperança na clemência de Deus.

Recebi os últimos sacramentos com uma piedade firme e resignada. Repetia a cada instante: "Nossa Senhora de Embrun, minha senhora, ajudai-me!"

Terça-feira, 30 de agosto, pelas sete horas da noite, caí em nova fraqueza; todos os que estavam presentes, me acreditando morto, se retiraram. Olivier le Daim e Coittier, que se sentiam encarregados da execração pública, permaneceram junto de meu leito, não tendo outro amparo.

Pouco depois, recobrei inteiro conhecimento. Sentei-me na ca-ma e olhei ao meu redor; ninguém da minha família ali estava; nenhuma mão amiga procurava a minha, nesse momento supremo, para abrandar a minha agonia através de um último aperto. A essa hora, talvez, meus filhos se alegrassem, ao passo que seu pai morria. Ninguém pensa que o culpado poderia ter, ainda, um coração que compreendesse o seu. Procurei ouvir um soluço abafado, e não ouvi senão as gargalhadas dos dois miseráveis que estavam perto de mim.

Vi, em um canto do quarto, minha galga favorita que morria de velhice; meu coração vibrou de alegria, tinha um amigo, um ser que me amava.

Fiz-lhe sinal com a mão; a galga se arrastou com esforço até o pé de minha cama e veio lamber minha mão agonizante. Olivier percebeu esse movimento; se ergueu bruscamente blasfemando e bateu na infeliz cadela com um bastão, até que expirasse; ela, minha única amiga, me lançou, morrendo, um longo e doloroso olhar. Olivier me empurrou violentamente em minha cama; me deixei cair e entreguei a Deus minha alma culpada.

VARIEDADES

O FALSO HOME

Leu-se, há pouco tempo, nos jornais de Lyon, o anúncio seguinte, afixado igualmente sobre as paredes da cidade:

"O senhor Hume, o célebre médium americano, que teve a honra de fazer suas experiências diante de S.M. o Imperador, dará, a partir de quinta-feira, 1 de abril, no grande teatro de Lyon, sessões de espiritualismo. Produzirá aparições etc., etc. Assentos serão dispostos no teatro para os senhores médicos e os sábios, a fim de que possam se assegurar de que nada está preparado. As sessões serão variadas pelas experiências da célebre vidente senhora ...., sonâmbula extra-lúcida, que reproduzirá, alterna-damente, todos os sentimentos ao gosto dos expectadores. Preço do lugar: 5 francos as primeiras, 3 francos as segundas."

Os antagonistas do senhor Home (alguns escrevem Hume), não estão muito longe de perder essa ocasião de o lançar no ridículo. No seu ardente desejo de encontrar onde criticar, acolheram essa grosseira mistificação com uma pressa que testemunha pouco em favor do seu julgamento, e ainda menos quanto ao seu respeito pela verdade, porque, antes de lançar a pedra em alguém, é preciso ao menos se assegurar de que ela não errará o alvo; mas a paixão é cega, não raciocina e, freqüentemente, ela própria se descaminha querendo prejudicar os outros. "Eis, pois, exclamaram com alegria, esse homem tão elogiado reduzido a subir nos palcos para dar sessões a tanto por lugar!" E seus jornais de darem crédito ao fato sem maior exame. Sua alegria, infelizmente para eles, não foi de longa duração. Apressaram-se em nos escrever de Lyon, para terem notícias que pudessem ajudar a desmascarar a fraude, e isso não foi difícil, sobretudo graças ao zelo de numerosos adeptos que o Espiritismo conta nessa cidade. Desde que o diretor dos teatros soube com quem ia ter relações, imediatamente dirigiu aos jornais a carta seguinte: "Senhor redator, apresso-me em vos anunciar que a sessão indicada para quinta-feira, 1 de abril, no grande teatro, não ocorrerá. Acreditei ceder a sala ao senhor Home e não ao senhor Lambert Laroche, dito Hume. As pessoas que tomaram adiantadamente camarotes ou lugares marcados poderão se apresentar na secretaria para retirarem seu dinheiro."

De sua parte, o acima citado Lambert Laroche (natural de Langres), interpelado sobre a sua identidade, acreditou dever responder nos termos seguintes, que reproduzimos na íntegra, não querendo que possa nos acusar da menor alteração.

"Vous m'avez soumis diversse extre de vos correspondance de Paris, desquellesil résulterez queun M. Home qui donne des séancedans quelque salon de Ia capitalle se trouve en ce moment en Itali etne peut par conséquent se trouvair à Lyon. Monsieur gignore 1) Ia connaissance de ce M. Home, 2) je nessait quellais sont talent 3) je nais jamais rien nue de commun à veque ce M. Home, 4) jait tavaillez et tavaille sout mon nom de gaire qui est Hume et dont je vous justi par les article de journaux étrangais et français que je vous est soumis 5) je voyage à vecque deux sugais mon genre d'experriance consiste em spiritualisme ou évocation vison, et en un mot reproduction des idais du spectateur par un sugais, ma cepécialité est d'opere par c'est procedere sur les personnes étrangere comme on Ia pue le voir dans les journaux je vien despagne et d'afrique. Seci M. le redacteur vous démontre que je n'ais poin voulu prendre le nom de ce prétendu Home que vous dites en réputation, le min est sufisant connu par sa grande notoriété et par les experience que je produi. Agreez M. le redacteur mes salutation empressait."

Cremos inútil dizer se o senhor Lambert Laroche deixou Lyon com as honras da guerra; sem dúvida, irá alhures procurar tolos mais fáceis. Não acrescentaremos senão uma palavra, para exprimir nosso pesar em ver com quanta deplorável avidez certas pessoas, que se dizem sérias, acolhem tudo o que possa servir à sua animosidade. O Espiritismo é muito reputado hoje por nada ter a temer da charlatanice; não hà mais rebaixado pelos charlatães do que a verdadeira ciência médica pelos doutores de rua; encontra por toda parte, mas sobretudo entre as pessoas esclarecidas, zelosos e numerosos defensores que sabem afrontar a zombaria. O caso de Lyon, longe de o prejudicar, não pode senão servir para a sua propagação, chamando a atenção dos indecisos sobre a realidade. Quem sabe mesmo se não foi provocado com esse objetivo por uma força superior? Quem pode se gabar de sondar os objetivos da Providência? Quanto aos adversários, mesmo assim, que se lhes consinta que riam, mas não caluniem; alguns anos ainda e veremos quem terá a última palavra. Se é lógico duvidar daquilo que não se conhece, é sempre imprudente contestar as idéias novas, que podem, cedo ou tarde, dar um humilhante desmentido à nossa perspicácia: a história aí está para o provar. Aqueles que, em seu orgulho, se apiedam dos adeptos da Doutrina Espírita, estarão, pois, tão alto como crêem? Esses Espíritos, dos quais zombam, prescrevem fazer o bem e mandam querer mesmo aos inimigos; eles nos dizem que se rebaixa pelo desejo do mal. Quem é, pois, o mais elevado, aquele que procura fazer o mal ou aquele que não guarda no seu coração nem ódio, nem rancor?

O senhor Home está de retorno a Paris, há pouco tempo; mas deverá partir brevemente para a Escócia e, de lá, dirigir-se a São Petersburgo.

L'Indépendant de Ia Charente-Inférieure citou, no mês de março último, o fato seguinte que se teria passado no hospital civil de Saintes:

"Contam-se as mais maravilhosas histórias, e não se fala de outra coisa na cidade, há oitos dias, senão dos ruídos singulares que, todas as noites, imitam, ora o trote de um cavalo, ora o caminhar de um cão ou de um gato. Garrafas colocadas sobre uma lareira são lançadas ao outro canto do aposento. Um pacote de trapos foi encontrado, pela manhã, torcido em mil nós, que foi impossível soltar. Um papel sobre o qual estava escrito: "Que quereis? Que exigis?" foi deixado, uma noite, sobre uma lareira; na manhã seguinte, a resposta estava escrita, porém, em caracteres desconhecidos e indecifráveis. Fósforos colocados sobre uma mesinha na cabeceira, desapareceram como por encanto; enfim, todos os objetos mudam de lugar e são dispersados por todos os cantos. Esses sortilégicos não ocorrem nunca senão na obscuridade da noite. Logo que a luz aparece, tudo entra no silêncio; se a apagando, os ruídos logo recomeçam É um Espírito amigo das trevas. Várias pessoas, eclesiásticos, antigos militares, dormiram nesse aposento enfeitiçado, e lhes foi impossível algo descobrir nem se aperceber do que ouviam.

"Um homem de serviço no hospital, suspeito de ser o autor dessas travessuras, veio a ser demitido. Mas se assegura que ele não é o culpado e que, ao contrário, foi muitas vezes a própria vítima.

Parece que faz mais de um mês que esse embuste começou. Passou longo tempo sem nada dizerem disso, cada um desconfiando de seus sentidos e temendo se prestar ao ridículo. Não foi senão há alguns dias que se começou a disso falar."

NOTA. – Ainda não tivemos tempo para nos assegurarmos da autenticidade dos fatos acima; não os damos, pois, senão sob reserva; somente faremos observar que, se forem controvertidos, não são menos *possíveis*, e não apresentam nada de mais extraordinário que muitos outros do mesmo gênero e que foram perfeitamente constatados.

SOCIEDADE PARISIENSE DE ESTUDOS ESPÍRITAS

FUNDADA EM PARIS EM 19 DE ABRIL DE 1858

E autorizada por decreto do senhor Prefeito de Polícia, sobre o aviso de Sua Excelência, senhor Ministro do Interior e da segurança geral em data de 13 de abril de 1858.

A extensão, por assim dizer, universal que tomam cada dia as crenças espíritas, fazem desejar vivamente a criação de um centro regular de observações; essa lacuna vem de ser preenchida. A Sociedade, da qual estamos felizes por anunciar a formação, composta exclusivamente de pessoas sérias, isentas de prevenção, e animadas do desejo sincero de se esclarecerem, contou, desde o início, entre seus partidários, homens eminentes pelo saber e posição social. Ela está chamada, disso estamos convencidos, a prestar incontáveis serviços para a constatação da verdade. Seu regulamento orgânico lhe assegura homogeneidade sem a qual não há vitalidade possível; está baseada na experiência de homens e de coisas, e sobre o conhecimento das condições necessárias às observações que fazem o objeto de suas pesquisas. Os estrangeiros que se interessam pela Doutrina Espírita encontrarão, assim, vindo a Paris, um centro ao qual poderão se dirigir para se informarem, e onde poderão comunicar suas próprias observações(1).

ALLAN
KARDEC.

(1) Para todas as informações relativas à Sociedade, dirigir-se ao senhor ALLAN KARDEC, rua Sainte-Anne, 59, de 3 às 5 horas; ou ao senhor LEDOYEN, livreiro, galeria d'Orleans, 31, no Palais-RoyaL.

REVISTA ESPÍRITA,

JORNAL

DE ESTUDOS PSICOLÓGICOS

Junho

Teoria das manifestações físicas

(Segundo artigo.)

Rogamos aos nossos leitores o obséquio de se reportarem ao primeiro artigo que publicamos sobre esse assunto; este, sendo dele a continuação, seria pouco inteligível se não se tivesse seu começo presente no pensamento.

As explicações que demos das manifestações físicas, como se disse, estão fundadas na observação e numa dedução lógica dos fatos: concluímos segundo o que vimos. Agora, como se operam, na matéria etérea, as modificações que a vão tornar perceptível e tangível? Primeiro vamos deixar que falem os Espíritos a quem interrogamos sobre o assunto, a isso acrescentaremos as nossas próprias notas. As respostas seguintes nos foram dadas pelo Espírito de São Luís; concordam com o que outros nos disseram precedentemente.

1. Como um Espírito pode aparecer com a solidez de um corpo vivo? – *Ele combina uma parte do fluido universal com o fluido que libera do médium, apropriado para esse efeito.* Esse fluido, à sua vontade, reveste a forma que deseja, mas geralmente essa forma é impalpável.

2. Qual é a natureza desse fluido? – R. Fluido, está dito tudo.

3. Esse fluido é material? – R. Semimaterial.

4. É esse fluido que compõe o perispírito? – R. *Sim,* é a ligação do Espírito à matéria.

5. É esse fluido que dá a vida, o princípio vital? – R. Sempre ele; eu disse ligação.

6. Esse fluido é uma emanação da Divindade? – R. Não.

7. É uma criação da Divindade? – R. Sim: tudo foi criado, exceto Deus ele mesmo.

8. O fluido universal tem alguma relação com o fluido elétrico, do qual conhecemos os efeitos? – R. Sim, é seu elemento.

9. A substância etérea que se acha entre os planetas é o fluido universal posto em questão? – R. Ele envolve os mundos; sem o princípio vital nada viveria. Se um homem se elevasse acima do fluido universal que rodeia os globos, pereceria, porque o princípio vital se retiraria dele para juntar-se à massa. Esse fluido vos anima; é ele que respirais.

10. Esse fluido é o mesmo em todos os globos? – R. É o mesmo princípio, mais ou menos etéreo, segundo a natureza dos globos; o vosso é um dos mais materiais.

11. Uma vez que é esse fluido que compõe o perispírito, ele parece estar numa espécie de estado de condensação que o aproxima, até um certo ponto, da matéria? – R. Sim, até um certo ponto, porque não tem as suas propriedades; ele é mais ou menos condensado segundo os mundos.

12. São os Espíritos solidificados que erguem uma mesa? – R. Essa pergunta não conduzirá, ainda, ao que desejais. Quando uma mesa se move sob vossas mãos, o Espírito que vosso Espírito evoca vai haurir, no fluido universal, com que animar essa mesa de uma vida factícia. Os Espíritos que produzem esses tipos de efeitos são sempre Espíritos inferiores, que ainda não estão inteiramente libertos de seu fluido ou perispírito. Estando a mesa assim preparada à sua vontade (à vontade dos Espíritos batedores), o Espírito a atrai e a coloca sob a influência do seu próprio fluido liberado pela sua vontade. Quando a massa que quer erguer ou mover é muito pesada para ele, chama em sua ajuda os Espíritos que estão na sua mesma condição. Creio que me expliquei bem claramente para me fazer compreender.

13. Os Espíritos que chama em sua ajuda são inferiores? – R. Iguais, quase sempre: freqüentemente, vêm por si mesmos.

14. Compreendemos que os Espíritos superiores não se ocupam de coisas que estão abaixo deles; mas perguntamos se, em razão de que são desmaterializados, teriam o poder de o fazer se tivessem vontade? – R. Eles têm a força moral como os outros têm a força física; quando têm necessidade dessa força, servem-se daqueles que a possuem. Não vos foi dito que se servem dos Espíritos inferiores como o fazeis com carregadores?

15. De onde provém a força especial do Sr. Home? – R. De sua organização.

16. Que tem ela de particular? – R. Essa pergunta não está precisa.

17. Perguntamos se se trata de sua organização física ou moral? – R. Eu disse organização.

18. Entre as pessoas presentes, há as que possam ter a mesma faculdade do Sr. Home? – R. Têm em algum grau. Não há nenhum de vós que haja feito mover uma mesa?

19. Quando uma pessoa faz mover um objeto, é sempre pelo concurso de um Espírito estranho, ou bem a ação pode provir só do médium? – R. Algumas vezes o Espírito do médium pode agir sozinho, mas, com mais freqüência, é com a ajuda dos Espíritos evocados; isso é fácil de se reconhecer.

20. Como ocorre que os Espíritos apareçam com as vestes que tinham sobre a Terra? – R. Freqüentemente, delas não têm senão a aparência. Aliás, quantos fenômenos tendes entre vós sem solução! Como ocorre que o vento, que é impalpável, deite e parta a árvore composta de matéria sólida?

21. Que entendeis dizendo que essas vestes não são senão uma aparência? – R. Ao tocar não se sente nada.

22. Se bem compreendemos o que nos dissestes, o principio vital reside no fluido universal; o Espírito haure nesse fluido o envoltório semimaterial que constitui seu perispírito, e é por meio desse fluido que ele age sobre a matéria inerte. È bem isso? – R. Sim; quer dizer que ele anima a matéria de uma espécie de vida factícia: a matéria se anima da vida animal. A mesa que se move sob vossas mãos vive e sofre como o animal; obedece por si mesma o ser inteligente. Não é ele que a dirige, como o homem faz com um fardo; quando a mesa se ergue, não é o Espírito que a ergue, é a mesa animada que obedece ao Espírito inteligente.

23. Uma vez que o fluido universal é a fonte da vida, é, ao mesmo tempo, a fonte da inteligência? – R. Não; o fluido não anima senão a matéria.

Essa teoria das manifestações físicas oferece vários pontos de contato com a que demos, mas dela difere também sob certas relações. De uma e de outra ressalta esse ponto capital que o fluido universal, no qual reside o princípio da vida, é o agente principal dessas manifestações, e que esse agente recebe seu impulso do Espírito, quer este esteja encarnado ou errante. Esse fluido condensado constitui o perispírito, ou envoltório semimaterial do Espírito. No estado de encarnação, esse perispírito está unido à matéria do corpo; no estado de erraticidade, ele está livre. Ora, duas questões aqui se apresentam: a da aparição dos Espíritos, e a do movimento dado aos corpos sólidos.

Com relação à primeira, diremos que, no estado normal, a matéria etérea do perispírito escapa à percepção dos nossos órgãos; a alma só a pode ver, seja em sonho, seja em sonambulismo, seja mesmo na sonolência, em uma palavra, toda vez que haja suspensão total ou parcial da atividade dos sentidos. Quando o Espírito está encarnado, a substância do perispírito está mais ou menos intimamente ligada à matéria do corpo, mais ou menos aderente, se se pode assim se exprimir. Em certas pessoas, há como espécie de emanação desse fluido em conseqüência de sua organização, e aí está, propriamente falando, o que constitui os médiuns de influências físicas. Esse fluido emanado do corpo se combina, segundo leis que nos são desconhecidas, com o que forma o envoltório semimaterial do Espírito estranho. Disso resulta uma modificação, uma espécie de reação molecular, que lhe muda momentaneamente as propriedades, ao ponto de o tornar visível, e em alguns casos tangível. Esse efeito pode se produzir com ou sem o concurso da vontade do médium; é o que distingue os médiuns naturais dos médiuns facultativos. A emissão dos fluidos pode ser mais ou menos abundante, e daí os médiuns mais ou menos poderosos; ela não é permanente, o que explica a intermitência da força. Se se tem em conta, enfim, o grau de afinidade que pode existir entre o fluido do médium e o de tal ou tal Espírito, se conceberá que sua ação pode se exercer sobre uns e não sobre os outros.

O que acabamos de dizer se aplica, evidentemente, também à força mediadora concernente ao movimento dos corpos sólidos; resta saber como se opera esse movimento. Segundo as respostas que relatamos acima, a questão se apresenta sob uma luz toda nova; assim, quando um objeto é posto em movimento, erguido ou lançado no ar, não seria o Espírito que o pega, o empurra e o ergue, como o faríamos com a mão, mas o *satura*, por assim dizer, de seu fluido pela sua combinação com o do médium, e o objeto, assim momentaneamente vivificado, age como o faria um ser vivo, com esta diferença que, não tendo vontade própria, segue o impulso da vontade do Espírito, e essa vontade pode ser a do Espírito do médium, tão bem quanto a de um Espírito estranho, e algumas vezes de ambos, agindo de acordo, segundo sejam ou não simpáticos. A simpatia ou a antipatia que pode existir entre o médium e os Espíritos que se ocupam desses efeitos materiais, explica porque todos não estão aptos para os provocar.

Uma vez que o fluido vital, impelido de alguma sorte pelo Espírito, dá uma vida factícia e momentânea aos corpos inertes, que o perispírito não é outra coisa que esse mesmo fluido vital, segue-se que quando o Espírito está encarnado, é ele quem dá vida ao corpo,por meio do seu perispírito; e fica unido tanto quanto a organização lhe permita; quando ele se retira, o corpo morre. Agora se, em lugar de uma mesa, se esculpe a madeira em estátua, e que se atue sobre essa estátua igual que sobre a mesa, se terá uma estátua que se movimentará, que baterá, que responderá pelos seus movimentos e seus golpes; se terá, numa palavra, uma estátua momentaneamente animada de uma vida artificial. Quanta luz essa teoria lança sobre uma multidão de fenômenos até aqui inexplicados! Quantas alegorias e efeitos misteriosos ela explica! É toda uma filosofia.

O ESPÍRITO BATEDOR DE BERGZABERN

(SEGUNDO ARTIGO.)

Extraímos as passagens seguintes de uma nova brochura alemã, publicada em 1853 pelo Sr. Blank, redator do jornal de Bergzabern, sobre o Espírito batedor do qual falamos em nosso número do mês de maio. Os fenômenos extraordinários que nele são relatados, e cuja autenticidade não se poderá contestar, provam que nada temos a invejar, sob esse aspecto, à América. Se notará, nesse relato, o cuidado minucioso com o qual os fatos foram observados. Seria desejável que se aplicasse sempre, em semelhante caso, a mesma atenção e a mesma prudência. Sabe-se, hoje, que os fenômenos desse gênero não são o resultado de um estado patológico, mas denotam sempre, entre aqueles em que se manifestam, uma excessiva sensibilidade fácil em se superexcitar. O estado patológio não é a causa eficiente, mas pode ser consecutiva. A mania da experimentação, em casos análogos, mais de uma vez, foi causa de acidentes graves que não teriam ocorrido se tivesse deixado a Natureza agir por si mesma. Se encontrará em nossa *Instruções práticas sobre as manifestações espíritas*, conselhos necessários para esse fim. Sigamos o Sr. Blanck em seu relato.

"Os leitores da nossa brochura intitulada: *Os Espíritos batedores*, viram que as manifestações de Philippine Senger têm um caráter enigmático e extraordinário. Contamos esses fatos maravilhosos desde o seu começo até o momento em que o menino foi levado ao médico real do lugar. Agora, vamos examinar o que se passou depois até este dia.

Quando a criança deixa a residência do doutor Bentner para entrar na casa paterna, a batida e a arranhadura recomeçaram na casa do pai Senger; até essa hora, e mesmo depois da cura completa do jovem, as manifestações foram mais marcantes, e mudaram de natureza(1). Nesse mês de novembro (1852), o Espírito começa a assobiar; em seguida, se ouve um ruído comparável ao da roda de um carrinho de mão, virando sobre o seu eixo seco e enferrujado; mas o mais extraordinário de tudo, sem contradita, foi a desordem dos móveis no quarto de Philippine, desordem que se prolongou por quinze dias. Uma curta descrição dos lugares me parece necessária. Esse quarto tem em torno de 18 pés de comprimento por 8 de largura; chega-se a ele pela sala comum. A porta que faz essas duas peças se comunicarem, abre-se à direita. A cama da criança estava colocada à direita; no meio, um armário e, no canto esquerdo, a mesa de trabalho de Senger, na qual foram feitas duas cavidades circulares, cobertas por tampas.

À noite, quando começou a volta pela casa, a senhora Senger e sua filha mais velha Francisque estavam sentadas na primeira sala, perto de uma mesa e ocupadas em debulhar feijão; de repente, uma pequena roda, lançada do quarto de dormir, cai perto delas. Ficaram mais amedrontadas, visto que sabiam que ninguém além de Philippine, então mergulhada no sono, se encontrava no quarto; além disso, a rodinha fora lançada do lado esquerdo, ao passo que se encontrava na prateleira de um pequeno móvel colocado à direita. Se houvesse partido da cama, deveria encontrar a porta e aí se deter; ficava, pois, evidente, que a criança não havia participado desse fato. Enquanto a família Senger expressava sua surpresa com esse acontecimento, alguma coisa caiu da mesa ao solo; era um pedaço de pano que,

(1) Teremos oportunidade de falar da indisposição dessa criança; mas, uma vez que depois de sua cura os mesmos efeitos se produziram, isso é uma prova evidente de que eram independentes de seu estado de saúde.

antes, estava de molho em uma bacia cheia de água. Ao lado da rodinha, jazia também uma cabeça de cachimbo sendo que a outra metade havia ficado sobre a mesa. O que tornava a coisa ainda mais incompreensível, era que a porta do armário, onde estava a rodinha antes de ser lançada, se achava fechada, que a água da bacia não estava agitada, e que nenhuma gota havia entornado sobre a mesa. De repente, a criança, sempre adormecida, grita de sua cama: *Pai, saia, ele lança! Saiam, ele vos lançará também*. Obedeceram a essa ordem expressa; logo que foram à primeira sala, a cabeça de cachimbo lhes foi lançada com uma grande força, sem que, todavia, se quebrasse. Uma régua da qual Philippine se servia na escola, tomou o mesmo caminho. O pai, a mãe e sua filha mais velha se olhavam com medo, e como refletissem quanto ao caminho a tomar, uma comprida plaina de Senger e um muito grosso pedaço de madeira foram lançados de seu banco de carpinteiro no outro quarto. Sobre a mesa de trabalho, as tampas estavam em seu lugar e, apesar disso, os objetos que cobriam foram semelhantemente lançados ao longe. Na mesma noite, os travesseiros da cama foram lançados sobre um armário e a coberta contra a porta.

Num outro dia, se colocou aos pés da criança, sob a coberta, um ferro de engomar pesando em tomo de seis libras; pouco depois foi lançado no primeiro quarto; o cabo foi retirado e foi encontrado em uma cadeira do quarto de dormir.

Fomos testemunhas de que cadeiras, colocadas em torno de três pés da cama, foram derrubadas e janelas abertas, embora tivessem sido fechadas antes, e isso logo que viramos as costas para entrarmos no primeiro aposento. Uma outra vez, duas cadeiras foram transportadas sobre o leito, sem desarrumar a coberta. Em 7 de outubro, tinha sido fechada solidamente a janela e fora estendido diante dela um pano branco. Desde que deixamos a sala, se batem golpes redobrados, e com tanta violência que tudo ali foi abalado e as pessoas que passavam na rua se apavoraram. Acorrendo-se à sala, a janela estava aberta, o pano lançado em um pequeno armário ao lado, a coberta da cama e os travesseiros por terra, as cadeiras derrubadas, e a criança no leito protegida só pela sua camisa. Durante quatorze dias, a senhora Senger não se ocupou senão em arrumar a cama.

Uma vez se havia deixado uma harmônica sobre uma cadeira; sons se fizeram ouvir; entrando-se precipitadamente no quarto, se encontra, como sempre, a criança tranqüila em sua cama; o instrumento estava sobre a cadeira, mas não vibrava mais. Uma noite, o senhor Senger saía do quarto da filha quando recebeu, nas costas, a almofada de uma cadeira. Uma outra vez foi um par de velhas chinelas, sapatos que estavam sob a cama, tamancos que vieram ao seu encontro. Muitas vezes também a vela acesa, colocada sobre a mesa de trabalho, foi soprada. Os golpes e a arranhadura se alternavam com essa demonstração do mobiliário. A cama parecia ser posta em movimento por mão invisível. A ordem de: *Balançai a cama* ou *Embalai a criança,* a cama ia e vinha, no comprimento e na largura, com ruído; à ordem de *alto*! se detinha. Podemos afirmar, nós que vimos, que quatro homens se sentaram sobre a cama, e mesmo nela foram suspensos sem poderem deter o movimento; foram erguidos com o móvel. Ao cabo de quatorze dias esses transtornos do mobiliário cessaram, e a essas manifestações sucederam outras.

No dia 26 de outubro, à noite, se encontravam no quarto, entre outras pessoas, os Srs. Louis Sochnée, licenciado em direito, o capitão Simon, todos os dois de Wissembourg, assim como o senhor Sievert, de Bergzabern. Philippine Senger estava, nesse momento, mergulhada no sono magnético(1). O Sr. Sievert apresentou a esta um papel contendo dois cabelos para ver o que faria com ele. Ela abre o papel, sem, no entanto, pôr os cabelos a descoberto, os aplicou sobre as suas pálpebras fechadas, depois os afastou, como para os examinar à distância, e disse: "Gostaria muito de saber o que contém esse papel... São dois cabelos de uma senhora que não conheço... Se ela quiser vir que venha... Não a posso convidar, não a conheço". Às perguntas que lhe faz o Sr. Sievert, ela não responde; mas, tendo colocado o papel na palma da sua mão, que ela estendeu e revirou, ali permaneceu suspenso. Ela o colocou na ponta do indicador e fez sua mão descrever, durante muito tempo, um semi-círculo, dizendo: "Não caia," e o papel permaneceu na extremidade do dedo; depois, à ordem de: "Agora caia," ele se destacou sem que fizesse o menor movimento para determinar a queda. Subitamente, virando para o lado da parede, ela disse: "Agora, quero te pregar na parede;" e ali aplicou o papel que permaneceu fixado em torno de 5 ou 6 minutos, depois do que o retirou. Um exame minucioso, do papel e da parede, não revelou nenhuma causa de aderência. Cremos que devemos fazer anotar que o quarto estava perfeitamente

(1) Uma sonâmbula de Paris havia entrado em relação com a jovem Philippine, e, desde então, esta caía, ela mesma, espontaneamente em sonambulismo. Passaram-se nessa ocasião, fatos notáveis, que relataremos de outra vez. (Nota do tradutor).

iluminado, o que nos permitiu nos dar conta exata de todas essas particularidades.

No dia seguinte, à noite, se lhe dá outros objetos: chaves, moedas, charuteiras, relógios de bolso, anéis de ouro e de prata; e todos, sem exceção, permaneceram suspensos de sua mão. Anotou-se que a prata a ela aderia mais do que as outras matérias, porque se teve dificuldade em lhe arrancar as moedas, e essa operação lhe causou dor. Um dos fatos mais curiosos desse gênero foi o seguinte: no sábado, 11 de novembro, um oficial que estava presente lhe deu seu sabre com o cinturão, e o todo, que pesava 4 libras segundo constatação, permaneceu suspenso do dedo médio balançando por bastante tempo. O que não foi menos singular, foi que todos os objetos, qualquer que fosse a matéria, permaneceram igualmente suspensos. Essa propriedade magnética se comunicava pelo simples contato das mãos com as pessoas suscetíveis da transmissão do fluido; disso tivemos vários exemplos.

Um capitão, o Sr. cavaleiro de Zentner, aquartelado nessa época em Bergzabern, testemunha desses fenômenos, teve a idéia de colocar uma bússola perto da criança para lhe observar as variações. Na primeira experiência, a agulha se desvia 15 graus, mas nas seguintes permanece imóvel, embora a criança tivesse a caixa em uma das mãos e a acariciasse com a outra. Essa experiência nos provou que esses fenômenos não poderiam se explicar pela ação do fluido mineral, tanto menos que a atração magnética não se exerce sobre todos os corpos indiferentemente.

Habitualmente, quando a pequena sonâmbula se dispunha a começar as suas sessões, ela chamava ao quarto todas as pessoas que ali se encontravam. Dizia simplesmente: *Vinde! Vinde!* ou bem: *Dai! Dai!* Freqüentemente, não ficava tranqüila senão quando todo o mundo, sem exceção, estava perto do seu leito. Ela pedia, então, com zelo e impaciência, um objeto qualquer; logo que se lhe havia dado, ele se ligava aos seus dedos. Ocorria, freqüentemente, que dez, doze e mais pessoas estavam presentes, e que cada uma delas lhe entregava vários objetos. Durante a sessão ela não admitia que ninguém lhe tornasse a os pedir; parecia, sobretudo, desejar os relógios; ela os abria com grande destreza, examinava o movimento, os fechava, depois os colocava junto dela para examinar outra coisa. No final, devolvia a cada um o que se lhe havia confiado; examinava os objetos de olhos fechados e jamais se enganou de proprietário. Se alguém lhe estendesse a mão para pegar o que não lhe pertencesse, ela o repelia. Como explicar essa distribuição múltipla a um tão grande número de pessoas, sem erro? Se tentara em vão o fazer por si mesmo de olhos abertos. Terminada a sessão e tendo os estranhos partido, os golpes e a arranhadura, momentaneamente interrompidos, recomeçavam. É preciso acrescentar que a criança não queria que ninguém permanecesse ao pé do seu leito perto do armário, o que deixava entre os dois móveis um espaço em torno de um pé. Se alguém aí se metesse, ela o despedia com gesto. Se recusava, mostrava uma grande inquietação e ordenava, por gestos imperiosos que deixasse o lugar. Uma vez ela exortou os assistentes a jamais se manterem no lugar protegido, porque não queria, disse ela, que ocorresse infelicidade a alguém. Essa advertência era tão positiva que ninguém, no futuro, a esqueceu.

Depois de algum tempo, ao ruído e à arranhadura se juntou um zumbido que se pode comparar ao som produzido por uma grossa corda de baixo; um certo silvo se misturava a esse zumbido. Se alguém pedisse uma marcha ou uma dança, seu desejo era satisfeito: o músico invisível se mostrava muito complacente. Com a ajuda da arranhadura, chama nominalmente as pessoas da casa ou os estranhos presentes; estes compreendem facilmente a quem se dirige. Ao chamado pela arranhadura, a pessoa designada responde *sim,* para dar a entender que sabe que se trata dela; então executa, em sua intenção, um trecho de música que dá, às vezes, lugar a cenas agradáveis. Se uma outra pessoa, que aquela chamada, respondesse *sim,* a arranhadura faria compreender, por um *não,* expresso à sua maneira, que não tinha nada a lhe dizer para o momento. Foi na noite de 10 de novembro que esses fatos se produziram pela primeira vez, e continuaram a se manifestar até este dia.

Eis agora como o espírito batedor procedia para designar as pessoas. Depois de várias noites, se notou que aos diversos convites para fazer tal ou tal coisa, ele respondia por um golpe seco ou por uma arranhadura prolongada. Logo que o golpe seco era dado, o batedor começava a executar o que se desejava dele; quando, ao contrário, ele arranhava, não satisfazia o pedido. Um médico teve, então, a idéia de tomar por um *sim* o primeiro ruído, e o segundo por um *não,* e, desde então, essa interpretação foi sempre confirmada. Anotou-se, também, que por uma série de arranhaduras mais ou menos fortes, o espírito exigia certas coisas das pessoas presentes. À força de atenção, e anotando a maneira pela qual o ruído se produzia, se pôde compreender a intenção do batedor. Assim, por exemplo, o pai Senger contou que pela manhã, ao romper do dia, ouvia ruídos modulados de um certo modo; sem lhes ligar primeiro nenhum sentido, notou que não cessavam senão quando estava fora da cama, de onde compreendeu que significavam: *Levanta-te.* Foi assim que, pouco a pouco, se familiarizou com essa linguagem, e que por certos sinais as pessoas designadas puderam se reconhecer.

Chegou o aniversário do dia em que o espírito batedor havia se manifestado pela primeira *vez;* numerosas mudanças se operam no estado de Philippine Senger. Os golpes, a arranhadura e o zumbido continuaram, mas a todas essas manifestações se juntou um grito particular que se assemelhava ora ao de um ganso, ora ao de um papagaio ou de qualquer outra grande ave; ao mesmo tempo se ouvia uma espécie de picada contra a parede, semelhante ao ruído que faria um pássaro bicando. Nessa época, Philippine Senger falava muito durante seu sono, e parecia, sobretudo, preocupada com um certo animal que se assemelhava a um papagaio, se mantendo ao pé da cama, gritando e dando bicadas contra a parede. Ao desejo de ouvir o papagaio gritar, este lançava gritos penetrantes. Foram colocadas diversas perguntas às quais fez responder por gritos do mesmo gênero; várias pessoas lhe mandaram dizer: *Kakatoés,* e se ouviu, muito distintamente, a palavra *Kakatoés,* como se tivesse sido pronunciada pelo próprio pássaro. Silenciaremos os fatos menos interessantes, e nos limitaremos a narrar o que houve de mais notável sob o aspecto das mudanças sobrevindas no estado corporal da jovem.

Algum tempo antes do Natal, as manifestações se renovaram com mais energia; os golpes e a arranhadura se tornaram mais violentos e se prolongaram por mais longo tempo. Philippine, mais agitada que de costume, pedia, com freqüência, não mais dormir em sua cama, mas na de seus pais; ela rolava na sua gritando: Não posso mais permanecer aqui; vou sufocar; vão me alojar na parede; socorro! e sua calma não retornava senão quando era transportada para outra cama. Logo que ali se encontrava, pancadas muito fortes se faziam ouvir no alto; pareciam partir de um celeiro, como se um carpinteiro tivesse batido sobre vigas, sendo mesmo, algumas vezes, tão vigorosas que a casa era abalada, que as janelas vibravam, e que as pessoas presentes sentiam o solo tremer sob seus pés; golpes semelhantes eram igualmente batidos contra a parede, perto do leito. Às perguntas feitas, os mesmos golpes respondiam como de hábito, se alternando sempre com a arranhadura. Os fatos seguintes, não menos curiosos, foram muitas vezes reproduzidos.

Quando todo ruído havia cessado e a jovem repousava tranqüilamente em sua pequena cama, freqüentemente, era vista se prosternar de repente e juntar as mãos, tendo os olhos fechados; depois virava a cabeça para todos os lados, ora à direita ora à esquerda, como se alguma coisa extraordinária houvesse atraído sua atenção. Um sorriso amável, então, corria sobre os seus lábios; se diria que ela se dirigia a alguém; estendia as mãos, e, nesse gesto, se compreendia que apertava as de alguns amigos ou conhecidos. Foi vista, também, depois de semelhantes cenas, retomar a sua primeira atitude suplicante, juntar de novo as mãos, curvar a cabeça até tocar a coberta, depois se endireitar e verter lágrimas. Suspirava, então, e parecia orar com um grande fervor. Nesses momentos, sua figura estava transformada; era pálida e tinha a expressão de uma mulher de 24 a 25 anos. Esse estado durava, freqüentemente, mais de meia hora, estado durante o qual ela não pronunciava senão *ah! ah!* Os golpes, a arranhadura, o zumbido e os gritos cessavam até o momento do despertar; então o batedor se fazia ouvir de novo, procurando a execução de música alegre para dissipar a penosa impressão produzida sobre a assistência. Ao despertar, a criança estava muito abatida; podia com dificuldade levantar os braços e os objetos que se lhe apresentava, não permaneciam mais suspensos de seus dedos.

Curiosos em conhecerem o que ela havia experimentado, a interrogaram várias vezes. Não foi senão sob reiteradas instâncias que ela se decidiu a dizer que havia visto conduzir e crucificar o Cristo, no Gólgota; que a dor das santas mulheres prosternadas ao pé da cruz, e a crucificação haviam produzido sobre ela uma impressão que não podia reproduzir. Havia visto também uma multidão de mulheres, e de jovens virgens em roupas negras, e pessoas jovens em longas roupas brancas, percorrerem processionalmente as ruas de uma bela cidade, e, enfim, se achou transportada para uma vasta igreja onde havia assistido a um serviço fúnebre.

Em pouco tempo o estado de Philippine Senger muda de modo a dar inquietação sobre a sua saúde, porque no estado de vigília ela divagava e sonhava em voz alta; não reconhecia nem seu pai, nem sua mãe, nem sua irmã, nem qualquer outra pessoa, e esse estado vinha ainda se agravar com uma surdez completa, que persistia durante quinze dias. Não podemos passar em silêncio o que ocorreu durante esse lapso de tempo.

A surdez de Philippine se manifestava do meio-dia ás três horas, e ela mesma declarou que permanecerá surda durante um certo tempo e que cairá enferma. O que há de singular, é que, às vezes, ela recobrava o ouvido durante uma meia hora, com o que se mostrava feliz. Ela mesma predizia o momento em que a surdez a deveria tomar e a deixar. Uma vez entre outras, anunciou que à noite, às oito horas e meia, ela ouviria claramente durante uma meia hora; com efeito, na hora dita, seu ouvido havia voltado, e isso durou até as nove horas.

Durante sua surdez, seus traços estavam mudados; seu rosto tomava uma expressão de estupidez, que perdia logo que reentrava em seu estado normal. Nada, então, fazia impressão sobre ela; se mantinha sentada, olhando as pessoas presentes com um olhar fixo e sem as reconhecer. Não se podia fazer compreender senão por sinais aos quais, com freqüência, não respondia, se limitando a fixar os olhos sobre aquele que lhe dirigia a palavra. Uma vez agarrou, de repente, pelo braço, uma das pessoas presentes e lhe disse, a empurrando: *Quem és, pois?* Nessa situação, permanecia, algumas vezes, mais de uma hora e meia imóvel em sua cama. Seus olhos estavam meio abertos *e* parados sobre um ponto qualquer; de tempo em tempo se os via se virarem à direita e à esquerda, depois retornavam ao mesmo lugar. Toda sensibilidade parecia, então, embotada nela; seu pulso batia com dificuldade, e quando se lhe colocava uma luz diante dos olhos, não fazia nenhum movimento: se diria morta.

Ocorreu, durante a sua surdez, que uma noite, estando deitada, ela pediu uma ardósia e giz, e depois escreveu: "Às onze horas, direi alguma coisa, mas exijo que se mantenham tranqüilos e silenciosos." Depois dessas palavras, acrescentou cinco sinais semelhantes aos da escrita latina, mas que nenhum dos assistentes pôde decifrar. Escreveu-se na ardósia que não se compreendiam esses sinais. E resposta a essa observação, ela escreveu: "Não é que não podeis ler?" E mais embaixo: "Não é alemão, é uma língua estrangeira". Em seguida, tendo retomado a ardósia, ela escreveu em outro lado: "Francisque (sua irmã mais velha) se sentará nessa mesa e escreverá o que eu lhe ditarei." Acompanhou essas palavras de cinco sinais semelhantes aos primeiros, e devolveu a ardósia. Notando que esses sinais não haviam sido ainda compreendidos, pediu de novo a ardósia e acrescentou: "São ordens particulares."

Um pouco antes das onze horas, ela disse: "Ficai tranqüilos, que todo mundo se sente e preste atenção!" e ao bater de onze horas, ela se vira em seu leito e cai em seu sono magnético comum. Alguns instantes depois se põe a falar, o que se prolonga, sem descontinuidade, durante uma meia hora. Entre outras coisas. Declara que no corrente ano se produziriam fatos que ninguém poderia compreender, e que todas as tentativas feitas para os explicar restariam infrutíferas.

Durante a surdez da jovem Senger, a desordem do mobiliário, a abertura inexplicada de janelas, a extinção das luzes colocadas sobre a mesa de trabalho, se renovaram várias vezes. Ocorreu uma noite, que dois bonés pendurados em um cabide do quarto de dormir, foram atirados sobre a mesa do outro quarto, e tombaram um copo cheio de leite, que se derramou na terra. As pancadas contra a cama eram tão violentas, que esse móvel foi deslocado; algumas vezes mesmo foi desmontado com estrondo, sem que as pancadas se fizessem ouvir.

Como havia ainda pessoas incrédulas, ou que atribuíam essas singularidades a um jogo da criança que, segundo elas, batia ou arranhava com seus pés e mãos, se bem que os fatos houvessem sido constatados por mais de cem testemunhas, e que fora verificado que a jovem tinha os braços estendidos sobre a coberta enquanto os ruídos se produziam, o capitão Zentner imaginou um meio para as convencer. Fez trazer da caserna duas cobertas muito espessas, as quais foram colocadas umas sobre as outras, com ambas envolvendo o colchão e os lençóis da cama; eram felpudas, de tal modo que era impossível nelas produzir o menor ruído pela fricção. Philippine, vestida com uma simples camisa e com uma camisola de dormir, foi colocada sob essas cobertas; apenas acomodada, a arranhadura e os golpes ocorreram como antes, ora contra a madeira da cama, ora contra o armário vizinho, segundo o desejo que era manifestado.

Ocorre, freqüentemente, que quando alguém cantarola ou assobia uma música qualquer, o batedor o acompanha, e os sons que se percebem parece provirem de dois, três ou quatro instrumentos: se ouve arranhar, bater, assobiar e ribombar ao mesmo tempo, segundo o ritmo da música cantada. Freqüentemente também, o batedor pede a um dos assistentes para cantar uma canção; ele o designa pelo procedimento que conhecemos, e quando este compreendeu que é a si que o Espírito se dirige, lhe pergunta a seu turno se deve cantar tal ou tal música; e lhe é respondido por *sim* ou por *não*. A música indicada sendo cantada, um acompanhamento de zumbidos e assobios se faziam ouvir perfeitamente no compasso. Depois de uma música alegre, o Espírito pedia, muito freqüentemente, a música: *Grande Deus nós te louvamos*, ou a canção de Napoléon I. Se se lhe dissesse para tocar só esta última canção ou qualquer outra, a fazia ouvir desde o começo até o fim.

As coisas caminharam assim na casa de Senger, seja de dia, seja à noite, durante o sono ou no estado de vigília da criança, até 4 de março de 1853, época na qual as manifestações entraram em uma outra fase. Esse dia foi marcado por um fato mais extraordinário ainda que os precedentes. *(Continua no próximo número.)*

Nota.- Nossos leitores não estarão descontentes, sem dúvida, pela extensão que demos a esses curiosos detalhes, e pensamos que lerão sua continuação com não menos interesse. Anotaremos que esses fatos não nos vêm de países de além-mar, cuja distância, quando muito, é um grande argumento para certos céticos; não vêm mesmo de além Rhin, porque foi sobre as nossas fronteiras que eles se passaram, e quase sob os nossos olhos, uma vez que datam apenas de há seis anos.

Philippine Senger era, como se viu, uma médium natural muito complexa; além da influência que exercia sobre os fenômenos bem conhecidos dos ruídos e dos movimentos, era sonâmbula extática. Conversava com os seres incorpóreos que via; via, ao mesmo tempo, os assistentes, e lhes dirigia a palavra, mas não lhes respondia sempre, o que prova que em certos momentos ela estava isolada. Para aqueles que conhecem os efeitos da emancipação da alma, as visões que relatamos nada têm que não possa ser facilmente explicado; é provável que, nesses momentos de êxtase, o Espírito da criança se achasse transportado para algum país distante onde assistia, talvez em recordação, a uma cerimônia religiosa. Se pode admirar da lembrança que guardava ao despertar, mas esse fato não é insólito; de resto, se pode anotar que a lembrança era confusa, e que era preciso insistir muito para a provocar.

Se observar atentamente o que se passou durante a surdez, ai se reconhecerá, sem dificuldade, um estado cataléptico. Uma vez que essa surdez não era senão temporária, é evidente que não decorria da alteração dos órgãos do ouvido. Ocorria mesmo a obliteração momentânea das faculdades mentais, obliteração que nada tinha de patológica, uma vez que, num dado instante, tudo retornava ao estado normal. Essa espécie de estupidez aparente se prendia a um desligamento mais completo da alma, cujas excursões eram feitas com mais liberdade, e não deixavam aos sentidos senão a vida orgânica. Que se julgue, pois, o efeito desastroso que teria podido produzir um tratamento terapêutico em semelhante circunstância! Fenômenos do mesmo gênero podem se produzir a cada instante; não saberíamos, nesse caso, recomendar mais circunspecção; uma imprudência pode comprometer a saúde e mesmo a vida.

A PREGUIÇA

Dissertação moral ditada por São Luís à senhorita Hermance Dufaux

(5 de maio de 1858.)

I

Um homem saiu de madrugada e foi para a praça pública para ajustar trabalhadores. Ora, ele viu dois homens do povo que estavam sentados de braços cruzados. Foi a um deles e o abordou dizendo: "Que fazes tu aqui?" e este tendo respondido: "Não tenho trabalho", aquele que procurava trabalhadores lhe disse: Tome tua enxada e vá para o meu campo sobre a vertente da colina, onde sopra o vento sul; cortarás a urze e revolverás o solo até que a noite chegue; a tarefa é rude, mas terás um bom salário." E o homem do povo carregou a enxada sobre os ombros, o agradecendo em seu coração.

O outro trabalhador tendo ouvido isso, se ergueu do seu lugar e se aproximou dizendo: "Senhor, deixai-me também ir trabalhar em vosso campo"; e o senhor tendo dito a ambos para seguí-lo, caminhou adiante para lhes mostrar o caminho. Depois, quando chegaram à beira da colina, dividiu a obra em duas partes e se foi dali.

Depois que partiu, o último dos trabalhadores que havia contratado, primeiramente pôs fogo nas urzes do lote que lhe coube em partilha, e trabalhou a terra com o ferro de sua enxada. O suor jorrou do seu rosto sob o ardor do sol. O outro o imitou primeiro murmurando, mas se cansou cedo do seu trabalho, e cravando sua enxada no solo, sentou-se perto, olhando seu companheiro trabalhar.

Ora, o senhor do campo veio perto da noite, e examinou a obra realizada, e tendo chamado a ele o obreiro diligente, o cumprimentou dizendo: "Trabalhaste bem; eis teu salário", e lhe deu uma peça de prata, o despedindo. O outro trabalhador se aproximou também e reclamou o preço de sua jornada; mas o senhor lhe disse: "Mau trabalhador, meu pão não acalmará tua fome, porque deixaste inculta a parte de meu campo que te havia confiado;" não é justo que aquele que nada fez seja recompensado como aquele que trabalhou bem; e o mandou embora sem nada lhe dar.

II

Eu vos digo, a força não foi dada ao homem, e a inteligência ao seu espírito, para que consuma seus dias na ociosidade, mas para que seja útil aos seus semelhantes. Ora, aquele cujas mãos sejam desocupadas e o espírito ocioso será punido, e deverá recomeçar sua tarefa.

Eu vos digo, em verdade, sua vida será lançada de lado como uma coisa que não foi boa em nada, quando seu tempo se tiver cumprido; compreendei isto por uma comparação. Qual dentre vós se há em vosso pomar uma árvore que não produz bons frutos, não dirá ao seu servidor: Cortai essa árvore e lançai-a ao fogo, porque seus ramos são estéreis. Ora, do mesmo modo que essa árvore será cortada por sua esterilidade, a vida do preguiçoso será posta de lado porque terá sido estéril em boas obras.

CONVERSAS FAMILIARES DE ALÉM-TÚMULO

Sr. Morisson, monomaníaco

Um jornal inglês deu, no mês de março último, a notícia seguinte sobre o Sr. Morisson, que acaba de morrer na Inglaterra, deixando uma fortuna de cem milhões de francos. Ele era, disse esse jornal, durante os dois últimos anos de sua vida, vítima de uma singular monomania. Imaginava que estava reduzido a uma pobreza extrema e deveria ganhar seu pão de cada dia por um trabalho manual. Sua família e seus amigos haviam reconhecido que era inútil procurar o desiludir; era pobre, não tinha um xelim, lhe era preciso trabalhar para viver: isso era a sua convicção. Metiam-lhe uma enxada na mão cada manhã, e o mandavam trabalhar em seus jardins. Logo se voltava a o procurar, sua tarefa tida como finda; se lhe pagava, então, um modesto salário pelo seu trabalho, e ele ficava contente; seu espírito estava tranqüilo, sua mania satisfeita. Teria sido o mais infeliz dos homens se tivessem procurado o contrariar.

1. Peço a Deus todo-poderoso permitir ao Espírito de Morrisson, que vem de morrer na Inglaterra, deixando uma fortuna considerável, se comunicar conosco. – R. Ele está aqui.

2. Lembrai-vos do estado no qual estáveis durante os dois últimos anos de vossa existência corporal? – R. Foi sempre o mesmo.

3. Depois de vossa morte, vosso Espírito se ressentiu da aberração de vossas faculdades durante vossa vida? – R. Sim. – Saunt Louis completa a resposta dizendo espontaneamente: O Espírito liberto do corpo se ressente, algum tempo, da compressão dos seus laços.

4. Assim, uma vez morto, vosso Espírito, pois, não recobrou imediatamente a plenitude de suas faculdades? – R. Não.

5. Onde estais agora? – R. Atrás de Ermance.

6. Sois feliz ou infeliz? – R. Falta-me alguma coisa... Não sei o quê... Procuro... Sim, eu sofro.

7. Por que sofreis? – R. Ele sofre pelo bem que não fez. (São Luís.)

8. De onde vinha essa mania de vos crerdes pobre com uma tão grande fortuna? – R. Eu o era; o verdadeiro rico é aquele que não tem necessidades.

9. De onde provinha, sobretudo, essa idéia que vos seria preciso trabalhar para viver? – R. Estava louco; e estou ainda.

10. De onde vos chegou essa loucura? – R. Que importa! Havia escolhido essa expiação.

11. Qual foi a fonte de vossa fortuna? – R. Que te importa?

12. Entretanto, a invenção que fizestes não tinha por objetivo aliviar a Humanidade? – R. E de me enriquecer.

13. Que uso fizestes de vossa fortuna, quando gozáveis de toda a vossa razão? – R. Nada; eu o creio: a desfrutava.

14. Por que Deus vos concedeu a fortuna, visto que não deveríeis fazer dela um uso útil para os outros? – R. Havia escolhido a prova.

15. Aquele que goza de uma fortuna adquirida com o seu trabalho não é mais desculpável, por a reter, do que aquele que nasce no seio da opulência e jamais conheceu a necessidade?– R. Menos. – São Luís acrescenta: Aquele conhecia a dor que não alivia.

16. Vos lembrais da existência que precedeu àquela que vindes de deixar? – R. Sim.

17. Que éreis então? – R. Trabalhador.

18. Nos dissestes que éreis infeliz; vedes um fim para o vosso sofrimento? – R. Não. – São Luís acrescenta: É muito cedo.

19. De que isso depende? – R. De mim. Aquele que está aqui me disse.

20. Conheceis aquele que está aqui? – R. Vós o chamais Louis.

21. Sabeis o que ele foi em França, no século XIII? – R. Não... Eu o conheço por vós. Obrigado, por aquilo que me ensinam.

22. Credes em uma nova existência corporal? – R. Sim.

23. Se deveis renascer na vida corporal, de que dependerá a posição social que tereis? – R. De mim, creio. Escolhi tantas vezes que isso não pode depender senão de mim.

Nota.- Essas palavras: *Escolhi tantas vezes*, são características. Seu estado atual prova que, apesar de suas numerosas existências, pouco progrediu, e que é sempre recomeçar para ele.

24. Qual posição social escolheríeis se pudésseis recomeçar? – R. Baixa; caminha-se com mais segurança; não se está encarregado senão de si mesmo.

25. (A São Luís.) Não há um sentimento de egoísmo na escolha de uma posição inferior onde não se está encarregado senão de si mesmo? – R. Em nenhuma parte não se está encarregado senão de si; o homem responde por aqueles que o cercam, não somente as almas cuja educação lhe está confiada, mas ainda mesmo as outras: o exemplo faz todo o mal.

26. (A Morisson.) Nós vos agradecemos por consentir em responder às nossas perguntas, e rogamos a Deus vos dar a força para suportar novas provas. – R. Vós me aliviastes; eu aprendi.

Nota. – Se reconhece facilmente, nas respostas acima, o estado moral desse Espírito; são breves, e quando não são monossilábicas, têm alguma coisa de sombra e de vago: um louco melancólico não falaria de outro modo. Essa persistência da aberração das idéias depois da morte é um fato notável, mas que não é constante, ou que apresente, algumas vezes, qualquer outro caráter. Teremos ocasião de citar a respeito vários exemplos, tendo no caso de estudar os diferentes gêneros de loucura.

UM SUICIDA

Os jornais, ultimamente, relataram o fato seguinte: "Ontem (7 de abril de 1858), pelas sete horas da noite, um homem de uns cinqüenta anos e convenientemente vestido, se apresentou no estabelecimento da Samaritana e se fez preparar um banho. O garçon de serviço se admirando que esse indivíduo, depois de um intervalo de duas obras, não chamasse mais, decidiu entrar em sua cabine para ver se não estava indisposto. Foi então testemunha de um horrendo espetáculo: o infeliz se havia cortado a garganta com uma navalha, e todo o seu sangue se misturou à água da banheira. Não podendo ser estabelecida a identidade, se transportou o cadáver para o Necrotério."

Pensamos que poderíamos haurir um ensinamento útil à nossa instrução, em uma entrevista com o Espírito desse homem. O evocamos, pois, em 13 de abril, por conseguinte seis dias somente depois de sua morte.

1. Peço a Deus Todo-Poderoso permitir ao Espírito do indivíduo que se suicidou nos banhos da Samaritana se comunicar conosco. – R. Espere... (Depois de alguns segundos): está aqui.

Nota. – Para compreender essa resposta, é preciso saber que há, geralmente, em todas as reuniões regulares, um Espírito familiar: o do médium ou da família, que está sempre presente sem ser chamado. É ele que faz vir aquele que se evoca, e, segundo seja mais ou menos elevado, ele mesmo serve de mensageiro ou dá ordens aos Espíritos que lhe são inferiores. Quando as nossas reuniões têm por intérprete a senhorita Ermance Dufaux, é sempre o Espírito de São Luís que consente a assistir de ofício; foi ele quem deu a resposta acima.

2. Onde estais agora? – R. Não sei... Dizei-me onde estou.

3. Estais na rua de Valois (Palais-Royal), nº 35, em uma assembléia de pessoas que se ocupam de estudos espíritas, e que vos são benevolentes. – R. Dizei-me se vivo... Eu estufo no caixão.

4. Quem vos convidou para vir até nós? – R. Senti-me aliviado.

5. Qual foi o motivo que vos levou ao suicídio? – R. Estou morto? ... Não... Habito meu corpo... Não sabeis o quanto sofro!... Eu estufo... Que mão compassiva tente acabar de me matar.

Nota. – Sua alma, embora separada do corpo, está ainda completamente mergulhada no que se poderia chamar o turbilhão da matéria corporal; as idéias terrestres estão ainda vivas; não se crê morto.

6. Por que não deixastes nenhum traço que pudesse fazer vos reconhecer? – R. Estou abandonado; fugi do sofrimento para encontrar a tortura.

7. Tendes agora os mesmos motivos para permanecer desconhecido? – R. Sim; não coloqueis um ferro em brasa na ferida que sangra.

8. Desejais nos dizer vosso nome, vossa idade, vossa profissão, vosso domicílio? – R. Não... A tudo: não...

9. Tínheis uma família, uma mulher, filhos? – R. Estava abandonado; nenhum ser me amava.

10. Que fizestes para não ser amado por ninguém? – R. Quantos são como eu!... Um homem pode ser abandonado no seio de sua família, quando nenhum coração não o ame.

11. No momento de consumar vosso suicídio, não experimentastes nenhuma hesitação? – R. Tinha sede da morte... esperava o repouso..

12. Como o pensamento do futuro não vos fez renunciar ao vosso projeto? – R. Nele não acreditava mais; estava sem esperança. O futuro é a esperança.

13. Que reflexões fizestes no momento em que sentistes a vida se extinguir em vós? – R. Não refleti; senti... Mas minha vida não está extinta... minha alma está ligada ao meu corpo... Sinto os vermes que me roem.

14. Que sentimento experimentastes no momento em que a morte se completou? – R. Ela se completou?

15: O momento em que a vida se extinguiu vós foi doloroso? – R. Menos doloroso do que depois. Só o corpo sofreu. – São Luís continuou: O Espírito se descarregou de um fardo que o oprimia; sentiu a volúpia da dor. (A São Luís.) Esse estado é sempre a conseqüência do suicídio? – R. Sim; o Espírito do suicida fica ligado ao seu corpo até o termo de sua vida. A morte natural é o enfraquecimento da vida: o suicida a quebra inteiramente.

16. Esse estado é o mesmo de toda morte acidental independente da vontade, e que abrevia a duração natural da vida? – R. Não. Que entendeis pelo suicídio? O Espírito não é culpável senão por suas obras.

Nota. – Havíamos preparado uma série de perguntas que nos propúnhamos dirigir ao Espírito desse homem sobre a sua nova existência; em presença dessas respostas, se tornaram sem objeto; estava evidente, para nós, que ele não tinha nenhuma consciência de sua situação; seu sofrimento era a única coisa que poderia nos descrever.

Essa dúvida da morte é muito comum entre as pessoas falecidas há pouco, e, sobretudo, naqueles que, durante sua vida, não elevaram sua alma acima da matéria. É um fenômeno bizarro à primeira vista, mas que se explica muito naturalmente. Se a um indivíduo posto em sonambulismo pela primeira vez, se perguntar se ele dorme, responderá quase sempre que *não,* e essa resposta é lógica: foi o interrogador que colocou mal a pergunta em se servindo de uma palavra imprópria. A idéia de sono, em nossa linguagem usual, está ligada à da suspensão de todas as nossas faculdades sensitivas; ora, o sonâmbulo que pensa e que vê, que tem consciência de sua liberdade moral, não crê dormir e, com efeito, não dorme, na acepção vulgar da palavra. Por isso, responderá *não* até que esteja familiarizado com essa nova maneira de entender a coisa. Ocorre o mesmo no homem que vem de morrer; para ele a morte era o nada; ora, igual ao sonâmbulo, ele vê, sente, fala; para ele, pois, não é a morte, e o dirá até que haja adquirido a intuição de seu novo estado.

CONFISSÃO DE LOUIS XI

(Extraído da vida de Luís XI, ditada por ele mesmo à senhorita Ermance Dufaux.)

(Ver os números de março e maio de 1858.)

ENVENENAMENTO DO DUQUE DE GUYENNE

... Em seguida me ocupei de Guyenne. Odet d'Aidies, senhor de Lescun, que estava zangado comigo, fazia os preparativos da guerra com uma maravilhosa atividade. Não era senão com dificuldade que ele mantinha o ardor belicoso de meu irmão (o duque de Guyenne). Tinha que combater um terrível adversário no espírito de meu irmão; era a senhora de Thouars, a amante de Charles (o duque de Guyenne).

Essa mulher não procurava senão se aproveitar do império que tinha sobre o jovem duque para o afastar da guerra, não ignorando que tinha por objetivo o casamento de seu amante. Seus inimigos secretos tinham fingido louvar em sua presença a beleza e as brilhantes qualidades de sua noiva: isso foi o bastante para o persuadir de que sua desgraça seria certa se essa princesa esposasse o duque de Guyenne. Convencida da paixão de meu irmão, recorreu às lágrimas, às preces e a todas as extravagâncias de uma mulher perdida em semelhante caso. O fraco Charles cedeu e deu parte a Lescun de suas novas resoluções. Este previniu imediatamente o duque de Bretagne e os interessados; eles se alarmaram e fizeram representações ao meu irmão; elas, porém, não fizeram senão tornar a o mergulhar em suas irresoluções.

Entretanto, a favorita chegou, não sem dificuldade, a o dissuadir de novo da guerra e do casamento; desde então, sua morte foi resolvida por todos os príncipes. Com medo que meu irmão viesse a atribuir a Lescun, de quem conhecia a antipatia pela senhora de Thouars, decidiram ganhar Jean Faure Duversois, monge beneditino, confessor de meu irmão e abade de Saint-Jean-d'Angely.

Esse homem era um dos mais entusiasmados partidários da senhora de Thouars, e ninguém ignorava o ódio que tinha por Lescun, cuja influência política invejava. Não era provável que meu irmão lhe atribuísse, jamais, a morte de sua amante, sendo esse padre um dos favoritos, nos quais tinha maior confiança. Não foi apenas a sede de grandeza que o prendeu à favorita, também se deixou corromper sem dificuldade.

Há muito tempo, eu havia tentado seduzir o abade; ele sempre repelia minhas ofertas, de modo, todavia, a deixar-me a esperança de chegar a esse objetivo.

Ele viu facilmente em qual posição se colocaria prestando aos príncipes o serviço que esperavam dele; sabia que nada custava aos grandes para se desembaraçarem de um cúmplice. Por outro lado, conhecia a inconstância de meu irmão e temia ser sua vítima.

Para conciliar sua segurança com seus interesses, se determinou em sacrificar seu jovem senhor. Tomando essa decisão, tinha mais chances de sucesso do que de insucesso. Para os príncipes, a morte do jovem duque de Guyenne deveria ser o resultado de um equívoco ou de um acidente imprevisto. A morte da favorita, quando mesmo se a pudesse imputar ao duque de Bretagne e aos seus cointeressados, teria passado despercebida, por assim dizer, uma vez que ninguém teria podido descobrir os motivos que lhe davam uma importância real sob o ponto de vista político.

Admitindo que se pudesse os acusar da do meu irmão, eles se encontrariam no maior perigo, porque seria de meu dever castigá-los rigorosamente; sabiam que não seria a boa vontade que me faltaria e, nesse caso, os povos se voltariam contra eles; e o próprio duque de Bourgogne, estranho ao que se tramava em Guyenne, se teria visto forçado a se aliar comigo, sob pena de se ver acusado de cumplicidade. Mesmo nesta última hipótese, tudo teria triunfado com minha vontade; eu teria podido fazer declarar Charles-le-Téméraire criminoso de lesa-majestade e o fazer condenar à morte pelo Parlamento, como matador de meu irmão. Essas espécies de condenações, feitas por esse corpo elevado, tinham sempre grandes resultados, sobretudo quando eram de uma legitimidade incontestável.

Vêem-se, sem dificuldade, quais os interesses que os príncipes tiveram para manejarem o abade; mas, em compensação, nada era mais fácil do que dele se desfazerem secretamente.

Comigo, o abade de Saint-Jean teria ainda mais chances de impunidade. O serviço que me prestava era da última importância para mim, sobretudo nesse momento a linha formidável que se formava e da qual o duque de Guyenne era o centro, deveria infalivelmente me perder; a morte de meu irmão era o único meio de a destruir e, por conseguinte, de me salvar. Ele ambicionava o favor de Tristan-l'Hermite, e pensava que chegaria por aí a se elevar acima dele, ou pelo menos partilhar minhas boas graças e minha confiança com ele. Aliás, os príncipes tinham cometido a imprudência de lhe deixar em mãos provas incontestáveis de sua culpabilidade: eram diferentes escritos;

como estavam naturalmente concebidos em termos muito vagos, não seria difícil substituir a pessoa de meu irmão pela de sua favorita: que não era designada senão em termos subentendidos. Entregando-me essas peças, afastaria de cima de mim toda espécie de dúvida sobre minha inocência; se livraria por isso do único perigo que corria do lado dos príncipes e, provando que eu nada tinha com o envenenamento, cessava de ser meu cúmplice e me tirava todo o interesse em o fazer perecer.

Restaria provar que ele mesmo nada tinha a ver com isto; era uma dificuldade menor: primeiro estava certo de minha proteção; em seguida, os príncipes não tendo provas de sua culpabilidade, poderia devolver sobre eles as suas acusações, a título de calúnias.

Tudo bem pesado fez passar junto de mim um emissário, que fingiu vir por si mesmo, e me disse que o abade de Saint-Jean estava descontente com meu irmão. Vi, imediatamente, todo o partido que poderia tirar dessa disposição e caí na armadilha que o astuto abade me estendeu; não supondo que esse homem pudesse ser enviado por ele, despachei um de meus espiões de confiança. Saint-Jean representou tão bem seu papel, que este foi enganado. Sob seu relato escrevi ao abade para o conquistar; ele fingiu muitos escrúpulos, mas nisso triunfei sem dificuldade. Consentiu em se encarregar do envenenamento de meu jovem irmão: não hesitei mesmo em cometer esse crime horrível, tanto estava pervertido.

Henri de la Roche, escudeiro da boca do duque, se encarregou de fazer preparar um pêssego que o próprio abade ofereceu a senhora de Thouars, quando merendava na mesa com meu irmão. A beleza dessa fruta era notável; a fez admirar a esse príncipe e a partilhou com ele. Apenas os dois tinham comido, a favorita sentiu violentas dores nas entranhas: não tardou em expirar no meio dos mais atrozes sofrimentos. Meu irmão experimentou os mesmos sintomas, mas com muito menor violência.

Parecerá talvez estranho que o abade tenha se servido de um tal meio para envenenar seu jovem senhor; com efeito, o menor incidente poderia frustrar seu plano. Era, todavia, o único que a prudência poderia aprovar: fundaria a conjetura de um engano. Atingida pela beleza do pêssego, era muito natural que a senhora de Thouars fizesse seu amante a admirar e dele lhe oferecer uma metade: este não poderia deixar de a aceitar e de comer um pouco, não fora senão por complacência. Admitindo que não comesse senão uma pequena parte, teria sido suficiente para lhe dar os primeiros sintomas necessários: então um envenenamento posterior poderia trazer a morte como conseqüência do primeiro.

O terror tomou os príncipes desde que souberam das funestas conseqüências do envenenamento da favorita; não tiveram a menor suspeita da premeditação do abade. Não pensavam senão em dar toda aparência natural à morte da jovem mulher e à doença de seu amante; mas nenhum deles falou em oferecer um contra-veneno ao infeliz príncipe, temendo se comprometer; com efeito, essa providência teria dado a entender que conhecia o veneno e que era, por conseguinte, cúmplice do crime.

Graças à sua juventude e à força do seu temperamento, Charles resistiu algum tempo ao veneno. Seus sofrimentos físicos não fizeram senão o levar aos seus antigos projetos com mais ardor. Temendo que sua doença diminuísse o zelo de seus oficiais, quis os fazer renovar seu juramento de fidelidade. Como exigisse que se comprometessem a o servir para e contra todos, mesmo contra mim, alguns dentre eles, receando sua morte que parecia próxima, recusaram de o prestar e passaram para a minha corte...

Nota. – Leu-se, no nosso número precedente, os interessantes detalhes dados por Luís XI sobre a sua morte. O fato que acabamos de relatar, não é menos notável sob o duplo ponto de vista da história e do fenômeno das manifestações; não teríamos, de resto, senão o embaraço da escolha; a vida desse rei, tal qual foi ditada por ele mesmo, sem contradita, é a mais completa que temos, e, podemos dizer, a mais imparcial. O estado do Espírito de Luís XI lhe permite hoje apreciar as coisas em seu justo valor; se pôde ver, pelos três fragmentos que citamos, como se julga a si mesmo; explica sua política melhor do que não o fez nenhum dos seus historiadores: não absolve sua conduta; e em sua morte, tão triste e tão vulgar para um monarca todo-poderoso, há algumas horas apenas, vê um castigo antecipado.

Como fato de manifestações, esse trabalho oferece um interesse todo particular: prova que as comunicações espíritas podem nos esclarecer sobre a história, quando se sabe colocar em condições favoráveis. Fazemos votos para que a publicação da vida de Luís XI, assim como a não menos interessante de Charles VIII, igualmente terminada, venham cedo emparelhar com a de Jeanne d'Arc.

HENRI MARTIN

SUA OPINIÃO SOBRE AS COMUNICAÇÕES EXTRACORPÓREAS

Vemos aqui certos escritores eméritos encolherem os ombros apenas ao nome de uma história escrita pelos Espíritos. –

Pois quê! dizem, seres de outro mundo virem controlar nosso saber, a nós sábios da Terra! Convenhamos, pois! isso é possível? – Não vos forçamos a crer, senhores; não procuraremos vos tirar uma ilusão tão cara. Nós vos convidamos mesmo, no interesse de vossa glória futura, a escreverem vossos nomes em caracteres INDESTRUTÍVEIS embaixo desta modesta sentença: Todos os partidários do Espiritismo são insensatos, porque só a nós compete julgar até onde vai o poder de Deus; e isso a fim de que a posteridade não possa os esquecer; ela mesma verá se deve lhes dar lugar ao lado daqueles que recentemente, eles também, repeliram os homens aos quais a ciência e o reconhecimento público hoje erguem estátuas.

Eis, à espera disso, um escritor cujas altas capacidades não são desconhecidas de ninguém, e que ousa, ele, com o risco de passar também por um cérebro rachado, hastear a bandeira das idéias novas sobre as relações do mundo físico com o mundo incorpóreo. Lemos o que segue na *História de França*, de Henri Martin, tomo 6, página 143, a propósito de Jeanne d'Arc:

"... Existe na humanidade uma ordem excepcional de fatos morais e físicos que parecem derrogar as leis comuns da Natureza; é o estado de êxtase e de sonambulismo, seja espontâneo, seja artificial, com todos os seus espantosos fenômenos de deslocamento dos sentidos, de insensibilidade total ou parcial do corpo, de exaltação da alma, de percepções fora de todas as condições da vida habitual. Essa classe de fatos foi julgada por pontos de vista muito opostos. Os fisiologistas, vendo as relações costumeiras dos órgãos perturbadas ou deslocadas, qualificam de doença o estado extático ou sonambúlico, admitindo a realidade daqueles fenômenos que podem reconduzir à patologia e negam todo o resto, quer dizer, tudo o que pareça fora das leis constatadas da física. A doença torna-se mesmo loucura, a seus olhos, quando ao deslocamento da ação dos órgãos se juntam alucinações dos sentidos, visões de objetos que não existem senão para o visionário. Um fisiologista eminente estabeleceu muito duramente que Sócrates era louco, porque acreditava conversar com o seu demônio. Os místicos respondem não somente afirmando por reais os fenômenos extraordinários das percepções magnéticas, questão sobre a qual encontram inumeráveis auxiliares e inumeráveis testemunhas fora do misticismo, mas sustentam que as visões dos extáticos têm objetos reais, vistos, é verdade, não com os olhos do corpo, mas com os olhos do espírito. O êxtase é para eles a ponte lançada do mundo visível ou mundo invisível, o meio de comunicação do homem com os seres superiores, a lembrança e a promessa de uma existência melhor de onde decaímos e que devemos reconquistar.

"Que partido devem tornar, nesse debate, a história e a filosofia?

"A história não poderia pretender determinar com precisão os limites, nem a importância dos fenômenos, nem das faculdades extáticas e sonambúlicas; ela, porém, constata que são de todos os tempos e de todos os lugares; que os homens sempre acreditaram nelas; que exerceram uma ação considerável sobre os destinos do gênero humano; que se manifestaram não somente entre os contemplativos, mas entre os mais poderosos e os mais ativos gêneros, entre a maioria dos grandes iniciadores; que, tão insensatos que sejam muitos extáticos, nada há de comum entre as divagações da loucura e as visões de alguns; que essas visões podem se reduzir a de certas leis; que os extáticos, de todos os países e de todos os séculos, têm aquilo que se pode chamar uma língua comum, a língua dos símbolos, da qual a língua da poesia não é senão um derivado, língua que exprime com pouca diferença as mesmas idéias e os mesmos sentimentos pelas mesmas imagens.

"É mais temerário, talvez, tentar concluir em nome da filosofia; todavia a filosofia, depois de ter reconhecido a importância moral desses fenômenos, tão obscuros que sejam para nós a lei e o objetivo, depois de ter neles distingüido dois graus, um, inferior, que não é senão uma extensão estranha ou um deslocamento inexplicável da ação de órgãos; o outro, superior, que é uma exaltação prodigiosa das forças morais e Intelectuais; a filosofia poderia sustentar, ao que nos parece, que a ilusão de a inspirar consiste em tomar por uma revelação trazida por seres exteriores, anjos, santos ou gênios, as revelações interiores dessa personalidade infinita que está em nós e que, às vezes, entre os melhores e os maiores, se manifesta por relâmpagos de forças latentes excedendo, quase sem medida, as faculdades da nossa condição atual. Em uma palavra, na língua da escola, estão aí para nós *fatos de subjetividade;* na língua das antigas filosofias místicas, e das religiões mais elevadas, são as revelações do *ferouer* masdeísta, do bom demônio (o de Sócrates), do anjo guardião, desse outro *Eu* que não é senão o *eu* eterno, em plena posse de si mesmo, planando sobre o *eu* envolvido nas sombras desta vida (é a figura do magnífico símbolo Zoroastriano figurado por toda parte em Persépolis e em Ninive; o *ferouer* alado ou o *eu* celeste planando sobre a pessoa terrestre.)

"Negar a ação de seres exteriores sobre o inspirado, não ver em suas supostas manifestações senão a forma dada às intuições do extático pelas crenças de seu tempo e de seu país, procurar a solução do problema nas profundezas da pessoa humana, isso não é de nenhum modo colocar em dúvida a intervenção divina nesses grandes fenômenos e nessas grandes existências. O autor e o sustentáculo de toda a vida, por essencialmente independente que seja de cada criatura e de toda a criação, por distinto que seja do nosso ser contingente sua personalidade absoluta, não é um ser exterior, quer dizer, estranho a nós, e não é de fora que nos fala; quando a alma mergulha em si mesma, ela o encontra, e, em toda inspiração saudável, nossa liberdade se associa à sua providência. É preciso, aqui como em toda parte, o duplo obstáculo da incredulidade e da piedade mal esclarecida: uma não vê senão ilusões e senão impulsos puramente humanos; a outra recusa admitir qualquer parte de ilusão, de ignorância ou de imperfeição ali onde vê o dedo de Deus. Como se os enviados de Deus deixassem de ser homens, os homens de um certo tempo e de um certo lugar, e como se os relâmpagos sublimes que lhe atravessam a alma nela colocam a ciência universal e a perfeição absoluta. Nas inspirações mais evidentemente providenciais, os erros que vêm do homem se misturam à verdade que vem de Deus. O Ser infalível não comunica sua infalibilidade a ninguém.

"Não pensamos que esta digressão possa parecer supérflua; devíamos nos pronunciar sobre o caráter e sobre a obra daquela das inspiradas que testemunhou, no mais alto grau, as faculdades extraordinárias de que falamos há pouco, e que as aplicou na mais brilhante missão das idades modernas; seria preciso, pois, tentar exprimir uma opinião quanto à categoria de seres especiais à qual pertence Jeanne d' Arc."

VARIEDADES

OS BANQUETES MAGNÉTICOS

No dia 26 de maio, aniversário do nascimento de Mesmer, ocorreram os dois banquetes anuais que reúnem a elite dos magnetizadores de Paris, e aqueles adeptos estrangeiros que querem a eles se juntarem. Sempre nos perguntamos por que essa solenidade comemorativa é celebrada por dois banquetes rivais, onde cada campo bebe a saúde um do outro, e onde se leva, sem resultado, brindes à união. Quando se está lá, parece que estão bem perto de se entenderem. Por que, pois, uma cisão entre homens que se consagram ao bem da Humanidade e ao culto da verdade? A verdade não lhes aparece sob a mesma luz? Têm duas maneiras de entenderem o bem da Humanidade? Estão divididos quanto aos princípios de sua ciência? De modo algum; têm as mesmas crenças; têm o mesmo mestre que é Mesmer. Se esse mestre, do qual invocam a memória, vem, como o cremos, atender a seu apelo, deve padecer vendo a desunião entre seus discípulos. Felizmente, essa desunião não engendra guerras como as que, em nome do Cristo, ensanguentaram o mundo para a eterna vergonha daqueles que se dizem cristãos. Mas essa guerra, por inofensiva que seja, se bem que se limite a golpes de pluma e a beber cada um do seu lado, não é menos lamentável; se gostaria de ver os homens de bem unidos num mesmo sentimento de confraternização; a ciência magnética, com isso, ganharia em progreso e em consideração.

Uma vez que os dois campos não estão divididos por divergência de doutrinas, a que se prende, pois, seu antagonismo? Não podemos nele ver a causa senão nas suscetibilidades inerentes à imperfeição de nossa natureza, e da qual os homens, mesmo superiores, não estão sempre isentos. O gênio da discórdia, em todos os tempos, tem agitado seu archote sobre a Humanidade; quer dizer, do ponto de vista espírita, que os Espíritos inferiores, invejosos pela felicidade dos homens, encontram entre eles um acesso muito fácil; felizes aqueles que têm bastante força moral para repelir suas sugestões.

Deram-nos a honra de nos convidarem para as duas reuniões; como ocorriam simultaneamente, e não somos ainda senão um Espírito muito materialmente encarnado, não tendo o dom da ubiqüidade, não pudemos atender senão a um desses dois graciosos convites, o que era presidido pelo doutor Duplanty. Devemos dizer que os partidários do Espiritismo não estavam ali em maioria; todavia, constatamos com prazer que, à parte alguns piparotes dados aos Espíritos nas espirituosas canções cantadas pelo Sr. Jules Lovi, e naquelas não menos divertidas cantadas pelo Sr. Fortier, que obteve as honras do *bis*, a Doutrina Espírita não foi, da parte de ninguém, objeto dessas críticas inconvenientes das quais certos adversários não deixam faltar, apesar da educação que se vangloriam.

Longe disso, o doutor Duplanty, em um discurso notável e justamente aplaudido, proclamou bem alto o respeito que se deve ter pelas crenças sinceras, quando mesmo não as partilhamos. Sem se pronunciar pró ou contra o Espiritismo, sabiamente fez observar que os fenômenos do magnetismo, em nos revelando uma força até agora desconhecida, devem tornar tanto mais circunspecto em relação àqueles que podem se revelar ainda, e que haveria pelo menos imprudência em negar aqueles que não se compreendem, ou que não se constatou, quando, sobretudo, se apóiam na autoridade de homens honrados, cujas luzes e lealdade não poderiam ser postas em dúvida. Essas palavras são sábias e, por elas, agradecemos ao Sr. Duplanty; elas contrastam singularmente com aquelas de certos adeptos do magnetismo que despejam, sem respeito, o ridículo sobre uma doutrina que eles confessam não conhecer, esquecendo que eles mesmos foram outrora um alvo dos sarcasmos; que eles também foram devotados a Petites-Maison e perseguidos pelos céticos como inimigos do bom senso e da religião. Hoje, quando o magnetismo está reabilitado pela força das coisas, que dele não se ri mais, que se pode sem medo se confessar magnetizador, é pouco digno, pouco caridoso para eles, usar represálias contra uma ciência, irmã da sua, que não pode senão lhe prestar um salutar apoio. Não atacamos os homens, dizem eles; não rimos senão do que nos parece ridículo, até que a luz se faça para nós. Em nossa opinião, a ciência magnética, ciência que nós mesmos professamos há 35 anos, deveria ser inseparável da compostura; nos parece que à sua verve satírica não faltam alimentos nesse mundo, sem tomar por ponto de mira as coisas sérias. Se esquecem, pois, de que se teve para com elas a mesma linguagem; que eles também acusam os incrédulos de julgarem levianamente, e que lhes dizem, como o fazemos a nosso turno: Paciência! rirá melhor quem rir por último.

ERRATUM

No nº. V (maio de 1858), uma falha tipográfica desnaturou um nome próprio que, por isso mesmo, não tem mais sentido. Página 142, linha 1, em lugar de *Poryolise lede: Pergolès.*

ALLAN KARDEC.

REVISTA ESPÍRITA,

JORNAL

DE ESTUDOS PSICOLÓGICOS

Julho

A INVEJA

Dissertação moral ditada pelo Espírito de São Luís ao Sr. D...

São Luís nos havia prometido, em uma das sessões da Sociedade, uma dissertação sobre a Inveja. O Sr. D..., que começava a se tornar médium, e que ainda duvidava um pouco, não da Doutrina da qual era um dos mais fervorosos adeptos, e que compreende em sua essência, quer dizer, do ponto de vista moral, mas da faculdade que nele se revelava, evocou São Luís, em seu nome particular, e lhe dirigiu a seguinte pergunta:

– Consentiríeis dissipar minhas dúvidas, minhas inquietações, sobre minha força mediúnica, escrevendo, por meu intermédio, uma dissertação que havíeis prometido à Sociedade para a terça-feira, 1º de junho?

– R. Sim; para o tranqüilizar, consinto.

Foi então que o trecho seguinte lhe foi ditado. Anotaremos que o Sr. D... se dirigiu a São Luís com um coração puro e sincero, sem prevenção, condição indispensável para toda boa comunicação. Não era uma prova que fazia: ele não duvidava senão de si mesmo, e Deus permitiu que fosse atendido, a fim de lhe dar os meios de se tornar útil. O Sr. D... é hoje um dos médiuns mais completos, não só por uma grande facilidade de execução, mas por sua aptidão para servir de intérprete a todos os Espíritos, mesmo aqueles de ordem mais elevada, que se exprimem fácil e voluntariamente por seu intermédio. Aí estão, sobretudo, as qualidades que se devem procurar num médium, e que este pode sempre adquirir com a paciência, a vontade e o exercício. O Sr. D... não teve necessidade de muita paciência; ele tinha em si a vontade e o *fervor* unidos a uma aptidão natural. Alguns dias bastaram para levar sua faculdade ao mais alto grau. Eis o ditado que lhe foi feito sobre a Inveja:

"Vede este homem: seu Espírito está inquieto, sua infelicidade terrestre está em seu auge; ele inveja o ouro, o luxo, a felicidade aparente ou fictícia de seu semelhante; seu coração está destroçado, sua alma surdamente consumida por essa luta incessante do orgulho, da vaidade não satisfeita; ele carrega consigo, em todos os instantes de sua miserável existência, uma serpente que ele reaquece, que lhe sugere, sem cessar, os mais fatais pensamentos: "Terei essa volúpia, essa felicidade? isso me é devido, não obstante, como a estes; sou homem como eles; por que seria deserdado"? E se debate sob sua impotência, vítima dos horríveis suplícios da inveja, feliz ainda se essas funestas idéias não o levarem para a beira de um abismo. Entrado nesse caminho, ele se pergunta se não deve obter pela violência o que acredita lhe ser devido; se não irá expor, a todos os olhos, o mal horrível que o devora. Se esse infeliz tivesse apenas olhado abaixo de sua posição, teria visto o número daqueles que sofrem sem se lamentar, ainda bendizendo o Criador; porque a infelicidade é um benefício do qual Deus se serve para fazer a pobre criatura avançar para o seu trono eterno.

Fazei vossa felicidade e vosso verdadeiro tesouro sobre a Terra em obras de caridade e de submissão, as únicas que devem contribuir para serdes admitidos no seio de Deus; essas obras do bem farão vossa alegria e vossa felicidade eternas; a Inveja é uma das mais feias e das mais tristes misérias do vosso globo; a caridade e a constante *emissão* da fé farão desaparecer todos esses males, que se irão um a um à medida que os homens de boa-vontade, que virão depois de vós, se multiplicarem. Amém."

UMA NOVA DESCOBERTA FOTOGRÁFICA

Vários jornais narram o fato seguinte:

"O Sr. Badet, falecido em novembro último, depois de uma enfermidade de três meses, tinha de costume, diz o *Union bourguignonne* cada vez que suas forças lhe permitiam, de se colocar numa janela do primeiro andar, com a cabeça constantemente voltada para o lado da rua, a fim de se distrair vendo os transeuntes. Há alguns dias, a Sra. Peltret, cuja casa fica defronte a da viúva senhora Badet, percebeu, na vidraça dessa janela, o Sr. Badet, ele mesmo, com seu boné de algodão, sua figura emagrecida etc., enfim tal como o havia visto durante sua enfermidade. Grande foi sua emoção, para não dizer mais. Ela chamou, não somente seus vizinhos, cujo testemunho poderia ser suspeito, mas, ainda, homens sérios, que perceberam, bem distintamente, a imagem do senhor Badet sobre a vidraça da janela onde tinha o costume de se colocar. Se mostrou também essa imagem à família do defunto, que, imediatamente, fez a vidraça desaparecer.

"Ficou, todavia, bem constatado que a vidraça tinha tomado a impressão da imagem da figura enferma, que aí estava como daguerreotipada, fenômeno que se poderia explicar se, do lado oposto à janela, houvesse tido uma outra por onde os raios solares pudessem chegar ao Sr. Badet; mas não havia nada: o quarto não tinha senão uma única janela. Tal é a verdade toda nua sobre esse fato espantoso, cuja explicação se deve deixar aos sábios".

Confessamos que, à leitura desse artigo, nosso primeiro sentimento foi o de lhe dar a qualificação vulgar com a qual se gratificam as notícias apócrifas, e a ele não ligamos nenhuma importância. Poucos dias depois, o Sr. Jobard, de Bruxelas, nos escreveu o que segue:

"A leitura do fato seguinte (o que acabamos de citar), que se passou em meu país, *com um dos meus parentes,* encolhi os ombros vendo o jornal que a relata remeter a explicação aos sábios, e essa brava família retirar a vidraça através da qual Badet via os transeuntes. Evocai-o para ver o que pensa disso".

Essa confirmação do fato por um homem do caráter do Sr. Jobard, cujo mérito e honorabilidade todo o mundo conhece, e a circunstância particular de que um dos seus parentes dele fora o herói, não poderiam deixar dúvida sobre a sua veracidade. Em conseqüência, evocamos o Sr. Badet na sessão da Sociedade Parisiense de Estudos Espíritas, na terça-feira, 15 de junho de 1858, e eis as explicações que lhe foram a continuação:

1. Peço a Deus Todo-Poderoso permitir ao Espírito do Sr. Badet, falecido em 12 de novembro último, em Dijon, de se comunicar conosco. – R. Estou aqui.

2. O fato que vos concerne e que acabamos de lembrar, é verdadeiro? – R. Sim, é verdadeiro.

3. Poderíeis dele nos dar a explicação? – R. É um dos agentes físicos desconhecidos agora, mas que se tornarão usuais mais

tarde. É um fenômeno bastante simples e semelhante a uma fotografia combinada com forças que não foram ainda descobertas por vós.

4. Poderíeis apressar o momento dessa descoberta pelas vossas explicações? – R. Gostaria, mas é obra de outros Espíritos e do trabalho humano.

5. Poderíeis nos reproduzir uma segunda vez o mesmo fenômeno?

– R. Não fui eu quem o produziu, foram as condições físicas, das quais sou independente.

6. Pela vontade de quem e com qual objetivo o fato ocorreu? –R. Produziu-se quando eu estava vivo e sem a minha vontade; um estado particular da atmosfera o revelou depois.

Estabelecida uma discussão entre os assistentes, sobre as causas prováveis desse fenômeno, e várias opiniões tendo sido emitidas sem que fossem dirigidas perguntas ao Espírito, este disse espontaneamente: E a eletricidade e a galvanoplastia que agem também sobre o *perispírito*, vós não as tendes em conta.

7. Nos foi dito há pouco que os Espíritos não têm olhos; ora, se essa imagem é a reprodução do perispírito, como ocorreu que ela haja podido reproduzir os órgãos da visão? – R. O perispírito não é o Espírito; a aparência, ou perispírito tem olhos, mas o Espírito não os tem. Eu vos disse bem, falando do perispírito, que estava vivo.

Nota. – À espera de que essa nova descoberta seja feita, lhe daremos o nome provisório de *fotografia espontânea.* Todo o mundo lamentará que, por um sentimento difícil de compreender, se destruiu a vidraça sobre a qual estava reproduzida a imagem do Sr. Badet; um tão curioso monumento teria podido facilitar as pesquisas e as observações próprias para o estudo da questão. Talvez se viu nessa imagem a obra do diabo; em todo caso, se o diabo esteve para alguma coisa nesse assunto, foi seguramente na destruição da vidraça, porque ele é o inimigo do progresso.

Considerações sobre a fotografia espontânea

Resulta das explicações acima, que o fato, em si mesmo, não é sobrenatural nem miraculoso. Quantos fenômenos desse mesmo caso deveram, nos tempos da ignorância, ferir as imaginações muito propensas ao maravilhoso! É, pois, um efeito puramente físico, que pressagia um novo passo na ciência fotográfica.

O perispírito, como se sabe, é o envoltório semi-material do Espírito; não é somente depois da morte que o Espírito dele está revestido; durante a vida está unido ao corpo: é o laço entre o corpo e o Espírito. A morte não é senão a destruição do envoltório mais grosseiro; o Espírito conserva o segundo, que toma a aparência do primeiro, como se dele tivesse retido a impressão. O perispírito é geralmente invisível, mas, em certas circunstâncias, ele se condensa e, se combinando com outros fluidos, se torna perceptível à visão, algumas vezes mesmo tangível; é ele que se vê nas aparições.

Quaisquer que sejam a sutilidade e imponderabilidade do perispírito, não deixa de ser uma espécie de matéria, cujas propriedades físicas nos são ainda desconhecidas. Desde que é matéria, pode agir sobre a matéria; essa ação é patente nos fenômenos magnéticos; acaba de se revelar sobre os corpos inertes pela impressão que a imagem do Sr. Badet deixou sobre a vidraça. Essa impressão ocorreu durante a sua vida; se conservou depois de sua morte; mas era invisível; foi preciso, ao que parece, a ação fortuita de um agente desconhecido, provavelmente atmosférico, para a tornar aparente. Que haveria nisso de espantoso? Não se sabe que se podem fazer desaparecer e reviver a vontade as imagens daguerreotipadas? Citamos isso como comparação, sem pretender a semelhança dos procedimentos. Assim, seria o perispírito do senhor Badet que, emanando do corpo deste último, teria com o tempo, e sob o império de circunstâncias desconhecidas, exercido uma verdadeira ação química sobre a substância do vidro, análoga à da luz. A luz e a eletricidade deveram, incontestavelmente, exercer um grande papel nesse fenômeno. Resta saber quais são esses agentes e essas circunstâncias; é o que, provavelmente, se saberá mais tarde, e essa não será uma das descobertas menos curiosas dos tempos modernos.

Se é um fenômeno natural, dirão aqueles que negam tudo, por que é a primeira vez que se produziu? Perguntaremos, por nossa vez, por que as imagens daguerreotipadas não foram fixadas senão depois de Daguerre, embora não tenha sido ele quem inventou a luz, nem as placas de cobre, nem a prata, nem os cloretos? Se conhecem, há muito tempo, os efeitos do quarto escuro; uma circunstância fortuita colocou sobre o caminho da fixação, depois, com a ajuda do gênio, de perfeição em perfeição, se chegou às obras – primas que vemos hoje. Provavelmente, seria o mesmo fenômeno estranho que acaba de se revelar; e quem sabe se ele nunca se produziu, se não passou desapercebido pela falta de um observador atento? A reprodução de uma imagem sobre um vidro é um fato vulgar, mas a fixação dessa imagem em outras circunstâncias que as das fotografias, o estado latente dessa imagem, depois sua reaparição, eis o que deve marcar nas magnificências da ciência. Crendo os Espíritos nisso, deveremos esperar com muitas outras maravilhas das quais várias nos foram assinaladas por eles. Honra, pois, aos sábios bastante modestos para não crerem que a Natureza virou para eles a última página do seu livro.

Se esse fenômeno se produziu uma vez, deverá se reproduzir. Provavelmente, é o que ocorrerá quando dele tivermos a chave. À espera disso, eis o que contou um dos membros da Sociedade na sessão da qual falamos:

"Eu habitava, disse ele, uma casa em Montrouge; era verão, o sol brilhava pela janela; sobre a mesa se achava uma garrafa cheia de água, e sob a garrafa uma pequena esteira; de repente, a esteira pegou fogo. Se ninguém estivesse lá poderia ocorrer um incêndio sem que se lhe soubesse a causa. Experimentei cem vezes produzir o mesmo efeito, e nunca tive sucesso". A causa física do incêndio é bem conhecida: a garrafa produziu o efeito de um vidro ardente; mas, por que não se pôde reiterar a experiência? É que, independente da garrafa e da água, havia um concurso de circunstâncias que operaram, de um modo excepcional, a concentração dos raios solares; talvez o estado da atmosfera, dos vapores, as qualidades da água, a eletricidade etc., e tudo isso, provavelmente, em certas proporções desejadas: donde a dificuldade de cair justo nas mesmas condições, e a inutilidade das tentativas para produzir um efeito semelhante. Eis, pois, um fenômeno inteiramente do domínio da física, do qual se toma conhecimento, quanto ao princípio, e que, todavia não se pode repetir à vontade. Viria ao pensamento do cético mais endurecido negar o fato? seguramente não. Por que, pois, esses mesmos céticos negam a realidade dos fenômenos espíritas (falamos das manifestações em geral), por que não podem os manipular à sua vontade? Não admitir que fora do conhecido possa haver agentes novos regidos por leis especiais; negar esses agentes, porque não obedecem às leis que conhecemos, em verdade, é fazer prova de bem pouca lógica e mostrar um espírito bem limitado.

Voltemos à imagem do Sr. Badet; se fará, sem dúvida, como nosso colega com suas garrafas, numerosas tentativas infrutíferas antes de ter sucesso, e isso até que um acaso feliz ou o esforço de um poderoso gênio haja dado a chave do mistério; então, provavelmente, isso se tornará uma arte nova com a qual se enriquecerá a indústria. Ouvimos aqui uma quantidade de pessoas se dizerem: mas há um meio bem simples de ter essa chave: que seja pedida aos Espíritos! É aqui o caso de revelar um erro no qual cai a maioria daqueles que julgam a ciência espírita sem a conhecer. Lembramos primeiro esse princípio fundamental de que todos os Espíritos estão longe, como se acreditava antigamente, de tudo saberem.

A escala espírita nos dá a medida de sua capacidade e de sua moralidade, e a experiência confirma, cada dia, nossas observações a esse respeito. Os Espíritos, pois, não sabem tudo,e há os que, em todas as considerações, são bem inferiores a certos homens; eis o que não se deve jamais perder de vista. O Espírito do Sr. Badet, o autor involuntário do fenômeno que nos ocupa, revela pelas suas respostas uma certa elevação, mas não uma grande superioridade; ele mesmo se reconhece inabilitado para dar uma explicação completa: Isso seria, disse, a *obra de outros Espíritos e do trabalho humano;* estas últimas palavras são todo um ensinamento. Com efeito, seria muito cômodo não ter senão que interrogar os Espíritos para fazer as descobertas mais maravilhosas; onde estaria, então, o mérito dos inventores, se mão oculta viesse lhes facilitar a tarefa e lhes poupar o trabalho de pesquisar? Mais de um, sem dúvida não se faria escrúpulo de tomar uma patente de invenção em seu nome pessoal, sem mencionar o verdadeiro inventor. Acrescentamos que semelhantes perguntas são sempre feitas com objetivo de interesse e na esperança de uma fortuna fácil, coisas que são más recomendações junto aos bons Espíritos; estes, aliás, não se prestam jamais a servir de instrumento para um negócio. O homem deve ter sua iniciativa, sem o que se reduz ao estado de máquina; se deve aperfeiçoar pelo trabalho; é uma das condições de sua existência terrestre; é preciso também que cada coisa venha a seu tempo, e pelos meios que apraz a Deus empregar: Os Espíritos não podem desviar os caminhos da Providência. Querer forçar a ordem estabelecida é se pôr à mercê dos Espíritos zombadores que bajulam a ambição, a cupidez, a vaidade, para rirem em conseqüência das decepções das quais são causa. Muito pouco escrupulosos de sua natureza, dizem tudo o que se quer, dão todas as receitas que se lhes pedem, se for preciso as apoiarão em fórmulas científicas, salvo se tenham, no máximo, o valor da dos charlatães. Que aqueles, pois, que creram que os Espíritos viriam lhes abrir minas de ouro, se desenganem; sua missão é séria. Trabalhai, esforçai-vos, é o fundamento que menos falta, disse um célebre moralista, do qual daremos, logo, uma notável entrevista de além-túmulo; a essa máxima sábia, a Doutrina Espírita acrescenta: É a estes que os Espíritos sérios vêm em ajuda pelas idéias que sugerem, ou por conselhos diretos, e não aos preguiçosos que querem desfrutar sem nada fazerem, nem aos ambiciosos que querem ter o mérito sem a dificuldade. Ajuda-te e o céu te ajudará.

O ESPÍRITO BATEDOR DE BERGZABERN

(TERCEIRO ARTIGO.)

Continuamos a citar a brochura do Sr. Blanck, redator do *Journal de Bergzabern*[1].

"Os fatos que vamos relatar ocorreram de sexta-feira, 4, à quarta-feira, 9 de março de 1853; depois nada de semelhante se produziu. Philippine nessa época não dormia mais no quarto que se conhece: sua cama havia sido transferida para o quarto vizinho, onde se encontra ainda agora. As manifestações tomaram um tal caráter de estranheza, que é impossível admitir a explicação desses fenômenos pela intervenção dos homens. Aliás, são tão diferentes daqueles que foram observados anteriormente, que todas as suposições iniciais desmoronaram.

Se sabe que no quarto onde dormia a jovem, as cadeiras e outros móveis, freqüentemente, eram transtornados, que as janelas se abriam com estrondo sob golpes redobrados. Há cinco semanas ela permanece no quarto comum, onde, chegada a noite, e até o dia seguinte, há sempre luz; se pode, pois, ver perfeitamente o que alí se passa. Eis o fato que foi observado sexta-feira, 4 de março.

Philippine não estava ainda deitada; estava no meio de um certo número de pessoas que conversavam com o Espírito bate-

(1) Devemos à cortesia de um dos nossos amigos, o Sr. Alfred Pireaux, empregado da administração dos correios, a tradução dessa interessante brochura.

dor, quando, de repente, a gaveta de uma mesa muito grande e muito pesada, que se achava no quarto, foi tirada e empurrada com um grande ruído e uma rapidez extraordinária. Os assistentes ficaram fortemente surpreendidos com essa nova manifestação; no mesmo momento a própria mesa se colocou em movimento, em todos os sentidos, e avançou para a chaminé junto da qual Philippine estava sentada. Perseguida, por assim dizer, por esse móvel, ela teve que deixar seu lugar e fugir para o meio do quarto; mas a mesa virou para essa direção e se deteve a meio pé da parede. Foi colocada no seu lugar costumeiro, de onde não se mexeu mais; mas as botas que se encontravam debaixo, e que todo o mundo pôde ver, foram lançadas ao meio do quarto, com grande pavor das pessoas presentes. Uma das gavetas começou a deslizar em suas corrediças, abrindo e fechando por duas vezes, primeiro muito vivamente, depois mais e mais lentamente; quando estava inteiramente aberta, ocorreu de ser sacudida com estrondo. Um pacote de tabaco deixado sobre a mesa, mudava de lugar a cada instante. A batida e a arranhadura se fizeram ouvir na mesa. Philippine, que gozava então de uma muito boa saúde, estava no meio da reunião e não parecia nada inquieta com todas essas estranhezas que se renovavam, cada noite, desde sexta-feira; mas no domingo elas foram ainda mais notáveis.

A gaveta foi várias vezes violentamente aberta e fechada. Philippine, depois de estar em seu antigo quarto de dormir, se tornou subitamente presa de sono magnético, se deixou cair numa cadeira, onde a arranhadura se fez ouvir várias vezes. As mãos da criança estavam sobre seus joelhos e a cadeira se movia ora à direita, ora à esquerda, para frente ou para trás. Viam-se os pés dianteiros da cadeira se erguerem, enquanto a cadeira se balançava, num equilíbrio espantoso, sobre os pés traseiros. Tendo sido Philippine transportada para o meio do quarto, foi mais fácil observar esse novo fenômeno. Então, ao comando, a cadeira virava, avançava ou recuava mais ou menos rápida, ora num sentido, ora no outro. Durante essa dança singular, os pés da criança, como paralisados, arrastavam no solo; esta se queixava de dor de cabeça por gemidos levando, diversas vezes, a mão à sua fronte; depois, despertada de repente, se pôs a olhar por todos os lados, não podendo compreender sua situação: seu mal-estar a havia deixado. Ela se deitou: então os golpes e a arranhadura, que se produziram na mesa, se fizeram ouvir na cama com força e de um modo alegre.

Algum tempo antes, tendo uma campainha produzido sons espontâneos, se teve a idéia de a fixar na cama, e logo se pôs a tocar e a se agitar. O que houve de mais curioso nessa circunstância foi que a cama, estando erguida e descolocada, a campanhia permanecia imóvel e muda. Em mais alguns minutos todo o ruído cessou e a assembléia se retirou.

Na segunda-feira, à noite, 15 de maio, fixou-se na cama uma grande campainha; logo fez ouvir um ruído ensurdecedor e desagradável. No mesmo dia, depois do meio-dia, a janela e a porta do quarto de dormir se abriram, mas silenciosamente.

Devemos narrar também que a cadeira, na qual Philippine se sentou na sexta-feira e no sábado, tendo sido levada pelo pai Senger para o meio do quarto, parecia muito mais leve que de costume: se diria que uma força invisível a sustentava. Um dos assistentes, querendo a empurrar, não experimentou nenhuma resistência, a cadeira parecia deslizar por si mesma sobre o solo.

O Espírito batedor permaneceu silencioso durante uns três dias, quinta-feira, sexta-feira e sábado santos. Não foi senão no dia de Páscoa que seus golpes recomeçaram com o som de sinos, golpes ritmados que compuseram uma música. No dia 1º de abril, as tropas mudando de guarnição, deixaram a cidade com música à frente. Quando passavam diante da casa de Senger, o Espírito batedor executou, à sua maneira, contra a cama, o mesmo trecho que se tocava na rua. Algum tempo antes, se ouviu no quarto como passos de uma pessoa, e como se tivesse lançado um sabe sobre as tábuas.

O governo de Palatinat se preocupou com os fatos que acabamos de narrar, e propôs ao pai Senger colocar sua criança em uma casa de saúde em Frankenthal, proposta que foi aceita. Soubemos que, em sua nova residência, a presença de Philippine deu lugar aos prodígios de Bergzabern, e que os médicos de Frankenthal, tanto quanto os da nossa cidade, não puderam lhes determinar a causa. Estamos informados, por outro lado, que só os médicos têm acesso junto da jovem. Por que se tomou essa medida? Ignoramos, e nos permitimos protestar; mas, se o que lhe ocasionou não foi o resultado de alguma circunstância particular, cremos que se poderia deixar entrar, perto da criança, senão todo o mundo, ao menos as pessoas recomendáveis.

Nota. – Não tomamos conhecimento dos diferentes fatos que narramos senão pelo relatório que deles publicou o senhor Blanck; mas uma circunstância veio nos colocar em relação com uma das pessoas que mais figuraram em todo esse assunto, e que consentiu nos fornecer, a esse respeito, documentos circunstanciais do mais alto interesse. Tivemos igualmente, pela evocação, explicações muito curiosas e muito instrutivas sobre esse Espírito batedor, por ele mesmo que se manifestou para nós. Esses documentos, nos tendo chegado muito tarde, adiamos sua publicação para o próximo número.

CONVERSAS FAMILIARES DE ALÉM-TÚMULO

O Tambor de Bérésina

Estando algumas pessoas reunidas conosco a fim de constatarem certas manifestações, os fatos seguintes se produziram, durante várias sessões, e deram lugar à entrevista que vamos narrar, e que apresenta um alto interesse do ponto de vista do estudo.

O Espírito se manifestou por pancadas, não com o pé da mesa, mas na substância da própria madeira. A troca de pensamentos que ocorreu, nesta circunstância, entre os assistentes e o ser invisível, não permitia duvidar da intervenção de uma inteligência oculta. Por outro lado, as respostas dadas a diversas perguntas, seja por *sim* e por *não,* seja por meio da tiptologia alfabética, os golpes batiam à vontade uma marcha qualquer, o ritmo de uma música imitavam a fuzilaria e a canhonada de uma batalha, o barulho do tanoeiro, do sapateiro, fazendo o eco com uma admirável precisão etc. Depois ocorreu o movimento de uma mesa e sua translação, sem nenhum contato das mãos, estando os assistentes afastados; uma saladeira, tendo sido colocada sobre a mesa, ao invés de girar, se pôs a deslizar em linha reta, igualmente sem o contato das mãos. Os golpes se faziam ouvir igualmente em diversos móveis do quarto, algumas vezes simultaneamente, outras vezes como se respondessem.

O Espírito parecia ter uma marcada predileção pelas pancadas do tambor, porque a elas voltava, a cada instante, sem que se lhe pedisse; freqüentemente, em certas questões, em lugar de responder, ele batia a geral ou a chamada. Interrogado sobre várias particularidades de sua vida, disse chamar-se Celima, ter nascido em Paris, morrido há quarenta e cinco anos, e ter sido tocador de tambor.

Entre os assistentes, além do médium especial para influências físicas que servia nas manifestações, havia uma excelente médium escrevente que pôde servir de intérprete ao Espírito, o que permitiu obter respostas mais explícitas. Tendo confirmado, pela psicografia, o que dissera por meio da tiptologia, seu nome, o lugar do seu nascimento e a época da sua morte, lhe foi dirigida a série de perguntas seguintes, cujas respostas oferecem vários traços característicos e que corroboram certas partes essenciais da teoria:

1. Nos escrever alguma coisa, é o que desejas? – R. Ran plan plan, Ran plan plan.

2. Por que escrevestes isso? –R. Eu era tocador de tambor.

3. Havias recebido alguma instrução?– R. Sim.

4. Onde fizeste teus estudos? – R. Nos ignorantins.

5. Nos parece ser jovial? – R. Eu o sou muito.

6. Nos dissestes uma vez que, durante tua vida, amavas demais beber; isso é verdade? – R. Amava tudo o que era bom.

7. Eras militar? – R. Mas sim, porque eu era tocador de tambor.

8. Sob qual governo serviste? – R. Sob Napoleão, o Grande.

9. Podes nos citar uma das batalhas a qual assististe? – R. A Bérésina.

10. Foi lá que morreste? – R. Não.

11. Estavas em Moscou? – R. Não.

12. Onde morreste? – R. Nas neves.

13. Em qual corpo servias? – R. Nos fuzileiros da guarda.

14. Amavas muito Napoleão, o Grande? – R. Como todos nós o amamos, sem saber porquê.

15. Sabes em que se tornou depois de sua morte? – R. Eu não me ocupei senão de mim depois de minha morte.

16. Estás reencarnado? – R. Não, uma vez que venho conversar convosco.

17. Por que te manifestaste por golpes sem que tivesses sido chamado? – R. É preciso fazer ruído para aqueles cujo coração não crê. Se não tendes o bastante, vos darei ainda mais.

18. É de tua própria vontade que vens bater, ou outro Espírito te forçou o fazer? – R. Foi pela minha vontade que vim; há um que chamais *Verdade* que pode me forçar a isso também; mas, há muito tempo eu queria vir.

19. Com qual objetivo desejavas vir? – R. Para conversar convosco; era o que eu queria; mas havia alguma coisa que me impedia. Fui forçado por um Espírito familiar da casa, que me convidou, a me tornar útil às pessoas que me pedissem responder. – Esse Espírito tem, pois, muito poder, uma vez que co-

manda assim os outros Espíritos? – R. Mais do que credes e não usa isso senão para o bem.

Nota. – O Espírito familiar da casa se fez conhecer sob o nome alegórico da *Verdade,* circunstância ignorada pelo médium.

20. O que te impedia vir? – R. Não o sei; alguma coisa que não compreendo.

21. Lamentas a vida? – R. Não, eu não lamento nada.

22. Preferes tua existência atual ou tua existência terrestre? – R. Prefiro a existência dos Espíritos à existência do corpo.

23. Por que isso? – R. Porque se está bem melhor do que na Terra; na Terra é o purgatório, e todo o tempo que vivi, desejei sempre a morte.

24. Sofres em tua nova situação? – R. Não; mas não sou ainda feliz.

25. Estarias satisfeito em ter uma nova existência corporal? – R. Sim, porque sei que devo me elevar.

26. Quem te disse? – R. Eu o sei bem.

27. Estarás logo reencarnado? – R. Não o sei.

28. Vês outros Espíritos ao teu redor? – R. Sim, muitos.

29. Como sabes que são Espíritos? – R. Entre nós, nos vemos tal qual somos.

30. Sob qual aparência os vês? – R. Como se podem ver os Espíritos, mas não pelos olhos.

31. E tu, sob qual forma estás aqui? – R. Sob a que tinha durante a minha vida; quer dizer, de tamborileiro.

32. E vês os outros Espíritos, sob a forma que tinham em sua vida? – R. Não, não tomamos uma aparência senão quando somos evocados, de outro modo nos vemos sem forma.

33. Vês tão perfeitamente como se estivesses vivo? – R. Sim, perfeitamente.

34. É pelos olhos que nos vês? – R. Não; temos uma forma, porém, não temos sentidos; nossa forma não é senão aparente.

Nota. – Seguramente, os Espíritos têm sensações, uma vez que percebem, de outro modo seriam inertes; mas suas sensações não estão localizadas como quando têm um corpo: elas são inerentes a todo o seu ser.

35. Diga-nos, positivamente, em que lugar estás aqui? – R. Estou perto da mesa, entre o médium e vós.

36. Quando bates, estás sob a mesa, ou acima, ou na espessura da madeira? – R. Estou ao lado; não me coloco na madeira: basta que toque a mesa.

37. Como produzes os ruídos que fazes ouvir? – R. Creio que por uma espécie de concentração de nossa força.

38. Poderias nos explicar o modo pelo qual produzes os diferentes ruídos que imitas, as arranhaduras, por exemplo? – R. Não saberia precisar muito a natureza dos ruídos: é difícil explicar. Sei que se arranha, mas não sei explicar como se produz esse ruído que chamais arranhadura.

39. Poderias produzir os mesmos ruídos com qualquer outro médium? – R. Não, há especialidades em todos os médiuns; nem todos podem agir do mesmo modo.

40. Vês entre nós algum, além do jovem S... (o médium de influências físicas pelo qual esse Espírito se manifestou), que poderia te ajudar a produzir os mesmos efeitos? – R. Não o vejo no momento; com ele estou muito disposto a fazer.

41. Por que com ele antes que com um outro? – R. Porque eu o conheço muito, e que também é mais apto do que um outro, para esse gênero de manifestações.

42. Tu o conheces de tempos antigos; antes de sua existência atual? – R. Não; não o conheço senão há pouco tempo; fui de algum modo atraído para ele, para dele fazer meu instrumento.

43. Quando uma mesa se eleva no ar sem ponto de apoio, o que é que a sustenta? – R. Nossa vontade que lhe ordenou obedecer, e também o fluido que lhe transmitimos.

Nota. – Essa resposta vem em apoio da teoria que nos foi dada e que reportamos nos números 5 e 6 desta Revista, sobre a causa das manifestações físicas.

44. Poderias fazê-lo? – R. Penso; tentarei quando o médium vier. (Ele estava ausente nesse momento.)

45. De quem isso depende? – R. Isso depende de mim, uma vez que me sirvo do médium como instrumento.

46. Mas a qualidade do instrumento não é importante? – R. Sim, me ajuda muito, já disse que não o poderia fazer com outros hoje.

Nota. – No correr da sessão se tentou o erguimento da mesa, mas não se conseguiu, provavelmente porque não se pôs nisso bastante perseverança; houve esforços evidentes e movimentos de translação sem contato nem imposição das mãos. Entre as experiências que foram feitas, se fez a de abertura da mesa; do lado do acréscimo, essa mesa oferecia muita resistência devido a sua má construção, foi posta de um lado, ao passo que o Espírito pegava de outro e a fazia abrir.

47. Por que, outro dia, os movimentos da mesa se detinham cada vez que um de nós tomava a luz para olhar debaixo? – R. Porque queria punir vossa curiosidade.

48. Com o que te ocupas em tua existência de Espírito, por que, enfim, não passas todo o teu tempo a bater? – R. Freqüentemente, tenho missões a cumprir; devemos obedecer às ordens superiores, e, sobretudo, quando temos bem a fazer pela nossa influência sobre os humanos.

49. Tua vida terrestre não foi, sem dúvida, isenta de faltas; as reconhece agora? – R. Sim, as expio justamente permanecendo estacionário entre os Espíritos inferiores; não poderei me purificar mais senão quando tomar um outro corpo.

50. Quando fazias ouvir golpes em um outro móvel, ao mesmo tempo em que na mesa, eras tu que os produzias ou um outro Espírito? – R. Era eu.

51. Estavas só, portanto? – R. Não, mas eu realizava sozinho a missão de bater.

52. Os outros Espíritos que ali estavam, ajudavam de algum modo? – R. Não para bater, mas para falar.

53. Então não eram Espíritos batedores? – R. Não, a Verdade não permitia senão a mim bater.

54. Os Espíritos batedores, algumas vezes, não se reúnem em maior número, a fim de terem mais força para produzirem certos fenômenos? – R. Sim, mas para aquilo que queria fazer, o posso fazer sozinho.

55. Em tua existência espírita, estás sempre na Terra? – R. O mais freqüentemente, no espaço.

56. Algumas vezes vais para outros mundos, quer dizer, em outros globos? – R. Não nos mais perfeitos, mas em mundos inferiores.

57. Algumas vezes, te divertes vendo e ouvindo o que fazem os homens? – R. Não; algumas vezes, todavia, deles tive piedade.

58. Quem são aqueles junto aos quais vais de preferência? – R. Aqueles que querem crer de boa-fé.

59. Poderias ler os nossos pensamentos? – R. Não, eu não leio nas almas; não sou bastante perfeito para isso.

60. Entretanto, deves conhecer os nossos pensamentos, uma vez que vens entre nós; de outro modo, como poderias saber se cremos de boa-fé? – R. Eu não leio, mas ouço.

Nota. – A questão 58 tinha por objetivo perguntar quais são aqueles junto aos quais ele vai de preferência espontaneamente, em sua vida de Espírito, sem ser evocado; pela evocação ele pode, como Espírito de uma ordem pouco elevada, ser constrangido a vir mesmo em um meio que lhe desagrade. Por outro lado, sem ler, propriamente falando, nossos pensamentos, certamente, poderia ver que as pessoas não estavam reunidas senão para um objetivo sério, e pela natureza das questões e das conversações que ele *ouvia,* julgar que a assembléia era composta de pessoas sinceramente desejosas de se esclarecerem.

61. Encontraste, no mundo dos Espíritos, alguns dos antigos camaradas de armas? – R. Sim, mas suas posições eram tão diferentes, que não reconheci a todos.

62. Em que consistia essa diferença? – R. Na ordem feliz ou infeliz de cada um.

63. Que disseste em vos reencontrando? – R. Eu lhes disse: Vamos elevar-nos até Deus, que o permite.

64. Como entendias subir até Deus? – R. Um degrau a mais superado é um degrau a mais até Ele.

65. Disseste-nos que morreste nas neves, em conseqüência morreste de frio? – R. De frio e de necessidade.

66. Tiveste, imediatamente, ciência de sua nova existência? – R. Não, mas não tinha mais frio.

67. Algumas vezes, retornaste ao lugar onde deixaste teu corpo? – R. Não, ele me fizera sofrer muito.

68. Nós te agradecemos as explicações que consentiste nos dar; elas nos forneceram úteis objetos de observação para nos aperfeiçoarmos na ciência Espírita? – R. Estou às vossas ordens.

Nota. – Esse Espírito, como se vê, é pouco avançado na hierarquia espírita: ele mesmo reconhece sua inferioridade. Seus conhecimentos são limitados; mas há nele bom senso, sentimentos honoráveis e benevolência. Sua missão, como Espírito, é bastante ínfima, uma vez que desempenha o papel de Espírito batedor *para chamar os incrédulos à fé;* mas, no próprio teatro, o próprio traje de comparsa não pode cobrir um coração honesto? Suas respostas têm a simplicidade da ignorância; mas, por não terem a elevação da linguagem filosófica dos Espíritos superiores, não são menos instrutivas como estudo dos costumes espíritas, se assim podemos nos exprimir. É somente estudando todas as classes desse mundo que nos espera, que se pode chegar a o conhecer, e, de algum modo, nele marcar antecipadamente o lugar que cada um de nós pode aí ocupar. Vendo a situação que se prepararam, por seus vícios e suas virtudes, os homens que foram nossos iguais neste mundo, é um encorajamento para nos elevar, o mais possível, desde este: é o exemplo ao lado do preceito. Não é demasiado repetir que para bem conhecer uma coisa, e dela se fazer uma idéia isenta de ilusões, é preciso vê-la sob todas as suas faces, do mesmo modo que o botânico não pode conhecer o reino vegetal senão observando desde o modesto criptogâmo escondido sob o musgo, até o carvalho que se eleva nos ares.

ESPÍRITOS IMPOSTORES

O falso Padre Ambroise

Um dos escolhos que apresentam as comunicações espíritas é o dos Espíritos impostores, que podem induzir em erro sob sua identidade, e que, ao abrigo de um nome respeitável, procuram passar seus grosseiros absurdos. Em muitas ocasiões, explicamos sobre esse perigo, que deixa de o ser para quem escute, ao mesmo tempo, a forma e o fundo da linguagem dos seres invisíveis com os quais se comunicam. Não podemos repetir aqui o que dissemos a esse respeito: leia-se, atentamente, nessa Revista, em *O Livro dos Espíritos* e em nossa *Instrução Prática,* se verá que nada é mais fácil que premunir-se contra semelhantes fraudes, por pouco que nisso se coloque de boa vontade. Reproduziremos somente a comparação seguinte, que citamos em alguma parte: Suponde que, num quarto vizinho ao que estais, estejam vários indivíduos que não conheceis, que não podeis ver, mas que ouvis perfeitamente; não seria fácil reconhecer, pela sua conversação, se são ignorantes ou sábios, homens honestos ou malfeitores, homens sérios ou estouvados, pessoas de boa companhia ou grosseiras?

Tomemos uma outra comparação, sem sairmos da nossa humanidade material: suponhamos que um homem se apresente a nós sob o nome de um distinto literato; diante desse nome, o recebeis de início com todo o respeito devido ao seu mérito suposto; mas se ele se exprime como um carregador, reconhecereis logo o engano, e o expulsareis como impostor.

Ocorre o mesmo com os Espíritos: são reconhecidos pela sua linguagem; a dos Espíritos superiores é sempre digna, em harmonia com a sublimidade dos pensamentos; jamais a trivialidade lhes macula a pureza. A grosseria e a baixeza de expressões não pertencem senão aos Espíritos inferiores. Todas as qualidades e todas as imperfeições dos Espíritos se revelam pela sua linguagem, e se pode, com razão, lhes aplicar este adágio de um escritor célebre: *O estilo é o homem.*

Essas reflexões nos foram sugeridas por um artigo que encontramos no *Spíritualíste de Ia Nouvelle-Orléans,* do mês de dezembro de 1857. É uma conversação que se estabeleceu, por intermédio do médium, entre dois Espíritos, um se dando o nome de padre Ambroise, o outro o nome de Clément XIV. O padre Ambroise foi um respeitável eclesiástico, falecido em Louisiane, no último século; era um homem de bem, de grande inteligência, e que deixou uma memória venerada.

Nesse diálogo, onde o ridículo disputa com o ignóbil, é impossível se equivocar sobre a qualidade dos interlocutores, e é preciso convir que os Espíritos que o fizeram, tomaram bem pouca precaução para se mascararem; por que qual é o homem de bom senso que poderia, um só instante, supor que o padre Ambroise e Clément XIV pudessem se abaixar a tais trivialidades, que se parecem a um espetáculo teatral? Comediantes da mais baixa categoria, que parodiassem esses dois personagens, não se exprimiriam de outro modo.

Estamos persuadidos de que o círculo de Nouvelle-Orléans, onde o fato se passou, a compreendeu como nós; duvidar disso seria os injuriar; lamentamos apenas que ao publicá-lo, não o fizeram seguir de algumas observações corretivas, que pudesse impedir, às pessoas superficiais, o tomar por uma amostra do estilo sério de além-túmulo. Mas, nos apressamos em dizer que esse círculo não tem apenas comunicações desse gênero; tem também de outra ordem diferente, onde se encontram toda a sublimidade do pensamento e da expressão dos Espíritos superiores.

Pensamos que a evocação do verdadeiro e do falso padre Ambroise poderia oferecer um útil objeto de observação sobre os Espíritos impostores; foi, com efeito, o que ocorreu, como se pode julgar pela entrevista seguinte:

1. Peço a Deus Todo-Poderoso permitir ao Espírito do verdadeiro padre Ambroise, falecido em Louisiane, no século passado, e que deixou uma memória venerada, se comunicar conosco. – R. Estou aqui.

2. Podeis nos dizer se foi realmente vós quem tivestes, com Clément XIV, a conversa narrada no *Spíritualíste de La Nouvelle-Orléans* e da qual demos leitura em nossa última sessão? – R.

Lamento os homens que foram vítimas dos Espíritos, lamentando igualmente a estes.

3. Qual foi o Espírito que tomou o vosso nome? – R. Um Espírito bufão.

4. E o interlocutor era realmente Clément XIV? – R. Era um Espírito simpático àquele que havia tomado o meu nome.

5. Como deixastes debitar semelhantes coisas sob vosso nome, e por que não viestes desmascarar os impostores? – R. Porque não posso sempre impedir os homens e os Espíritos de se divertirem.

6. Concebemos isso em relação aos Espíritos; mas quanto às pessoas que recolheram essas palavras são pessoas sérias e que não procuravam se divertir. – R. Razão a mais; deveriam bem pensar que tais palavras não poderiam ser senão a linguagem de Espíritos zombeteiros.

7. Por que os Espíritos não ensinam em Nouvelle-Orléans, princípios em tudo idênticos aos que se ensinam aqui? – R. A Doutrina que vos foi ditada cedo lhes servirá; não haverá senão uma.

8. Uma vez que essa Doutrina deverá ser ensinada mais tarde nos parece que, se o fosse imediatamente, isso apressaria o progresso e evitaria, no pensamento de alguns, uma incerteza deplorável? – Os caminhos de Deus, freqüentemente, são impenetráveis; não haverá outras coisas que vos parecem incompreensíveis nos meios que empregam para chegar aos seus fins? *É preciso que o homem se exercite para distinguir o verdadeiro do falso,* mas nem todos poderiam receber a luz subitamente sem se ofuscarem.

9. Podeis, eu vos peço, nos dizer sua opinião pessoal sobre a reencarnação? – Os Espíritos são criados ignorantes e imperfeitos: uma única encarnação não poderá lhes bastar para tudo aprenderem; é preciso que se reencarnem, para aproveitarem as bondades que Deus lhes destina.

10. A reencarnação pode ocorrer sobre a Terra, ou somente em outros globos? – R. A reencarnação se dá segundo o progresso do Espírito, em mundos mais ou menos perfeitos.

11. Isso não nos diz claramente se ela pode ocorrer sobre a Terra? – R. Sim, ela poderá ter lugar sobre a Terra; e se o Espírito a pede como missão, isso será mais meritório para ele do que pedir para avançar mais depressa em mundos mais perfeitos.

12. Pedimos a Deus Todo-Poderoso permitir ao Espírito que tomou o nome do padre Ambroise, se comunicar conosco. – R. Estou aqui; mas não queirais me confundir.

13. Verdadeiramente, és tu o padre Ambroise? Em nome de Deus, peço dizer a verdade. – R. Não.

14. Que pensas daquilo que disseste sob o seu nome? – R. Penso como pensaram aqueles que me escutaram.

15. Por que te serviste de um nome tão respeitável para dizer semelhantes tolices? – Os nomes, aos nossos olhos, nada são: as obras são tudo; *como se podia ver o que eu era pelo que eu dizia,* não atribuí conseqüência ao empréstimo desse nome.

16. Por que, em nossa presença, não sustentas mais tua impostura? – R. Porque minha linguagem é uma pedra de toque com a qual não podeis vos enganar.

Nota. – Nos foi dito, várias vezes, que a impostura de certos Espíritos é uma prova para o nosso julgamento; é uma espécie de *tentação* que Deus permite, a fim de que, como disse o padre Ambroise, o homem possa se exercitar em distinguir o verdadeiro do falso.

17. E teu companheiro Clément XIV, que pensas dele? – Não vale mais do que eu; ambos temos necessidade de indulgência.

18. Em nome de Deus Todo-Poderoso, peço-lhe que venha. – R. Estou aqui desde que o falso padre Ambroise chegou.

19. Por que abusaste da credulidade de pessoas respeitáveis para dar uma falsa idéia da Doutrina Espírita? – R. Por que se é propenso às faltas? é porque não se é perfeito.

20. Não pensastes, ambos, que um dia vosso embuste seria reconhecido, e que os verdadeiros padres Ambroise e Clément XIV não poderiam se exprimir como o fizestes? – R. Os embustes já foram reconhecidos e castigados por aquele que nos criou.

21. Sois da mesma classe dos Espíritos que chamamos batedores? – R. Não, porque é preciso ainda raciocínio para fazer o que fizemos em Nouvelle-Orléans.

22. (Ao verdadeiro padre Ambroise) Esses Espíritos impostores os vêem aqui? – R. Sim, e sofrem com a minha visão.

23. Esses Espíritos estão errantes ou reencarnados? – R. Errantes; não seriam bastante perfeitos para se desligarem, se estivessem encarnados.

24. E vós, padre Ambroise, em qual estado estais? – R. Encarnado em um mundo feliz e sem nome para vós.

25. Nós vos agradecemos os esclarecimentos que consentistes em nos dar; sereis bastante bom para vir outras vezes entre nós, nos dizer algumas boas palavras e nos dar um ditado que possa mostrar a diferença de vosso estilo com aquele

que havia tomado o vosso nome?– R. Estou com aqueles que querem o bem na verdade.

Uma lição de escrita por um Espírito

Os Espíritos não são, em geral, mestres em caligrafia, porque a escrita por médium não brilha, comumente, pela elegância; o Sr. D..., um de nossos médiuns, apresentou, sob esse aspecto, um fenômeno excepcional, o de escrever muito melhor sob a inspiração dos Espíritos, do que sob a sua própria. Sua escrita normal é péssima (da qual não se envaidece, dizendo que é a dos grandes homens); ela toma um caráter especial, muito diferente, segundo o Espírito que se comunica e se reproduz constantemente a mesma com o mesmo Espírito, mas sempre mais limpa, mais legível e mais correta; com alguns, é uma espécie de escrita inglesa, lançada com uma certa audácia. Um dos membros da Sociedade, o Sr. doutor V..., teve a idéia de evocar um calígrafo distinto, como objeto de observação ao ponto de vista da escrita. Ele conheceu um, chamado Bertrand, falecido há uns dois anos, com o qual tivemos, em uma outra sessão, a entrevista seguinte:

1. À fórmula de evocação, ele respondeu: Estou aqui.

2. Onde estáveis quando vos evocamos? – R. Já perto de vós.

3. Sabeis com qual objetivo principal vos pedimos para vir? – R. Não, mas o desejo saber.

Nota. – O Espírito do Sr. Bertrand está ainda sob a influência da matéria, assim como se o podia supor pela sua vida terrestre; se sabe que esses Espíritos são menos aptos para lerem no pensamento, do que aqueles que estão mais desmaterializados.

4. Desejaríamos que consentisses em reproduzir, pelo médium, uma escrita caligráfica tendo o caráter daquela que tínheis durante vossa vida; vós o podeis? – R. Eu o posso.

Nota. – A partir dessa palavra, o médium, que não se porta segundo as regras ensinadas pelos professores de escrita, tomou, sem o perceber, uma pose correta tanto pelo corpo quanto pela mão: todo o resto da conversa foi escrito como o fragmento do qual reproduziremos o fac-símile. Como termo de comparação daremos acima a escrita normal do médium.

5. Lembrai-vos das circunstâncias da vossa vida terrestre? – R. Algumas.

6. Poderíeis dizer em que ano falecestes? – R. Faleci em 1856.

7. Com que idade? – R. 56 anos.

8. Que cidade habitáveis? – R. Saint-Germain.

9. Qual era o vosso gênero de vida? – R. Esforçava-me para contentar meu corpo.

10. Vós vos ocupáveis um pouco com, as coisas do outro mundo? – R. Não muito.

11. Lamentai-vos por não serdes mais desse mundo? – R. Lamento não ter empregado muito bem minha existência.

12. Sois mais feliz do que sobre a Terra? – R. Não, sofro pelo bem que não fiz.

13. Que pensais do futuro que vos está reservado? – R. Penso que tenho necessidade de toda a misericórdia de Deus.

14. Quais são as vossas relações no mundo em que vos achais? – R. Relações tristes e infelizes.

15. Quando voltais a Terra, tendes lugares que freqüentais de preferência? – R. Procuro as almas que se compadecem de minhas penas e que pedem por mim.

16. Vedes as coisas da Terra tão nitidamente como quando de sua vida? – R. Nada tenho para ver; se as procurasse, seria ainda uma causa de desgostos.

17. Diz-se que, quando vivo, éreis muito pouco pacientes; é verdade? – R. Era muito violento.

18. Que pensais da finalidade de nossas reuniões? – R. Bem que gostaria as ter conhecido em minha vida; isso me teria tornado melhor.

19. Vedes os outros Espíritos além de vós? – R. Sim, mas fico muito confuso diante deles.

20. Pedimos a Deus que vos ajude em sua santa misericórdia; os sentimentos que acabais de exprimir devem vos fazer achar graça diante dele, e não duvidamos que ajudem ao vosso adiantamento. – R. Eu vos agradeço; Deus vos protege; que seja bendito por isso! Minha vez chegará também, o espero.

Nota. – As informações fornecidas pelo espírito do senhor Bertrand são perfeitamente exatas, e de acordo com o gênero de vida e o caráter que se lhe conhece; somente confessando a sua inferioridade e seus erros, sua linguagem é mais séria e mais elevada do que se poderia dele esperar; nos prova, uma vez mais, a penosa situação daqueles que são muito presos à matéria neste mundo. Assim é que os próprios Espíritos inferiores nos dão, freqüentemente, úteis lições de moral pelo exemplo.

CORRESPONDÊNCIA

Bruxelles, 15 de junho de 1858.

Meu caro senhor Kardec.

Recebi e li com avidez vossa *Revista Espírita* e recomendei aos meus amigos, não a simples leitura, mas o estudo aprofundado de vosso *O Livro dos Espíritos*. Muito lamento por minhas preocupações físicas não me deixarem tempo para os estudos metafísicos; mas eu as empurrei bastante longe por sentir o quanto estás perto da verdade absoluta, sobretudo quando vejo a coincidência perfeita que existe entre as respostas que me foram dadas e as vossas. Mesmo aqueles que vos atribuem pessoalmente a redação dos vossos escritos, estão estupefatos com a profundidade e a lógica que neles encontram. Teríeis vos elevado, de repente, ao nível de Sócrates e de Platão pela moral e a filosofia estética; quanto a mim, que conheço o fenômeno e vossa lealdade, não duvido da exatidão das explicações que vos são dadas, e abjuro todas as idéias que publiquei a esse respeito, quando não acreditava nisso ver, com o senhor Babinet, senão fenômenos físicos, ou charlatanice indigna da atenção dos sábios.

Não vos desencorajeis, tanto quanto eu, com a indiferença de vossos contemporâneos; o que está escrito, está escrito; o que foi semeado germinará. A idéia de que a vida não é senão uma *purificação* de almas, uma prova e uma expiação é grande, consoladora, progressista e natural. Aqueles que a ela se ligam são felizes em todas as posições; em lugar de se lamentarem pelos males físicos e morais que os oprimem, devem com eles se alegrarem, ou ao menos os suportar com uma resignação cristã.

Para ser feliz, fuja do prazer:
Do filósofo é a divisa;
O esforço que se faz para o agarrar,
Custa mais do que a mercadoria;
Mas ele vem a nós cedo ou tarde,
Sob a forma de uma surpresa;
É um terno, no jogo do acaso,
Que vale dez mil vezes a aposta.

Conto logo atravessar Paris, onde tenho tantos amigos para ver e tantas coisas a fazer; mas deixarei tudo para tentar ir vos apertar a mão.

JOBARD

Diretor do Museu Real da Indústria

Uma adesão tão limpa e tão franca, da parte de um homem do valor do senhor Jobard é, sem contradita, uma preciosa conquista à qual aplaudirão todos os partidários da Doutrina Espírita; todavia, na nossa opinião, aderir é pouca coisa; mas reconhecer, abertamente, que se enganou, abjurar idéias anteriores que se publicaram, e isso sem pressão e sem interesse, unicamente porque a verdade abriu caminho, está aí o que se pode chamar a verdadeira coragem de sua opinião, sobretudo quando se tem um nome popular. Agir assim é próprio dos grandes caracteres, os únicos que sabem se colocar acima dos preconceitos. Todos os homens podem se enganar; mas há grandeza em reconhecer os erros, ao passo que não há senão pequenez em perseverar numa opinião que se sabe falsa, unicamente para se dar, aos olhos do vulgo, um prestígio de infalibilidade; esse prestígio não poderia enganar a posteridade, que extirpa, sem piedade, todos os ouropéis do orgulho; só ela cria as reputações; só ela tem o direito de inscrever, em seu templo: Este era, verdadeiramente, grande de espírito e de coração. Quantas vezes não escreveu também: Esse grande homem foi bem pequeno.

Os elogios contidos na carta do senhor Jobard nos teriam impedido de a publicar se fossem dirigidos a nós pessoalmente; mas, como ele reconhece em nosso trabalho a obra dos Espíritos dos quais não fomos senão muito modesto intérprete, todo mérito lhes pertence, e nossa modéstia nada tem a sofrer com uma comparação que não prova senão uma coisa: que esse livro não pode ter sido ditado senão por Espíritos de uma ordem superior. Respondendo ao senhor Jobard, lhe havíamos pedido autorização para publicarmos sua carta; ao mesmo tempo, estávamos encarregados, da parte da Sociedade Parisiense de Estudos Espíritas, de lhe oferecer o título de membro honorário e de correspondente. Eis a resposta que achou por bem nos endereçar, e que estamos felizes em reproduzir:

Bruxelles, 22 de junho de 1858.

Meu caro colega,

Me perguntais, com espirituosas perífrases, se ousaria confessar publicamente minha crença nos Espíritos e nos Perispíritos, em vos autorizando publicarem minhas cartas, e em aceitando o título de correspondente da Academia do Espiritismo que fundastes, o que seria ter, como se disse, a coragem de sua opinião.

Estou um pouco humilhado, vos confesso, por vos ver empregar, comigo, as mesmas fórmulas e os mesmos discursos que com os tolos, quando deveis saber que toda a minha vida foi consagrada em sustentar a verdade, e em testemunhar em seu favor todas as vezes que a encontrava, seja em física, seja em metafísica. Sei que o papel do adepto das idéias novas não é sempre sem inconveniente, mesmo neste século de luzes, e que se pode ser ridicularizado por dizer que é dia em pleno meio-dia, porque o menos que se arrisca é ser tratado de louco; mas como a Terra gira e que o pleno meio-dia brilhará para cada um, será bem preciso que os incrédulos se rendam à evidência. E tão natural ouvir negar a existência dos Espíritos por aqueles que não o têm, quanto à existência da luz por aqueles que ainda estão privados dos seus raios. Pode-se comunicar com eles? Aí está toda a questão. Vede e observai.

O tolo nega sempre o que não pode compreender;
Para ele o maravilhoso é despido de atrativo;
Não sabe nada, não quer nada aprender:
Tal é, do incrédulo, um fiel retrato.

Eu me disse: O homem, evidentemente, é duplo, uma vez que a morte o desdobra; enquanto uma metade fica neste mundo a outra vai para alguma parte conservando a sua individualidade; portanto, o Espiritismo está perfeitamente de acordo com a Escritura, com o dogma, com a religião que crê de tal modo nos Espíritos que exorciza os maus e evoca os bons: o *Vade retro* e o *Vení Creator* são as prova disso; portanto, a evocação é uma coisa séria e não uma obra diabólica, ou uma charlatanice, como pensam alguns.

Sou curioso, não nego nada; mas quero ver. Nunca disse: Tra-zei-me o fenômeno, corri atrás dele, em lugar de o esperar em minha poltrona até que viesse, segundo um hábito ilógico. Fiz-me simplesmente este raciocínio, há mais de 40 anos, a propósito do Magnetismo: É impossível que homens muito respeitados escrevam milhares de volumes para me fazer crer na existência de uma coisa que não exista. Depois tentei muito tempo e em vão, enquanto não tinha a fé em obter o que procurava; mas fui bem recompensado pela minha perseverança, uma vez que cheguei a produzir todos os fenômenos dos quais ouvi falar; depois parei durante quinze anos. Tendo sobrevindo as mesas, quis vê-las de coração limpo; vem hoje o *Espiritismo,* e ajo do mesmo modo. Quando alguma coisa de nova aparecia, corria atrás dela com o mesmo ardor que me coloco para ir ao encontro das descobertas modernas de todos os gêneros; é a curiosidade que me arrasta, e lastimo os selvagens por não serem curiosos, o que faz que permaneçam selvagens: a curiosidade é mãe da instrução. Sei bem que esse ardor para aprender tem me prejudicado muito, e que se tivesse permanecido nessa respeitável mediocridade que conduz às honras e à fortuna, delas teria tido minha boa parte; mas, há muito tempo, eu me disse que não estava senão passando nesta má hospedaria onde não vale a pena fazer sua mala; o que me fez suportar, sem dor, os insultos, as injustiças, os roubos dos quais fui uma vítima privilegiada, foi essa idéia de que não há, neste mundo, uma felicidade nem uma infelicidade que valha a pena dela se alegrar ou dela se afligir. Trabalhei, trabalhei, trabalhei, o que me deu a força para fustigar meus adversários mais encarniçados, e manter o respeito dos outros, de modo que sou agora mais feliz e mais tranqüilo do que as pessoas que me furtaram uma herança de 20 milhões. Eu os lamento, porque não invejo seu lugar no mundo dos Espíritos. Se lamento essa fortuna, não é por mim: não tenho um estômago para comer 20 milhões, mas pelo bem que isso me impediu de fazer. Que alavanca nas mãos de um homem que soubesse a empregar utilmente! Que estímulo poderia dar às ciências e ao progresso! Aqueles que têm a fortuna, freqüentemente, ignoram as verdadeiras alegrias que poderiam se proporcionar. Sabeis o que falta à ciência espírita para se propagar com rapidez? Falta um homem rico, que a ela consagrasse a sua fortuna, por puro devotamento, sem mistura com o orgulho e o egoísmo; que fizesse as coisas grandemente, sem parcimônia nem pequenez; um tal homem, faria a sociedade avançar meio século. Por que me tiraram os meios de o fazer? Ele será encontrado; alguma coisa mo diz; honra a ele!

Vi evocar uma pessoa viva; ela sentiu uma síncope até o retorno do seu Espírito. Evocai o meu, para ver o que vos direi. Evocai também o doutor Mure, falecido no Cairo no dia 4 de junho; era um grande espiritista e médico homeopata. Perguntai-lhe se crê ainda nos gnomos. Certamente, ele está em Júpiter, porque foi um grande Espírito, mesmo neste mundo, um verdadeiro profeta ensinando e meu melhor amigo. Estará contente com o artigo necrológico que lhe fiz?

Eis que está bem longo, me direis; mas não é tudo rosa o ter-me por correspondente. Vou ler vosso último livro, que recebi neste instante; ao primeiro olhar rápido, não duvido que faço muito bem destruindo uma multidão de prevenções, e que tendes mostrado o lado sério da coisa. – O assunto Badet está muito interessante; dele falaremos.

Todo vosso JOBARD.

Qualquer comentário sobre essa carta seria supérfluo; cada um apreciará a sua importância e nela encontrará, sem dificuldade, essa profundidade e essa sagacidade que, unidas aos mais nobres pensamentos, conquistaram para o autor um lugar tão honroso entre os seus contemporâneos. Pode-se honrar-se por ser *louco* (a maneira pela qual o entendem nossos adversários), quando se tem tais companheiros de infortúnio.

A esta anotação do senhor Jobard: "Pode-se comunicar com os Espíritos? Aí está toda a questão; vede e observai", acrescentaremos: As comunicações com os seres do mundo invisível não são nem uma descoberta nem uma invenção do mundo moderno; elas foram praticadas desde a mais alta Antigüidade, por homens que foram mestres em filosofia, e dos quais se invoca, todos os dias, o nome como autoridade. Por que o que se passou então não poderia mais se produzir hoje?

A carta seguinte nos foi dirigida por um dos nossos assinantes; como contém ela uma parte instrutiva que pode interessar à maioria de nossos leitores, e é uma prova a mais da influência moral da Doutrina Espírita, cremos a dever publicar integralmente, respondendo, para todo o mundo, as diversas perguntas que ela encerra.

Bordeaux, 24 de junho de 1858.

Senhor e caro confrade em Espiritismo,

Permitireis, sem dúvida, a um de vossos assinantes e um de vossos leitores mais atentos, de vos dar esse título, porque essa admirável Doutrina deve ser um laço fraternal entre todos aqueles que a compreendem e a praticam.

Em um dos vossos números precedentes, falastes de desenhos notáveis, feitos pelo senhor Victorien Sardou, e que representam habitações do planeta Júpiter. O quadro que dele fizestes, sem dúvida nos dá, como a muitos outros, o desejo de os conhecer; teríeis a bondade de nos dizer se esse Senhor tem a intenção de os publicar? Não duvido de que tenham um grande sucesso, tendo em vista a extensão que tomam, cada dia, as crenças espíritas. Seria o complemento necessário do quadro, tão sedutor, que os Espíritos deram desse mundo feliz.

Eu vos direi, a esse respeito, meu caro Senhor, que há quase dezoito meses evocamos, em nosso pequeno círculo íntimo, um antigo magistrado, parente nosso, falecido em 1756, que foi durante sua vida um modelo de todas as virtudes, e um Espírito muito superior, embora não tendo lugar na história. Disse-nos estar encarnado em Júpiter, e nos deu um ensinamento moral de uma sabedoria admirável, e em todos os pontos de conformidade com aquele que encerra vosso tão precioso *O Livro dos Espíritos*. Naturalmente, tivemos a curiosidade de lhe pedir algumas noticias sobre o estado do mundo que ele habita, o que fez com extrema complacência. Ora, julgai a nossa surpresa e a nossa alegria, quando lemos, na vossa Revista, uma descrição inteiramente idêntica desse planeta, pelo menos nas generalidades, porque não colocamos as questões tão longe quanto vós: tudo nela está conforme, no físico e no moral, e até nas condições dos animais. Mencionou até habitações aéreas, das quais não falais.

Como havia certas coisas que tínhamos dificuldade em compreender, nosso parente acrescentou estas palavras notáveis: 'Não há de espantoso senão que não compreendeis as coisas para as quais os vossos sentidos não foram feitos; mas, à medida que avançardes na ciência, a compreendereis melhor pelo pensamento, e cessarão de vos parecer extraordinárias. Não está longe o tempo no qual recebereis, sobre esse ponto, os esclarecimentos mais completos. Os Espíritos estão encarregados de vos instruir nisso a fim de vos dar um objetivo, e vos impelir ao bem."Lendo vossa descrição e o anúncio dos desenhos dos quais falais, dissemos naturalmente que esse tempo está chegado".

Os incrédulos criticarão, sem dúvida, semelhante paraíso de Espíritos, como criticam tudo, mesmo a imortalidade, mesmo as coisas mais santas. Sei bem que nada prova, materialmente, a verdade dessa descrição; mas, para todos aqueles que crêem na existência e nas revelações dos Espíritos, essa coincidência não foi feita para fazer refletir? Nós fazemos uma idéia do país que jamais vimos pela narração dos viajantes, quando há coincidências entre eles: por que não ocorreria o mesmo com respeito aos Espíritos? Haveria, no estado sob o qual nos descrevem o mundo de Júpiter, alguma coisa que repugne à razão? Não; tudo está de acordo com a idéia que nos dão de existências mais perfeitas; diria mais: com a Escritura, o que um dia me empenharei em demonstrar; de minha parte isso me parece tão lógico, tão consolador, que me seria penoso renunciar à esperança de habitar esse mundo afortunado onde não há maus, nem invejosos, nem inimigos, nem egoístas, nem hipócritas; por isso, todos os meus esforços tendem a merecer ir para lá. Quando, em nosso pequeno círculo, algum de nós parece ter pensamentos muito materiais, lhes dizemos: cuidado, não ireis para Júpiter; e ficamos felizes em pensar que esse futuro nos está reservado, senão na primeira etapa, pelo menos em uma das seguintes. Obrigado, pois, a vós, meu caro irmão, por nos ter aberto esse novo caminho de esperança.

Uma vez que obtivemos revelações tão preciosas sobre esse mundo, devereis as ter, igualmente, sobre os outros que compõem o nosso sistema planetário. Vossa intenção é de as publicar? Isso faria um conjunto dos mais interessantes. Olhando os astros, se comprazeria em sonhar nos seres tão variados que os povoam; o espaço nos pareceria menos vazio. Como pôde vir, no pensamento de homens crentes no poder e na sabedoria de Deus, que esse milhões de globos sejam corpos inertes e sem vida? Que estamos sozinhos neste pequeno grão de areia que chamamos a Terra? Digo que é impiedade. Semelhante idéia me entristece; se assim fora, me pareceria estar num deserto.

Inteiramente vosso de coração,

MAR I US M...

Empregado aposentado.

O título que o nosso honrado assinante quis nos dar é muito lisonjeador, para que não lhe sejamos muito reconhecido por haver nos crer digno dele. O Espiritismo, com efeito, é um laço fraternal que deve conduzir à prática da caridade cristã *todos aqueles que o compreendam em sua essência,* porque tende a fazer desaparecer os sentimentos de ódio, de inveja, de ciúme que dividem os homens; mas essa fraternidade não é a de uma seita; para ser segundo os divinos preceitos do Cristo, ela deve abraçar a Humanidade toda, porque todos os homens são os filhos de Deus; se alguns estão afastados ele manda os lamentar; proíbe os odiar. Amai-vos uns aos outros, disse Jesus; não disse: Amai aqueles que pensam como vós; por isso, quando os nossos adversários nos atiram pedras, não devemos nunca lhes devolver as maldições: esses princípios serão sempre daqueles que os professam, de homens que não procurarão nunca na desordem e no mal do seu próximo, a satisfação de seus interesses ou de suas paixões.

Os sentimentos de nosso honroso correspondente estão marcados de muita elevação, porque estamos persuadidos de que ele entende, tanto como deve ser, a fraternidade na mais larga acepção.

Estamos felizes com a comunicação que consentiu nos fazer com respeito a Júpiter. A coincidência que nos assinala não é única, como se pôde ver no artigo sobre o assunto. Ora, qualquer que seja a opinião que se possa dele formar, não deixa de ser um assunto digno de observação. O mundo espírita está cheio de mistérios que não se saberia estudar com muito cuidado. As conseqüências morais que dele deduz nosso correspondente estão marcadas ao lado de uma lógica que não escapará a ninguém.

No que concerne às publicações dos desenhos, o mesmo desejo nos foi manifestado por vários de nossos assinantes; mas a complicação é tal que a reprodução, pela gravura, teria provocado despesas excessivas e inabordáveis; os próprios Espíritos disseram que o momento de os publicar ainda não havia chegado, provavelmente por esse motivo. Hoje, essa dificuldade está felizmente afastada. O senhor Victorien Sardou, de médium desenhista (sem saber desenhar) tornou-se *médium gravador* sem ter jamais tido um buril em sua vida. Faz, agora, seus desenhos diretamente sobre o cobre, o que permitirá os reproduzir sem o concurso de nenhum artista estranho. Com a questão financeira assim simplificada, poderemos dele dar uma mostra notável, no nosso próximo número, acompanhada de uma descrição técnica, que ele deseja se encarregar de redigir, segundo os documentos que lhe forneceram os Espíritos. Esses desenhos são muito numerosos, e seu conjunto formará, mais tarde, um verdadeiro atlas. Conhecemos um outro médium desenhista a quem os Espíritos fizeram traçar outros não menos curiosos sobre um outro mundo. Quanto ao esplendor de diferentes globos conhecidos, nos foi dado sobre várias notícias gerais e sobre alguns somente notícias detalhadas; mas não estamos ainda fixados quanto à época em que será útil os publicar.

KARDEC.

REVISTA ESPÍRITA,

JORNAL

DE ESTUDOS PSICOLÓGICOS

Agosto

DAS CONTRADIÇÕES NA LINGUAGEM DOS ESPÍRITOS

As contradições que, muito freqüentemente, se encontram na linguagem dos Espíritos, mesmo sobre questões essenciais, foram até hoje, para certas pessoas, uma causa de incerteza sobre o valor real de suas comunicações, circunstância da qual os adversários não deixaram de tirar partido. À primeira vista, essas contradições parecem, com efeito, dever ser uma das principais pedras de tropeço da ciência espírita. Vejamos se elas têm a importância que lhe prestam.

Perguntaremos primeiro, qual ciência, em seu início, não apresentou semelhantes anomalias? Que sábio, em suas investigações, não foi muitas vezes confundido por fatos que pareciam transtornar as regras estabelecidas? Se a Botânica, a Zoologia, a Fisiologia, a Medicina, nossa própria língua disso não nos oferecem milhares de exemplos, e se suas bases desafiam toda contradição? É comparando os fatos, observando as analogias e as disparidades, que se chega, pouco a pouco, a estabelecer as regras, as classificações, os princípios: em uma palavra, a constituir a ciência. Ora, o Espiritismo apenas desabrocha; não é espantoso que ele se sujeite à lei comum, até que seu estudo esteja completo; só então se reconhecerá que, aqui, como em todas as coisas, a exceção vem quase sempre confirmar a regra.

Os Espíritos, de resto, nos disseram, em todos os tempos, que não devemos nos inquietar com algumas dessas divergências, e que, dentro em pouco, todo mundo será conduzido à unidade de crença. Essa predição se cumpre, com efeito, cada dia, à medida que se penetra mais além das causas desses fenômenos misteriosos, e que os fatos são melhor observados. Já as dissidências que surgiram na origem tendem, evidentemente, a se enfraquecer, se pode mesmo dizer que elas não são senão o resultado de opiniões pessoais isoladas.

Se bem que o Espiritismo esteja na Natureza, e que tenha sido conhecido e praticado desde a mais alta Antigüidade, se constata que em nenhuma outra época foi assim universalmente difundido como nos nossos dias. É que outrora dele não se fazia senão um estudo misterioso no qual o vulgo não estava iniciado; se conservou por uma tradição que as vicissitudes da Humanidade e a falta de meios de transmissão, enfraqueceram insensivelmente. Os fenômenos espontâneos que não cessaram de se produzir, de vez em quando, passaram desapercebidos, ou foram interpretados segundo os preconceitos e a ignorância dos tempos, ou foram explorados em proveito de tal ou tal crença. Estava reservado ao nosso século, onde o progresso recebe um impulso incessante, revelar uma ciência que não existia, por assim dizer, senão no estado latente. Não foi senão há poucos anos que os fenômenos foram seriamente observados; o Espiritismo é, pois, uma realidade, uma ciência nova que se implanta pouco a pouco no espírito das massas, à espera de que tome uma posição oficial. No início, essa ciência pareceu bem simples; para as pessoas superficiais, ela não consistia senão na arte de fazer girar as mesas; mas uma observação mais atenta a mostrou bem diferente, complicada pelas suas ramificações e suas conseqüências, do que se havia suposto. As mesas girantes são como a maçã de Newton que, em sua queda, encerra o sistema do mundo.

Ocorreu ao Espiritismo o que ocorre no início de todas as coisas: os primeiros não puderam ver tudo; cada um viu de seu lado e se apressou em comunicar suas impressões sob seu ponto de vista, segundo suas idéias ou suas prevenções. Ora, não se sabe que, segundo o meio, o mesmo objeto pode parecer quente a um, ao passo que um outro o achará frio?

Tomemos, ainda, uma outra comparação nas coisas vulgares, pelo fato dela mesma parecer trivial, a fim de nos fazer compreender.

Leu-se, ultimamente, em vários jornais: "O cogumelo tem uma produção das mais bizarras; delicioso ou mortal, microscópico ou de uma dimensão fenomenal, ele confunde, sem cessar, a observação do botânico. No túnel de Doncastre, tem um cogumelo que se desenvolve há doze meses, e não parece ter atingido sua última fase de crescimento; atualmente, mede 13 pés de diâmetro. Chegou sobre uma peça de madeira; é considerado como o mais belo espécime de cogumelo que aja existido. A classificação é difícil, porque as opiniões estão divididas". Assim, eis a ciência confundida pela chegada de um cogumelo que se apresenta sob um novo aspecto. Isso nos provocou a reflexão seguinte. Suponhamos vários naturalistas observando, cada um de seu lado, uma variedade desse vegetal; um dirá que o cogumelo é um criptógamo comestível procurado pelos cozinheiros; um segundo, que é venenoso; um terceiro, que é invisível a olho nu; um quarto, que pode atingir até 45 pés de circunferência etc.; todas afirmativas gravemente contraditórias, e pouco próprias para fixarem as idéias sobre a verdadeira natureza dos cogumelos. Depois, virá o quinto observador que reconhecerá a identidade dos caracteres gerais e mostrará que essas propriedades tão diversas não constituem, em realidade, senão variedades de subdivisões de uma mesma classe. Cada um tinha razão de seu ponto de vista; todos estavam errados concluindo do particular para o geral, e por tomar a parte pelo todo.

O mesmo ocorre com respeito aos Espíritos. São julgados segundo a natureza das relações que se teve com eles, onde de uns fizeram demônios, e de outros anjos. Depois, se apressou em explicar os fenômenos, antes de ser visto tudo, e cada um o fez à sua maneira e, naturalmente, em tudo procurando as causas do que se fazia objetos de suas preocupações; o magnetista tudo relacionou com a ação magnética, o físico com a ação elétrica etc. A divergência de opiniões, em matéria de Espiritismo, vem, pois, de diferentes aspectos sob os quais se o considera. De que lado está à verdade? É o que o futuro demonstrará; mas a tendência geral não poderia ser duvidosa: um princípio domina, evidentemente, e liga, pouco a pouco, os sistemas prematuros. Uma observação menos exclusiva os ligará todos à fonte comum, e cedo se verá que, em definitivo, a divergência está mais no acessório do que no fundo.

Compreende-se muito bem que os homens tenham teorias contrárias sobre as coisas; mas o que pode parecer mais singular, é que os próprios Espíritos possam se contradizer; foi isso, sobretudo que, desde início, lançou uma espécie de confusão nas idéias. As diferentes teorias espíritas têm, pois, duas fontes: umas desabrocharam nos cérebros humanos; as outras são dadas pelos Espíritos. As primeiras emanaram de homens que, muito confiantes em suas próprias luzes, crêem ter em mão a chave daquilo que procuram, ao passo que, o mais freqüentemente, não encontram senão uma chave mestra. Isso nada tem de surpreendente; mas que, entre os Espíritos, uns digam branco e outros negro, eis o que pareceria menos concebível, e que hoje é perfeitamente explicado. Se fez, desde o princípio, uma idéia completamente falsa da natureza dos Espíritos. Foram figurados como seres à parte, de uma natureza excepcional, nada tendo em comum com a matéria, e devendo tudo saber. Eram, segundo a opinião pessoal, seres benfazejos ou malfazejos, uns tendo todas as virtudes, os outros todos os vícios, e todos, em geral, uma ciência infinita, superior à da Humanidade. Na novidade das manifestações recentes, o primeiro pensamento que veio à maioria foi o de ver nisso um meio de penetrar em todas as coisas ocultas, um novo modo de adivinhaçãomenos suspeito do que os procedimentos vulgares. Quem poderia dizer o número daqueles que sonharam com uma fortuna fácil pela revelação de tesouros escondidos, com descobertas industriais ou científicas que não teriam custado, aos inventores, senão o trabalho de escrever os procedimentos sob o ditado dos sábios do outro mundo! Deus sabe, também, quantas decepções e desapontamentos. Quantas pretensas receitas, mais ridículas umas do que as outras, foram dadas pelos falsários do mundo invisível. Conhecemos alguns que pediram um procedimento infalível para tingir os cabelos; lhes foi dada à fórmula de composição, espécie de enceramento que fez da cabeleira uma massa compacta, da qual o paciente teve todas as dificuldades do mundo para se livrar. Todas essas esperanças quiméricas deveram se desvanecer à medida que melhor se conheceu a natureza desse mundo e o objetivo real das visitas que nos fazem seus habitantes. Mas, então, para muita gente, qual era o valor desses Espíritos que não tinham nem mesmo o poder de proporcionar alguns pequenos milhões sem nada fazer? não poderiam ser Espíritos. A essa febre passageira sucedeu a indiferença; depois, em alguns, a incredulidade. Oh! Quantos prosélitos os Espíritos teriam feito se tivessem podido fazer vir o bem dormindo! Teriam adorado o próprio diabo se tivessem sacudido sua bolsa.

Ao lado desses sonhadores se encontraram pessoas sérias que viram, nesses fenômenos, outra coisa além do vulgar; observaram atentamente, sondaram os recônditos desse mundo misterioso, e reconheceram facilmente, nesses fatos estranhos, senão novos, um fim providencial da mais elevada ordem. Tudo mudou de face quando se soube que esses mesmos Espíritos não são outros que aqueles que viveram na Terra, e dos quais, em nossa morte, iremos aumentar o número; que não deixaram, neste mundo, senão seu envoltório grosseiro, como a lagarta deixa a sua crisálida para se tornar borboleta. Não pudemos disso duvidar quando vimos nossos parentes, nossos amigos, nossos contemporâneos virem conversar conosco, e nos darem as provas irrecusáveis de sua presença e de sua identidade. Considerando as variedades, tão numerosas, que a Humanidade apresenta, sob o duplo ponto de vista intelectual e moral, e a multidão que, cada dia, emigra da Terra para o mundo invisível repugna à razão crer que o estúpido Samoiede, o feroz canibal, o vil criminoso, sofram, na morte, uma transformação que os coloque no nível do sábio e do homem de bem. Compreendeu-se, pois, que podia e devia haver Espíritos mais ou menos avançados e, desde então, foram explicadas muito naturalmente, essas comunicações tão diferentes, das quais umas se elevam até o sublime ao passo que outras se arrastam na imundície. Compreendeu-se melhor ainda quando, deixando de crer nosso pequeno grão de areia. perdido no espaço, o único habitado entre milhões de globos semelhantes, se soube que, no Universo, não ocupa senão uma classe intermediária, vizinha do mais baixo escalão; que haveria, por conseqüência, seres mais avançados que os mais avançados entre nós, e outros ainda mais atrasados do que os nossos selvagens. Desde então, o horizonte intelectual e moral se estendeu, como ocorreu com o nosso horizonte terrestre quando se descobriu a quarta e a quinta partes do mundo; a força e a majestade de Deus, ao mesmo tempo, se engrandeceram aos nossos olhos, do finito ao infinito. Desde então, também, foram explicadas as contradições na linguagem dos Espíritos, porque se compreendeu que, seres inferiores em todos os pontos, não poderiam nem pensar nem falar como seres superiores; que não poderiam, por conseqüência, nem tudo saber, nem tudo compreender, e que Deus deveria reservar unicamente aos seus eleitos o conhecimento dos mistérios que a ignorância não poderia alcançar.

A escala espírita, traçada segundo os próprios Espíritos e a observação dos fatos, nos dá, pois, a chave de todas as aparentes anomalias da linguagem dos Espíritos. É preciso, por hábito, chegar a os conhecer, por assim dizer, à primeira vista, e poder lhes assinalar a classe segundo a natureza de suas manifestações; é preciso poder dizer, se necessário, a um que é mentiroso, a outro que é hipócrita, a este que é mau, àquele que é engraçado etc., sem se deixar prender nem à sua arrogância, nem à sua fanfarrice, nem às suas ameaças, nem aos seus sofismas, nem mesmo às suas *lisonjas;* é o meio de afastar essa turba que pulula, sem cessar, ao nosso redor, e que se afasta quando se sabe atrair, para si, os Espíritos verdadeiramente bons e sérios, assim como fazemos com relação aos vivos. Esses seres ínfimos estarão para sempre devotados à ignorância e ao mal? – Não, porque essa parcialidade não estaria nem segundo a justiça, nem segundo a bondade do Criador, que proveu a existência e ao bem-estar do menor inseto. Por uma sucessão de existências, é que se elevam e se aproximam dele, em se melhorando. Esses seres inferiores não conhecem Deus senão de nome; não o vêem e não o compreendem, do mesmo modo que o último dos camponeses, no fundo de suas urzes, não vê e não compreende o soberano que governa o país que habita.

Se estudar com cuidado o caráter de cada uma das classes de Espíritos, se conceberá, facilmente, como ocorre que sejam incapazes de nos fornecer notícias exatas sobre o estado de seu mundo. Considerando-se, por outro lado, que há os que, por sua natureza, são levianos, mentirosos, zombeteiros, malfazejos, que outros estão, ainda, imbuídos de idéias e de preconceitos terrestres, se compreenderá que, em suas relações conosco, podem se divertir às nossas custas, nos induzir conscientemente em erro por malícia, afirmar o que não sabem, nos dar pérfidos conselhos, ou mesmo se enganarem, de boa-fé, julgando as coisas sob o seu ponto de vista. Citemos uma comparação.

Suponhamos que uma colônia de habitantes da Terra encontre, um belo dia, o meio de ir se estabelecer na Lua; suponhamos essa colônia composta de diversos elementos da população do nosso globo, desde o Europeu mais civilizado ao selvagem australiano. Eis, sem dúvida, os habitantes da Lua em grande comoção, arrebatados em poderem obter, junto de seus novos habitantes, notícias precisas sobre o nosso planeta, que alguns supunham habitado, mas sem disso terem a certeza, porque entre eles também, há, sem dúvida, pessoas que se crêem os únicos seres do Universo. Se escolhem os recém-chegados, os interrogam, e os sábios se apressam em publicar a história física e moral da Terra. Como essa história não seria autêntica, uma vez que a vão obter de testemunhas oculares? Um deles recolhe em sua casa um Zelandês que lhe ensina que, neste mundo, é um banquete comer homens, e que Deus o permite, uma vez que sacrifiquem as vítimas em sua honra. Com outro, é um moralista filósofo que lhe fala de Aristóteles e de Platão, e lhe diz que a antropofagia é uma abominação, condenada por todas as leis divinas e humanas. Aqui é um muçulmano que não come homens, mas que diz buscar sua salvação matando o maior número possível de cristãos; aqui é um cristão que diz que Maomé é um impostor; mais longe, um Chinês, que trata todos os outros de bárbaros, dizendo que, quando há muitas crianças, Deus permite as jogar no rio; um boêmio traça o quadro da vida dissoluta das capitais; um anacoreta prega a abstinência e as mortificações; um faquir indiano se atormenta o corpo se impondo, durante vários anos, para se abrir as portas do céu, sofrimentos perto dos quais as privações de nossos piores cenobitas constituem sensualidade. – Vem em seguida um bacharel e diz que é a Terra que gira e não o Sol; um camponês que diz que o bacharel é mentiroso porque ele vê o Sol se elevar e se pôr; um Senegalês diz que faz muito calor; um Esquimó, que o mar é uma planície de gelo e que não se viaja senão de trenó. A política não ficou atrás; uns gabam o regime absolutista; outros a liberdade; tal diz que a escravidão é contra a Natureza, e que todos os homens são irmãos, sendo filhos de Deus; tal outro, que as raças são feitas para a escravidão, e são bem mais felizes do que no estado livre, etc. Creio os selenitas bem embaraçados para comporem uma história física, política, moral e religiosa do mundo terrestre, com semelhantes documentos. Talvez, pensam alguns, encontrarão mais unidade entre os sábios; interroguemos esse grupo de doutores. Ora, um deles, médico da Faculdade de Paris, centro das luzes, diz que todas as doenças têm por princípio um sangue viciado, é preciso o renovar e, por isso, sangrar em qualquer estado de causa. Estais em erro, meu sábio confrade, replica um segundo; o homem não tem nunca muito sangue; o tirar, é lhe tirar a vida; o sangue está viciado, convenho; o que se faz quando um vaso está sujo? ninguém o quebra, mas o limpa; então purgai, purgai, purgai até a extinção. Um terceiro, tomando a palavra: Senhores, vós, com vossas sangrias, matais os doentes; vós, com vossas purgações os envenenais; a Natureza é mais sábia que nós; deixai-a fazer e esperemos. – E isso, replicam os dois primeiros, se matamos nossos doentes, vós, vós os deixais morrer. A disputa começa a esquentar quando um quarto, tomando à parte um selenita, levando-o à esquerda, lhe diz: Não os escuteis, são todos ignorantes, verdadeiramente, não sei porque estão na Academia. Segui bem meu raciocínio: todo doente é fraco; portanto, há enfraquecimento de órgãos; isso é a lógica pura, ou não a conheço; portanto, é preciso dar-lhe o tom; para isso não tenho senão um remédio: a água fria, a água fria e não saio daí. – Curais todos os vossos doentes? – Sempre que a doença não é mortal. – Com um procedimento tão infalível, estais, sem dúvida, na Academia? Coloquei-me três vezes entre eles. Pois bem! acreditais em mim? me repeliram sempre, esses pseudo-sábios, porque compreenderam que os teria pulverizado com minha água fria. – Senhor selenita, disse um novo interlocutor, levando-o à direita: vivemos numa atmosfera de eletricidade; a eletricidade é o verdadeiro princípio da vida; a aumentando quando não é o bastante, a tirando quando há demais; neutralizar os fluidos contrários, uns pelos outros; eis todo o segredo. Com meus aparelhos faço maravilhas: lede meus anúncios e vereis[(1)]! – Não acabaríamos mais, se quiséssemos relacionar todas as teorias contrárias que foram, alternativamente, preconizadas sobre todos os ramos do conhecimento humano, sem excetuar as ciências exatas; mas foi, sobretudo, nas ciências metafísicas que o campo foi aberto às doutrinas mais contraditórias. Entretanto, um homem de espírito e de juízo (por que não os haveria na Lua?) compara todas essas narrações incoerentes, delas tira esta conclusão muito lógica que: sobre a Terra há países quentes e países frios; que, em certos continentes, os homens se entredevoram; que, em outros, eles matam aqueles que não pensam como eles, e tudo para a maior glória da sua divindade; que cada um, enfim, fala segundo os seus conhecimentos, e gaba as coisas do ponto de vista de suas paixões e de seus interesses. Em definitivo, que crerá de preferência? Pela linguagem se reconhecerá, sem dificuldade, o verdadeiro sábio do ignorante, o homem sério do homem leviano, aquele que julgou daquele que raciocinou em falso; não confundirá mais os bons e os maus sentimentos, a elevação com a baixeza, o bem com o mal, e se dirá: Devo tudo ouvir, tudo escutar, porque na narração, mesmo do mais bruto, posso aprender alguma coisa; mas minha estima e minha confiança não a adquirem senão àquele que delas se mostre digno. Se essa colô-

(1) O leitor compreenderá que nossa crítica não leva senão ao exagero em todas as coisas. Há de bom em tudo; o erro está no exclusivismo que o sábio judicioso sabe sempre evitar. Evitamos com todo cuidado, confundir os verdadeiros sábios, com os quais a Humanidade se honra a justo título, com aqueles que exploram suas idéias sem discernimento; é daqueles que queremos falar. Nosso objetivo é unicamente demonstrar que a própria ciência oficial não está isenta de contradições.

nia terrena quer implantar seus costumes e seus usos na nova pátria, os sábios repelirão os conselhos que lhes parecerem perniciosos, e se confiarão àqueles que lhes pareçam os mais esclarecidos, em quem não vejam nem falsidade, nem mentiras, e nos quais, ao contrário, reconhecerão o amor sincero ao bem. Faríamos de outro modo se uma colônia de selenitas viesse a se abater sobre a Terra? Pois bem! o que está dado aqui como uma suposição, é uma realidade com relação aos Espíritos que, se não vêm entre nós em carne e osso, não estão menos presentes de um modo oculto e nos transmitem os seus pensamentos pelos seus intérpretes, quer dizer, pelos médiuns. Quando aprendermos a os conhecer, os julgaremos pela sua linguagem, pelos seus princípios, e suas contradições nada mais terão que deva nos surpreender, porque veremos que uns são sábios e outros ignorantes; que alguns estão colocados muito baixo, ou são ainda muito materiais para compreenderem e apreciarem as coisas em uma ordem elevada; tal é o homem que, ao pé da montanha, não vê senão alguns passos de si, ao passo que aquele que está no cume descobre um horizonte sem limites.

A primeira fonte de contradições está, pois, no grau do desenvolvimento intelectual e moral dos Espíritos; mas está também em outras sobre as quais é útil chamar a atenção.

Passamos, se dirá, sobre a questão dos Espíritos inferiores; uma vez que assim é,se compreende que possam se enganar por ignorância. Mas, como ocorre que Espíritos superiores estejam em dissidência? que tenham, em um país, uma linguagem diferente daquela que têm em outro? que o mesmo Espírito, enfim, não esteja sempre de acordo consigo mesmo?

A resposta a esta pergunta repousa sobre o conhecimento completo da ciência espírita, e essa ciência não se pode ensinar com algumas palavras, porque ela é tão vasta quanto todas as ciências filosóficas. Não é ela adquirida, como todos os outros ramos do conhecimento humano, senão pelo estudo e a observação. Não podemos repetir aqui tudo o que publicamos sobre este assunto; a ele remetemos, pois, nossos leitores, nos limitando a um simples resumo. Todas essas dificuldades desaparecem para quem lança, sobre esse terreno, um olhar investigador e sem prevenção.

Os fatos provam que os Espíritos impostores se vestem, sem escrúpulo, de nomes reverenciados para melhor recomendar suas torpezas, o que se faz, também algumas vezes, mesmo entre nós. Do fato de que um Espírito se apresente sob um nome qualquer, isso não é razão para que seja realmente quem pretende ser; mas há, na linguagem dos Espíritos sérios, um cunho de dignidade com o qual não se poderia equivocar: ela não respira senão a bondade e a benevolência, e jamais se desmente. A dos Espíritos impostores, ao contrário, por algum verniz que a enfeite, deixa sempre, como se diz vulgarmente, adivinhar seu verdadeiro caráter. Não há, pois, nada de espantoso que, sob nomes usurpados, Espíritos inferiores ensinem coisas disparatadas. Cabe ao observador procurar conhecer a verdade, e poderá, sem dificuldade, se quiser se compenetrar do que dissemos a esse respeito em nossa *Instrução Prática* (hoje *O Livro dos Médiuns*).

Esses mesmos Espíritos lisonjeiam, em geral, os gostos e as inclinações das pessoas que sabem de caráter bastante fraco e bastante crédulo para os escutar; fazem eco de seus preconceitos e mesmo de suas idéias supersticiosas, e isso por uma razão muito simples, que é de que os Espíritos são atraídos por sua simpatia pelo Espírito de pessoas que os chamam ou que os escutam com prazer.

Quanto aos Espíritos sérios, igualmente, podem ter uma linguagem diferente segundo as pessoas, mas isso com outro objetivo. Quando julgam útil, e para melhor convencerem, evitam chocar, muito bruscamente, as crenças enraizadas, e se exprimem segundo os tempos, os lugares e as pessoas. Por isso, nos dizem, "não falaremos a um chinês, ou a um maometano, como a um cristão ou a um homem civilizado, por que não seríamos por eles escutados. Podemos, pois, algumas vezes, parecer entrar na maneira de ver das pessoas, para as conduzir, pouco a pouco, ao que queremos, quando isso é possível sem alterar as verdades essenciais". Não é evidente que, se um Espírito quer levar um muçulmano fanático a praticar a sublime máxima do Evangelho. Não façais aos outros o que não gostaríeis que vos fosse feito," seria repelido se dissesse que foi Jesus quem lhe ensinou? Ora, o que vale mais, deixar o muçulmano em fanatismo ou o tornar bom lhe dizendo, momentaneamente, crer que foi Alá quem falou? É um problema cuja solução deixamos ao julgamento do leitor. Quanto a nós, nos parece que, uma vez o tornado mais doce e mais humano, ele será menos fanático e mais acessível à idéia de uma nova crença, do que se lhe fosse imposta pela força. Há verdades que, para serem aceitas, não podem ser lançadas à face sem reserva. Quantos males os homens teriam evitado se tivessem sempre agido assim!

Os Espíritos, como se vê, também fazem uso de precauções oratórias, mas, nesse caso, a divergência está no acessório e não no principal. Levar os homens ao bem, destruir o egoísmo, o orgulho, o ódio, a inveja, o ciúme, os ensinar a praticarem a verdadeira caridade cristã, para eles, é o essencial; o resto virá em tempo útil, e pregam tanto pelo exemplo quanto pelas palavras quando são Espíritos verdadeiramente bons e superiores; tudo neles respira a doçura e a benevolência; a irritação, a violência, a grosseria e a dureza da linguagem, fosse mesmo para dizer boas coisas, jamais são o sinal de uma superioridade real. Os Espíritos verdadeiramente bons não se irritam nem se enfurecem nunca: se não são escutados se vão; eis tudo.

Há, ainda, duas causas de contradições aparentes que não devemos passar em silêncio. Os Espíritos inferiores, como dissemos em muitas ocasiões, dizem tudo o que querem sem se importarem com a verdade; os Espíritos superiores se calam ou se recusam a responder quando alguém lhes faz uma pergunta indiscreta, ou sobre a qual não lhes é permitido se explicarem. Nesse caso, nos disseram, "não insistais nunca, porque são os Espíritos levianos que respondem e que vos enganam, credes que somos nós, e podeis pensar que nos contradizemos. Os Espíritos sérios não se contradizem nunca; sua linguagem é sempre a mesma, com as mesmas pessoas. Se um deles diz coisas contrárias sob um mesmo nome, estejais seguros de que esse não é o mesmo Espírito que fala ou, pelo menos, que não é um bom Espírito. Reconhecereis os bons pelos princípios que ensinam, porque todo Espírito que não ensina o bem não é um bom Espírito, e deveis repeli-lo".

O mesmo Espírito, querendo dizer a mesma coisa em dois lugares diferentes, não se servirá literalmente das mesmas palavras: para ele o pensamento é tudo; mas o homem, infelizmente, é mais levado a se prender à forma do que ao fundo; é a forma que ele interpreta, freqüentemente, ao capricho de suas idéias e de suas paixões, e dessa interpretação podem nascer às contradições aparentes, que também têm a sua fonte na insuficiência da linguagem humana para exprimir as coisas extra-humanas. Estudemos o fundo, escrutemos o pensamento íntimo e veremos, muito freqüentemente, a analogia lá onde um exame superficial nos fazia ver um disparate.

As causas de contradições na linguagem dos Espíritos podem, pois, resumir-se assim:

1° O grau de ignorância ou de saber dos Espíritos aos quais se dirige;

2° A fraude de Espíritos inferiores que podem, tomando nomes emprestados, dizer, por malícia, ignorância ou maldade, o contrário daquilo que disse alhures o Espírito do qual usurparam o nome;

3º Os defeitos pessoais do médium, que podem influir sobre a pureza das comunicações, alterar ou mascarar o pensamento do Espírito;

4º A insistência para obter uma resposta que um Espírito se recusa a dar, e que, então, é dada por um Espírito inferior;

5º A vontade do próprio Espírito, que fala segundo os tempos, os lugares e as pessoas, e pode julgar útil nem tudo dizer a todo mundo;

6º A insuficiência da linguagem humana para exprimir as coisas do mundo incorpóreo;

7º A interpretação que cada um pode dar de uma palavra ou de uma explicação, segundo suas idéias, seus preconceitos, ou o ponto de vista sob o qual vê a coisa.

Essas são igualmente dificuldades das quais não se triunfa senão por um estudo longo e assíduo; também jamais dissemos que a ciência espírita fosse uma ciência fácil. O observador sério, que aprofunda todas as coisas com maturidade, paciência e perseverança, haure uma multidão de nuanças delicadas que escapam ao observador superficial. É por esses detalhes íntimos que se inicia no segredo desta ciência. A experiência ensina a conhecer os Espíritos como ensina a conhecer os homens.

Acabamos de considerar as contradições do ponto de vista geral. Em outros artigos, trataremos dos pontos especiais mais importantes.

A CARIDADE

Pelo Espírito de São Vicente de Paulo

Sociedade de estudos espíritas, sessão de 8 de junho de 1858.

Sede bons e caridosos, eis a chave dos céus que tendes em vossas mãos; toda a felicidade eterna está encerrada nessa máxima: amai-vos uns aos outros. A alma não pode se elevar às regiões espirituais senão pelo devotamento ao próximo; não encontra felicidade e consolação senão no impulso da caridade; sede bons, sustentai vossos irmãos, deixai de lado essa horrível chaga do egoísmo; esse dever cumprido deve vos abrir o caminho da felicidade eterna. De resto, dentre vós, quem não sentiu seu coração pulsar, sua alegria interior dilatar pela ação de uma obra caridosa? Não deveríeis pensar senão nessa espécie de volúpia que proporciona uma boa ação e permaneceríeis, sempre, no caminho do progresso espiritual. Os exemplos não vos faltam; não há senão a boa vontade, que é rara. Vede a multidão de homens de bem, dos quais vossa história vos evoca a piedosa lembrança. Eu os citaria aos milhares aqueles cuja moral não tinha por objetivo senão melhorar vosso globo. O Cristo não vos disse tudo o que concerne a essas virtudes de caridade e de amor? Por que deixar de lado esses divinos ensinamentos? Por que fechar os ouvidos às suas divinas palavras; o coração a todas essas doces máximas? Gostaria que as leituras evangélicas fossem feitas com mais interesse pessoal; se abandona esse livro, dele se faz uma palavra oca, uma carta fechada; se deixa esse código admirável no esquecimento: vossos males não provêm senão do abandono voluntário em que deixais esse resumo das leis divinas. Lede, pois, essas páginas ardentes do devotamento de Jesus, e as meditai. Estou envergonhado comigo mesmo, de ousar vos prometer um trabalho sobre a caridade, quando penso que nesse livro encontrareis todos os ensinamentos que devem vos conduzir, pela mão, às regiões celestes.

Homens fortes vos cingi; homens fracos, vos façais armas de vossa doçura, de vossa fé; tende mais persuasão, mais constância na propagação de vossa nova doutrina; não é senão um encorajamento que viemos vos dar; senão para estimular vosso zelo e vossas virtudes que Deus nos permite nos manifestar a vós; mas, querendo, não se teria necessidade senão da ajuda de Deus e de sua própria vontade: as manifestações espíritas não são feitas senão para os de olhos fechados e os corações indóceis. Há, entre vós, homens que têm a cumprir missões de amor e de caridade; escutai-os; elevai sua voz; fazei resplandecer seus méritos, e vos exaltareis a vós mesmos pelo desinteresse e pela fé viva com a qual vos penetrarão.

As advertências detalhadas seriam muito longas para dar, sobre a necessidade de alargar o círculo da caridade, e dela fazer participar todos os infelizes, cujas misérias são ignoradas, todas as dores que se deve ir procurar, em seus redutos para os consolar em nome desta virtude divina: a caridade. Vejo com felicidade quantos homens eminentes e poderosos ajudam esse progresso que deve ligar, entre elas, todas as classes humanas: os felizes e os infelizes. Os infelizes, coisa estranha! se dão todos a mão e sustentam suas misérias, uns pelos outros. Por que os felizes são mais retardatários para escutarem a voz dos infelizes? Por que é preciso que seja mão possante e terrestre que dê o impulso às missões caridosas? Por que não se responde com mais ardor a esses chamados? Por que deixar as misérias mancharem, como por prazer, o quadro da Humanidade?

A caridade é a virtude fundamental, que deve sustentar todo o edifício das virtudes terrestres; sem ela, as outras não existem: sem caridade, não há fé nem esperança; porque, sem a caridade, não há esperança em uma sorte melhor, nenhum interesse moral que nos guie. Sem a caridade, não há fé, porque a fé não é senão um raio puro que faz brilhar uma alma caridosa; é a sua conseqüência decisiva.

Quando se deixar o coração se abrir ao pedido do primeiro infeliz que vos estende a mão; quando lhe der, sem perguntar se sua miséria não é fingida, ou se o mal num vício lhe é causa; quando se deixar toda justiça nas mãos divinas; quando se deixar o castigo das misérias mentirosas ao Criador; enfim, quando fizer a caridade tão-só pela felicidade que ela proporciona, e sem procurar a sua utilidade, então, sereis os filhos que Deus amará e que ele chamará para si.

A caridade é a âncora eterna da salvação em todos os globos: é a mais pura emanação do próprio Criador; é sua a própria virtude, que ele dá à criatura. Como desejaríeis desconhecer essa suprema bondade? Qual seria, com esse pensamento, o coração bastante perverso para pisotear e enxotar esse sentimento todo divino? Qual seria o filho bastante mau para se revoltar contra essa doce carícia: a caridade?

Não ouso falar daquilo que fiz, porque os Espíritos também têm o pudor das suas obras; mas creio que a obra que comecei é uma daquelas que devem mais contribuir para o alívio de vossos semelhantes. Vejo, freqüentemente, Espíritos pedirem, por missão, para continuarem a minha obra; eu as vejo, minhas doces e caras irmãs, em seu piedoso e divino ministério; as vejo praticar as virtudes, que vos recomendo, com toda a alegria que proporciona essa existência de devotamento e de sacrifícios; é uma grande felicidade, para mim, ver quanto o seu caráter é honroso, quanto sua missão é amada e docemente protegida. Homens de bem, de boa e forte vontade, vos uni para continuar, grandemente, a obra de propagação da caridade; encontrareis a recompensa dessa virtude pelo seu próprio exercício; não há alegria espiritual que ela não dê desde a vida presente. Sede unidos; amaivos uns aos outros, segundo os preceitos do Cristo. Assim seja.

Agradecemos a São Vicente de Paulo pela bela e boa comunicação que consentiu nos dar. – Gostaria que fosse proveitosa a todos.

Poderíeis nos permitir algumas perguntas complementares, a respeito do que acabais de nos dizer? – Eu o desejo muito; meu objetivo é vos esclarecer; perguntai o que quiserdes.

1. A caridade pode entender-se de dois modos: a esmola propriamente dita, e o amor aos semelhantes. Quando nos dissestes que é preciso deixar seu coração abrir ao pedido do infeliz que nos estende a mão, sem perguntar se sua miséria não é fingida, não quisestes falar da caridade do ponto de vista da esmola? – R. Sim, unicamente nesse parágrafo.

2. Dissestes que é preciso deixar à justiça de Deus a apreciação da miséria fingida; nos parece, entretanto, que dar sem discernimento às pessoas que não têm necessidade, ou que poderiam ganhar sua vida por um trabalho honroso, é encorajar o vício e a preguiça. Se os preguiçosos encontrassem, muito facilmente, a bolsa dos outros abertas, eles se multiplicariam ao infinito, em prejuízo dos verdadeiros infelizes. – R. Podeis discernir aqueles que podem trabalhar, e então a caridade vos obriga tudo fazer para lhes proporcionar trabalho; mas há, também, pobres mentirosos que sabem simular o jeito das misérias que não têm; é para estes que é preciso deixar a Deus toda a justiça.

3. Aquele que não pode dar senão cinco francos, e deve escolher entre dois infelizes que lhe pedem, não tem razão em perguntar, quem tem, realmente, maior necessidade, ou deve dar sem exame ao primeiro que chega? – R. Deve dar àquele que pareça ser o mais sofredor.

4. Não se pode considerar, também, como fazendo parte da caridade, a maneira de a praticar? – R. É, sobretudo, na maneira pela qual se presta o serviço, que a caridade é verdadeiramente meritória; a bondade é, sempre, o indício de uma alma bela.

5. Que gênero de mérito concedeis àqueles que chamam benfeitores ásperos? – R. Não fazem o bem senão pela metade. Se recebe seus benefícios, mas eles não comovem.

6. Jesus disse: "Que vossa mão direita não saiba o que dá a vossa mão esquerda". Aqueles que dão por ostentação têm alguma espécie de mérito? – R. Não têm senão o mérito do orgulho, pelo qual serão punidos.

7. A caridade cristã, em sua mais larga acepção, não compreende também a doçura, a benevolência e a indulgência pelas fraquezas alheias? – R. Imitai Jesus; Ele vos disse tudo isso; escutai-o mais do que nunca.

8. A caridade é bem intencionada quando feita exclusivamente entre as pessoas de uma mesma seita, ou de um mesmo partido? – Não; é, sobretudo esse Espírito de seita e de partido que é preciso abolir, porque todos os homens são irmãos. É sobre essa questão que concentramos nossos esforços.

9. Suponho um indivíduo que vê dois homens em perigo; deles não pode salvar senão um, mas um é seu amigo e o outro seu inimigo; a quem deve salvar? – Deve salvar seu amigo, porque esse amigo podia reclamar daquele que crê o amar; quanto ao outro, Deus se encarregará dele.

O ESPÍRITO BATEDOR DE DIBBELSDORF (BAIXA SAXÔNIA)

Traduzido do alemão, do doutor Kerner, pelo senhor Alfred Pireaux

A história do Espírito batedor de Dibbelsdorf encerra, ao lado de sua parte cômica, uma parte instrutiva, como ressalta dos extratos de velhos documentos publicados em 1811 pelo pregador Capelle.

No último mês do ano de 1761, em 2 de dezembro, às 6 horas da tarde, uma espécie de martelamento pareceu vir de baixo e se fez ouvir em um quarto habitado por Antoine Kettelhut. Este o atribúia ao seu criado que queria se alegrar às custas da servente, então no quarto das fiandeiras, que saiu para lançar um balde de água na cabeça do engraçado; mas não encontrou ninguém fora. Uma hora depois, o mesmo ruído recomeça, e se pensa que um rato pode bem ter sido sua causa. No dia seguinte, pois, se sondam as paredes, o teto, o assoalho, e não há o menor traço de ratos.

À tarde o mesmo ruído; julga-se, então, que a casa está perigosa para se morar, e os criados não querem mais permanecer no quarto em vigília. Logo depois o ruído cessou, mas para se reproduzir a cem passos dali, na casa de Louis Kettelhut, irmão de Antoine, e com uma força inusitada. Era num canto do quarto que a *coisa batedora* se manifestava.

Afinal, isso se tornou suspeito aos camponeses, e o burgomestre dele deu parte à justiça que, primeiro, não quis se ocupar de um assunto que considerava ridículo; mas, dadas as prementes instâncias dos habitantes, ela se transporta, em 6 de janeiro de 1762, para Dibbelsdorf, para examinar o fato com atenção. Demolidos as paredes e os tetos, isso não conduziu a nenhum resultado, e a família Kettelhut jurou que era inteiramente estranha à coisa.

Até então, não se havia conversado com o batedor. Um indivíduo de Naggan, se armando de coragem, pergunta: Espírito batedor está ainda aí? e um golpe se fez ouvir. – Podes me dizer como eu me chamo? Entre vários nomes que se lhe designam, o Espírito bate àquele do interrogador. – Quantos botões tem em minha roupa? 36 golpes foram batidos. Se contam os botões, e são justamente 36.

A partir desse momento, a história do Espírito batedor se espalhou pela redondeza; e todas as tardes, centenas de Brunswickois se dirigiam a Dibbelsdorf, assim como os Ingleses e uma multidão de curiosos estrangeiros; a multidão se tornou tal que a milícia local não a podia conter; os camponeses tiveram que reforçar a guarda da noite e se lhes obrigou não deixar entrar os visitantes senão uns depois dos outros.

Esse concurso da sociedade pareceu estimular o Espírito a manifestações mais extraordinárias, e erige sinais de comunicações que provam sua inteligência. Jamais se embaraçou em suas respostas: se desejava saber o nome e a cor dos cavalos que estacionavam diante da casa? ele o indicava com exatidão; abria-se um livro de canto colocando-se ao acaso o dedo sobre uma página, e perguntando o número do trecho de melodia desconhecida do próprio interrogador, logo uma série de golpes indicava perfeitamente o número designado. O Espírito não fazia esperar a resposta, porque ela, imediatamente, se seguia à pergunta. Anunciava também quantas pessoas havia no quarto, quantas havia fora do quarto, designava a cor dos cabelos, as roupas, a posição e a profissão dos indivíduos.

Entre os curiosos se encontrava, um dia, um homem de Hettin inteiramente desconhecido em Dibbelsdorf e há pouco residindo em Brunswick. Ele pergunta ao Espírito o local do seu nascimento e, a fim de o induzir em erro, lhe cita um grande número de cidades; quando chegou no nome de Hettin, um golpe se fez ouvir. Um burguês astuto, crendo colocar o Espírito em erro, lhe perguntou quanto tinha de pfennings em seu bolso; e lhe foi respondido 681, número exato. Disse a um pasteleiro quantas bolachas tinha feito pela manhã; a um negociante quantas varas de fitas havia vendido na véspera; a um outro, a soma de dinheiro que tinha recebido na antevéspera, pelo correio. Era de um humor bastante jovial, batia à medida que se desejava, e algumas vezes tão forte que o ruído era ensurdecedor. À tarde, no momento da refeição, após a benedicite, ele bateu o *Amém*. Esse sinal de devoção não impediu que um sacristão, vestido com uma grande roupa de exorcizador, tentasse desalojar o Espírito de seu canto: a conjuração fracassou.

O Espírito não recusava nada, e se mostrou bastante sincero em suas respostas ao duque reinante Charles e ao seu irmão Ferdinand, assim como às outras pessoas de menor condição. A história toma, então, um aspecto mais sério. O duque encarregou um médico e um doutor em direito para examinarem o fato. Os sábios explicaram as *batidas* pela presença de uma fonte subterrânea. Fizeram cavar a oito pés de profundidade e, naturalmente, encontraram água, tendo em vista que Dibbelsdorf está situado em um fundo; a água jorrando inundou o quarto, mas o Espírito continuou a bater em seu canto habitual. Os homens de ciência creram, então, ser vítimas de uma mistificação e deram ao criado a honra de o tomar pelo Espírito, tão bem instruído. Sua intenção, disseram, era seduzir a criada. Todos os habitantes da vila foram convidados a permanecer com ele em um dia fixado; o criado foi preso, porque, segundo a opinião dos sábios, ele deveria ser o culpado; mas o Espírito respondeu de novo a todas as perguntas. O criado, reconhecido inocente, foi posto em liberdade. Mas a justiça queria um autor da má ação; acusou o casal Kettelhut pelo barulho do qual se lamentavam, se bem que fossem pessoas muito benevolentes, honestas e irrepreensíveis em todas as coisas, e tenham sido os primeiros a se dirigirem à autoridade, desde a origem das manifestações. Forçou-se, por meio de promessas e ameaças, uma pessoa jovem a testemunhar contra seus patrões. Em conseqüência, estes foram aprisionados, apesar das retratações ulteriores da jovem, e a declaração formal de que suas primeiras declarações eram falsas e lhe foram arrancadas pelos juízes. O Espírito continuou a bater, o casal Kettelhut nem por isso deixou de estar aprisionado durante três meses, ao cabo dos quais são absolvidos sem indenização, se bem que os membros da comissão tivessem assim resumido seu relatório: "Todos os meios possíveis para descobrir a causa do ruído foram infrutíferos; talvez o futuro nos esclareça a esse respeito." O futuro ainda nada ensinou".

O Espírito batedor se manifestou desde o começo de dezembro até março, época na qual cessou de se fazer ouvir. Voltou-se à opinião de que a criada, já incriminada, deveria ser a autora de todos esses fatos; mas como pôde evitar as armadilhas que lhe estenderam os dois duques, os médicos, os juízes e tantas outras pessoas que a interrogaram?

Nota. – Querendo se reportar à data em que se passaram as coisas que acabamos de narrar, e as comparar às que ocorrem em nossos dias, se encontrará uma identidade perfeita entre elas, no modo das manifestações e até na natureza das perguntas e das respostas. A América, em nossa época, não descobriu os Espíritos batedores, não mais do que os outros, assim como o demonstramos por inumeráveis fatos autênticos, mais ou menos antigos. Há, todavia, entre os fenômenos atuais e aqueles de antigamente, uma diferença capital: é que esses últimos foram quase todos espontâneos, ao passo que os nossos se produzem quase à vontade de certos médiuns especiais. Esta circunstância permitiu melhor os estudar e lhes aprofundar a causa. A essa conclusão dos juízes: "o futuro talvez nos esclareça a esse respeito", o autor não responderia hoje: o futuro ainda nada ensinou. Se esse autor vivesse, saberia que o futuro, ao contrário, tudo ensinou e a justiça de nossos dias, mais esclarecida do que há um século, não cometeria, a propósito das manifestações espíritas, os equívocos que lembram os da Idade Média. Nossos próprios sábios penetraram muito antes nos mistérios da Natureza para não saberem informar causas desconhecidas; são muitos sagazes para se exporem, como fizeram seus predecessores, a receberem os desmentidos da posteridade em detrimento de sua reputação. Se uma coisa desponta no horizonte, não se apressam em dizer: Isso não é nada, com medo de que esse nada não seja um navio; se não o vêem, se calam e esperam: aí está a verdadeira sabedoria.

OBSERVAÇÕES A PROPÓSITO DOS DESENHOS DE JÚPITER

Damos, com este número de nossa Revista, assim como anunciamos, um desenho de uma habitação de Júpiter, executada e gravada pelo senhor Victorien Sardou, como médium, e a ele acrescentamos o artigo descritivo que consentiu nos dar sobre o assunto. Qualquer que possa ser, sobre a autenticidade dessas descrições, a opinião daqueles que poderiam nos acusar de nos ocuparmos com o que se passa nos mundos desconhecidos, ao passo que há tanto a fazer na Terra, pedimos aos nossos leitores não perderem de vista que nosso objetivo, assim como o anuncia nosso título, é, antes de tudo, o estudo dos fenômenos, e que nesse ponto de vista nada deve ser negligenciado. Ora, como fato de manifestações, esses desenhos são, incontestavelmente, os mais notáveis, se considerando que o autor não sabe nem desenhar, nem gravar, e que o desenho que nos ofereceu foi gravado por ele à água-forte, sem modelo e sem ensaio preliminar, em *nove* horas. Supondo mesmo que esse desenho seja uma fantasia do Espírito que o traçou, só o fato de sua execução não seria um fenômeno de menor atenção, e, a esse título, cabe a nossa Coletânea o dar a conhecer, assim como a descrição que, sobre ele, foi dada pelos Espíritos, não para satisfazer a vã curiosidade de pessoas fúteis, mas como assunto de estudo para pessoas sérias, que querem aprofundar todos os mistérios da ciência espírita. Se estaria em erro crendo que fazemos da revelação de mundos desconhecidos o objeto capital da doutrina; isso não será sempre, para nós, senão um acessório, mas um acessório que cremos útil como complemento de estudo; o principal será sempre, para nós, o ensinamento moral, e, nas comunicações de além-túmulo, procuramos, sobretudo, o que pode esclarecer a Humanidade e a conduzir para o bem, único meio de assegurar sua felicidade neste mundo e no outro. Não se poderia dizer o mesmo dos astrônomos que, eles também, sondam os espaços, e se perguntar em que pode ser útil, para o bem da Humanidade, saber calcular com uma precisão rigorosa a parábola de um astro invisível? Todas as ciências não têm, pois, um interesse eminentemente prático, e, todavia não vem ao pensamento de ninguém as tratar com desdém, porque tudo o que alarga o círculo das idéias contribui para o progresso. Ocorre o mesmo com as comunicações espíritas, mesmo quando saem do círculo estreito da nossa personalidade.

AS HABITAÇÕES DO PLANETA JÚPITER

Um grande motivo de espanto para certas pessoas, convencidas, aliás, da existência dos Espíritos (não vou aqui me ocupar das outras), é que tenham, como nós, suas habitações e suas cidades. Não me pouparam as críticas: "Casas de "Espíritos em Júpiter!... Que gracejo!." – Gracejo, se assim se o deseja; nada tenho com isso. Se o leitor não encontra aqui, na verossimilhança de explicações, uma prova suficiente de sua verdade; se não está surpreso, como nós, quanto ao perfeito acordo dessas revelações espíritas com os dados mais positivos da ciência astronômica; se não vê, numa palavra, senão uma hábil mistificação nos detalhes que seguem e nos desenhos que os acompanham, o convido a se explicar com os Espíritos, dos quais não sou senão um instrumento e o eco fiel. Que ele evoque Palissy ou Mozart ou um outro habitante dessa morada bem-aventurada, que o interrogue, que controle minhas afirmações pelas suas, enfim, que discuta com ele: porque, por mim, não faço senão apresentar aqui o que me foi dado, senão repetir o que me foi dito; e para esse papel absolutamente passivo, me creio ao abrigo tanto da censura como também do elogio.

Feita essa reserva, e uma vez admitida a confiança nos Espíritos, aceita como verdade a única doutrina verdadeiramente bela e sábia que a evocação dos mortos nos revelou até hoje, quer dizer, a migração das almas de planetas em planetas, suas encarnações sucessivas e seu progresso incessante pelo trabalho, as habitações de Júpiter não terão mais motivo para nos espantar. Desde o momento em que um Espírito se encarna em um mundo submetido, como o nosso, a uma dupla revolução, quer dizer, à alternativa de dias e de noites e ao retorno periódico das estações, do momento em que ele possui um corpo, esse envoltório material, tão frágil que seja, não pede senão uma alimentação e roupas, mas também um abrigo ou, pelo menos, um lugar de repouso, conseqüentemente uma moradia, com efeito, é bem o que nos foi dito. Como nós, e melhor do que nós, os habitantes de Júpiter têm seus lares comuns e suas famílias, grupos harmônicos de Espíritos simpáticos, unidos no triunfo depois de o ser na luta: daí as habitações tão espaçosas, as quais se pode aplicar, com justiça, o nome de *palácios*. Ainda como nós, esses Espíritos têm suas festas, suas cerimônias, suas reuniões públicas: daí certos edifícios especialmente destinados a esses usos. É preciso prever, enfim, encontrar nessas regiões superiores toda uma Humanidade ativa e laboriosa, como a nossa, submetida como nós às suas leis, às suas necessidades, aos seus deveres; mas com essa diferença de que o progresso, rebelde aos nossos esforços, se torna uma conquista fácil para os Espíritos desligados, como eles o são, de nossos vícios terrestres.

Não deveria me ocupar aqui senão da arquitetura das suas habitações, mas para a própria inteligência dos detalhes que vão seguir, uma palavra de explicação não será inútil. Se Júpiter não é abordável senão pelos bons Espíritos, não se segue que seus habitantes sejam todos excelentes no mesmo grau: entre a bondade do simples e a do homem de gênio, é permitido contar muitas nuanças. Ora, toda a organização social desse mundo superior repousa precisamente sobre essas variedades de inteligências e de aptidões; e, em razão de leis harmoniosas, que seria muito longo explicar aqui, aos Espíritos mais elevados, os mais depurados, é que pertence a alta direção de seu planeta. Essa supremacia não se detém aí; ela se estende até os mundos inferiores, onde esses Espíritos, por suas influências, favorecem e ativam sem cessar o progresso religioso, gerador de todos os outros. E necessário acrescentar que, para esses Espíritos depurados, não poderia ser questão senão de trabalho de inteligência, que sua atividade não se exerce mais do que no domínio de seu pensamento, e que adquiriram bastante império sobre a matéria para não serem, senão fracamente, entravados por ela no livre exercício de suas vontades? O corpo de todos esses Espíritos, e, aliás, de todos os Espíritos que habitam Júpiter, é de uma densidade tão leve que não se pode lhe encontrar termo de comparação senão nos fluidos imponderáveis; um pouco maior do que o nosso, do qual reproduz exatamente a forma, porém mais pura e mais bela, se nos oferece sob a aparência de um vapor (emprego com pesar essa palavra que designa uma substância ainda muito grosseira), de um vapor, digo, imperceptível e luminoso... luminoso sobretudo nos contornos do rosto e da cabeça; porque aqui a inteligência e a vida irradiam como um foco ardente; e é bem esse clarão magnético entrevisto pelos visionários cristãos e que nossos pintores traduziram pelo nimbo e pela auréola dos santos.

Concebe-se que um tal corpo não dificulte, senão fracamente, as comunicações extramundanas desses Espíritos, e que lhes permite mesmo, em seu planeta, um deslocamento pronto e fácil. Ele escapa tão facilmente à atração planetária e sua densidade difere tão pouco da atmosfera, que pode aí se mover, ir e vir, descer ou subir, ao capricho do Espírito e sem outro esforço que o da sua vontade. Tanto que algumas personagens que Palissy consentiu me fazer desenhar, estão representadas ao rasante do solo, ou à flor da água, ou muito elevado no ar, com toda liberdade de ação e de movimentos que emprestamos aos nossos anjos. Essa locomoção é tanto mais fácil para o Espírito quanto mais esteja depurado, e isso se concebe sem dificuldade; também nada é mais fácil, aos habitantes do planeta, que estimar, à primeira vista, o valor de um Espírito que passa; dois sinais falarão por ele: a altura do seu vôo e a luz mais ou menos brilhante de sua auréola.

Em Júpiter, como por toda parte, aqueles que voam mais alto são os mais raros; abaixo deles, é preciso contar várias camadas de Espíritos inferiores, em virtude como em poder, mas naturalmente livres para os igualar, um dia, em se aperfeiçoando. Escalonados e classificados segundo seus méritos, estes são votados mais particularmente aos trabalhos que interessam ao próprio planeta, e não exercem, sobre os mundos inferiores, a autoridade todo-poderosa dos primeiros. Eles respondem, é verdade, a uma evocação, com pala*vras* sábias e boas, mas à pressa que tem em nos deixar, ao laconismo de suas palavras, é fácil de compreender que têm muito a fazer alhures, e que não estão ainda bastante libertos para irradiarem, ao mesmo tempo, sobre dois pontos tão distantes um do outro. Enfim, depois dos menos perfeitos desses Espíritos, mas separados deles por um abismo, vêm os animais que, como os únicos serviçais e os únicos obreiros do planeta, merecem uma menção toda especial.

Se designamos sob esse nome de *animais* os seres bizarros que ocupam a base da escala, foi porque os próprios Espíritos o puseram em uso e, aliás, nossa própria língua não tem termo melhor para nos oferecer. Essa designação os deprecia um pouco para baixo; mas os chamar de homens seria lhes fazer muita honra: com efeito, são Espíritos voltados à animalidade, talvez por longo tempo, talvez para sempre; porque nem todos os Espíritos estão de acordo sobre esse ponto, e a solução do problema parece pertencer a mundos mais elevados do que Júpiter; mas, qualquer que seja o seu futuro, não há com que se enganar quanto ao seu passado. Esses Espíritos, antes de irem para lá, emigraram sucessivamente em nossos baixos mundos, do corpo de um animal para o de um outro, em uma escala de aperfeiçoamento perfeitamente graduada. O estudo atento dos nossos animais terrestres, seus costumes, seus caracteres individuais, sua ferocidade longe do homem, e sua domesticação lenta, mas sempre possível, tudo isso atesta suficientemente a realidade dessa ascensão animal.

Assim, para qualquer lado que se volte, a harmonia do Universo se resume sempre numa única lei: o *progresso* por toda parte e para todos, para o animal como para a planta, para a planta como para o mineral; progresso puramente material no início, nas moléculas insensíveis do metal ou do calhau, e mais e mais inteligente à medida que remontamos à escala dos seres e que a individualidade tende a se libertar da massa, a se afirmar, a se conhecer. – Pensamento elevado e consolador, se assim não fora jamais; porque prova que nada é sacrificado, que a recompensa é sempre proporcional ao progresso alcançado; por exemplo, que o devotamento do cão que morre por seu senhor não será estéril para o seu Espírito, porque terá seu justo salário além deste mundo.

É o caso dos Espíritos animais que povoam Júpiter; se aperfeiçoaram ao mesmo tempo em que nós, conosco e com a nossa ajuda. A lei é mais admirável ainda: ela faz tão bem do seu devotamento ao homem a primeira condição para a sua ascensão planetária, que à vontade de um Espírito de Júpiter pode chamar para si todo animal que em uma das suas vidas anteriores, lhe haja dado provas de afeição. Essas simpatias que formam, no Mais Alto, famílias de Espíritos, agrupam também, ao redor das famílias, todo um cortejo de animais devotados. Por conseqüência, nosso apego neste mundo por um animal, o cuidado que tomamos para o abrandar e o humanizar, tudo isso tem a sua razão de ser, tudo isso será pago: é um bom servidor que formamos antecipadamente para um mundo melhor.

Será também um operário; porque aos seus semelhantes está reservado todo trabalho material, toda tarefa corporal: fardo ou alvenaria, semeadura ou colheita. E, para tudo isso, a Suprema Inteligência proveu por um corpo que participa, ao mesmo tempo, da superioridade da besta e da do homem. Isso se pode julgar por um esboço de Palissy, que representa alguns desses animais muito atentos a jogarem bolas. Eu não poderia melhor os comparar senão aos faunos e aos sátiros da Fábula; o corpo ligeiramente peludo é, todavia, aprumado como o nosso; as patas desapareceram em alguns para darem lugar a certas pernas que lembram ainda a forma primitiva, a dois braços robustos, singularmente ligados e terminados por verdadeiras mãos, se nelas considero a oposição dos dedos. Coisa bizarra, a cabeça, ao contrário, não é tão aperfeiçoada quanto o resto! Assim, a fisionomia reflete bem alguma coisa de humano, mas o crânio, o maxilar e, sobretudo, as orelhas, nada têm que diferem sensivelmente do animal terrestre; fácil é, pois, distingüi-los entre si: este é um cão, aquele um leão. Propriamente vestidos com blusas e vestes muito semelhantes às nossas, não esperam mais do que a palavra para lembrarem, de muito perto, certos homens deste mundo; mas, eis precisamente o que lhes falta, assim como o que não poderiam fazer. Hábeis para se compreenderem entre si por uma linguagem que nada tem da nossa, não se enganam mais sobre as intenções dos Espíritos que os comandam; um olhar, uns gestos bastam. A certos recursos magnéticos, dos quais nossos domadores de animais já têm o segredo, o animal adivinha e obedece sem murmurar, e o que é mais, *de boa vontade,* porque está sob o encanto. Assim é que se lhe impõe toda grande tarefa, e que com a sua ajuda tudo funciona regularmente de um extremo ao outro da escala social: o Espírito elevado pensa, delibera, o Espírito inferior aplica com a sua própria iniciativa, o animal executa. Assim a concepção, o emprego e o fato se unem numa mesma harmonia, e conduzem todas as coisas para seu fim mais próprio, pelos meios mais simples e mais seguros.

Peço desculpas por esta digressão: era indispensável ao meu objetivo, que agora posso abordar.

À espera das cartas prometidas, que facilitarão singularmente o estudo de todo o planeta, podemos, pelas descrições feitas pelos Espíritos, nos fazer uma idéia de sua grande cidade, da cidade por excelência, desse foco de luz e de atividade que concordam em designar sob o nome, estranhamente latino, de *Julnius*.

"Sobre o maior dos nossos continentes, disse Palissy, em um vale de setecentas a oitocentas léguas de largura, para contar como vós, um rio magnífico descendo das montanhas do norte, e aumentado por uma multidão de torrentes e de ribeirões, forma, em seu percurso, sete a oito lagos, dos quais o menor mereceria, entre vós, o nome de *mar*. Foi sobre as margens do maior desses lagos, batizado por nós com o nome de a *Pérola*, que nossos ancestrais lançaram os primeiros fundamentos de Julnius. Essa cidade primitiva ainda existe, venerada e conservada como uma preciosa relíquia. Sua arquitetura difere muito da nossa. Te explicarei tudo isso há seu tempo: saiba apenas que a cidade moderna está a uns cem metros mais abaixo da antiga. O lago, encaixado nas altas montanhas, se derrama no vale por oito cataratas enormes, que formam igualmente correntes isoladas e dispersas em todos os sentidos. Com a ajuda dessas correntes, nós mesmos cavamos, na planície, uma multidão de riachos, de canais e de tanques, não reservando a terra firme senão para nossas casas e nossos jardins. Disso resultou uma espécie de cidade anfíbia, como vossa Veneza, e da qual não se poderia dizer, à primeira vista, se está edificada sobre a terra ou sobre a água. Não te digo nada hoje de quatro edifícios sagrados, construídos sobre a própria vertente das cataratas, de sorte que a água jorra em abundância de seus pórticos: aí estão obras que vos pareceriam inacreditáveis pela grandeza e audácia.

"É a cidade *terrestre* que descrevo aqui, a cidade de alguma sorte material, a das ocupações planetárias, a que chamamos, enfim, a *Cidade baixa*. Ela tem suas ruas, ou antes, seus caminhos, traçados para o serviço interior; tem suas praças públicas, seus pórticos e suas pontes lançadas sobre os canais para a passagem dos servidores. Mas a cidade inteligente, a cidade espiritual, a verdadeira Julnius, enfim, não é na terra que é preciso procurá-la, é no ar".

"Ao corpo material de nossos animais, incapazes de voarem(1)", é preciso a terra firme; mas o que nosso corpo fluídico e luminoso exige, é uma residência aérea como ele, quase impalpável e móvel ao gosto de nosso capricho. Nossa habilidade resolveu esse problema, com a ajuda do tempo e das condições privilegiadas que o Grande Arquiteto nos havia dado. Compreenda bem que essa conquista dos ares era indispensável a Espíritos como os nossos. Nosso dia é de cinco horas, e nossa noite de cinco horas igualmente; mas tudo é relativo, e para seres prontos para pensarem e agirem como nós o somos, para Espíritos que se compreendem pela linguagem dos olhos e que sabem se comunicar, mag-

(1) É preciso, todavia, deles excetuar certos animais munidos de asas e reservados para o serviço aéreo, e para os trabalhos que exigiriam, entre nós, o emprego de madeiramentos. São umas transformações da ave, como os animais descritos mais acima são uma transformação dos quadrúpedes.

neticamente, à distância, nosso dia de cinco horas igualaria já em atividade uma de vossas semanas. Era ainda muito pouco, na nossa opinião; e a imobilidade da morada, o ponto fixo da sede era um entrave para todas as nossas grandes obras. Hoje, pelo deslocamento fácil dessas moradas de pássaros, pela possibilidade de transportar, nós e os outros, em tal lugar do planeta e a tal hora do dia que nos aprazasse, nossa existência é pelo menos dobrada, e com ela tudo o que pode criar de útil e de grande.

"Em certas épocas do ano, acrescentou o Espírito, em certas festas, por exemplo, verias aqui o céu obscurecido pelo enxame de habitações que vêm de todos os pontos do horizonte. E um curioso conjunto de casas esbeltas, graciosas e leves, de toda forma, de toda cor, balaçando em toda altura, e continuadamente a caminho da cidade baixa para a cidade celeste: Alguns dias depois o vazio se faz pouco a pouco e todos esses pássaros voam".

Nada falta a essas moradias flutuantes, nem mesmo o encanto da verdura e das flores. Falo de uma vegetação sem exemplo entre vós, de plantas, de arbustos mesmo destinados, pela natureza de seus órgãos, a respirar, a se alimentar, a viver, a se reproduzir no ar. "Nós temos, disse o mesmo Espírito, dessas moitas de flores enormes, das quais não poderíeis imaginar nem as formas nem as nuanças, e de uma leveza de tecido que as torna quase transparentes. Balançando no ar, onde longas folhas as sustêm, e armadas de gavinhas semelhantes às da videira, se reúnem em nuvens de mil tintas ou se dispersam ao sabor do vento, e preparam encantador espetáculo aos passeadores da *cidade baixa*... Imagine a graça dessas jangadas de verdura, desses jardins flutuantes que nossa vontade pode fazer e desfazer e que duram, às vezes, toda uma estação! Longas fiadas de cipó de ramos floridos se destacam dessas alturas e pendem até a terra, pencas enormes se agitam sacudindo seus perfumes e suas pétalas que se desfolham... Os Espíritos que atravessam o ar aí se detêm na passagem: é um lugar de repouso e de reencontro, e, se querendo, um meio de transporte para rematar a viagem sem fadiga e em companhia".

Um outro Espírito estava sentado sobre uma dessas flores no momento em que eu o evoquei.

"Nesse momento, me disse , é noite em Julnius, estou sentado à parte sobre uma dessas flores do ar que não desabrocham aqui senão à claridade de nossas luas. Sob meus pés toda *cidade baixa* dorme; mas sobre minha cabeça e ao meu redor, a perder de vista, não há senão movimento e alegria no espaço. Dormimos pouco: nossas almas são muitas desligadas para que as necessidades do corpo sejam tirânicas; e a noite é antes feita para nossos servidores do que para nós. É a hora das visitas e das longas conversas, de passeadores solitários, de fantasias, da música. Não vejo senão moradas aéras resplandecentes de luzes ou jangadas de folhas e de flores carregadas de bandos alegres... A primeira de nossas ruas clareia toda a *cidade baixa:* é uma doce luz comparável a de vosso luar; mas, do lado do lago, a segunda se eleva, e esta tem reflexos esverdeados que dão a todo o rio o aspecto de um grande gramado...

É sobre a margem direita desse rio, "cuja água, disse o Espírito, te ofereceria a consistência de um leve vapor(1)", que está construída a casa de Mozart, que Palissy consentiu me fazer desenhar sobre cobre. Não dou aqui senão a fachada sul. A grande entrada está à esquerda, sobre a planície; à direita está o rio; ao norte e ao sul estão os jardins. Perguntei a Mozart quem eram os seus vizinhos. – "Mais alto, disse, e mais baixo, há dois Espíritos que tu não conheces; mas à esquerda, não estou separado senão por uma grande campina do jardim de Cervantes".

A casa tem, pois, quatro faces como as nossas, do que seria errado, todavia, fazer uma regra geral. Ela está construída com uma certa pedra que os animais tiram das pedreiras do norte, e das quais o Espírito compara a cor a esses tons esverdeados que toma, freqüentemente, o azul do céu no momento em que o sol se deita. Quanto à sua duração se pode dela fazer uma idéia por esta observação de Palissy, que ela derreteria sob nossos dedos humanos tão rápidos quanto um floco de neve: ainda está aí uma das matérias mais resistentes do planeta! Sobre essa parede os Espíritos esculpiram ou incrustaram os estranhos arabescos que nosso desenho procura reproduzir. São ou ornamentos escavados nas pedras e coloridos em seguida, ou incrustações limitadas à solidez da pedra verde, por um procedimento que está muito em voga agora, e que conserva nos vegetais toda a graça de seus contornos, toda a finura de seus tecidos, toda a riqueza de seu colorido."Uma descoberta, acrescentou o Espírito, que fareis algum dia e que mudará entre vós muitas coisas".

A grande janela da direita apresenta um exemplo de gênero de ornamentação, uma de suas bordas não é outra coisa senão um caniço enorme do qual se conservaram as folhas. Ocorre o mesmo com o coroamento da janela principal, que apre-

(1) A densidade de Júpiter sendo de 0,23, quer dizer, um pouco menos de um quarto da Terra, o Espírito nada disse aqui senão de muito verossímil. Concebe-se que tudo é relativo, e que sobre esse globo etéreo tudo seja etéreo como ele.

senta a forma de claves de sol: são plantas sarmentosas enlaçadas e petrificadas. É por esse procedimento que eles obtêm a maioria dos coroamentos de edifícios, de grades, de balaústres etc. Freqüentemente mesmo, a planta é colocada na parede, com suas raízes, e em condições de crescer livremente. Ela cresce, se desenvolve; suas folhas desabrocham ao acaso, e o artista não a congela no lugar senão quando adquiriu todo o desenvolvimento desejado para a ornamentação do edifício: a casa de Palissy é quase inteiramente decorada desse modo.

Destinada primeiro unicamente aos móveis, depois às molduras de portas e de janelas, esse gênero de ornamento se aperfeiçoou pouco a pouco e acabou por invadir toda a arquitetura. Hoje, não são apenas a flor e o arbusto que se petrificam no estado, mas a própria árvore da raiz ao topo; e os palácios, como os edifícios sagrados quase nada mais têm de outras colônias.

Uma petrificação da mesma natureza serve também para a decoração das janelas. De flores ou de folhas muito amplas, são habilmente despojadas de sua parte carnuda: não resta mais do que uma rede de fibras, tão fina quanto a mais fina musselina. É cristalizada, e dessas folhas unidas com arte, se constrói toda uma janela, que não deixa filtrar, para o interior, senão uma luz muito doce: ou bem as reveste com uma espécie de vidro líquido e colorido com todas as nuanças, que se endurece no ar e que transforma a folha em uma espécie de vidraça. Do conjunto dessas folhas resultam, para janelas, encantadores bosquezinhos transparentes e luminosos. Quanto à própria duração dessas aberturas, e a mil outros detalhes que podem surpreender ao primeiro contato, sou forçado a lhes adiar a explicação: a história da arquitetura em Júpiter exigiria um volume inteiro. Renuncio igualmente a falar do mobiliário, para não me ater aqui senão à disposição geral da casa.

O leitor deve ter compreendido, depois de tudo o que precede, que a casa do continente não deve ser, para o Espírito, senão uma espécie de pequena casa de passagem. A *cidade baixa* não é quase freqüentada senão por Espíritos de segunda ordem, encarregados dos interesses planetários, da agricultura, por exemplo, ou das trocas, e da boa ordem a manter entre os servidores. Também todas as casas que repousam sobre o solo, geralmente, não têm senão um térreo e um andar: um destinado aos Espíritos que agem sob a direção do senhor, e acessível aos animais; o outro, reservado só ao Espírito, que nele não mora senão por ocasião. É isso que explica por que vemos, nas várias casas de Júpiter, nesta por exemplo, e na de Zoroastro, uma escada e mesmo uma rampa. Aquele que rasa a água como uma andorinha, e que pode correr sobre as hastes de trigo sem as curvar, dispensa muito bem escada e rampa para entrar em sua casa; mas os Espíritos inferiores não têm o vôo tão fácil: não se elevam senão pela agitação, e a rampa não lhes é sempre inútil. Enfim, a escada é absoluta necessidade para os animais serviçais, que não caminham senão como nós. Estes últimos têm também seus compartimentos, muito elegantes, de resto, que fazem parte de todas as grandes habitações; mas suas funções os chamam, constantemente, à casa do senhor: é preciso lhes facilitar a entrada e o percurso interior. Daí essas construções bizarras, que, pela base, se assemelham ainda aos nossos edifícios terrestres, e que deles diferem absolutamente pelo vértice.

Este se distingue, sobretudo, por uma originalidade que seríamos incapazes de imitar. É uma espécie de flecha aérea que se balança sobre o alto do edifício, acima da grande janela de seu original coroamento. Esse frágil escaler, fácil de deslocar, e, todavia destinado, no pensamento do artista, a não deixar o lugar que lhe foi assinalado, porque sem repousar em nada sobre o cume, lhe completa, no entanto, a decoração, e lamento que a dimensão da prancha não haja permitido que nela encontrasse lugar. Quanto à morada de Mozart não tenho aqui senão que lhe constatar a existência: os limites desse artigo não me permitem me estender sobre esse assunto.

Não terminaria, todavia, sem me explicar, de passagem, sobre o gênero de ornamentos que o grande artista escolheu para a sua moradia. É fácil neles reconhecer a lembrança de nossa música terrestre: a clave de *sol* aí está freqüentemente repetida, e, coisa bizarra, jamais a clave de *fá!* Na decoração do térreo encontramos um arco de violino, uma espécie de grande alaúde ou de bandolim, uma lira e toda uma pauta musical. Mais alto é uma grande janela que lembra, vagamente, a forma de um órgão; os outros têm aparência de grandes notas, e notas mais pequenas são abundantes por sobre toda a fachada.

Seria erro disso concluir que a música de Júpiter seja comparável à nossa, e que se conta pelos mesmos sinais: Mozart se explicou sobre ela de modo a não deixar dúvidas a esse respeito; mas os Espíritos lembram, de bom grado, na decoração de suas casas, a missão terrestre que lhes mereceu a encarnação em Júpiter e que resume melhor o caráter de sua inteligência. Assim, na casa de Zoroastro são os astros e a chama que fazem todos os detalhes da decoração.

Há mais; parece que esse simbolismo tem suas regras e seus segredos. Todos esses ornamentos não estão dispostos ao acaso: têm sua ordem lógica e sua significação precisa; mas é uma arte que os Espíritos de Júpiter renunciam em nos fazer compreender, pelo menos até este dia, e sobre a qual não se explicam de bom grado. Nossos velhos arquitetos empregaram também o simbolismo na decoração de suas catedrais; e a torre de Saint-Jacques não é nada menos que um poema hermético, se se crê na tradição. Nada há, pois, para nos espantar da estranheza e da decoração arquitetônica em Júpiter; se ela contradiz nossas idéias quanto à arte humana, é que há, com efeito, todo um abismo entre uma arquitetura que vive e que fala e uma alvenaria, como a nossa, que nada prova. Nisso, como em toda outra coisa, a prudência nos proíbe esse erro do relativo que quer tudo conduzir às proporções e aos hábitos do homem terrestre. Se os habitantes de Júpiter estivessem alojados como nós, se comessem, vivessem, dormissem e andassem como nós, não haveria grande proveito em subir para lá. É bem porque seu planeta difere absolutamente do nosso que desejamos o conhecer, e o sonhar como nossa futura morada!

De minha parte, não perderia o meu tempo e estaria bem feliz por terem os Espíritos me escolhido para seu intérprete, se seus desenhos e suas descrições inspirarem, a um único crente, o desejo de subir mais rápido para Julnius, e a coragem de tudo fazer para isso conseguir.

VICTORIEN SARDOU.

O autor dessa interessante descrição é um desses adeptos fervorosos e esclarecidos que não temem confessar francamente suas crenças, e se coloca acima da crítica de pessoas que não crêem em nada daquilo que sai do circulo de suas idéias. Ligar seu nome a uma doutrina nova, desafiando os sarcasmos, é uma coragem que não é dada a todo mundo, e felicitamos o senhor V. Sardou por tê-la. Seu trabalho revela o escritor distinto que, embora jovem ainda, já conquistou um lugar honroso na literatura, e une ao talento de escrever, os profundos conhecimentos de sábio; nova prova que o Espiritismo não recruta entre os tolos e os ignorantes. Fazemos votos para que o senhor Sardou complete, o mais rápido possível, seu trabalho tão felizmente começado. Se os astrônomos nos revelam, por suas sábias pesquisas, o mecanismo do Universo, os Espíritos, por suas revelações, nos fazem conhecer o seu estado moral e isso, como eles dizem, com o objetivo de nos estimular ao bem, a fim de merecermos uma existência melhor.

ALLAN KARDEC.

REVISTA ESPÍRITA,

JORNAL

DE ESTUDOS PSICOLÓGICOS

Setembro

Propagação do Espiritismo

Passa-se, na propagação do Espiritismo, um fenômeno digno de nota. Há apenas alguns anos que, ressuscitado das crenças antigas, fez sua aparição entre nós, não mais como outrora, à sombra dos mistérios, mas claramente e à vista de todo mundo. Para alguns, foi objeto de uma curiosidade passageira, um divertimento que se deixa como um brinquedo para tomar um outro; em muitos não encontrou senão a indiferença; na maioria a incredulidade apesar da opinião dos filósofos dos quais se invoca, a cada instante, o nome como autoridade. Isso nada tem de surpreendente: o próprio Jesus convenceu todo o povo judeu com seus milagres? Sua bondade e a sublimidade de sua doutrina lhe fizeram encontrar graça diante de seus juízes? Não foi ele tratado como patife e como impostor? E se não lhe aplicaram o epíteto de charlatão, foi porque não se conhecia, então, esse termo da nossa civilização moderna. Todavia, os homens sérios viram, nos fenômenos que ocorrem em nossos dias, outra coisa além de um objeto de frivolidade; eles estudaram, aprofundaram com o olho do observador consciencioso, e neles encontraram a chave de uma multidão de mistérios até então incompreendidos; isso foi, para eles, um raio de luz, e eis que desses fatos saiu toda uma doutrina, toda uma filosofia, podemos dizer, toda uma ciência, divergente segundo o ponto de vista ou a opinião pessoal do observador, mas tendendo, pouco a pouco, para a unidade de princípios. Apesar da oposição interessada de alguns, sistemática entre aqueles que crêem que a luz não pode sair senão de seu cérebro, essa doutrina encontra numerosos adeptos, porque ela esclarece o homem sobre seus verdadeiros interesses presentes e futuros, porque responde às suas aspirações quanto ao futuro, tornado, de alguma sorte, palpável; enfim, porque satisfaz, ao mesmo tempo, sua razão e suas esperanças, e dissipa as dúvidas que degeneram em incredulidade absoluta. Ora, com o Espiritismo, todas as filosofias materialistas ou panteístas caem por si mesmas; não é mais possível a dúvida quanto à Divindade, à existência da alma, sua individualidade, sua imortalidade; seu futuro nos aparece como a luz do dia, e sabemos que esse futuro, que deixa sempre uma porta aberta à esperança, depende de nossa vontade e dos esforços que fazemos para o bem.

Enquanto não se viu, no Espiritismo, senão fenômenos materiais, nele não se interessou senão como um espetáculo, porque se dirigia aos olhos; mas do momento em que se elevou à categoria de ciência moral, foi tomado a sério, porque fala ao coração e à inteligência, e nele cada um encontra a solução daquilo que procurava vagamente em si mesmo; uma confiança baseada sobre a evidência substituiu a incerteza dolorosa; do ponto de vista tão elevado em que nos coloca, as coisas daqui parecem tão pequenas e tão mesquinhas que as vicissitudes deste mundo nada mais são do que incidentes passageiros, que se suporta com paciência e resignação; a vida corpórea não é senão uma curta parada *na vida da alma;* para nos servir da expressão do nosso sábio e espiritual confrade, Sr. Jobard, não é mais que uma má hospedagem onde não se tem necessidade de desfazer a mala. Com a Doutrina Espírita, tudo está definido, tudo está claro, tudo fala à razão; em uma palavra, tudo se explica, e aqueles que se aprofundaram em sua essência nela hauriram uma satisfação interior à qual não querem mais renunciar. Eis porque ela encontrou, em tão pouco tempo, tão numerosas simpatias, e essas simpatias as recruta não no círculo restrito de uma localidade, mas no mundo inteiro. Se os fatos não estivessem aí para o provar, julgaríamos por nossa *Revista,* que não tem senão alguns meses de existência, e da qual os assinantes, embora não se contem ainda por milhares, estão disseminados sobre todos os pontos do globo. Além daqueles de Paris e suas provindas, os temos na Inglaterra, na Escócia, na Holanda, na Bélgica, na Prússia, em São Petersburgo, Moscou, Nápoles, Florença, Milão, Gênova, Turim, Genève, Madri, Shangai, na China, Batávia, Cayenne, México, no Canadá, nos Estados Unidos etc. Não o dizemos por fanfarrice, mas como um fato característico. Para que um jornal novo, tão especial, seja desde hoje pedido em países tão diversos e tão distantes, é preciso que o objeto que trata encontre seus partidários, de outro modo não o fariam, por simples curiosidade, vir de vários milhares de léguas, ainda que fosse do melhor escritor. É, pois, por seu objeto que interessa e não por seu obscuro redator; aos olhos de seus leitores, seu objeto, portanto, é sério. Torna-se assim evidente que o Espiritismo tem raízes em todas as partes do mundo, e, sob esse ponto de vista, vinte assinantes, repartidos em vinte países diferentes, provariam mais do que cem concentrados em uma única localidade, porque não se o poderia supor senão como a obra de um grupo.

A maneira pela qual se propagou o Espiritismo até agora, não merece uma atenção menos séria. Se a imprensa tivesse feito soar sua voz em seu favor, se o tivesse enaltecido, em uma palavra, se o mundo o tivesse repetido fastidiosamente, se poderia dizer que se propagou como todas as coisas que encontram consumo em razão de uma reputação factícia, da qual se quer experimentar, não fora senão por curiosidade. Mas nada disso ocorreu: a imprensa, em geral, não lhe deu voluntariamente nenhum apoio; ela o desdenhou, ou se, em raros intervalos, dele falou, foi para torná-lo em ridículo e enviar seus adeptos aos manicômios, coisa pouco encorajadora para aqueles que tivessem tido a veleidade de se iniciar. Apenas o próprio Sr. Home obteve as honras de algumas menções semi-sérias, ao passo que os acontecimentos mais vulgares nela encontram um grande espaço. Aliás, é fácil de ver, na linguagem dos adversários, que estes falam dele como os cegos das cores, sem conhecimento de causa, sem exame sério e aprofundado, e unicamente sobre uma primeira impressão; também seus argumentos se limitam a uma negação pura e simples, porque não honramos com o nome de argumentos as piadas engraçadas; os gracejos, por espirituais que sejam, não são razões. Todavia, não é preciso acusar de indiferença, ou de má vontade, todo o pessoal da imprensa. Individualmente, o Espiritismo nela conta com partidários sinceros, e os conhecemos, mais de um, entre os mais distintos homens de letras. Por que, pois, guardam o silêncio? Porque ao lado da questão de crença, há a da personalidade todo-poderosa neste século. A crença, entre eles, como entre muitos outros, é concentrada e não expansiva; por outro lado, são obrigados a seguirem os tramites de seu jornal, e tal jornalista teme perder assinantes, arvorando francamente uma bandeira cuja cor poderia desagradar a alguns dentre eles. Esse estado de coisas durará? Não; ocorrerá com o Espiritismo como com o Magnetismo, do qual outrora não se falava senão em voz baixa, e que não mais se teme confessar hoje. Nenhuma idéia nova, por bela e justa que seja, não se implanta instantaneamente no espírito das massas, e aquela que não encontrasse oposição seria um fenômeno inteiramente insólito. Por que o Espiritismo faria exceção à regra comum? É preciso às idéias, como aos frutos, o tempo para amadurecer; mas a leviandade humana faz com que sejam julgadas antes de sua maturidade, ou sem se dar ao trabalho de lhes sondar as qualidades íntimas. Isso nos lembra a espiritual fábula a *jovem macaca, o macaco e a noz*. Essa jovem macaca, como se sabe, colhia uma noz em sua casca verde; a levou ao dente, fez careta e a rejeitou, se espantando em se achar boa uma coisa tão amarga; mas um velho macaco, menos superficial e sem dúvida profundo pensador em sua espécie, apanhou a noz, a partiu, a descascou, a comeu e a achou deliciosa; o que acompanha com uma bela moral endereçada a todas as pessoas que julgam as coisas novas pelas aparências.

O Espiritismo, pois, deveu caminhar sem o apoio de nenhum recurso estranho, e eis que, em cinco ou seis anos, ele se vulgarizou com uma rapidez prodigiosa.Onde hauriu essa força, senão em si mesmo? É preciso, pois, que haja, em seu princípio, alguma coisa bem poderosa para estar assim propagado sem os meios superexcitantes da publicidade. É que, como dissemos acima, quem quer que se dê ao trabalho de se aprofundar nele, encontre o que procurava, o que a razão lhe faz entrever, uma verdade consoladora e, afinal de contas, nela haure a esperança e uma verdadeira alegria.Também as convicções adquiridas são sérias e duráveis; não são opiniões levianas, que um sopro faz nascer e que um outro sopro desfaz. Alguém nos disse recentemente: “Encontro no Espiritismo uma tão suave esperança, dele retiro tão doces e tão grandes consolações, que todo o pensamento contrário me tornaria bem infeliz, e sinto que meu melhor amigo se tornaria odioso se tentasse me arrancar dessa crença”.Quando uma idéia não tem raízes, pode lançar uma luz passageira, como essas flores que fazem produzir à força; mas logo, por falta de sustento, elas morrem e delas não se fala mais. Aquelas, ao contrário, que têm uma base séria, crescem e persistem; acabam por se identificarem de tal modo como os hábitos que se admira, mais tarde, se ter podido passar sem elas.

Se o Espiritismo não foi secundado pela imprensa da Europa, não ocorreu o mesmo, se dirá com a da América. Isso é verdade até um certo ponto. Há, na América, como, aliás, em toda parte, a impresa especial. A primeira, sem dúvida, dele se ocupou mais do que entre nós, embora menos do que se pensa; ela tem, aliás, também, seus órgãos hostis. A imprensa especial só nos Estados Unidos, com dezoito jornais espíritas, os quais dez hebdomadários e vários de grandes formatos. Vê-se que estamos ainda bem atrasados a esse respeito; mas lá, como aqui, os jornais especiais se dirigem às pessoas especiais; é evidente que uma gazeta médica, por exemplo, não será procurada de preferência, nem pelos arquitetos, nem pelos homens de lei; do mesmo modo, um jornal espírita não é lido, com algumas exceções, senão pelos partidários do Espiritismo. O grande número de jornais americanos que tratam dessa matéria prova uma coisa: que há bastantes leitores para os manter. Fizeram muito, sem dúvida, mas sua influência, em geral, é puramente local; a maioria é desconhecida do público europeu, e os nossos não lhes fizeram senão bem raras transcrições. Dizendo que o Espiritismo se propagou sem o apoio da imprensa, entendemos falar da imprensa em geral, que se dirige a todo o mundo, daquela cuja voz fere milhões de ouvidos cada dia, que penetra nos refúgios mais obscuros; daquela com a qual o anacoreta, no fundo do seu deserto, pode estar ao corrente do que se passa, tanto quanto o citadino; enfim, daquela que semeia as idéias a mãos cheias. Qual o jornal espírita que pode se gabar de assim fazer ressoar os ecos do mundo? Ele fala às pessoas convencidas; não chama a atenção dos indiferentes. Estamos, pois, com a verdade dizendo que o Espiritismo esteve entregue às suas próprias forças; se por ele mesmo se fez assim tão grande, que será quando puder dispor da poderosa alavanca da publicidade! À espera desse momento, planta por toda parte estacas; por toda a parte seus ramos encontrarão ponto de apoio; por toda parte, enfim, encontrará vozes cuja autoridade imporá silêncio aos seus detratores.

A qualidade dos adeptos do Espiritismo merece uma atenção especial. São recrutados nas camadas inferiores da sociedade, entre as pessoas iletradas? Não; aqueles dele se ocupam pouco ou nada; foi pouco se dele ouviram falar. As próprias mesas girantes neles encontraram poucos praticantes. Até o presente, seus prosélitos estão nas primeiras classes da sociedade, entre as pessoas esclarecidas, os homens de saber e de raciocínio; e, coisa notável, os médicos, que durante tão longo tempo fizeram uma guerra encarniçada ao Magnetismo se juntam sem dificuldade a essa doutrina; contamos um grande número deles, tanto na França quanto no estrangeiro, entre os nossos assinantes, em cujo número se encontra também uma maioria de homens superiores em todos os sentidos, notabilidades científicas e literárias, altos dignitários, funcionários públicos, oficiais generais, negociantes, eclesiásticos, magistrados etc., todas pessoas sérias para dar o título de passatempo a um jornal que, como o nosso, não se considera capaz de recrear, e ainda menos se crêem nele encontrar fantasias. A *Sociedade Parisiense de Estudos Espíritas* não é uma prova menos evidente dessa verdade, pela escolha das pessoas que reúne; suas sessões são seguidas com um firme interesse, uma atenção religiosa, podemos mesmo dizer com avidez e, todavia, não se ocupa senão de estudos graves, sérios, freqüentemente muito abstratos, e não de experiências próprias para excitarem. Falamos do que se passa sob os olhos, mas o podemos dizer, igualmente, se todos os centros onde se ocupa do Espiritismo sob o mesmo ponto de vista, porque quase por toda parte (como os Espíritos o haviam anunciado) o período de curiosidade chega ao seu declínio. Esses fenômenos nos fazem penetrar numa ordem de coisas tão grandes, tão sublimes que, ao lado dessas graves questões, um móvel que gira ou que bate é um brinquedo de criança: é o abc da ciência.

Aliás, se sabe o que se examinar agora sobre a qualidade dos Espíritos batedores e, em geral, daqueles que produzem efeitos materiais. Eles foram justamente chamados os saltimbancos do mundo espírita; por isso se interessa menos por eles do que por aqueles que podem nos esclarecer.

Podem-se assinalar, à propagação do Espiritismo, quatro fases ou períodos distintos:

1. A da *curiosidade,* na qual os Espíritos batedores desempenharam o papel principal para chamar a atenção e preparar os caminhos.

2. A da *observação,* na qual entramos, e que se pode chamar o período filosófico. O Espiritismo é aprofundado e se depura, tende à unidade da doutrina e se constitui em ciência.

Virão em seguida:

3. O período da *admissão,* no qual o Espiritismo tomará uma categoria oficial entre as crenças universalmente reconhecidas.

4. O período de *influência sobre a ordem social.* Será então que a Humanidade, sob a influência dessas idéias, entrará em um novo caminho moral. Essa influência, desde hoje, é individual; mais tarde, agirá sobre as massas para o bem geral.

Assim, de um lado, eis uma crença que se propaga no mundo inteiro por si mesma, pouco a pouco, e sem nenhum dos meios usuais de propaganda forçada; de outro, essa mesma crença que se enraíza, não na base da sociedade, mas na sua parte mais esclarecida. Não há, nesse duplo fato, alguma coisa bem característica e que deve levar à reflexão todos aqueles que ainda tratam o Espiritismo de sonho fútil. Ao contrário de muitas outras idéias que partem da base, grosseiras ou desnaturadas, e não penetram senão depois de longo tempo nas camadas superiores onde se depuram, o Espiritismo parte do alto, e não chegará às massas senão liberto das idéias falsas, inseparáveis das coisas novas.

Todavia, é preciso convir que não há ainda, em muitos adeptos, senão uma crença latente; o medo do ridículo em alguns, em outros o medo de melindrar certas suscetibilidades, em seu prejuízo, os impedem de ostentarem francamente suas opiniões; isso é pueril, sem dúvida, e todavia o compreendemos; não se pode pedir, a certos homens, o que a Natureza não lhes deu: a coragem de afrontar o: Que dirão disso; mas quando o Espiritismo estiver em todas as bocas, e esse tempo não está longe, essa coragem virá aos mais tímidos. Uma mudança notável já se operou, desde há algum tempo, sobre esse assunto; se fala dele mais abertamente: arrisca-se, e isso faz abrir os olhos aos próprios antagonistas, que se perguntem se é prudente, no interesse de sua própria reputação, combater uma crença que, bom grado, mal grado, se infiltra por toda parte e encontra seus apoios no topo da sociedade. Também o epiteto de *louco,* tão largamente prodigalizado aos adeptos, começa a se tornar ridículo; é um lugar comum que se usa e volta ao trivial, porque cedo os loucos serão mais numerosos do que as pessoas sensatas, e já mais de um crítico estão alinhados ao seu lado; de resto, é o cumprimento do que os Espíritos anunciaram dizendo que: Os maiores adversários do Espiritismo dele se tornarão os mais dedicados partidários e os mais ardentes propagadores.

PLATÃO: DOUTRINA DE ESCOLHA DAS PROVAS

Vimos, pelos curiosos documentos célticos que publicamos em nosso número de abril, a doutrina da reencarnação professada pelos Druidas, segundo o princípio da marcha ascendente da alma humana, à qual faziam percorrer os diversos graus da nossa escala espírita. Todo o mundo sabe que a idéia da reencarnação remonta à mais alta antigüidade, e que o próprio Pitágoras a hauriu entre os Indianos e os Egípcios. Não é, pois, de se admirar que Platão, Sócrates e outros, partilhassem uma opinião admitida pelos mais ilustres filósofos da época; mas o que, talvez, seja mais notável é encontrar, nessa época, o princípio da doutrina de escolha das provas, ensinada hoje pelos Espíritos, doutrina que pressupõe a reencarnação sem a qual não teria nenhuma razão de ser. Não discutiremos, hoje, essa teoria, que estava tão longe do nosso pensamento quando os Espíritos nos a revelaram, que nos surpreendeu estranhamente, porque o confessamos, com toda a humildade, que o que Platão havia escrito sobre esse assunto especial, nos era, então, totalmente desconhecido, prova nova, entre mil, que as comunicações que nos foram feitas não são o reflexo de nossa opinião pessoal.

Quanto à de Platão, constatamos simplesmente a idéia principal, podendo cada um facilmente convir quanto à parte da forma sob a qual ela é apresentada, e julgar os pontos de contato que pode ter, em certos detalhes, com a nossa teoria atual. Em sua alegoria do *Fuso da necessidade,* supõe uma conversa entre Sócrates e Glauco, e empresta ao primeiro o discurso seguinte sobre as revelações do Armênio *Er,* personagem fictfcio, segundo toda a probabilidade, embora alguns o tomem por Zoroastro.

Se compreenderá, facilmente, que esse relato não é senão um quadro imaginado para conduzir à idéia principal: a imortalidade da alma, a sucessão das existências, a escolha dessas existências por efeito do livre arbítrio, enfim, as conseqüências felizes ou infelizes da escolha, freqüentemente imprudente, proposições que se encontram, todas, em *O Livro dos Espíritos,* e que vêm confirmar os numerosos fatos citados nesta revista.

"A narração que vou vos lembrar, disse Sócrates a Glauco, é a de um homem de coração, Er, o Armênio, originário de Panfília. Foi morto em uma batalha. Dez dias depois, como se carregavam os cadáveres, já desfigurados, daqueles que tombaram com ele, o seu foi encontrado são e inteiro. Levaram-no para casa para fazerem seus funerais, e, no segundo dia, quando estava sobre a fogueira, ele reviveu e contou o que vira na outra vida.

Logo que a sua alma saiu de seu corpo, partiu com uma multidão de outras almas e chegou a um lugar maravilhoso, onde se viam, na terra, duas aberturas, vizinhas uma da outra, e duas outras aberturas no céu que correspondiam àquelas. Entre essas duas regiões estavam sentados os juízes. Desde que pronunciavam uma sentença, ordenavam aos justos para tomarem seu caminho à direita, por uma das aberturas do céu, depois de lhes afixar à frente um letreiro contendo o julgamento dado em seu favor, e aos maus de tomarem o caminho à esquerda, nos abismos, tendo atrás do dorso um escrito semelhante, onde estavam marcadas todas as suas ações. Quando, por sua vez, se apresentou, os juízes declararam que ele deveria levar aos homens a novidade do que se passava nesse outro mundo, e lhe ordenaram escutar e observar tudo o que se lhe oferecia.

"Viu primeiro as almas julgadas desaparecerem, umas subindo ao céu, outras descendo sob a terra pelas duas aberturas que se correspondiam: enquanto que, pela segunda abertura, via saírem as almas cobertas de pó e de imundície, ao mesmo tempo, pela segunda abertura do céu, desciam outras almas puras e sem mácula. Todas pareciam vir de uma longa viagem e se deterem com prazer na campina como num lugar de reunião. Aquelas que se conheciam, se saudavam, umas às outras, e perguntavam as novidades do que se passava nos lugares de onde vinham: o céu e a terra. Aqui, entre os gemidos e as lágrimas, se evocava tudo o que se sofrera, ou vira sofrer, viajando sob a terra; lá, se contavam as alegrias do céu e a felicidade de contemplar as maravilhas divinas.

"Seria muito longo seguir o discurso inteiro do Armênio, mas eis, em suma, o que dizia. Cada uma das almas levava dez vezes a pena das injustiças que cometera durante a vida. A duração de cada punição era de cem anos, duração natural da vida humana, a fim de que o castigo fosse, sempre, o décuplo para cada crime. Assim, os que fizeram perecer em grande quantidade seus semelhantes, atraiçoado cidades, exércitos, reduzido seus concidadãos à escravidão ou cometido outros crimes enormes, eram atormentados no décuplo para cada um dos seus crimes. Aqueles, ao contrário, que fizeram o bem ao seu redor, que foram justos e virtuosos, recebiam, na mesma proporção, a recompensa de suas boas ações. O que dizia das crianças que a morte levou pouco tempo após o seu nascimento, merece menos ser repetido; mas assegurava que ao ímpio, ao filho desnaturado, ao homicida, estavam reservadas as penas mais cruéis, e ao homem religioso e ao bom filho as maiores felicidades.

"Presenciara quando uma alma perguntou a uma outra onde estava o grande Ardieu. Esse Ardieu fora um tirano de uma cidade de Panfília mil anos antes; ele havia matado seu velho pai, seu irmão mais velho, e cometido, se dizia, vários outros crimes enormes. "Ele não veio, respondeu a alma, e não virá jamais aqui. Todos fomos testemunhas, a esse respeito, de um horrível espetáculo. Quando estávamos sobre o ponto de sair do abismo, depois de cumprirmos nossas penas, vimos Ardieu e um grande número de outros, dos quais a maioria eram tiranos como ele ou seres que, numa condição particular, haviam cometido grandes crimes: faziam vãos esforços para subirem, e todas as vezes que esses culpados, cujos crimes eram irremediáveis, ou não haviam suficientemente expiado, tentavam sair, o abismo os repelia rugindo. Então, personagens horríveis, de corpo inflamado, que se achavam lá, acorriam a esses gemidos. Carregaram primeiro, com viva força, um certo número desses criminosos; quanto a Ardieu e aos outros, lhes uniram os pés, as mãos e a cabeça, e os tendo lançado à terra e os esfolado à força de pancadas, os arrastaram fora do caminho, através de sarças sangrantes, repetindo às sombras, à medida que passava algum: "Eis tiranos e homicidas, nós os carregamos para os lançar no Tártaro."

Essa alma acrescentou que, entre tantos objetos terríveis, nada lhe causou mais medo do que o mugido do abismo, e que foi uma extrema alegria para ela sair dali em silêncio.

"Tais eram, mais ou menos, os julgamentos das almas, seus castigos e suas recompensas.

"Depois de sete dias de repouso nessa campina, as almas deveram dali partir no oitavo, e se puseram na estrada. Ao cabo de quatro dias de caminho, perceberam no alto, sobre toda a superfície do céu e da terra, uma imensa luz, direita como uma coluna e semelhante à iris, mas mais brilhante e mais pura. Um único dia lhes bastou para a atingir, e elas viram, então, na direção do meio dessa muralha, a extremidade das correntes que nela prendem os céus. Aí está o que a sustenta, é o envoltório do vaso do mundo, O vasto cinto que o rodeia. No topo, estava suspenso O Fuso da necessidade, ao redor do qual se formam todas as circunferências(1).

"Ao redor do Fuso, e a distâncias iguais, tinham assento sobre os tronos as três Parcas, filhas da Necessidade: Láqueis, Cloto e Átropos, vestidas de branco e com a cabeça coroada com uma faixinha. Elas cantavam, se unindo ao concerto das sereias: Láqueis o passado, Cloto o presente, Átropos o futuro. Cloto tocava, por intervalos, com a mão direita, o exterior do fuso; Átropos, com a mão esquerda, imprimia movimento aos círculos internos, e Láqueis, com uma e com a outra mão, alternativamente, tocava ora o fuso, ora as balanças interiores.

(1) Essas são as diversas esferas dos planetas ou os diversos estágios do cáu, girando ao redor da Terra fixada ao próprio eixo do fuso. (V. COUSIN)

"Logo que as almas chegavam, lhes era preciso se apresentarem diante de Láqueis. Primeiro um hierofante as faziam enfileirar em ordem, uma depois da outra. Em seguida, tendo tomado de sobre os joelhos de Láqueis as sortes ou números na ordem pela qual a alma deveria ser chamada, assim como as diversas condições humanas *oferecidas à sua escolha,* montado em um estrado, falava assim: " Eis o que disse a virgem Láqueis, filha da Necessidade; *Almas passageiras, ides começar uma nova carreira e renascer na condição mortal. Não se vos assinalará vosso gênio, será vós que o escolhereis por vós mesmas.* Aquela primeira que a sorte chamar escolherá, e sua escolha será irrevogável. A virtude não está com ninguém: ela se prende a quem a honre, e abandona quem a negligencia. Cada um é responsável por sua escolha, Deus é inocente." A essas palavras esparramou os números, e cada alma pegou aquele que caiu diante dela, exceto o Armênio, a quem não se lhe permitiu. Em seguida o hierofante expôs sobre a terra, diante delas, os gêneros de vida de toda espécie, em número muito maior que não havia de almas reunidas. A variedade deles era infinita; ali se achavam, ao mesmo tempo, todas as condições de homem, assim como de animais. Havia tiranias: umas que duram até a morte, as outras bruscamente interrompidas acabando na pobreza, no exílio e no abandono. A ilustração se mostrava sob várias faces: se podia escolher a beleza, a arte de agradar, os combates, a vitória ou a nobreza de raça. Condições sociais completamente obscuras por todos esses lugares, ou intermediárias, misturas de riqueza e de pobreza, de saúde e de enfermidade, eram oferecidas à escolha: haviam, também, condições de mulher da mesma variedade.

"Evidentemente, aí está, caro Glauco, a prova terrível para a Humanidade. Que cada um de nós nela pense, e que deixe todos os vãos estudos, para não se entregar senão à ciência que faz a sorte do homem. Procuremos um mestre que nos ensine a discernir o bom e o mau destino, e a escolher todo o bem que o céu nos entrega. Examinemos com ele quais situações humanas, separadas ou reunidas, conduzem às boas ações: se a beleza, por exemplo, unida à pobreza ou à riqueza, ou se tal disposição da alma deve produzir a virtude ou o vício; que vantagem pode ter um nascimento brilhante ou comum, a vida privada ou pública, a força ou a fraqueza, a instrução ou a ignorância, enfim, tudo o que o homem recebe da Natureza e tudo o que tem de si mesmo. Esclarecidos pela consciência, decidamos qual destino nossa alma deve preferir. Sim, o pior dos destinos é aquele que a torna injusta, e o melhor aquele que a formará, sem cessar, para a virtude: tudo o mais nada é para nós. Iríamos esquecer que não há nenhuma escolha mais salutar depois da morte como durante a vida! Ah! que esse dogma sagrado se identifique para sempre com a nossa alma, a fim de que ela não se deixe ofuscar, lá embaixo, nem pelas riquezas nem pelos outros males dessa natureza, e que ela não se exponha, se lançando na condição do tirano ou em qualquer outra semelhante, a cometer um grande número de males sem remédio e a sofrê-los ainda maiores.

"Segundo o relato de nosso mensageiro, o hierofante dissera: Aquele que escolherá por último, contanto que o faça com discernimento, e que em seguida seja conseqüente em sua conduta, pode se prometer uma vida feliz. Aquele que escolherá primeiro, se guarde de muita confiança, e que o último não se desespere." Então aquele que a sorte nomeou o primeiro avançou com deligência e escolheu a mais considerável tirania; levado por sua imprudência e sua avidez, e sem considerar suficientemente o que fazia, não viu essa fatalidade ligada ao objeto de sua escolha de ter que comer, um dia, a carne de seus próprios filhos e bem outros crimes horríveis. Mas quando ela considerou a sorte que havia escolhido, gemeu, se lamentou, e esquecendo as lições do hierofante, acabou por acusar de seus males a fortuna, os gênios, tudo, exceto ela mesma(1). Essa alma era do número daquelas que vieram do céu: ela vivera, precedentemente, em um estado bem governado e fizera o bem pela força do hábito antes que por filosofia. Eis por que, entre aquelas que caíam em semelhantes decepções, as almas vindas do céu não eram as menos numerosas, por falta de terem sido experimentadas pelos sofrimentos. Ao contrário, aquelas que, tendo passado por moradas subterrâneas, sofreram e viram sofrer, não escolhiam assim às pressas. Daí, independentemente do risco das classes para serem chamadas a escolher, uma espécie de troca de bens e de males para a maioria das almas. Assim, um homem que, a cada renova-

(1) Os Antigos não atribuiam à palavra *tirano* a mesma idéia que nós; davam esse nome a todos aqueles que se apoderavam do poder soberano, quaisquer que fossem suas qualidades, boas ou más. A história cita tiranos que fizeram o bem; mas como, mais freqüentemente, ocorria o contrário, e, para satisfazer sua ambição ou se manter no poder, nenhum crime lhes importava, essa palavra se tornou, mais tarde, sinônimo de cruel, e se diz de todo homem que abusa de sua autoridade.

A alma da qual *Er* fala, escolhendo *a mais considerável tirania,* não buscara a crueldade mas, simplesmente, o poder mais vasto como condição de sua nova existência; quando sua escolha se fez irrevogável, ela percebeu que esse mesmo poder a arrastaria ao crime, e lamentou o fazer, acusando de seus males todos, exceto ela mesma; é a história da maioria dos homens que são os artífices de sua própria infelicidade sem querer o confessar.

ção da sua vida neste mundo, se aplicasse constantemente a sã filosofia e tivesse a felicidade de não ter as últimas sortes, aparentemente, depois desse relato, não somente seria feliz neste mundo, mais ainda que, em sua viagem daqui para lá embaixo, e em seu retorno, caminharia pela via unida ao céu e não pela vereda penosa do abismo subterrâneo.

"O Armênio acrescentava que era um espetáculo curioso de se ver a maneira pela qual cada alma fazia sua escolha. Nada de mais estranho e mais digno, ao mesmo tempo, de compaixão e de zombaria. Era, na maior parte do tempo, segundo seus hábitos da vida anterior, que fazia a sua escolha. Er vira a alma que havia pertencido a Orfeu escolher a alma de um cisne, por ódio das mulheres que lhe deram a morte, não querendo dever seu nascimento a nenhuma delas; a alma de Thomyres escolhera a condição de um rouxinol; e, reciprocamente, um cisne, assim como outros músicos como ele, adotaram a natureza do homem. Uma outra alma, a vigésima chamada a escolher, tomou a natureza de um leão: era Ajax, filho de Telamon.

Ele detestava a Humanidade, se recordando do julgamento que lhe tirara as armas de Aquiles. Depois desta, veio a alma de Agamenon, que suas infelicidades tornaram, também, o inimigo dos homens: ele tomou a condição de águia. A alma de Atalanta, chamada a escolher, pela metade, considerando as grandes honras prestadas aos atletas, não pôde resistir ao desejo de se tornar atleta. Epeu, que construiu o cavalo de Tróia, se tornou uma mulher laboriosa. A alma do bobo Tersita, das últimas a se apresentarem, revestiu as formas de um macaco. A alma de Ulisses, a quem o acaso dera o último destino, veio também para escolher: mas a recordação de seus longos revezes, o tendo desenganado da ambição, procurou por muito tempo e descobriu, com dificuldade, em um canto, a vida tranqüila de um homem privado, que todas as outras almas deixaram à parte. Descobrindo-o, disse que, mesmo que tivesse sido a primeira a escolher, não teria feito outra escolha. Os animais, quaisquer que sejam, passam igualmente uns nos outros ou nos corpos de homens: aqueles que foram maus, se tornam bestas ferozes, e os bons, animais domésticos.

"Depois que todas as almas fizeram escolha de uma condição, elas se aproximaram de Láqueis, na ordem segundo a qual haviam escolhido. A Parca deu, a cada uma, o gênio que ela havia preferido, a fim de que lhe servisse de guardião durante a sua vida, e a ajudasse a cumprir o seu destino. Esse gênio primeiro a conduzia a Cloto que, com sua mão e com um giro do fuso, confirmava o destino escolhido. Depois de ter tocado o fuso, a conduzia daí para Átropos, que enrolava o fio para tornar irrevogável o que fora tecido por Cloto. Em seguida se avançava para o trono da Necessidade, sob o qual a alma e seu gênio passavam juntos. Logo que todas passaram, elas seguiram para o espaço cheio de Letes (o Esquecimento)[1], onde toleraram um calor insuportável, porque não havia nem árvore e nem planta. Chegada a tarde, elas passaram a noite junto do rio Ameles (ausência de pensamentos sérios), rio do qual nenhum vaso podia conter a água: se era obrigado a dele beber; mas os imprudentes dele beberam muito. Aqueles que dele bebem sem parar, perdem a memória. Dormiu-se depois; mas, pelo meio da noite, sobreveio um estrondo de trovão com um tremor de terra: logo as almas foram dispersadas, aqui e ali, para os diversos pontos de seu nascimento terrestre, como estrelas que jorrassem, de repente, do céu. Quanto a ele, disse Er, impediram-no de beber da água do rio: entretanto, não sabia onde e nem como sua alma se reuniu ao seu corpo; mas pela manhã, tendo de repente aberto os olhos, percebeu que estava estendido sobre a fogueira.

"Tal é o mito, caro Glauco, que a tradição fez viver até nós. Ele pode nos preservar de nossa perda: se lhe acrescentamos fé, *passaremos felizes o Letes e manteremos nossa alma pura de toda mancha.*"

UMA ADVERTÊNCIA DE ALÉM-TÚMULO

O fato seguinte foi relatado pela *Patrie* de 15 de agosto de 1858:

"Terça-feira última, me obriguei, talvez bastante imprudentemente, a vos contar uma história *comovente*. Deveria pensar em uma coisa: que não há histórias *comoventes*, não há senão histórias bem contadas, e o mesmo relato, feito por dois narradores diferentes, pode adormecer um auditório ou lhe dar arrepios. Que ouvi eu com meu companheiro de viagem de Cherbourg a Paris, o Sr. B..., de quem tenho a anedota maravilhosa! Se tivesse *estenografado* sua narração, verdadeiramente, teria alguma chance de vos fazer estremecer.

(1) Alusão ao esquecimento que se segue à passagem de uma existência à outra.

"Mas cometi o erro de o reportar à minha detestável memória, e o lamento vivamente. Enfim, tanto bem quanto mal, eis a aventura, e o desfecho nos provará que hoje, 15 de agosto, ela é completamente de circunstância.

"O Sr. de S...(um nome histórico considerado ainda hoje com honra) era oficial sob o Diretório. Para seu prazer, ou pelas necessidades de seu serviço, ele viajava para a Itália.

"Em uma de nossas províncias do centro, foi surpreendido pela noite e se considerou feliz por encontrar uma pousada sob o teto de uma espécie de barraco de aparência suspeita, onde lhe ofereceram má ceia e um catre em um celeiro.

"Habituado à vida de aventuras e ao rude serviço da guerra, o Sr. de S... comeu com bom apetite, se deitou sem murmurar e adormeceu profundamente.

"Seu sono foi perturbado por uma aparição horrível. Viu um espectro se levantar na sombra, caminhar com passo pesado para o seu catre, e se deter à altura da cabeceira de sua cama. Era um homem de uns cinqüenta anos, cujos cabelos grisalhos e eriçados estavam vermelhos de sangue; tinha o peito nu, e sua garganta enrugada estava cortada de feridas abertas. Ficou um momento silencioso, fixando seus olhos negros e profundos sobre o viajante adormecido; depois, sua figura pálida se animou, suas pupilas irradiaram como dois carvões ardentes; pareceu fazer um violento esforço, e, com voz surda e tremente, pronunciou estas estranhas palavras:

"– Eu te conheço, és soldado como eu, como eu homem de coração e incapaz de faltar à palavra. Venho te pedir um serviço que outros me prometeram e não cumpriram. Há três semanas fui morto; o hospedeiro desta casa, ajudado por sua mulher, me surpreendeu durante meu sono e me cortou a garganta. Meu cadáver está escondido sob um montão de lixo, à direita, no fundo do galinheiro. Amanhã, vá procurar a autoridade do lugar, conduza dois policiais e me faça sepultar. O hospedeiro e sua mulher se trairão, por si mesmos, e tu os entregarás à justiça. Adeus, conto com tua piedade; não esqueça o pedido de um velho companheiro de armas.

"O senhor de S..., despertando se lembrou de seu sonho. A cabeça apoiada sobre o cotovelo, ele se pôs a meditar; sua emoção era viva, mas se dissipa diante das primeiras claridades do dia, e ele se diz como Athalie:

Um sonho! devo me inquietar com um sonho!

Violentou seu coração e não escutando senão sua razão, fechou sua valize e continuou sua viagem.

"À tarde, ele chegou a sua nova etapa e se deteve para passar a noite em uma estalagem. Mas, apenas havia fechado os olhos, o espectro lhe apareceu uma segunda vez, triste e quase ameaçador .

"– Eu me admiro e me, aflijo, disse o fantasma, de ver um homem como tu se perjurar e faltar ao seu dever. Esperava mais de tua lealdade, meu corpo está insepulto, meus assassinos vivem em paz. Amigo, minha vingança está em tua mão; em nome da honra, eu te intimo a retornar sobre teus passos.

"'o Sr. de S... passou o resto da noite numa grande agitação; chegou o dia, teve vergonha de seu medo e continuou sua viagem.

"À tarde, terceira parada, terceira aparição. Desta vez, o fantasma estava mais Iívido e mais terrlvel; um sorriso amargo errava sobre seus lábios brancos; falou com uma voz rude:

"Parece que te julguei mal: parece que teu coração, como o dos outros, é insensível aos pedidos dos infortunados. Uma última vez venho invocar tua ajuda e apelar à tua generosidade. Retorne a X..., me vinga, ou seja maldito.

"Desta vez, O Sr. de S... não deliberou mais: voltou atrás até a estalagem suspeita onde havia passado a primeira de suas noites lúgubres. Foi à casa do magistrado, e pediu dois soldados. A sua visa à sua vista, e à vista dos dois soldados, os assassinos empalideceram, e confessaram seu crime, como se uma força superior Ihes arrancasse essa confissão fatal.

"Seu processo se instruiu rapidamente, e eles foram condenados à morte. Quanto ao pobre oficial, cujo cadáver se encontrou sob o monte de lixo, à direita, no fundo do galinheiro, foi sepultado em terra santa e os sacerdotes oraram pelo repouso de sua alma.

"Tendo cumprido sua missão, o Sr. de S... se apressou em deixar o país e correu para os Alpes sem olhar para trás.

"A primeira vez que ele repousou em um leito, o fantasma se dirige ainda diante de seus olhos, não mais bravo e irritado, mas doce e benevolente.

"– Obrigado, disse ele, obrigado, irmão. Quero reconhecer o serviço que me prestaste: me mostrarei a ti uma vez ainda, uma só, duas horas antes de tua morte, virei te advertir. Adeus.

"o Sr. de S... tinha então ao redor de trinta anos; durante trinta anos, nenhuma visão veio perturbar a quietude de sua vida. Mas em 182..., dia 14 de agosto, véspera da festa de Napoleão, o Sr. de S..., que permanecera fiel ao partido bonapartista, reuniu num grande jantar uma vintena de antigos soldados do Império. A festa estava muito alegre; o anfitrião, se bem que velho, todavia, estava bem conservado e bem. Estava no salão e se tomava o café.

"O Sr. de S... teve vontade de tomar uma pitada e percebeu que esquecera sua tabaqueira no quarto. Tinha o hábito de se servir, ele mesmo; deixou um momento seus hóspedes e subiu para o primeiro andar de sua casa, onde se achava o seu quarto de dormir.

"Não havia acendido a luz.

"Quando entrou num longo corredor que conduzia ao seu quarto, se deteve de repente, e foi forçado a se apoiar contra a parede. Diante dele, na extremidade da galeria, estava o fantasma do homem assassinado; o fantasma não pronunciou nenhuma palavra, nem fez nenhum gesto, e, depois de um segundo, desapareceu.

"Era a advertência prometida

"O Sr. de S..., que tinha a alma forte, depois de um momento de desfalecimento, reencontrou sua coragem e seu sangue frio, caminhou para seu quarto, ali tomou sua tabaqueira e desceu de novo para o salão.

"Quando ele entrou, nenhum sinal de emoção aparecia em seu rosto. Misturou-se à conversação, e, durante uma hora, mostrou todo o seu espírito e toda a sua jovialidade costumeiros.

"Em minutos seus convidados se retiraram. Então, ele se sentou e passou três quartos de hora no recolhimento; depois tendo posto em ordem seus negócios, se bem que não sentisse nenhuma moléstia, retornou ao seu quarto de dormir.

"Quando abriu a porta, um tiro o estendeu morto, justo duas horas depois da aparição do fantasma.

"A bala que lhe despedaçou o crânio era destinada ao seu empregado."

"HENRY D'AUDIGIER."

O autor do artigo quis, a todo preço, cumprir a promessa que fizera ao jornal de contar alguma coisa de emocionante, e para esse efeito tomou a anedota que narra com sua fecunda imaginação, ou ela é real? É o que não sabemos afirmar. De resto, isso não é o mais importante; verdadeiro ou suposto, o essencial é saber se o fato é possível. Pois bem, não hesitaremos em dizer: Sim, as advertências de além-túmulo são possíveis, e numerosos exemplos cuja autenticidade não poderia ser posta em dúvida, aí estão para atestá-Io. Se, pois, a anedota do senhor Henry d'Audigier é apócrifa, muitas outras, do mesmo gênero, não o são; diremos mesmo que esta não oferece nada senão bastante comum. A aparição ocorreu em sonho, circunstância muito vulgar, ao passo que é notório que elas podem se produzir à visão durante o estado de vigília. A advertência do instante da morte não é mais insólita; os fatos desse gênero são muito mais raros, porque a Providência, em sua sabedoria, nos oculta esse momento fatal. Não é, pois, senão excepcionalmente que pode nos ser revelado, e por motivos que nos são desconhecidos. Eis aqui um outro exemplo mais recente, menos dramático, é verdade, mas cuja exatidão podemos garantir.

O senhor Watbled, negociante, presidente do tribunal de comércio de Boulogne, morreu em 12 de julho último, nas circunstâncias seguintes: Sua mulher, que ele havia perdido há doze anos, e cuja morte lhe causava desgostos incessantes, apareceulhe durante duas noites consecutivas, nos primeiros dias de junho, e lhe disse: Deus tem piedade de nossas penas e quer que estejamos logo reunidos. Ela acrescentou que o 12 de julho seguinte era o dia marcado para essa reunião e que, em conseqüência, ele deveria preparar-se. Desse momento, com efeito, uma mudança notável se operou nele; enfraquecia dia a dia, logo caiu de cama, e sem sofrimento nenhum, no dia marcado, deu o último suspiro entre os braços de seus amigos.

O fato em si mesmo não é contestável, os c éticos podem argumentar sobre a causa, que não faltarão de atribuí-la à imaginação. Sabe-se que semelhantes predições, feitas por ledores de sorte, seguiram-se de um desenlace fatal; concebe-se, neste caso, que a imaginação estando impressionada com essa idéia, os órgãos possam com isso experimentar uma alteração radical: o medo de morrer mais de uma vez causou a morte; mas aqui as circunstâncias não são as mesmas. Aqueles que aprofundaram os fenômenos do Espiritismo podem perfeitamente compreender o fato; quanto aos c éticos, não têm senão um argumento: Eu não creio, portanto isso não é nada. Os Espíritos, interrogados a esse respeito, responderam: "Deus escolheu esse homem que era conhecido de todos, a fim de que esse conhecimento se estendesse ao longe e levasse a refletir ." – Os incrédulos pedem, sem cessar, provas; Deus lhas dá, a cada instante, pelos fenômenos que surgem de todas as partes; mas a eles se aplicam estas palavras: Têm olhos e não verão; têm ouvidos e não ouvirão.

OS GRITOS DA SÃO BARTOLOMEU

De Saint-Foy, em sua *História da ordem do Espírito Santo* (edição de 1778), cita a passagem seguinte tirada de uma coletânea escrita pelo marquês Cristophe Juvénal des Ursins, tenente-general de Paris, pelo fim do ano de 1572, e impresso em 1601.

"Em 31 de agosto (1572), oito dias depois do massacre da São Bartolomeu, eu havia jantado no Louvre, na casa da senhora de Fiesques. O calor foi muito grande durante todo o dia. Fomos nos sentar sob a pequena parreira do lado do rio para respirar o fresco; de repente, ouvimos no ar um ruído horrível de vozes tumultuosas e gemidos misturados com gritos de raiva e furor; permanecemos imóveis tomados de medo, nos olhando de tempo em tempo, sem força para falar. Esse barulho durou, creio, quase uma meia hora. O certo é que o rei (Charles IX) o ouviu, ficou apavorado, não dormiu mais durante o resto da noite; entretanto, dele não falou no dia seguinte, mas se notava que ele parecia sombrio, pensativo e desvairado.

"Se algum prodígio deve não achar incrédulos, é este, atestado por Henri IV. Esse Príncipe, disse d'Aubigné, livro I, cap. VI, p. 561, nos contou várias vezes, entre seus mais familiares e particulares cortesãos (e tenho várias testemuhas vivas de que não nos contou nunca sem se sentir ainda tomado de pavor), que oito horas depois do massacre de São Bartolomeu, viu uma grande quantidade de corvos se empoleirar e grasnar sobre o pavilhão do Louvre; e que, na mesma noite, Charles IX, duas horas depois de se ter deitado, saltou de sua cama, fez se levantarem os do seu quarto, e os mandou procurar, por ouvir no ar um grande barulho de vozes gementes, em tudo semelhante à que se ouviu na noite dos massacres; que todos esses diferentes gritos eram tão surpreendentes, tão marcados e tão distintamente articulados, que Charles IX, crendo que os inimigos de Montmorency e de seus partidários os surpreenderam e os atacavam, enviou um destacamento de seus guardas, para impedir esse novo massacre; esses guardas narraram que Paris estava tranqüila, e que todo esse barulho que se ouvia estava no ar."

Nota. – O fato narrado por de Saint-Foy e Juvénal des Ursins tem muita analogia com a história do fantasma da Srta. Clairon, relatado em nosso número do mês de janeiro, com a diferença de que neste, um único Espírito se manifestou durante dois anos e meio, ao passo que depois da São Bartolomeu parecia haver deles uma quantidade inumerável que fez ressoar o ar durante alguns instantes somente. De resto, esses dois fenômenos têm, evidentemente, *o* mesmo princípio que os outros fatos contemporâneos da mesma natureza que reportamos, e deles não difere senão pelo detalhe da forma. Vários Espíritos interrogados sobre a causa dessa manifestação, responderam que *era punição de Deus,* coisa fácil de se conceber.

CONVERSAS FAMILIARES DE ALÉM-TÚMULO

A senhora Schwabenhaus. Letargia extática

Vários jornais, segundo o *Courrier des États-Unis,* narraram o fato seguinte que nos pareceu de natureza a fornecer o assunto para um estudo interessante:

"Uma familia alemã, de Baltimore, veio, diz o *Courrier des Etats-Unis,* de ser vivamente emocionada por um singular caso de morte aparente. A senhora Schwabenhaus, doente há algum tempo, parecia haver dado o último suspiro na noite da segunda para terça-feira. As pessoas que a cuidavam puderam observar nela todos os sintomas da morte; seu corpo estava gelado, seus membros rígidos. Depois de ter prestado ao cadáver os últimos deveres, e quando tudo estava pronto, no quarto mortuário, para o sepultamento, os assistentes foram em busca de algum repouso. O Sr. Schwabenhaus esgotado pela fadiga, logo os seguiu. Estava entregue a sono agitado, quando, pela seis horas da manhã, a voz de sua mulher veio ferir seu ouvido. Acreditou primeiro ser o joguete de um sonho; mas seu nome, repetido várias vezes, logo não lhe deixou nenhuma dúvida, e se precipitou para o quarto de sua mulher. Aquela que deixara por morta, estava sentada em sua cama, parecendo gozar de todas as suas faculdades e mais forte, do que jamais estivera, desde o começo de sua enfermidade.

"A senhora Schwabenhaus pediu água, depois desejou beber chá e vinho. Ela pediu ao seu marido para ir dormir com seu filho que chorava em um quarto vizinho. Mas, este último, estava muito emocionado para isso, e correu a despertar todo mundo na casa.

A doente acolheu sorrindo seus amigos, seus domésticos, que não se aproximaram de seu leito senão tremendo. Ela não parecia surpresa com os preparativos funerários que impressionavam seu olhar: "Sei que me acreditáveis morta, disse ela, entretanto, eu não estava senão dormindo. Mas durante esse tempo minha alma voou para as regiões celestes; um anjo veio me procurar , e cruzamos o espaço por alguns instantes. Este anjo que me conduzia, é a jovem que perdemos no ano último... Oh! logo eu irei reunir-me a ela... Agora que provei as alegrias do céu, não queria mais viver neste mundo. Pedi ao anjo para vir abraçar, ainda uma vez, meu marido e meus filhos; mas logo ele virá me procurar."

Às oito horas, depois que ela ternamente pediu permissão ao seu marido, aos seus filhos e a uma multidão de pessoas que a cercava, a senhora Schwabenhaus expirou realmente desta vez, como foi constatado pelos médicos, de modo a não deixar subsistir nenhuma dúvida.

"Esta cena emocionou vivamente os habitantes de Baltimore."

O Espírito da senhora Schwabenhaus, tendo sido evocado, na sessão da Sociedade Parisiense de Estudos Espíritas, no dia 27 de abril último, estabeleceu-se com ele a conversa seguinte.

1. Desejamos, com o objetivo de nos instruir, vos dirigir algumas perguntas concernentes à vossa morte; tereis a bondade de nos responder? – R. Como não o faria agora que começo a tocar nas verdades eternas, e que sei a necessidade que disso tendes?

2. Lembrai-vos das circunstâncias particulares que precederam vossa morte? – R. Sim, esse momento foi o mais feliz da minha existência terrestre.

3. Durante a vossa morte aparente, ouvíeis o que se passava ao redor de nós e víeis os preparativos de vossos funerais? – R. Minha alma estava muito preocupada com sua felicidade próxima.

Nota. – Sabe-se que, geralmente, os letárgicos vêem e ouvem o que se passa ao redor deles e disso conservam a lembrança ao despertarem. O fato que narramos oferece essa particularidade, que o sono letárgico estava acompanhado de êxtase, circunstância que explica por que a atenção da doente foi desviada.

4. Tlnheis a consciência de não estar morta? – R. Sim, mas isso não me era bastante penoso.

5. Poderíeis nos dizer a diferença que fazeis entre o sono natural e o sono letárgico? – R. O sono natural é o repouso do corpo; o sono letárgico é a exaltação da alma.

6. Sofríeis durante a vossa letargia? – R. Não.

7. Como se operou o vosso retorno à vida? – R. Deus permitiu que retornasse para consolar os corações aflitos que me cercavam.

8. Desejaríamos uma explicação mais material. – R. O que chamais o perispírito animava ainda o meu envoltório terrestre.

9. Como ocorreu não vos surpreenderdes, no vosso despertar , com os preparativos que se faziam para vos enterrar? – R. Eu sabia que deveria morrer, todas essas coisas pouco me importavam, uma vez que entrevi a felicidade dos eleitos.

10. Voltando a vós, ficastes satisfeita de ser restituída à vida? – R. Sim, para consolar.

11. Onde estivestes durante o vosso sono letárgico? – R. Não posso vos dizer toda a felicidade que senti: as línguas humanas não exprimem essas coisas.

12. Vós vos sentis, ainda, na Terra ou no espaço? – R. Nos espaços.

13. Dissestes, voltando a vós, que a jovem que havíeis perdido no ano precedente, viera vos procurar; é verdade? – R. Sim, é um Esplrito puro.

Nota. – Tudo, nas respostas da mãe, anuncia nela um Esplrito elevado; não há, pois, nada de espantar que um Esplrito mais elevado esteja ainda unido ao seu por simpatia. Todavia, é necessário não se prender à letra na qualificação de *Puro Espírito* que os Espíritos se dão, algumas vezes, entre eles. Sabe-se que é preciso entender por isso aqueles de ordem mais elevada, aqueles que, estando completamente desmaterializados e depurados, não estão mais sujeitos à reencarnação: são os Anjos que gozam da vida eterna. Ora, aqueles que não atingiram um grau suficiente" não compreendem ainda esse estado supremo; eles podem, pois, empregar o termo *Puro Espírito* para designarem uma superioridade relativa, mas não absoluta. Disso temos numerosos exemplos, e a senhora Schwabenhaus nos pareceu estar neste caso. Os Espíritos zombadores se atribuem também, algumas vezes, a qualidade de Puros Espíritos para inspirarem mais confiança às pessoas que querem enganar, e que não têm bastante perspicácia para os julgar pela sua linguagem, na qual se traem sempre sua inferioridade.

14. Que idade tinha essa criança quando morreu? – R. Sete anos.

15. Como a reconhecestes? – R. Os Espíritos superiores se reconhecem mais depressa.

16. Vós a reconhecestes sob uma forma qualquer? – R. Não a vi senão como Espirito.

17. Que vos dizia ela? – R. Venha, siga-me para o Eterno.

18. Vistes outros Espíritos além daquele da vossa filha? – R. Vi uma quantidade de outros Espíritos, mas a voz da minha criança e a felicidade que pressentia eram minhas únicas preocupações.

19. Durante o vosso retomo à vida, dissestes que iríeis logo vos reunir à vossa filha; tínheis, pois, consciência de vossa morte próxima? – R. Era para mim uma esperança feliz.

20. Como o sabíeis? – R. Quem não sabe que é preciso morrer? Minha doença mo dizia bem.

21. Qual era a causa da vossa doença? – R. Os desgostos.

22. Que idade tínheis? – R. 48 anos.

23. Deixando a vida definitivamente, tivestes imediatamente uma consciência limpa e lúcida de vossa nova situação? – R. Tive-a no momento de minha letargia.

24. Experimentastes a perturbação que acompanha, ordinariamente, o retorno à vida espírita? – R. Não, eu estava deslumbrada, mas não perturbada

Nota. – Sabe-se que a perturbação, que se segue à morte, é tanto menor e menos longa quanto o Espírito esteja mais depurado, durante a vida. O êxtase que precedeu a morte dessa mulher era, aliás, um primeiro desligamento da alma dos laços terrestres.

25. Depois de vossa morte, tornastes a ver a vossa filha? – R. Estou frequentemente com ela.

26. Estais reunida a ela pela eternidade? – R. Não, mas sei que depois de *minhas últimas encarnações,* estarei na morada onde habitam os Espíritos puros.

27. Vossas provas, pois, não estão findas? – R. Não; entretanto, elas serão felizes agora; não me deixam mais do que esperar, e a esperança é quase a felicidade.

28. Vossa filha havia vivido em outros corpos, antes daquele com o qual era vossa filha? – R. Sim, em muitos outros.

29. Sob qual forma estais entre nós? – R. Sob minha última forma de mulher.

30. Vós nos vedes tão distintamente quanto o faríeis estando viva? – R. Sim.

31. Uma vez que aqui estais sob a forma que tínheis na Terra, é pelos olhos que nos vedes? – R. Mas não, o Espírito não tem olhos; não estou sob a minha última forma senão para satisfazer às leis que regem os Espíritos quando são evocados, e obrigados a retomar o que chamais *Perispírito.*

32. Podeis ler os nossos pensamentos? – R. Sim, eu o posso: lerei se vossos pensamentos forem bons.

33. Nós vos agradecemos as explicações que consentistes em nos dar; reconhecemos pela sabedoria de vossas respostas, que sois um Espírito elevado, e esperamos que gozeis a felicidade que mereceis.– R. Estou feliz em contribuir para a vossa obra; morrer é uma alegria quando se pode ajudar o progresso como pude o fazer.

OS TALISMÃS

MEDALHA CABALÍSTICA

O Sr. M... havia comprado, de um quinquilheiro, uma medalha que lhe pareceu notável pela sua singularidade. Ela é do tamanho de uma moeda de cinco libras. Seu aspecto é argênteo, embora um pouco cor de chumbo. Nas duas faces estão gravados uma multidão de sinais, entre os quais se notam os dos planetas, círculos entrelaçados, um triângulo, palavras ininteligíveis e iniciais em caracteres vulgares; além de outros caracteres bizarros, tendo qualquer coisa de árabe, tudo disposto de um modo cabalístico no gênero dos livros de mágicos.

O Sr. M..., tendo interrogado a Srta. J..., médium sonâmbula, quanto a essa medalha, lhe respondeu que era composta de sete metais, que pertenceram a Cazotte, e tinha um poder particular para atrair os Espíritos e facilitar as evocações. O Sr. de Caudemberg, autor de uma relação de comunicações que teve, disse ele, como médium, com a Virgem Maria, lhe disse que era uma coisa má, própria para atrair os demônios. A Srta. de Guldenstube, médium, irmã do barão de Guldenstube, autor de uma obra sobre a Pneumatografia ou escrita direta, lhe disse que ela tinha uma virtude magnética e poderia provocar o sonambulismo.

Pouco satisfeito com essas respostas contraditórias, o Sr. de M... nos apresentou essa medalha, pedindo a nossa opinião pessoal a respeito, e nos rogando igualmente interrogarmos um Espírito superior sobre o valor real, do ponto de vista da influência que pode ter. Eis nossa resposta:

Os Espíritos são atraídos ou repelidos pelo pensamento, e não por objetos materiais que não têm nenhum poder sobre eles. os

Espíritos superiores, em todos os tempos, condenaram o emprego de sinais e de formas cabalísticas, e todo Espírito que lhes atribui uma virtude qualquer, ou que pretenda dar talismãs que aparentem a magia, revela, com isso, sua inferioridade, esteja agindo de boa fé ou por ignorância, em conseqüência de antigos preconceitos terrestres dos quais estejam imbuídos, seja porque queira conscientemente se divertir com a credulidade, como Espírito zombeteiro. Os sinais cabalísticos, quando não são pura fantasia, são símbolos que lembram as crenças supersticiosas quanto à virtude de certas coisas, como os números, os planetas, e sua concordância com os metais, crenças nascidas nos tempos da ignorância, e que repousam sobre erros manifestos, dos quais a ciência fez justiça mostrando o que eram os pretensos sete planetas, sete metais, etc. A forma mística e ininteligível desses emblemas tinha por objetivo impor ao vulgo ver o maravilhoso naquilo que não compreendia. Quem estudou a natureza dos Espíritos, não pode admitir racionalmente, sobre eles, a influência de formas convencionais, nem de substâncias misturadas em certas proporções; isso seria renovar as práticas da caldeira dos feiticeiros, de gato preto, de galinha preta e outros feitiços. Não ocorre o mesmo com um objeto magnetizado que, como se sabe, tem o poder de provocar o sonambulismo ou certos fenômenos nervosos sobre a economia; mas, então, a virtude desse objeto reside unicamente no fluido do qual está *momentaneamente* impregnado e que se transmite, assim, por via mediata, e não em sua forma, em sua cor, nem sobretudo nos sinais com os quais pode estar sobrecarregado.

Um Espírito pode dizer: Traçai tal sinal, e a esse sinal reconhecerei que chamais e virei; mas nesse caso o sinal traçado não é senão a expressão do pensamento; é uma evocação traduzida de um modo material; ora, os Espíritos, qualquer que seja sua natureza, não têm necessidade de semelhantes meios para se comunicarem; os Espíritos superiores não os empregam nunca; os Espíritos inferiores podem o fazer tendo em vista fascinar a imaginação de pessoas crédulas, que querem ter sob sua dependência. Regra geral: todo Espírito que liga mais importância à forma do que ao fundo é inferior, e não merece nenhuma confiança, ainda mesmo se, de tempo em tempo; disser algumas coisas boas; porque essas boas coisas podem ser um meio de sedução.

Tal era o nosso pensamento a respeito dos talismãs em geral, como meio de relações com os Espíritos. Vale dizer que ele se aplica igualmente àqueles que a superstição emprega como preservativos de doenças ou de acidentes.

Contudo, para a edificação do possuidor da medalha, e para melhor aprofundar a questão, na sessão da Sociedade, do dia 17 de julho de 1858, pedimos ao Espírito de São Luís, que consente se comunicar conosco todas as vezes que se trata de nossa instrução, que nos desse a sua opinião a respeito. Interrogado sobre o valor dessa medalha, eis a sua resposta:

"Fizestes bem em não admitir que os objetos materiais possam ter uma virtude qualquer sobre as manifestações, seja para as provocar, seja para as impedir. Bem frequentemente, dissemos que as manifestações eram espontâneas, e que, finalmente, jamais nos recusamos em responder à vossa chamada. Por que pensais que possamos ser *obrigados* a obedecer a uma coisa fabricada por humanos?

P. – Com qual objetivo essa medalha foi feita? – R. Foi feita com o objetivo de chamar a atenção das pessoas que nela quisessem crer; mas não foi senão pelos magnetizadores que ela pôde ser feita com a intenção de magnetizar para adormecer uma pessoa. Os sinais não são senão coisas de fantasia

P. – Diz-se que ela pertenceu a Cazotte; poderíamos o evocar, a fim de termos algumas informações dele a esse respeito? – R. Não é necessário; preferivelmente, ocupai-vos de coisas mais sérias.

PROBLEMAS MORAIS

Suicídio por amor

Há sete ou oito meses, o chamado Louis G..., operário sapateiro, fazia a corte a uma senhorita Victorine R..., pespontadora de botinas, com a qual se deveria casar muito brevemente, uma vez que os proclamas estavam em curso de publicação. Estando as coisas nesse ponto, os jovens se consideravam quase que como definitivamente unidos, e, por medida de economia, o sapateiro vinha, cada dia, para tomar suas refeições, na casa de sua noiva.

Quarta-feira última, tendo vindo Louis, como de costume, jantar na casa da pespontadora de botinas, sobreveio uma contestação, sobrevindo a propósito de uma futilidade; se obstinaram de parte a parte, e as coisas chegaram ao ponto de Louis deixar a mesa, e jurando partir para jamais voltar.

No dia seguinte, todavia, o sapateiro, embaraçado, veio ceder enfim e pedir perdão: se sabe que a noite é boa conselheira;

mas a operária, talvez prejulgando, segundo a cena da véspera, o que poderia sobrevir quando não tivesse mais tempo de se desdizer, recusou se reconciliar, e, protestos, lágrimas, desespero, nada a fez se dobrar. Anteontem à tarde, entretanto, como vários dias decorreram desde aquele da desunião, Louis, esperando que sua bem-amada estivesse mais tratável, quis tentar um último entendimento: chegou, pois, e bateu à porta de modo a se fazer conhecer, mas ela recusou abrir; então, novas súplicas da parte do pobre intrigado, novos protestos através da porta, mas nada pôde tocar a implacável pretendida." Adeus, pois, malvada! gritou enfim o pobre rapaz, adeus para sempre! Tratai de encontrar um marido que vos ame tanto quanto eu! Ao mesmo tempo a jovem ouviu uma espécie de gemido abafado, depois como o barulho de um copo que cai escorregando ao longo de sua porta, e tudo voltou ao silêncio; então ela se imaginou que Louis se instalou na soleira da porta para esperar sua primeira saída, mas ela se prometeu não pôr o pé para fora, enquanto ele ali estivesse.

Fora apenas há um quarto de hora que isso ocorrera, quando um locatário, que passava sobre o patamar com uma luz, soltou uma exclamação e pediu socorro. Logo os vizinhos chegaram, e a senhorita Victorine, tendo igualmente aberto sua porta, lançou um grito de horror, percebendo estendido sobre o ladrilho, seu pretendido pálido e inanimado. Cada um se apressa em lhe dar socorro, se informou de um médico, mas logo se percebeu que tudo seria inútil, e que ele deixou de existir. O infeliz jovem havia mergulhado seu trinchete na região do coração, e o ferro ficara na ferida.

Esse fato, que encontramos no *Siecle* do dia 7 de abril último, sugeriu o pensamento de se dirigir, a algum Espírito superior, algumas perguntas sobre suas conseqüências morais. Ei-las aqui, assim como as respostas que nos foram dadas pelo Espírito de São Luís, na sessão da Sociedade do dia 1º de agosto de 1858.

1. A jovem, causa involuntária da morte de seu amante, tem responsabilidade? – R. Sim, porque ela não o amava.

2. Para prevenir essa infelicidade, deveria o desposar apesar da sua repugnância? – R. Ela procuraria uma ocasião para se separar dele; ela fez no começo de sua ligação o que deveria fazer mais tarde.

3. Assim sua culpa consiste em ter mantido nele os sentimentos que ela não partilhava, sentimentos que causaram a morte do jovem? – R. Sim, é isso.

4. Sua responsabilidade, nesse caso, deve ser proporcional à sua falta; não deve ser tão grande como se ela tivesse provocado voluntariamente a morte? – R. Isso salta aos olhos.

5. O suicídio de Louis, encontra uma desculpa no descaminho em que o mergulhou a obstinação de Victorine? – R. Sim, porque seu suicídio, que provém do amor, é menos criminoso aos olhos de Deus do que o suicídio do homem que quer se libertar da vida por um motivo de covardia.

Nota. – Dizendo que esse suicídio é *menos* criminoso aos olhos de Deus, isso significa, evidentemente, que há criminalidade, embora menor. A falta consiste na fraqueza que não soube vencer. Sem dúvida, era uma prova sob a qual ele sucumbiu; ora, os Espíritos nos ensinam que o mérito consiste em lutar, vitoriosamente, contra as provas de todas as espécies, que são a própria essência de nossa vida terrestre.

O Espírito de Louis C... tendo sido evocado uma outra vez, se lhe dirigem as perguntas seguintes:

1. Que pensais da ação que cometestes? – R. Victorine é uma ingrata; eu errei em me matar por ela, porque ela não o merecia.

2. Ela, pois, não vos amava? – R. Não; ela acreditou no início; se iludiu; a cena que lhe fiz lhe abriu os olhos; então, ela ficou contente com esse pretexto para se desembaraçar de mim.

3. E vós, a amavas sinceramente? – R. Tinha paixão por ela: eis tudo, eu acreditava; se amasse com amor puro, não teria querido lhe causar pesar.

4. Se ela soubesse que queríeis realmente vos matar , teria persistido em sua recusa? – R. Não sei; não creio, porque ela não é má; mas ela seria infeliz; foi melhor para ela que isso se passou assim.

5. Chegando à sua porta, tínheis a intenção de vos matar em caso de recusa? – R. Não; não pensava nisso; não acreditava que ela seria tão obstinada; não foi senão quando vi sua obstinação, quando então a vertigem me tomou.

6. Pareceis não lamentar o vosso suicídio senão porque Victorine não o merecia; é o único sentimento que experimentais? – R. Neste momento, sim; estou ainda todo perturbado; me parece estar à sua porta; mas sinto outra coisa que não posso definir.

7. A compreendereis mais tarde? – R. Sim, quando estiver esclarecido. . . Fiz mal; devia deixá-Ia tranqüila... Fui fraco e disso carrego a pena. . . Vede bem, a paixão cega o homem e leva-o a fazer tolices. Só o compreende quando não há mais tempo.

8. Dissestes que disso carregavas a pena; que pena sofreis? – R. Errei em abreviar minha vida; não o devia; devia suportar tudo antes que lhe pôr fim antes do tempo; aliás, sou infeliz; sofro; é sempre ela quem me faz sofrer; ela me parece ainda ali, à sua porta; a ingrata! Não me faleis dela mais; não quero nela mais pensar; isso me faz muito mal. Adeus.

OBSERVAÇÃO SOBRE O DESENHO DA CASA DE MOZART

Um dos nossos assinantes nos escreveu o que segue, a propósito do desenho que publicamos em nosso último número:

"O autor do artigo disse, página 231: *A clave de sol aí está freqüentemente repetida, e, coisa bizarra, jamais a clave de fá.* Pareceria que os olhos do médium não teriam percebido todos os detalhes do rico desenho que sua mão executou, porque um músico nos assegurou que é fácil reconhecer, direita e invertida, a clave de *fá* na ornamentação da base do edifício, no meio da qual mergulha a parte inferior do arco de violino, assim como no prolongamento dessa ornamentação à esquerda da ponta do grande alaúde.O mesmo músico pretende, por outro lado, que a clave de *ut,* antiga forma, figura, ela também, sobre as lajes próximas da escada da direita."

Nota. – Inserimos com tanto mais bom grado essa observação, quanto ela prova até que ponto o pensamento do médium permaneceu estranho à confecção do desenho. Examinando as partes assinaladas, se reconhece neles, com efeito, claves de *fá* e de *ut* com as quais o autor ornou seus desenhos sem que se possa disso duvidar. Quando é visto no trabalho, se concebe facilmente a ausência de toda concepção premeditada e toda vontade; sua mão, arrastada por uma força oculta, faz no lápis ou no buril o andamento mais irregular e o mais contrário aos preceitos mais elementares da arte, indo, sem cessar, com uma rapidez estranha de um lado ao outro da prancha sem a deixar, para retornar cem vezes ao mesmo ponto; todas as partes são assim começadas e continuadas ao mesmo tempo, sem que nenhuma seja acabada antes de empreender uma outra. Disso resulta, à primeira vista, um conjunto incoerente, do qual não se compreende o fim senão quando tudo está terminado. Esse andamento singular não é o próprio do Sr. Sardou; vimos todos os médiuns desenhistas procederem do mesmo modo. Conhecemos uma senhora, pintora de mérito e professora de desenho, que goza dessa faculdade. Quando ela desenha como médium, opera, malgrado ela, contra as regras, e por um procedimento que lhe seria impossível seguir quando trabalha sob a sua própria inspiração e em seu estado normal. Seus alunos, nos disse ela, ririam muito se Ihes ensinasse a desenhar à maneira dos Espíritos.

ALLAN KARDEC.

REVISTA ESPÍRITA,

JORNAL

DE ESTUDOS PSICOLÓGICOS

Outubro

Dos obsecados e dos subjugados

Freqüentemente, se tem falado dos perigos do Espiritismo, e é de se notar que aqueles que mais protestam, a esse respeito, são precisamente os que não o conhecem senão de nome. Já refutamos os principais argumentos que lhe são opostos, e não voltaremos a eles; acrescentaremos somente que, se se quer proscrever da sociedade tudo o que pode oferecer perigo e dar lugar a abusos, não sabemos o que restaria, mesmo das coisas de primeira necessidade, a começar pelo fogo, causa de tantas infelicidades, depois as estradas de ferro, etc., etc. Se se crê que as vantagens compensam os inconvenientes, deve ser a mesma coisa em tudo; a experiência indica, sucessivamente, as precauções a tomar para se garantir quanto ao perigo das coisas que não se podem evitar.

O Espiritismo apresenta, com efeito, um perigo real, mas não é aquele que se crê, é preciso estar iniciado nos princípios da ciência para o bem compreender. Não é somente àqueles que lhe são estranhos que nos dirigimos; é aos próprios adeptos, aqueles que o praticam, porque o perigo é para eles. Importa que o conheçam, a fim que se mantenham em guarda: perigo previsto, sabe-se, é a metade evitada. Diremos mais: aqui, para quem está bem compenetrado da ciência, ele não existe; não existe senão para aqueles que crêem saber e não sabem; quer dizer, como em todas as coisas, para aqueles a quem falta a experiência necessária.

Um desejo bem natural, em todos aqueles que começam a se ocupar do Espiritismo, é de ser médium, mas, sobretudo, médium escrevente. Com efeito, é o gênero que oferece mais atrativo pela facilidade das comunicações, e que pode melhor se desenvolver pelo exercício. Compreende-se a satisfação que deve experimentar aquele que, pela primeira vez, vê serem formadas, sob sua mão, as letras, depois as palavras, depois as frases que respondem ao seu pensamento.

Essas respostas que traça maquinalmente, sem saber o que faz, que estão, o mais freqüentemente, fora de todas as suas idéias pessoais, não podem lhe deixar nenhuma dúvida sobre a intervenção de uma inteligência oculta; também sua alegria é grande em poder conversar com os seres de além-túmulo, com esses seres misteriosos e invisíveis que povoam os espaços; seus parentes e seus amigos não estão mais ausentes; se não os vê pelos olhos, não deixam de estar ali; falam com ele, os vê pelo pensamento; pode saber se são felizes, o que fazem, o que desejam, trocar com eles boas palavras; compreende que sua separação não é eterna, e acelera com seus votos o instante em que poderá se reunir a eles num mundo melhor. Isso não é tudo; quanto não vai saber por meio dos Espíritos que se comunicam por ele! Não vão levantar o véu de todas as coisas? Desde logo, nada mais de mistérios; não tem senão de interrogar, vai tudo conhecer. Já vê a antiguidade sacudir, diante dele, a poeira dos tempos, remexer as ruínas, interpretar as escrituras simbólicas e fazer reviver, aos seus olhos, os séculos passados. Este, mais prosaico, e pouco cuidadoso em sondar o infinito onde seu pensamento se perde, sonha, muito simplesmente, explorar os Espíritos para fazer fortuna. Os Espíritos que devem tudo ver, tudo saber, não podem recusar lhe fazer descobrir algum tesouro oculto ou algum segredo maravilhoso. Quem se deu ao trabalho de estudar a ciência espírita, jamais se deixará seduzir por esses belos sonhos; sabe a que se prender sobre o poder dos Espíritos, sobre sua natureza e sobre o objetivo das relações que o homem pode estabelecer com eles. Lembraremos, primeiro, em poucas palavras, os pontos principais que não é preciso jamais perder de vista, porque são como a chave da abóbada do edifício.

1º Os Espíritos não são iguais nem em poder, nem em saber, nem em sabedoria. Não sendo outra coisa senão as almas humanas desembaraçadas de seu envoltório corpóreo, apresentam ainda mais variedade do que não as encontramos entre os homens na Terra, porque vêm de todos os mundos; e que, entre os mundos, a Terra não é nem o mais atrasado nem o mais avançado. Há, pois, Espíritos muito superiores, e outros muito inferiores; muito bons e muito maus, muito sábios e muito ignorantes; há levianos, malignos, mentirosos, velhacos, hipócritas, engraçados, espirituosos, zombadores, etc.

2º Estamos, sem cessar, cercados de um enxame de Espíritos que, por estarem invisíveis aos nossos olhos materiais, não deixam de estar no espaço, ao redor de nós, ao nosso lado, espiando nossas ações, lendo em nossos pensamentos, uns para nos fazerem o bem, outros para nos fazerem o mal, segundo sejam mais ou menos bons.

3º Pela inferioridade, física e moral, de nosso globo na hierarquia dos mundos, os Espíritos inferiores neles são mais numerosos que os Espíritos superiores.

4º Entre os Espíritos que nos cercam, há os que se ligam a nós, que agem mais particularmente sobre o nosso pensamento, nos aconselham, e dos quais seguimos o impulso, com o nosso desconhecimento; felizes se não escutamos senão a voz daqueles que são bons.

5º Os Espíritos inferiores não se ligam senão àqueles que os escutam, junto aos quais têm acesso, e aos quais se prendem. Se chegam a imperar sobre alguém, se identificam com o seu próprio Espírito, o fascinam, o obsedam, o subjugam e o conduzem como uma verdadeira criança.

6º A obsessão jamais se dá senão pelos Espíritos inferiores. Os bons Espíritos não fazem experimentar nenhum constrangimento; eles aconselham, combatem a influência dos maus, e, se não são escutados, se afastam.

7 O grau do constrangimento e a natureza dos efeitos que ela produz marcam a diferença entre a obsessão, a subjugação e a fascinação.

A obsessão é a ação, quase que permanente, de um Espírito estranho que faz que se seja solicitado, por uma necessidade incessante, a agir em tal ou tal sentido, a fazer tal ou tal coisa.

A subjugação é uma ligação moral que paralisa a vontade daquele que a sofre, e o impele aos atos mais insensatos e, freqüentemente, mais contrários aos seus interesses.

A fascinação é uma espécie de ilusão produzida, seja pela ação direta de um Espírito estranho, seja por seus raciocínios capciosos, ilusão que engana sobre as coisas morais, falseia o julgamento e faz tomar o mal pelo bem.

8º O homem pode sempre, pela sua vontade, sacudir o jugo dos Espíritos imperfeitos, porque, em virtude de seu livre arbítrio, tem a escolha entre o bem e o mal. Se o constrangimento chegou a ponto de paralisar sua vontade, e se a fascinação é muito grande para obliterar o seu julgamento, a vontade de uma outra pessoa a pode suprir.

Dava-se, outrora, o nome de *possessão* ao império exercido pelos maus Espíritos, quando sua influência ia até à aberração das faculdades; mas a ignorância e os preconceitos, freqüentemente, fizeram tomar por uma possessão o que não era senão o resultado de um estado patológico. A possessão seria, para nós, sinônimo da subjugação. Se não adotamos esse termo, foi por dois motivos: o primeiro porque implica a crença em seres criados para o mal e perpetuamente votados ao mal, ao passo que não há senão seres mais ou menos imperfeitos, que todos podem se melhorar; o segundo porque implica, igualmente, a idéia de uma presa de possessão do corpo por um Espírito estranho, de uma espécie de coabitação, ao passo que não há senão constrangimento. A palavra *subjugação* reflete perfeitamente o pensamento. Assim, para nós, não há *possessos* no sentido vulgar da palavra, não há senão *obsedados, subjugados* e *fascinados*.

Foi por um motivo semelhante que não adotamos a palavra *demônio* para designar os Espíritos imperfeitos, embora esses Espíritos, freqüentemente, não valham mais que aqueles que se chamam demônios; foi unicamente por causa da idéia de especialidade e de perpetuidade que se liga a essa palavra. Assim, quando dizemos que não há demônios, não pretendemos dizer que não há senão bons Espíritos, longe disso; convenientemente, sabemos que há maus e muito maus, que nos solicitam para o mal, nos estendem armadilhas, e isso nada têm de admirar, uma vez que foram homens; queremos dizer que não formam uma classe à parte, na ordem da criação, e que Deus deixa a todas as suas criaturas o poder de se melhorarem.

Isto estando bem entendido, voltemos aos médiuns. Em alguns, os progressos são lentos, muito lentos mesmo, e, freqüentemente, colocam a paciência em uma rude prova. Em outros são rápidos, e, em pouco tempo, o médium chega a escrever com tanta facilidade e, algumas vezes, com mais prontidão do que não o faria em seu estado comum. É então que ele pode se tomar de entusiasmo, e aí está o perigo, porque o entusiasmo enfraquece, e com os Espíritos é preciso ser forte. Dizer que o entusiasmo enfraquece, parece um paradoxo; e, todavia, nada de mais verdadeiro. O entusiasmo, se dirá, caminha com uma convicção e uma confiança que o faz superar todos os obstáculos, tem, pois, mais força. Sem dúvida; mas se entusiasma pelo falso tão bem quanto pelo verdadeiro; aferrai-vos às mais absurdas idéias do entusiasta e delas fareis tudo o que quiserdes; o objeto de seu entusiasmo tem, pois, seu lado fraco, e por aí o podereis sempre dominar. O homem frio *e* impassível, ao contrário, vê as coisas sem brilho; as combina, as pesa, as amadurece e não é seduzido por nenhum subterfúgio: é o que lhe dá a força. Os Espíritos malignos, que sabem disso tão bem e melhor do que nós, sabem também o aproveitar para subjugar aqueles que querem ter sob sua dependência, e a faculdade de escrever como médium lhes serve maravilhosamente, porque é um meio poderoso de captar a confiança, também não se lhes falta se o médium não souber se colocar em guarda contra eles; felizmente, como veremos mais tarde, o mal traz em si o remédio.

Seja entusiasmo, seja fascinação dos Espíritos, seja amor próprio, o médium escrevente, geralmente, é levado a crer que os Espíritos que se comunicam consigo são Espíritos superiores, e isso, tanto melhor que, esses Espíritos, vendo sua propensão não deixam de se enfeitar com títulos pomposos, se for preciso e segundo as circunstâncias, tomam nomes de santos, de sábios, de anjos, da Virgem Maria mesmo e desempenham seu papel, como comediantes vestidos com as roupas dos personagens que representam; arrancai-lhes a máscara e eles se tornarão Gros-Jean como antes; está aí o que é preciso saber fazer com os Espíritos como com os homens.

Da crença cega e irrefletida na superioridade dos Espíritos que se comunicam, à confiança em suas palavras, não há senão um passo, sempre como entre os homens. Se chegam a inspirar essa confiança, a conservam pelos sofismas e os mais capciosos raciocínios, os quais, freqüentemente, são aceitos sem refletir. Os Espíritos grosseiros são menos perigosos; são reconhecidos logo em seguida e não inspiram senão a repugnância; aqueles que são os mais temíveis, em seu mundo como no nosso, são os Espíritos hipócritas; não falam jamais senão com doçura, lisonjeiam as inclinações; são carinhosos, insinuantes, pródigos de palavras e de ternura, de protestos de devotamento. E preciso ser verdadeiramente forte para resistir a semelhantes seduções. Mas onde está o perigo, se dirá, com Espíritos impalpáveis? O perigo está nos conselhos perniciosos que dão, sob a aparência da benevolência, nas providências ridículas, intempestivas ou funestas que fazem empreender. Os vimos fazer, certos indivíduos, correrem de país em país à procura das mais fantásticas coisas, com risco de comprometerem a saúde, a fortuna e a própria vida. Os vimos ditarem, com todas as aparências da seriedade, as coisas mais burlescas, as máximas mais estranhas. Como é bom colocar o exemplo ao lado da teoria, vamos narrar a história de uma pessoa, de nosso conhecimento, que se achou sob o império de uma fascinação semelhante.

O Sr. F..., jovem instruído, de esmerada educação, de um caráter doce e benevolente, mas um pouco fraco e sem resolução pronunciada, havia se tornado, prontamente, médium escrevente muito hábil. Obsedado pelo Espírito que se apossou dele e não lhe dava nenhum repouso, ele escrevia sem cessar, desde que uma caneta, um lápis lhe caísse na mão, os tomava por um movimento convulsivo e se punha a encher páginas inteiras, em alguns minutos. Na falta do instrumento, simulava escrever com o dedo, por toda à parte que se encontrasse, nas ruas, nas paredes, nas portas, etc. Entre outras coisas que lhe ditava, estava esta: "O homem é composto de três coisas: o homem, o mau Espírito e o bom Espírito. Tendes todos vosso mau Espírito que está ligado ao corpo por laços materiais. Para expulsar o mau Espírito, é preciso quebrar esses laços, e para isso é preciso enfraquecer o corpo. Quando o corpo está suficientemente enfraquecido, o laço se rompe, o mau Espírito se vai, e não fica senão o bom." Em conseqüência dessa bela teoria, o fizeram jejuar durante cinco dias consecutivos e vigiar à noite. Quando estava extenuado, disseram-lhe: "Agora o negócio está feito; o laço está rompido; teu mau Espírito partiu, não resta mais senão nós, que é preciso acreditar sem reservas." E ele, persuadido de que seu mau Espírito havia fugido, acrescentava uma fé cega a todas as suas palavras. A subjugação chegada a esse ponto, que se lhe tivesse dito para se lançar às águas ou partir para os antípodas, o teria feito. Quando o queriam levar a fazer alguma coisa que lhe repugnava, se sentia empurrado por uma força invisível. Damos uma amostra de sua moral; por ela se julgará o resto".

"Para ter as melhores comunicações, é preciso: 1º Orar e jejuar durante vários dias, uns mais, outros menos; esse jejum relaxa os laços que existem entre o *eu* e um demônio particular ligado a cada *eu* humano. Esse demônio está ligado a cada pessoa pelo envoltório que une o corpo e a alma. Esse envoltório, enfraquecido pela falta de alimentação, permite aos Espíritos *arrancarem* esse demônio. Jesus desce, então, no coração da pessoa possuída, no lugar do mau Espírito. Esse estado de possuir Jesus em si é o único meio de chegar a toda a verdade, e muitas outras coisas.

"Quando a pessoa conseguiu substituir o demônio por Jesus, não tem ainda a verdade. Para ter a verdade, é preciso crer; Deus não dá jamais a verdade àqueles que duvidam: seria fazer alguma coisa de inútil, e Deus não faz nada em vão. Como a maioria dos médiuns novos duvida do que diz ou escreve, os bons Espíritos são forçados, com seu pesar, pela ordem formal de Deus, a *mentir, e não podem senão mentir enquanto o médium não está convencido*; mas vindo a crer firmemente numa destas mentiras, logo os Espíritos elevados se apressam em lhe revelar os segredos do céu: a verdade completa dissipa, num instante, essa nuvem de erros da qual foram forçados para cobrir seu protegido.

"O médium chegado a esse ponto nada tem mais a temer; os bons Espíritos jamais o deixarão. Que não creia, entretanto, ter sempre a verdade, e nada senão a verdade. Os bons Espíritos, seja para o provar, seja para o punir por suas faltas passadas, seja para castigar questões egoísticas ou curiosas, lhe infligem *correções físicas e morais,* vêm o atormentar da parte de Deus. Esses Espíritos elevados, freqüentemente, se lamentam pela triste missão que cumprem: um pai persegue seu filho semanas inteiras, um amigo seu amigo, tudo para maior felicidade do médium. Os *nobres* Espíritos, então, dizem loucuras, blasfêmias e mesmo torpezas. E preciso que o médium se firme e diga: Vós me tentais; sei que estou nas mãos caridosas de Espíritos bons e afetuosos; que os maus não podem mais se aproximar de mim. Boas almas que me atormentais, não me impedireis de crer no que me dissestes e no que me direis ainda.

"Os católicos expulsam mais facilmente o demônio (esse jovem era protestante), porque afasta um instante o dia do batismo. Os católicos são julgados pelo Cristo, e os outros por Deus; vale mais ser julgado pelo Cristo. Os protestantes erram em não admitir isso: também é preciso te fazer católico o mais cedo possível; à espera disso vai tomar água benta: esse será teu batismo".

Nota. – O jovem em questão, estanto curado mais tarde da obsessão da qual era objeto, pelos meios que relataremos, lhe havíamos pedido para nos escrever a história e nos dar os próprios textos dos preceitos que lhe foram ditados. Os transcrevendo, acrescentou na cópia que nos remeteu: *Eu me pergunto se não ofendo a Deus e os bons Espíritos transcrevendo semelhantes tolices.* A isso nós lhe respondemos: Não, não ofendeis a Deus; longe disso, uma vez que reconheceis agora a armadilha na qual havíeis caído. Se vos pedi a cópia dessas máximas perversas, foi para as desonrar como o merecem, desmascarar os Espíritos hipócritas, e colocar em guarda quem receber semelhante coisa.

Um dia lhe fizeram escrever: *Morrerás esta noite;* a que ele respondeu: Estou muito entediado deste mundo; morramos se for preciso, não peço nada melhor; que eu não sofra mais, é tudo o que desejo. – À noite adormeceu, crendo firmemente não mais despertar sobre a Terra. No dia seguinte, ficou todo surpreso, e mesmo desapontado, em se encontrar em seu leito costumeiro. Durante o dia, escreveu: "Agora que passaste pela prova da morte, que creste firmemente morrer, estás como morto para nós; podemos te dizer toda a verdade; saberás tudo; não há nada oculto para nós; não haverá nada mais oculto para ti. Tu és Shakespeare reencarnado. Shakespeare não é tua bíblia para ti?" (O Sr. F ; sabia perfeitamente o inglês, e se comprazia na leitura das obras-primas dessa língua).

No dia seguinte escreveu: Tu és Satã. – Isto começa a ficar muito forte, respondeu o Sr. F... – Não fizeste... não devoraste o Paraíso perdido? Aprisionaste a *Filha do diabo* de Béranger; sabias que Satã se converteria: Não o acreditaste sempre, dito sempre, escrito sempre? Para se converter ele se reencarna. – Eu gostaria de ter sido um anjo rebelde qualquer; mas o rei dos anjos...! – Sim, eras o anjo da nobreza; não eras mau, confiaste em teu coração; é essa arrogância que é preciso abater; és o anjo do orgulho, e os homens o chamam Satã, que importa o nome! Tu foste o mau gênio da Terra... Eis-te humilhado... Os homens vão alçar seu vôo... Verás maravilhas. Enganaste os homens; enganaste a mulher na personificação de Eva, a mulher pecadora. Está dito que Maria, a personificação da mulher sem mácula, te esmagará a cabeça; Maria virá. – Um instante depois ele escreveu lentamente e com doçura: "Maria vem te ver; Maria, que foi te procurar no fundo de teu reino de trevas, não te abandonará. Eleva-te, Satã, e Deus está pronto a te estender os braços. Leia *o Filho pródigo*, Adeus".

Numa outra vez escreveu: "A serpente disse a Eva: Vossos olhos estarão abertos e sereis como deuses. O demônio disse a Jesus: Eu te darei todo o poder. A ti o disse uma vez que creste em nossas palavras: Nós te amamos; saberás tudo... Tu serás rei da Polônia".

"Perseverarás nas boas disposições onde te colocamos. *Esta lição dá um grande passo à ciência espírita* se verá que os bons Espíritos podem dizer futilidades e mentiras para se divertirem com os sábios. Allan Kardec disse que esse era um meio mau para reconhecer os Espíritos, em os fazer confessar Jesus em carne. Eu digo que só os bons Espíritos confessam Jesus em carne e eu o confesso. Diga isso a Kardec".

Todavia, o Espírito teve o pudor de não aconselhar o Sr. F... para imprimir essas belas máximas; se o tivesse dito o teria feito, sem nenhuma dúvida, e seria uma ação má, porque as deu como uma coisa séria.

Encheríamos um volume com todas as tolices que lhe foram ditadas e com todas as circunstâncias que se seguiram. O fizeram, entre outras coisas, desenhar um edifício cujas dimensões eram tais que as folhas de papel necessárias, coladas em conjunto, ocuparam a altura de dois andares.

Se notará que, em tudo isso, não há nada de grosseiro, nada de trivial; é uma sequência de raciocínios sofísticos que se encadeiam com uma aparência de lógica. Há, nos meios empregados para enganar, uma arte verdadeiramente infernal e se pudéssemos narrar todas essas conversas, se veria até que ponto se estendia a astúcia e com que agilidade as palavras melosas eram prodigalizadas oportunamente.

O Espírito que desempenhava o principal papel, nesse assunto, tomava o nome de François Dillois, quando não se cobria com a máscara de um nome respeitado. Soubemos mais tarde o que esse Dillois fora quando vivo e, então, nada nos admirou mais em sua linguagem. Mas, no meio de todas essas extravagâncias, era fácil reconhecer um bom Espírito que lutava por fazer ouvir, de tempo em tempo, algumas boas palavras para desmentir os absurdos dos outros; havia um combate evidente, mas a luta era desigual; o jovem estava de tal modo subjugado, que a voz da razão era impotente sobre ele. O Espírito de seu pai, notadamente, o fez escrever isto: "Sim, meu filho, coragem! Sofres uma rude prova, que é para o teu bem futuro; infelizmente nada posso, neste momento, para dela te livrar, e isso me custa muito. Vai ver Allan Kardec; escuta-o e ele te salvará".

O Sr. F..., com efeito, veio me procurar; me contou sua história; o fiz escrever em minha presença, e, desde o início, reconheci, sem dificuldade, a influência perniciosa sob a qual se encontrava, seja pelas palavras, seja por certos sinais materiais que a experiência faz reconhecer e que não podem enganar. Retornou várias vezes; empreguei toda a força de minha vontade para chamar os bons Espíritos por seu intermédio, toda a minha retórica, para lhe provar que era o joguete de Espíritos detestáveis; o que ele escrevia não tinha o senso comum, e, além disso, era profundamente imoral; me associei, para esta obra caridosa, a um dos meus colegas mais devotados, o Sr. T..., e, por nós dois, pouco a pouco, chegamos a o fazer escrever coisas sensatas. Tomou aversão pelo seu mau gênio, o repelia, por sua vontade, cada vez que tentava se manifestar, e, pouco a pouco, só os bons Espíritos sobressaíam. Para desviar suas idéias, se entregava, da manhã à noite, segundo o conselho dos Espíritos, a um trabalho rude que não lhe deixava tempo para escutar as más sugestões. O próprio Dillois acabou por se confessar vencido e por exprimir o desejo de se melhorar em uma nova existência; confessou o mal que havia querido fazer, e disso testemunhou seu arrependimento. A luta foi longa, penosa, e ofereceu particularidades verdadeiramente curiosas para o observador. Hoje que o Sr. F... se sente livre, está feliz; lhe parece estar aliviado de um fardo; retomou sua alegria, e nos agradece pelo serviço que lhe prestamos.

Certas pessoas deploram que haja Espíritos maus. Com efeito, não é sem um certo desencantamento que se encontra a perversidade nesse mundo, onde não se gostaria de encontrar senão seres perfeitos. Uma vez que as coisas são assim, nada podemos: é preciso as tomar tais como são. É nossa própria inferioridade que faz com que os Espíritos imperfeitos pululem ao nosso redor; as coisas mudarão quando formos melhores, assim como ocorre nos mundos mais avançados. À espera disso, enquanto estamos ainda no fundo do universo moral, somos advertidos: compete a nós nos colocarmos em guarda e não aceitar, sem controle, tudo o que se nos diz. A experiência, em nos esclarecendo, deve nos tornar circunspectos. Ver e compreender o mal são um meio de se preservar dele. Não haveria cem vezes mais perigo em se iludir sobre a natureza dos seres invisíveis que nos cercam? Ocorre o mesmo nesse mundo, onde, cada dia, estamos expostos à malevolência e às sugestões pérfidas: essas são tantas outras provas às quais nossa razão, nossa consciência e nosso julgamento nos dão os meios para resistir. Quanto mais a luta for difícil, maior será o mérito pelo sucesso: "Vencendo sem perigo, se triunfa sem glória".

Essa história que, infelizmente, não é a única do nosso conhecimento, levanta uma questão muito grave. Não foi, para esse homem jovem, se dirá, uma coisa deplorável ser médium? Não foi essa faculdade que lhe causou a obsessão da qual era objeto? Em uma palavra, não é uma prova do perigo das comunicações espíritas?

Nossa resposta é fácil, e pedimos a meditar com cuidado.

Não foram os médiuns que criaram os Espíritos, estes existem de todos os tempos, e em todos os tempos exerceram sua influência, salutar ou perniciosa, sobre os homens. Não há, pois, a necessidade de ser médium para isso. A faculdade medianímica, para eles, não é senão um meio de se manifestarem; à falta dessa faculdade, o fazem de mil outras maneiras. Se esse jovem não fosse médium, não estaria menos sob a influência desse mau Espírito que, sem dúvida, o teria feito cometer extravagâncias que não se poderiam atribuir a qualquer outra causa. Felizmente para ele, a sua faculdade de médium, permitindo ao Espírito se comunicar por palavras, foi por essas palavras que o Espírito se traiu; elas permitiram conhecer a causa do mal que poderia ter sido, para ele, de conseqüências funestas, e que destruímos, como se viu, por meios bem simples, bem racionais, e sem exorcismo. A faculdade mediúnica permitiu ver o inimigo, se assim se pode dizer, face a face, e o combater com as suas próprias armas. Pode-se, pois, com inteira certeza, dizer que ela o salvou; quanto a nós, não fomos senão os médicos que, julgando a causa do mal, aplicamos o remédio. Seria um grave erro crer que os Espíritos não exercem sua influência senão pelas comunicações escritas ou verbais; essa influência é de todos os instantes, e aqueles que não crêem nos Espíritos a ela estão expostos como os outros, e mesmo mais expostos que os outros, porque não têm contrapeso. A quantos atos não se é compelido, para sua infelicidade, e que se teria evitado tendo um meio de se esclarecer! Os mais incrédulos não crêem ser tão verdadeiros quando dizem, de um homem, que se engana com obstinação: São maus gênios que o empurram para a sua perdição.

Regra geral. Quem tem más comunicações espíritas, escritas ou verbais, está sob uma influência má; essa influência se exerce sobre ele, quer escreva ou não escreva, quer dizer, quer seja ou não médium. A escrita dá um meio de se assegurar da natureza dos Espíritos que atuam sobre ele, e de os combater, o que se faz, ainda, com mais sucesso, quando se chega a conhecer o motivo que os faz agir. Se é bastante cego para não o compreender, outros podem lhe abrir os olhos. Aliás, é necessário ser médium para escrever absurdos? E quem diz que, entre todas as elocubrações ridículas ou perigosas, não há aquelas cujos autores são impelidos por algum Espírito malevolente? As três quartas partes de nossas más ações e de nossos maus pensamentos são o fruto dessa sugestão oculta.

Se o Sr. F... não fosse médium, se perguntará, poderia ele mesmo fazer essa obsessão cessar? Seguramente; somente os meios teriam diferido, segundo as circunstâncias; mas, então, os Espíritos não podendo nos dirigir, como o fizeram, provavelmente, se teria desprezado a causa, se não houvera manifestação espírita ostensiva. Todo homem que disso tem vontade, e que é simpático aos bons Espíritos, pode sempre, com a ajuda destes, paralisar a influência dos maus. Dizemos que deve ser simpático aos bons Espíritos, porque se, ele mesmo, atrai inferiores, é evidente que é querer caçar lobos com lobos.

Em resumo, o perigo não está no próprio Espiritismo, uma vez que ele pode, ao contrário, servir de controle, e preservar daquele que corremos, sem cessar, com o nosso desconhecimento; está na propensão de certos médiuns se crerem, muito levianamente, os instrumentos exclusivos de Espíritos superiores, e na espécie de fascinação que não lhes permite compreender as tolices das quais são os intérpretes. Aqueles mesmos que não são médiuns, nisso podem se deixar prender. Terminaremos este capítulo com as considerações seguintes:

1º Todo médium deve desconfiar do arrastamento irresistível que o leva a escrever sem cessar e em momentos inoportunos; deve ser senhor de si mesmo, e não escrever senão quando quiser;

2º Não se domina os Espíritos superiores, nem mesmo aqueles que, sem serem superiores, são bons e benevolentes, mas se podem dirigir e domar os Espíritos inferiores. Quem não é senhor de si mesmo não o pode ser dos Espíritos;

3º Não há outro critério para discernir sobre o valor dos Espíritos, senão o bom senso. Toda fórmula dada, para esse efeito, pelos próprios Espíritos,– é absurda, e não pode emanar de Espíritos superiores;

4º Julgam-se os Espíritos, como os homens, pela sua linguagem. Toda expressão, todo pensamento, toda máxima, toda teoria moral ou científica que se choque com o bom senso, ou não responde à idéia que se faz de um Espírito puro e elevado, emana de um Espírito mais ou menos inferior;

5º Os Espíritos superiores têm, sempre, a mesma linguagem com a mesma pessoa e não se contradizem nunca;

6º Os Espíritos superiores são, sempre, bons e benevolentes; não há jamais, em sua linguagem, nem acrimônia, nem arrogância, nem amargor, nem fanfarrice, nem tola presunção. Falam simplesmente, aconselham, e se retiram se não são escutados;

7º Não é preciso julgar os Espíritos quanto à forma material e a correção de sua linguagem, mas a sondar em seu sentido íntimo, escrutar suas palavras, as pesar friamente, maduramente e sem prevenção. Todo desvio do bom senso, da razão e da sabedoria, não podem deixar dúvida quanto à sua origem, qualquer que seja o nome com o qual se vista o Espírito;

8º Os Espíritos inferiores temem aqueles que escrutam suas palavras, desmascaram suas torpezas e não se deixam prender pelos seus sofismas. Algumas vezes, podem tentar resistir, mas acabam sempre por deixar a vítima quando se vêem os mais fracos;

9º Quem age, em todas as coisas, tendo em vista o bem, se eleva pelo pensamento acima das vaidades humanas, expulsa do seu coração o egoísmo, o orgulho, a inveja, o ciúme, o ódio, perdoa os seus inimigos e põe em prática esta máxima do Cristo: "Fazer aos outros o que se gostaria que fizessem a si mesmo:" simpatiza com os bons Espíritos; os maus o temem e se afastam dele.

Seguindo esses preceitos, se protegerá das más comunicações, da dominação de Espíritos impuros, e aproveitando tudo o que nos ensinam os Espíritos verdadeiramente superiores, se contribuirá, cada um por sua parte, para o progresso moral da Humanidade.

EMPREGO OFICIAL DO MAGNETISMO ANIMAL

Escreveu-se de Estocolmo, em 10 de setembro de 1858, ao *Journal des Débats:*

"Infelizmente, nada tenho de muito consolador a vos anunciar quanto à doença da qual sofre, desde logo aos dez anos, o nosso soberano. Todos os tratamentos e remédios que as pessoas credenciadas prescreveram nesse intervalo, não trouxeram nenhum alívio aos sofrimentos que acabrunham o rei Oscar. *Segundo o conselho de seus médicos*, o Sr. Klugenstiern, que goza de alguma reputação como magnetizador, foi recentemente chamado ao castelo de Drottningholm, onde continua a residir à família real, para proporcionar, ao augusto doente, um tratamento periódico de magnetismo".

Crê-se mesmo aqui que, por uma coincidência bastante singular, a sede da doença do rei Oscar se acha precisamente estabelecida nessa região da cabeça onde está colocado o cerebelo, como isso parece, infelizmente, ser o caso hoje do rei Frederico Guilherme IV da Prússia".

Perguntamos se, há vinte e cinco anos somente, os médicos teriam ousado propor, publicamente, um semelhante meio, mesmo a um simples particular, com mais forte razão a uma cabeça coroada? Nessa época, todas as Faculdades científicas, e todos os jornais, não tinham sarcasmo bastante para denegrirem o magnetismo e seus partidários. As coisas mudaram muito nesse curto espaço de tempo! Não somente não se ri mais do magnetismo, mas ei-lo oficialmente reconhecido como agente terapêutico. Que lição para aqueles que se riem das idéias novas! Os fará enfim, compreenderem o quanto é imprudente se inscrever em falso contra as coisas que não se compreendem? Temos uma multidão de livros escritos contra o magnetismo, por homens em evidência; ora, esses livros ficarão como uma mancha indelével sobre sua alta inteligência. Não teria sido melhor calar e esperar? Então, como hoje para o Espiritismo, se lhe opuseram a opinião dos mais eminentes homens, os mais esclarecidos, os mais conscienciosos: nada abalava seu ceticismo. Aos seus olhos, o magnetismo não era senão um malabarismo indigno de pessoas sérias. Qual ação poderia ter um agente oculto, movido pelo pensamento e pela vontade, e do qual não se podia fazer análise química? Nos apressemos em dizer que os médicos suecos não foram os únicos que mudaram de opinião sobre essa idéia estreita, e que por toda parte, na França como alhures, a opinião mudou completamente a esse respeito; e isso é tão verdadeiro que, quando se passa um fenômeno inexplicável, se diz: é um efeito magnético. Acha-se, pois, no magnetismo a razão de ser de uma multidão de coisas que se levava à conta da imaginação, essa razão tão cômoda para aqueles que não sabem senão dizer.

O magnetismo curará o rei Oscar? É uma outra questão. Sem dúvida, ele tem operado curas prodigiosas e inesperadas, mas têm os seus limites, como tudo o que está na Natureza; e, aliás, é preciso ter em conta esta circunstância que a ele não se recorre, em geral, senão *in extremis* e em desespero de causa, quando, freqüentemente, o mal fez progressos irremediáveis, ou foi agravado por uma medicação contrária. Quando ele triunfe de tais obstáculos, é preciso que seja bem poderoso!

Se a ação do fluído magnético é hoje um ponto geralmente admitido, não ocorre o mesmo com respeito às faculdades sonambúlicas que encontram, ainda, muitos incrédulos no mundo oficial, sobretudo no que toca às questões médicas. Todavia, se convirá que os preconceitos, sobre esse ponto, estão singularmente enfraquecidos, mesmo entre os homens de ciência: disso temos a prova no grande número de médicos que fazem parte de todas as sociedades magnéticas, seja na França, seja no estrangeiro. Os fatos estão de tal modo vulgarizados, que é bem preciso ceder à evidência e seguir a corrente, bom ou malgrado. Logo isso ocorrerá com a lucidez intuitiva como com o fluido magnético.

O Espiritismo liga-se ao Magnetismo por laços íntimos (essas duas ciências são solidárias uma com a outra); e todavia, quem o teria acreditado? Ele encontra adversários obstinados mesmo entre certos magnetizadores que, eles, não se contam entre os espiritistas. Os Espíritos sempre preconizaram o magnetismo, seja como meio curativo, seja como causa primeira de uma multidão de coisas; eles defendem sua causa e vêm lhe prestar apoio contra seus inimigos. Os fenômenos espíritas abriram os olhos a muitas pessoas, que ao mesmo tempo se juntaram ao Magnetismo. Não é bizarro ver os magnetizadores esquecerem tão cedo o que deveram sofrer com os preconceitos, negarem à existência de seus defensores, e lançarem contra eles os golpes que se lhes lançaram outrora? Isso não é grande, isso não é digno de homens aos quais a Natureza, lhes revelando um dos mais sublimes mistérios, mais do que a ninguém, tirou a mais que uma pessoa o direito de pronunciar o famoso *nec plus ultra*. Tudo prova, no desenvolvimento rápido do Espiritismo, que ele também terá logo seu direito de burguesia; à espera disso aplaude com todas as suas forças a categoria que acaba de alcançar o Magnetismo, como a um sinal incontestável do progresso das idéias.

O MAGNETISMO E O SONAMBULISMO ENSINADOS PELA IGREJA

Acabamos de ver o Magnetismo reconhecido pela medicina, mas eis uma outra adesão que, sob um outro ponto de vista, não é de importância menos capital, no que ela é uma prova do enfraquecimento dos preconceitos, que idéias mais sadias fazem desaparecer cada dia, é a da Igreja. Temos sob os olhos um pequeno livro intitulado: *Resumo, em forma de catecismo,* do Curso elementar de instrução cristã; PARA USO DE CATECISMO E DE ESCOLAS CRISTÃS, *pelo abade Marotte, vigário geral de Monsenhor, o bispo de Verdun*; 1853. Esta obra, redigida por perguntas e por respostas, contém todos os princípios da doutrina cristã sobre o dogma, a História Santa, os mandamentos de Deus, os sacramentos, etc. Em um dos capítulos sobre o primeiro mandamento, onde tratou dos pecados opostos à religião, e depois de ter falado da superstição, da magia e dos sortilégios, lemos o que se segue:

"P. O que é o magnetismo?".

"R. É uma influência recíproca que, às vezes, se opera entre indivíduos, depois de uma harmonia de relações; seja pela vontade ou pela imaginação, seja pela sensibilidade física e da qual os principais fenômenos são a sonolência, o sono, o sonambulismo, e um estado convulsivo".

"P. Quais são os efeitos do magnetismo?".

"R. O magnetismo produz ordinariamente, se diz, dois efeitos principais: 1º um estado de sonambulismo no qual o magnetizado, inteiramente privado do uso dos seus sentidos, vê, ouve, fala e responde a todas as perguntas que lhe são dirigidas; 2º *uma inteligência e um saber que não tem senão na crise; ele conhece seu estado, os remédios convenientes às suas enfermidades, o que fazem certas pessoas mesmo distantes.*

"P. É permitido, em consciência, magnetizar e se fazer magnetizar?".

"R. Se, para a operação magnética, se empregam meios, ou se por ela se obtêm efeitos que supõem uma intervenção diabólica, é uma obra supersticiosa e não pode jamais ser permitida; 2º ocorre o mesmo quando as comunicações magnéticas ofendem a modéstia; 3º se supondo que se toma cuidado em afastar da prática do magnetismo todo abuso, todo o perigo para a fé e para os costumes, todo pacto com o demônio, é *duvidoso* que seja *permitido* a ele recorrer como a um remédio natural e útil."

Lamentamos que o autor tenha colocado esse último corretivo, que está em contradição com aquilo que precede. Com efeito, por que o uso de uma coisa, reconhecida salutar, não seria permitido, quando dele se afastem todos os inconvenientes que assinala em seu ponto de vista? É verdade que não exprime uma proibição formal, mas uma simples *dúvida* sobre a permissão. Qualquer que ela seja, isso não se encontra em um livro sábio, dogmático, para uso único dos teólogos, mas em um livro elementar, *para uso de catecismo,* por conseqüência destinado à instrução religiosa das massas; conseqüentemente, não é uma opinião pessoal, é uma verdade consagrada e reconhecida de que o magnetismo existe, produz o sonambulismo, e que o sonâmbulo goza de faculdades especiais, que no número dessas faculdades está a de ver sem o socorro dos olhos, mesmo à distância, de ouvir sem o socorro dos ouvidos, de possuir conhecimentos que não tem no estado normal, de indicar os remédios que lhe são salutares. A qualidade do autor tem aqui um grande peso. Não é um homem obscuro quem fala, um simples sacerdote que emite sua opinião, é um vigário geral que ensina. Novo revés e nova advertência para aqueles que julgam com muita precipitação.

O MAL DO MEDO

Problema fisiológico dirigido ao Espírito de São Luís, na sessão da Sociedade Parisiense de Estudos Espíritas, de 14 de setembro de 1858.

Leu-se no *Moniteur* de 26 de novembro de 1857:

"Nos comunicam o fato seguinte, que vem confirmar as observações já feitas sobre a influência do medo.

"O Sr. doutor F... entrou ontem em sua casa depois de fazer algumas visitas aos seus clientes. No seu percurso lhe haviam entregado, como amostra, uma garrafa de excelente rum, autenticamente vindo da Jamaica. O doutor esqueceu na viatura a preciosa garrafa. Mas, algumas horas mais tarde, se lembrou desse esquecimento e procurou a restituição, onde declarou ao chefe da estação que deixou em um de seus cupês uma garrafa de um veneno muito violento, e o exorta a prevenir os cocheiros para darem a maior atenção em não fazerem uso desse liquido mortal".

"O doutor F... entrara apenas em seu apartamento, quando o vieram prevenir, a toda pressa, que três cocheiros da estação vizinha sofriam horríveis dores nas entranhas. Teve que se esforçar muito para os tranqüilizar e os persuadir de que haviam bebido excelente rum, e que sua indelicadeza não poderia ter conseqüências mais graves além de uma suspensão, infligida imediatamente aos culpados".

1. – São Luís poderia nos dar uma explicação fisiológica dessa transformação das propriedades de uma substância inofensiva? Sabemos que, pela ação magnética, essa transformação pode ocorrer; mas no fato relatado acima, não houve emissão de fluido magnético; só a imaginação atuou e não a vontade.

R. – Vosso racíocinio é muito justo com respeito à imaginação. Mas os Espíritos malignos que levaram esses homens a cometerem esse ato de indelicadeza, fizeram passar no sangue, na matéria, um calafrio de medo que poderíeis chamar calafrio magnético, o qual estende os nervos e causa um frio em certas regiões do corpo. Ora, sabeis que todo frio nas regiões abdominais pode produzir cólicas. É, pois, um meio de punição que, ao mesmo tempo, leva os Espíritos que fizeram cometer o furto, a rirem às custas daqueles que fizeram pecar. Mas, em todos os casos, não se segue a morte: não há senão uma lição para os culpados e prazer para os Espíritos levianos. Também se apressam em recomeçar todas as vezes que a ocasião se lhes apresente; a procuram mesmo para sua satisfação. Podemos evitar isso (falo por vós), em nos elevando para Deus por pensamentos menos materiais do que aqueles que ocupam o espírito desses homens. Os Espíritos malignos gostam de rir; ficai atentos: tal que crê dizer uma coisa agradável diante das pessoas que o cercam, tal que diverte uma sociedade por seus gracejos ou seus atos, se engana, freqüentemente, e mesmo muito freqüentemente, quando crê que tudo isso vem de si. Os Espíritos levianos que o cercam se identificam com ele mesmo e, freqüentemente, alternativamente o enganam sobre seus próprios pensamentos, assim como aqueles que o escutam. Credes, nesse caso, ter relações com um homem de espírito, ao passo que, com mais freqüência, não é senão um ignorante. Descei em vós mesmos, e julgareis as minhas palavras. Os Espíritos superiores não são, por isso, inimigos da alegria; algumas vezes gostam de rir também para vos ser mais agradáveis; mas cada coisa em seu tempo.

Nota. Dizendo que no fato reportado não havia emissão de fluido magnético talvez não estivéssemos inteiramente na verdade. Arriscaremos aqui uma suposição. Sabe-se, como o dissemos, qual transformação das propriedades da matéria se pode operar pela ação do fluido magnético dirigido pelo pensamento. Ora, não se poderia admitir que, pelo pensamento do médico que quisesse fazer crer na existência de um tóxico, e dar aos gatunos as angústias do envenenamento, ocorrera, embora à distância, uma espécie de magnetização do líquido que teria adquirido novas propriedades, cuja ação se encontraria corroborada pelo estado moral dos indivíduos, tornados mais impressionáveis pelo medo. Essa teoria não destruiria a de São Luís quanto à intervenção de Espíritos levianos em semelhante circunstância; sabemos que os Espíritos agem fisicamente por meios físicos; podem, pois, se servirem, para cumprirem seus desígnios, daqueles que provocam, ou que nós mesmos lhes fornecemos com o nosso desconhecimento.

TEORIA DO MÓVEL DE NOSSAS AÇÕES

O Sr.R..., correspondente do Instituto de França, e um dos membros mais eminentes da Sociedade Parisiense de Estudos Espíritas, desenvolveu as considerações seguintes, na sessão de 14 de setembro, como corolário da teoria que acabara de ser dada a propósito do mal do medo, e que narramos mais acima:

"Resulta de todas as comunicações que são dadas pelos Espíritos, que eles exercem uma influência direta sobre as nossas ações, em nos solicitando, uns ao bem, os outros ao mal. São Luís acabou de nos dizer:" Os Espíritos malignos gostam de rir; ficai atentos; tal que crê dizer uma coisa agradável às pessoas que o cercam, tal que diverte uma sociedade por seus gracejos ou seus atos, se engana freqüentemente, e mesmo muito freqüentemente, quando crê que tudo isso vem de si. Os Espíritos levianos que o cercam se identificam com ele mesmo, e, com freqüência, alternativamente o enganam sobre seus próprios pensamentos, assim como àqueles que o escutam." Disso se segue que, aquilo que dizemos, não vem sempre de nós; que, com freqüência, não somos, como os médiuns falantes, senão intérpretes do pensamento de um Espírito estranho que se identifica com o nosso. Os fatos vêm em apoio dessa teoria, e provam que, muito a miúdo, também nossos atos são a conseqüência desse pensamento que nos é sugerido. O homem que faz mal cede, pois, a uma sugestão, quando ele é bastante fraco para não resistir, e quando fecha os ouvidos à voz da consciência, que pode ser a sua própria, ou a de um bom Espírito que combate nele, pelas suas advertências, a influência de um mau Espírito.

"Segundo a doutrina vulgar, o homem hauriria todos os seus instintos em si mesmo; proviriam seja de sua organização física, da qual não poderia ser responsável, seja de sua própria natureza, na qual pode procurar uma desculpa aos seus próprios olhos, dizendo que isso não é sua falta, se assim acreditou. A Doutrina Espírita, evidentemente, é mais moral; ela admite, no homem, o livre arbitrio em toda a sua plenitude; em lhe dizendo que se faz mal, cede a má sugestão estranha, disso lhe deixa toda a responsabilidade, uma vez que lhe reconhece o poder de resistir, coisa evidentemente mais fácil do que se tivesse que lutar contra a sua própria natureza. Assim, segundo a Doutrina Espírita, não há arrastamento irresistível: o homem pode sempre fechar o ouvido à voz oculta que o solicita ao mal, em seu foro interior, como pode fechar à voz material daquele que lhe fala; ele o pode por sua vontade, pedindo a Deus a força necessária, e reclamando, para esse fim, a assistência dos bons Espíritos". É o que Jesus nos ensina na sublime prece do *Pater,* quando nos leva a dizer: "Não nos deixeis sucumbir à tentação, mas livrai-nos do mal."

Quando tomamos para texto de uma de nossas perguntas a pequena anedota que reportamos, não esperávamos o desenvolvimento que dela iria decorrer. Com isso estamos duplamente feliz, pelas belas palavras que nos valeram de Saint Louis e de nosso honorável colega. Se não estivéssemos edificados, desde há muito tempo, quanto à capacidade deste último, e quanto aos seus profundos conhecimentos em matéria de Espiritismo, estaríamos tentados a crer fora dele mesmo, aplicação de sua teoria, e que São Luís dela se serviu para completar seu ensinamento. A ela iremos juntar nossas próprias reflexões:

Essa teoria da causa excitante de nossos atos, evidentemente, ressalta de todo ensinamento dado pelos Espíritos; não só ela é sublime em moralidade, mas acrescentaremos que reabilita o homem aos seus próprios olhos; o mostra livre para sacudir um jugo obsessor, como é livre para fechar sua casa aos importunos: não é mais uma máquina agindo por um impulso independente de sua vontade, é um ser de razão, que escuta, que julga e que escolhe livremente entre dois conselhos. Acrescentemos que, apesar disso, o homem não é privado de sua iniciativa; não age menos com seu próprio movimento, uma vez que, definitivamente não é senão um Espírito encarnado que conserva, sob o envoltório corpóreo, as qualidades e os defeitos que tinha como Espírito. As faltas que cometemos têm, pois, sua fonte primeira nas imperfeições de nosso próprio Espírito, que não atingiu ainda a superioridade moral que terá um dia, mas que não tem menos seu livre arbítrio; a vida corpórea lhe é dada para se purgar de suas imperfeições pelas provas que sofre, e são precisamente essas imperfeições que o tornam mais fraco e mais acessível às sugestões de outros Espíritos imperfeitos, que disso se aproveitam para tratarem de o fazer sucumbir na luta que empreende. Se sai vencedor dessa luta, ele se eleva; se fracassa, fica o que era, nem mais mau, nem melhor: é uma prova para recomeçar, e isso pode durar muito tempo assim. Quanto mais se depura, mais seus lados fracos diminuem, e menos se entrega àqueles que o solicitam ao mal; sua força moral cresce em razão de sua elevação, e os maus Espíritos dele se afastam.

Quais são, pois, esses maus Espíritos? São os que se chamam os demônios? Não são demônios na acepção vulgar da palavra, porque se entende por aí uma classe de seres criados para o mal e perpetuamente votados ao mal. Ora, os Espíritos nos dizem que todos melhoram em um tempo mais ou menos longo, segundo sua vontade; mas enquanto são imperfeitos podem fazer o mal, como a água que não está depurada pode espalhar miasmas pútridos e mórbidos. No estado de encarnação, se depuram se fazem o que é preciso para isso; no estado de Espíritos, sofrem as conseqüências do que fizeram, ou não fizeram, para se melhorarem, conseqüências que sofrem também sobre a Terra, uma vez que as vicissitudes da vida, ao mesmo tempo, são expiações e provas. Todos esses Espíritos, mais ou menos bons, quando estão encarnados, constituem a espécie humana, e, como a nossa Terra é um dos mundos menos avançados, nela se encontram mais maus Espíritos do que bons, eis porque nela vemos tanto de perversidade. Façamos, pois, todos nossos esforços para não voltarmos depois desta estação, e para merecermos ir repousarmos num mundo melhor, num desses mundos privilegiados onde o bem reina sem divisão, e onde não nos lembraremos de nossa passagem neste mundo senão como um sonho mau.

MORTE DE CINCO CRIANÇAS POR UM MENINO DE DOZE ANOS

PROBLEMA MORAL

Leu-se na *Gazette de Silésie:*

"Escreveu-se de Bolkenham, em 20 de outubro de 1857, que um crime apavorante foi cometido por jovem menino de doze anos. Domingo último, 25 do mês, três filhos do Sr. Hubner, fabricante de pregos, e dois filhos do Sr. Fritche, sapateiro, jogavam juntos no jardim do Sr. Fritche. O jovem H..., conhecido por seu mau caráter, se associou aos seus jogos e os convenceu a entrarem em um baú depositado em uma casinha do jardim e que servia ao sapateiro para transportar suas mercadorias para a feira. As cinco crianças puderam nele entrar com dificuldade, mas se comprimiram e se colocaram umas sobre as outras, rindo. Logo que nele entraram, o monstro fechou o baú, sentou-se em cima, e ficou três quartos de hora escutando primeiro seus gritos, depois seus gemidos".

"Quando, enfim, seus estertores cessaram, que os acreditou mortos, abriu o baú; as crianças ainda respiravam. Ele fechou o baú, o aferrolhou e se foi brincar com papagaio de papel. Mas foi visto, saindo do jardim, por uma jovem. Concebe-se a ansiedade dos pais, quando perceberam o desaparecimento de seus filhos, e seu desespero quando, depois de longa procura, os encontram no baú. Uma das crianças vivia ainda, mas não tardou em entregar sua alma. Denunciado pela jovem que o havia visto sair do jardim, o jovem HM, confessou seu crime com o maior sangue-frio e sem manifestar nenhum arrependimento. As cinco vítimas, um menino e quatro meninas de quatro a nove anos, foram enterrados juntos, hoje.

Nota. – O Espírito interrogado foi o da irmã do médium, morto há doze anos; mas que sempre mostrou superioridade como Espírito.

1. Ouvistes o relato que acabamos de ler da morte cometida na Silésia, por um menino de doze anos sobre cinco outras crianças?– R. Sim; minha pena exige que eu escute ainda as abominações da Terra.

2. Qual motivo pôde levar uma criança dessa idade a cometer uma ação tão atroz e com tanto sangue-frio? – R. A maldade não tem idade; ela é ingênua numa criança; é raciocinada no homem feito.

3. Quando ela existe numa criança, sem raciocínio, isso não denota a encarnação de um Espírito muito inferior? – R. Ela vem, então, diretamente da perversidade do coração; é o seu Espírito que o domina e o leva à perversidade.

4. Qual poderia ter sido a existência anterior de um semelhante Espírito ? – R. Horrível.

5. Em sua existência anterior, ele pertencia à Terra ou a um mundo ainda mais inferior? – R. Não o vejo bem; mas devia pertencer a um mundo bem mais inferior que a Terra: ele *ousou* vir sobre a Terra; por isso será duplamente punido.

6. Nessa idade a criança tinha bem consciência do crime que cometia, e dele tem a responsabilidade como Espírito? – R. Ele tinha a idade da consciência, é bastante.

7. Uma vez que esse Espírito havia *ousado* vir sobre a Terra, que é muito elevada para ele, pode ser constrangido a retornar para um mundo em relação com a sua natureza? – R. A punição é justamente de retroceder; ele mesmo é o inferno. É a punição de Lúcifer, do homem espiritual rebaixado até a matéria; quer dizer, o véu que lhe esconde, de hoje em diante, os dons de

Deus e sua divina proteção. Esforçai-vos, pois, para reconquistar esses bens perdidos; tereis ganho o paraíso que o Cristo veio vos abrir. É a presunção, o orgulho do homem que gostaria de conquistar o que só Deus pode ter.

Nota. – Uma observação é feita a propósito da palavra *ousou,* da qual se serviu o Espírito, e dos exemplos que foram citados concernentes à situação de Espíritos que se encontraram em mundos muito elevados para eles, e que foram obrigados a retornar para um mundo mais em harmonia com a sua natureza. Uma pessoa fez notar, a esse respeito, que foi dito que os Espíritos não podem retrogradar. A isso respondeu que, com efeito, foi dito que os Espíritos não podem retrogradar no sentido de que não podem perder o que adquiriram em ciência e em moralidade; mas eles podem decair como posição. Um homem que usurpe uma posição superior àquela que lhe conferem suas capacidades ou sua fortuna pode ser constrangido a abandoná-la e retornar ao seu lugar natural; ora, não está aí o que se pode chamar decair, uma vez que não fez senão reentrar em sua esfera, de onde saiu por ambição ou por orgulho. Ocorre o mesmo com respeito aos Espíritos que querem se elevar muito depressa nos mundos onde se encontram deslocados.

Espíritos superiores podem igualmente se encarnar em mundos inferiores, para irem cumprir uma missão de progresso; isso não pode se chamar de retrogradar, porque é devotamento.

8. Em que a Terra é superior ao mundo ao qual pertence o Espírito do qual acabamos de falar? – R. Nele há uma fraca idéia da justiça; é um começo de progresso.

9. Disso resulta que, em mundos inferiores à Terra, não há nenhuma idéia de justiça? – R. Não; os homens aí não vivem senão para eles, e não têm por motivação senão a satisfação de suas paixões e de seus instintos.

10. Qual será a posição desse Espírito em nova existência? – R. Se o arrependimento vier apagar, senão inteiramente pelo menos em parte, a enormidade de suas faltas, então ele permanecerá sobre a Terra; se, ao contrário, ele persistir nisso que chamais a impenitência final, ele irá para uma morada onde o homem está no nível do animal.

11. Assim, pode ele encontrar, sobre esta Terra, os meios de expiar suas faltas sem ser obrigado a retornar para um mundo inferior? – R. O arrependimento é sagrado aos olhos de Deus; porque é o homem que julga a si mesmo, o que é raro em vosso planeta.

QUESTÕES DE ESPIRITISMO LEGAL

Tomamos o fato seguinte do *Courrier du Palais* que o Sr. Frédéric Thomas, advogado junto à Corte imperial, publicou em *La Presse* do dia 2 de agosto de 1858. Citamos textualmente, para não descolorir a narração do espiritual escritor. Nossos leitores, facilmente, notarão a forma leve que ele sabe dar, tão agradavelmente, às coisas mais sérias. Depois de apreciar vários assuntos, ele acrescenta:

Temos um processo bem mais estranho do que este a vos oferecer em uma perspectiva próxima: já o vemos despontar no horizonte, no horizonte do Meio Dia; mas onde conduzirá ele? Os ferros estão no fogo, nos escreveram; mas essa segurança não basta. Eis do que se trata:

Um Parisiense leu, num jornal, que um velho castelo estava à venda nos Pirineus; o comprou, e, desde os primeiros belos dias da bela estação, ali foi se instalar com os amigos.

Ceia-se alegremente, depois vai se deitar mais alegremente ainda.Resta a noite a passar: à noite num velho castelo, perdido na montanha. No dia seguinte, todos os convidados se levantam de olhos desvairados, rostos espantados; vão procurar seu hospedeiro, e todos lhe fazem a mesma pergunta com um ar misterioso e lúgubre: não viste nada esta noite?

O proprietário não responde, tanto ele mesmo está apavorado; se contenta em fazer um sinal de cabeça afirmativo.

Então, se confia, a voz baixa, as impressões da noite: um ouviu vozes lamentosas, o outro ruídos de correntes; este viu a tapeçaria se mover, aquele um baú o saudar; outros sentiram que morcegos gigantescos pousavam sobre seus peitos; é um castelo da Dama Branca. Os domésticos declaram que, como ao fazendeiro Dickson, os fantasmas os puxaram pelos pés. O que mais ainda? Os leitos passeiam, as campainhas fazem muito barulho sozinhas, palavras fulgurantes sulcam as velhas chaminés:

Decididamente, esse castelo é inabitável: os mais apavorados fogem imediatamente, os mais intrépidos afrontam a prova de uma segunda noite.

Até meia-noite tudo vai bem, mas desde que o relógio da torre do norte lançou no espaço seus doze soluços, logo as aparições e os ruídos recomeçam; de todos os cantos se lançam fantasmas, monstros com olhar de fogo, dentes de crocodilo, asas peludas: tudo isso grita, pula, range e faz uma algazarra do inferno.

Impossível resistir a essa segunda experiência. Desta vez todo mundo deixa o castelo, e hoje o proprietário quer intentar uma ação em decisão por vícios ocultos.

Que espantoso processo esse! E que triunfo para o grande evocador dos espíritos, o SR. Home! Será nomeado perito nessa matéria? Qualquer que seja, como não há nada de novo sob o sol da justiça, esse processo que talvez se crerá uma novidade, não será senão uma antiguidade: há um pendente que, por ter a idade de duzentos e sessenta e três anos, não é menos curioso. Pois, no ano da graça de 1595, diante do senescal da Guiana, um locatário, de nome Jean Latapy, demanda contra seu proprietário, Robert de Vigne. Jean Latapy pretendia que a casa que de Vigne lhe havia alugado, uma velha casa duma velha rua de Bourdeaux, era inabitável e que deveu deixá-la; depois do que ele demandava para que a anulação do contrato de aluguel fosse pronunciada pela justiça.

Por quais motivos? Latapy, muito ingenuamente, os dá em suas conclusões.

"Porque ele havia encontrado essa casa infestada por Espíritos que ora se apresentavam sob a forma de crianças, ora sob outras formas terríveis e apavorantes, os quais oprimiam e inquietavam as pessoas, deslocavam os móveis, produziam ruídos e algazarras por todos os cantos e, com força e violência, lançavam das camas aqueles que nelas repousavam".

O proprietário de Vigne se opunha, muito energicamente, contra a anulação do contrato. "Desacreditais injustamente minha casa, dizia a Latapy; provavelmente, não tendes senão o que mereceis, e longe de me fazer censura, deveríeis, ao contrário, me agradecer, porque vos faço ganhar o Paraíso".Eis como o advogado do proprietário estabelecia essa singular proposição: "Se os Espíritos vêm atormentar Latapy e o afligir pela permissão de Deus, disso deve levar a justa pena e dizer como São Jerônimo: *Quidquid patimur nostris peccatis meremur;* e não imputar isso ao proprietário que é inteiramente inocente, mas ainda ter gratidão a este que lhe forneceu, assim, matéria para se salvar nesse mundo de punições que atendiam seus deméritos na outra."

O advogado, para ser conseqüente, deveria pedir que Latapy pagasse alguma renda a de Vigne pelo serviço prestado. Um lugar no Paraíso não vale seu peso em ouro? Mas o proprietário generoso se contentava com a conclusão de que o locatário fosse declarado não procedente em sua ação, pelo motivo que, antes de a intentar, Latapy deveria começar, ele mesmo, por combater e expulsar os Espíritos pelos meios que *Deus e a Natureza nos dão*.

"Por que não usava, escreveu o advogado do proprietário, por que não usava o louro, a arruda plantada ou o sal crepitante nas chamas e carvões ardentes, as penas da poupa, a composição da erva dita aerolus vetulus, com o ruibarbo, com vinho branco, sais suspensos no limiar da porta da casa, couro da testa da hiena, fel de cachorro, que se diz ter uma virtude maravilhosa para expulsar os demônios? Por que não usava a erva Moly, a qual Mercúrio tendo dado a Ulisses, dela se serviu como antídoto contra os encantos de Circe... ".

É evidente que o locatário Latapy havia faltado a todos os seus deveres não lançando *sal crepitante* nas chamas, e não fazendo uso do fel de cachorro, de algumas penas da poupa. Mas como ele foi obrigado a obter também *o couro da testa da hiena*, o senescal de Bourdeaux achou que esse objeto não era bastante comum, pelo que Latapy não foi desculpado por ter deixado as hienas tranqüilas, e ele ordenou belo e bem a anulação do contrato.

Vedes que em tudo isso, nem proprietário, nem locatário, nem juízes colocam em dúvida a existência das *algazarras* dos Espíritos. Pareceria, pois, que há mais de dois séculos os homens eram já quase tão crédulos quanto hoje; nós os ultrapassamos em credulidade, isso está na ordem: é bem preciso que a civilização e o progresso se revelem em algum lugar."

Essa questão, do ponto de vista legal, e abstração feita dos acessórios com os quais o narrador a ornou, não deixa de ter seu lado embaraçante, porque a lei não previu o *caso* em que Espíritos barulhentos tornam uma casa inabitável. Está aí um vício redibitório? Em nossa opinião há pró e contra: isso depende das circunstâncias. Trata-se primeiro de examinar se o barulho era sério, ou se não era simulado por um interesse qualquer: questão preliminar e de boa fé, que prejulga todas as outras. Admitindo os fatos como reais, é preciso saber se são de natureza a perturbar um repouso. Se se passavam, por exemplo, coisas como em Bergzabern[1] é evidente que a posição não seria sustentável. O pai Senger suportou isso porque estava nele e porque não pôde fazer de outro modo; mas um estranho não se acomodaria, de modo algum, numa habitação que ouvisse constantemente ruídos ensurdecedores, onde os móveis são empur-

(1) Ver os números de maio, junho e julho da *Revista Espírita*.

rados e tombados, onde as portas e as janelas se abrem e se fecham desprovidas de bom senso, onde os objetos vos são atirados à cabeça por mãos invisíveis, etc. Parece-nos que, em semelhante ocorrência, incontestavelmente, há lugar para a reclamação, e que em boa justiça, uma tal compra não poderia ser validada, se o fato havia sido dissimulado. Assim, em tese geral, o processo *de* 1595 nos parece ter sido bem julgado, mas é uma questão subsidiária a esclarecer, e só a ciência espírita poderia a levantar e a resolver.

Sabemos que as manifestações espontâneas dos Espíritos podem ocorrer sem objetivo determinado, e sem estarem dirigidas contra tal ou tal indivíduo; que há, efetivamente, lugares assombrados pelos Espíritos barulhentos que parecem ali elegerem domicílio, e contra os quais todas as conjurações usadas fracassaram. Dizemos, em forma de parênteses, que há meios eficazes de se desembaraçar deles, mas que esses meios não consistem na intervenção de pessoas conhecidas por produzirem à vontade semelhantes fenômenos, porque os Espíritos que estão às suas ordens, são precisamente da natureza daqueles que se quer expulsar. Sua presença longe de os afastar, não poderia senão atrair outros. Mas sabemos também que numa multidão de casos essas manifestações são dirigidas contra certos indivíduos, como em Bergzabern, por exemplo. Os fatos provaram que a família, mas, sobretudo a jovem Philippine, dela era objeto direto; de tal sorte que estamos convencidos de que, se essa família deixasse sua morada, os novos habitantes não teriam nada a temer, a família levaria com ela suas atribulações para o seu novo domicílio. O ponto a examinar, numa questão legal, portanto, seria este: as manifestações haviam ocorrido antes da entrada ou somente depois da entrada do novo proprietário? Nesse último caso, permaneceria evidente que foi este que trouxe os Espíritos perturbadores, e que a responsabilidade lhe incumbe inteiramente; se, ao contrário, as perturbações haviam ocorrido anteriormente, e persistem, é que elas se prendem ao próprio local, e, então, a responsabilidade nisso é do vendedor. O advogado do proprietário raciocinou na primeira hipótese, e seu argumento não estava desprovido de lógica. Resta saber se o adquirente havia trazido consigo seus hóspedes inoportunos, é o que o processo não disse. Quanto ao processo atualmente pendente, cremos que o meio de proporcionar boa justiça seria de fazer as constatações das quais acabamos de falar. Se elas conduzem à prova da anterioridade das manifestações, e se o fato foi dissimulado pelo vendedor, o caso é daquele de todo adquirente enganado sobre a qualidade da coisa vendida. Ora, manter a compra em semelhante ocorrência, será talvez arruinar o adquirente pela depreciação do imóvel; seria pelo menos lhe causar um prejuízo notável, o constrangendo a guardar uma coisa da qual não pode fazer uso, como de um cavalo cego que se lhe houvesse vendido por um bom cavalo. Qualquer que seja, o julgamento a se interpor deve ter conseqüências graves; que a compra seja anulada, que seja mantida por falta de provas suficientes; é igualmente reconhecer os fatos das manifestações. Repelir a demanda do adquirente como fundada numa idéia ridícula, é se expor a receber, cedo ou tarde, um desmentido da experiência, como, em tantas outras vezes, receberam os homens esclarecidos que muito se apressaram em negar as coisas que não compreendiam. Se podemos censurar, aos nossos pais, de haverem pecado por muita credulidade, nossos descendentes nos censurarão, sem dúvida, de termos pecado pelo excesso contrário.

A espera disso, eis o que acaba de se passar sob os nossos olhos, e do que nós mesmos constatamos a realidade; citamos a crônica de *la Patrie,* do dia 4 de setembro de 1858:

"A rua du Bac está em comoção. Ocorrem ainda, por ali, algumas diabruras!".

A casa que leva o nº 65 se compõe de dois edifícios: um que dá para a rua, tem duas escadas uma diante da outra.

"Há uma semana, em diversas horas do dia e da noite, em todos os andares dessa casa, as campainhas se agitam e tocam com violência; se vai abrir: ninguém sobre o patamar".

Acreditou-se primeiro em um gracejo, e cada um se pôs em observação para lhe descobrir o autor. Um dos locatários tomou o cuidado de despolir um vidro de sua cozinha e fez a vigia. Enquanto ele velava com a maior atenção, sua campainha sacode: põe os olhos em seu postigo ninguém! Corre para a escada, ninguém!

Reentra em sua casa e arranca o cordão de sua campainha. Uma hora depois, no momento em que ele começava a triunfar, a campainha se pôs a tocar do modo mais belo. Ele a olha fazer e permanece mudo e consternado.

"Em outras portas, os cordões de campainhas são torcidos e amarrados como serpentes feridas. Procura-se uma explicação, apela-se à polícia; qual é, pois, esse mistério? Ainda o ignoram".

FENÔMENO DE APARIÇÃO

O *Constitutionnel* e a *Patrie* narraram, há algum tempo, o fato seguinte, segundo os jornais dos Estados Unidos:

"A pequena cidade de Lichtfield, no Kentucky, conta numerosos adeptos das doutrinas de espiritualismo magnético. Um fato incrível, que acaba de ali se passar, não contribuirá pouco, sem dúvida, para aumentar o número de partidários da nova religião.

"A família Park, composta do pai, da mãe e de três crianças que já têm a idade da razão, está fortemente imbuída de crenças espiritualistas. Por contra, uma irmã da senhora Park, senhorita Harris, não juntava nenhuma fé nos prodígios sobrenaturais com os quais se entretinham sem cessar. Era para a família inteiramente um verdadeiro motivo de desgosto, e mais de uma vez a boa harmonia das duas irmãs foi perturbada com isso.

"Há alguns dias, a senhora Park foi atingida, de repente, de um mal súbito que os médicos declararam, desde o início, não poderem conjurar. A paciente estava atormentada por alucinações, e uma febre horrível a atormentava constantemente. A senhorita Harris passava todas as noites a velando. No quarto dia de sua doença, a senhora Park se levanta subitamente de seu assento, pede o que beber, e começa a conversar com sua irmã. Circunstância singular, a febre a havia deixado de repente, seu pulso estava regular, ela se exprimia com a maior facilidade, e a senhorita Harris, toda feliz, acreditou que sua irmã estava, desde aquele momento, fora de perigo.

Depois de ter falado de seu marido e de seus filhos, a senhora Park se aproxima ainda mais perto de sua irmã e lhe diz:

"Pobre irmã, vou te deixar; sinto que a morte se aproxima. Mas pelo menos a minha partida deste mundo servirá para te converter. Morrerei em uma hora e me enterrarão amanhã. Tenha grande cuidado de não seguir meu corpo ao cemitério, porque meu Espírito, revestido de seus despojos mortais, te aparecerá ainda uma vez antes que meu caixão seja recoberto de terra. Então, crerás, enfim, no espiritualismo".

"Depois de arrematar essas palavras, a doente se recostou tranqüilamente. Mas uma hora depois, como o havia anunciado, a senhorita Harris percebeu com dor que o coração havia cessado de bater".

"Vivamente emocionada pela coincidência espantosa que existia entre esse acontecimento e as palavras proféticas da defunta, ela se decidiu seguir a ordem que lhe fora dada, e no dia seguinte permaneceu sozinha na casa enquanto todo mundo tomava o caminho do cemitério. Depois de ter fechado as portas da câmara mortuária, ela se instalou numa poltrona colocada perto da cama que o corpo de sua irmã acabara de deixar.

"Cinco minutos apenas eram decorridos, – contou mais tarde a senhorita Harris, – quando eu vi como uma nuvem branca se destacar no fundo do apartamento. Pouco a pouco essa forma se desenhou melhor: era a de uma mulher semi-velada; ela se aproximou lentamente de mim; eu distinguia o ruído de passos leves sobre o soalho; enfim, meus olhos espantados se encontraram em presença de minha irmã...

"Seu rosto, longe de ter essa palidez sem brilho que impressiona tão penosamente nos mortos, estava radioso; suas mãos, das quais logo senti a pressão sobre as minhas, tinham conservado todo o calor da vida. Fui como transportada para uma esfera nova por essa maravilhosa aparição. Crendo já fazer parte do mundo dos Espíritos, me tateei o peito e a cabeça para me assegurar da minha existência; mas não havia nada de penoso nesse êxtase.

"Depois de estar assim diante de mim, sorridente, mas muda, pelo espaço de alguns minutos, minha irmã, parecendo fazer um violento esforço, me disse com uma voz doce":

"É tempo de partir: meu anjo condutor me espera. Adeus! Cumpri minha promessa. Crê e espera!"

"O jornal, acrescenta a *Patrie,* do qual tomamos essa maravilhosa narração, não disse se a senhorita Harris se converteu às doutrinas de espiritualismo. O supomos, entretanto, porque muitas pessoas se deixariam convencer por menos".

Nós acrescentamos, por nossa própria conta, que esse relato nada tem que deva espantar àqueles que estudaram os efeitos e as causas dos fenômenos espíritas. Os fatos autênticos desse gênero são bastante numerosos, e encontram sua explicação no que dissemos a respeito desse assunto em muitas circunstâncias; teremos ocasião de os citar, vindos de menos longe que este.

ALLAN KARDEC.

REVISTA ESPÍRITA,

JORNAL

DE ESTUDOS PSICOLÓGICOS

Novembro

POLÊMICA ESPÍRITA

Várias vezes nos perguntaram por que não respondemos, em nosso jornal, aos ataques de certas folhas dirigidos contra o Espiritismo em geral, contra seus partidários, e, algumas vezes mesmo, contra nós. Cremos que, em certos casos, o silêncio é a melhor resposta. Aliás, há um gênero de polêmica do qual fizemos uma lei nos abster, e é aquela que pode degenerar em personalismo; não somente ela nos repugna, mas nos toma um tempo que podemos empregar mais utilmente, e seria muito mais interessante para nossos leitores, que assinam para se instruírem, e não para ouvirem diatribes, mais ou menos espirituais; ora, uma vez iniciados nesse caminho, seria difícil dele sair, por isso preferimos não entrar e pensamos que o Espiritismo, com isso, não pode senão ganhar em dignidade. Não temos, até o presente, senão que nos aplaudir por nossa moderação; dela não nos desviaremos, e não daremos jamais satisfação aos amadores de escândalo.

Mas há polêmica e polêmica; e há uma diante da qual não recuaremos jamais, que é a discussão séria dos princípios que professamos. Entretanto, aqui mesmo há uma distinção a fazer; se não se trata senão de ataques gerais, dirigidos contra a Doutrina, sem outro fim determinado que o de criticar, e da parte de pessoas que têm um propósito de rejeitar tudo o que não compreendem, isso não merece que deles se ocupe; o terreno que o Espiritismo ganha, cada dia, é uma resposta suficientemente peremptória, e que deve lhes provar que seus sarcasmos não produziram grande efeito; também notamos que a seqüência ininterrupta de gracejos, dos quais o partidários da Doutrina eram objeto recentemente, se apaga pouco a pouco; se pergunta, quando se vêem tantas pessoas eminentes adotarem essas idéias novas, se há do que se rir; alguns não riem senão com desprezo e por hábito, muitos outros não riem mais de tudo e esperam.

Notamos ainda que, entre os críticos, há muitas pessoas que falam sem conhecer a coisa, sem terem se dado ao trabalho de a aprofundar; para lhes responder seria preciso, sem cessar, recomeçar as explicações mais elementares, e repetir o que escrevemos, coisa que cremos inútil. Não ocorre o mesmo com aqueles que estudaram, e que não compreenderam tudo, aqueles que querem seriamente se esclarecer, que levantam as objeções com conhecimento de causa e de boa fé; sobre esse terreno aceitamos a controvérsia, sem nos gabar de resolvermos todas as dificuldades, o que seria muita presunção. A ciência espírita está no seu início, e ainda não nos disse todos os seus segredos, por maravilhas que nos haja revelado. Qual é a ciência que não tem ainda fatos misteriosos e inexplicados? Confessaremos, pois, sem nos envergonharmos, nossa insuficiência sobre todos os pontos aos quais não nos for possível responder. Assim, longe de repelir as objeções e as perguntas, nós as solicitamos, contanto que não sejam ociosas e nos façam perder nosso tempo em futilidades, porque é um meio de se esclarecer.

Aí está o que chamamos uma polêmica útil, e o será sempre quando ocorrer entre duas pessoas sérias, que se respeitarem bastante para não se afastarem das conveniências. Pode-se pensar diferentemente, e, com isso, não se estimar menos. Que procuramos nós todos, em definitivo, nessa questão tão palpitante e tão fecunda do Espiritismo? nos esclarecer; nós, primeiramente, procuramos a luz, de qualquer parte que ela venha, e, se emitimos as nossas maneira de ver, isso não é senão uma opinião individual que não pretendemos impor a ninguém; nós a entregamos à discussão, estamos prontos para a renunciar, se nos for demonstrado que estamos em erro. Essa polêmica, nós a fazemos todos os dias em nossa *Revista,* pelas respostas ou refutações coletivas que tivemos ocasião de fazer a propósito de tal ou tal artigo, e aqueles que nos dão a honra de nos escreverem, ali encontram sempre a resposta ao que nos perguntam, quando não nos é possível a dar individualmente por escrito, o que o tempo material nem sempre nos permite. Suas perguntas e suas objeções são igualmente assuntos de estudos, que aproveitamos para nós mesmos, e os quais ficamos felizes em fazer nossos leitores aproveitarem,os tratando à medida que as circunstâncias trazem os fatos que possam ter relação com eles. Igualmente nos alegramos em dar verbalmente explicações que podem nos ser pedidas pelas pessoas que nos honram com a sua visita, e nessas conferências, marcadas por uma benevolência recíproca, nos esclarecemos mutuamente.

DA PLURALIDADE DAS EXISTÊNCIAS CORPÓREAS

(PRIMEIRO ARTIGO.)

Das diversas doutrinas professadas pelo Espiritismo, a mais controvertida, sem contradita, é a da pluralidade das existências corpóreas, dita de outro modo, da reencarnação. Se bem que essa opinião esteja agora partilhada por um número muito grande de pessoas, e que já tratamos a questão em várias reprises, cremos dever, em razão de sua extrema gravidade, a examinar aqui de um modo mais aprofundado, a fim de respondermos às diversas objeções que ela tem suscitado. Antes de entrarmos no fundo da questão, algumas observações preliminares nos parecem indispensáveis.

O dogma da reencarnação, dizem certas pessoas, não é novo; foi ressuscitado de Pitágoras. Nunca dissemos que a Doutrina Espírita foi invenção moderna; sendo o Espiritismo uma lei da Natureza, deveu existir desde a origem dos tempos, e sempre nos esforçamos por provar que dele se encontram traços na mais alta antigüidade. Pitágoras, como se sabe, não foi o autor do sistema da metempsicose; ele a hauriu dos filósofos indianos e entre os Egípcios, onde existia desde tempos imemoriais. A idéia da transmigração das almas era, pois, uma crença vulgar, admitida pelos homens mais eminentes. Por que caminho lhes veio ela? Pela revelação ou pela intuição? Não o sabemos; mas, qualquer que seja, uma idéia não atravessa as idades e não é aceita por inteligências de elite, sem ter um lado sério. A antigüidade dessa doutrina seria, pois, antes uma prova do que uma objeção. Entretanto, como se sabe igualmente, entre a metempsicose dos Antigos e a doutrina moderna da reencarnação há esta grande diferença que os Espíritos rejeitam da maneira mais absoluta: a transmigração do homem para os animais e reciprocamente.

Vós estáveis, sem dúvida, dizem também alguns contraditores, imbuídos dessas idéias, e eis porque os Espíritos se aferraram à vossa maneira de ver. Aí está um erro que prova, uma vez mais, o perigo dos julgamentos apressados e sem exame. Se essas pessoas tivessem se dado ao trabalho de lerem o que escrevemos sobre o Espiritismo, teriam se poupado apenas de uma objeção feita muito levianamente. Repetiremos, pois, o que dissemos a esse respeito, saber que, quando a doutrina da reencarnação nos foi ensinada pelos Espíritos, ela estava tão longe do nosso pensamento, que tínhamos feito, sobre os antecedentes da alma um sistema diferente, de resto, partilhado por muitas pessoas. A doutrina dos Espíritos, sob esse assunto, portanto, nos surpreendeu; diremos mais, contrariou, porque derrubou as nossas próprias idéias; ela estava longe, como se vê, de lhe ser o reflexo. Isso não é tudo; não cedemos ao primeiro choque; combatemos, defendemos a nossa opinião, levantamos objeções, e não nos rendemos senão à evidência, e quando vimos a insuficiência do nosso sistema para resolver todas as questões que esse assunto levanta.

Aos olhos de algumas pessoas, a palavra *evidência,* sem dúvida parecerá singular em semelhante matéria; mas não parecerá imprópria para aqueles que estão habituados a perscrutar os fenômenos espíritas. Para o observador atento, há fatos que, se bem que não sejam de uma natureza absolutamente material, não constituem menos uma verdadeira evidência, ou pelo menos uma evidência moral. Aqui não é lugar para explicar esses fatos; só um estudo continuado e perseverante pode os fazer compreender; nosso objetivo é unicamente refutar a idéia de que essa doutrina não é senão a tradução do nosso pensamento. Temos ainda uma outra refutação a opor: é de que não foi ensinada somente a nós; ela o foi em muitos outros lugares, em França e no estrangeiro; na Alemanha, na Holanda, na Rússia, etc; e isso antes mesmo da publicação de *O Livro dos Espíritos*. Acrescentamos ainda que, desde que nos entregamos ao estudo do Espiritismo, tivemos comunicações por mais de cinqüenta médiuns, escreventes, falantes, videntes, etc., mais ou menos esclarecidos, de uma inteligência normal ou menos limitada alguns mesmo completamente iletrados, e por conseqüência inteiramente estranhos às matérias filosóficas, e que, em nenhum caso, os Espíritos foram desmentidos sobre essa questão; ocorre o mesmo em todos os círculos que conhecemos, onde o mesmo princípio foi professado. Esse argumento não á sem réplica, nós o sabemos, por isso nele não insistiremos mais que o razoável.

Examinemos a coisa sob um outro ponto de vista, e abstração feita de toda intervenção dos Espíritos; deixemos estes de lado por um instante; suponhamos que essa teoria não seja deles; suponhamos mesmo que jamais foi questão de Espíritos. Coloquemo-nos, pois, momentaneamente, sobre um terreno neutro, admitindo o mesmo grau de probabilidade para uma e outra hipótese, a saber: a pluralidade e a unicidade das existências corpóreas, e vejamos de qual lado nos levará a razão e nosso próprio interesse.

Certas pessoas repelem a idéia da reencarnação só pelo motivo de não lhes convir, dizendo que têm por bastante uma existência e que não querem recomeçar uma semelhante; nós conhecemos as que tão-só o pensamento de reaparecer na Terra faz saltar de furor . Não temos senão uma coisa a lhes perguntar, é se elas pensam que Deus deva tomar seus conselhos e consultar seus gostos para regular o Universo. Ora, de duas coisas uma: ou a reencarnação existe, ou ela não existe; se existe, irá os contrariar, e lhes será necessário a suportar, e Deus, para isso, não lhes pedirá permissão. Nos parece ouvir um doente dizer: Já sofri bastante hoje, e não quero mais sofrer amanhã. Qualquer que seja seu mau-humor, não lhes será necessário sofrer menos o amanhã e os dias seguintes até que esteja curado; portanto, se devem reviver corporalmente, reviverão, se reencarnarão; debalde se rebelarão como uma criança que não quer ir à escola, ou um condenado à prisão, é preciso que passem por lá. Semelhantes objeções são muitos pueris para merecerem um exame mais sério. Diremos, entretanto, para os confortar, que a Doutrina Espírita sobre a reencarnação não é tão terrível como crêem, e se a tivessem estudado a fundo não estariam tão assustados; saberiam que a condição dessa nova existência depende deles: ela será feliz ou infeliz, segundo o que fizeram neste mundo, e *podem desde esta vida se elevarem tão alto, que não terão mais a temer cair no lamaçal.*

Supomos que falamos a pessoas que crêem num futuro qualquer depois da morte, e não àquelas que se dão *o* nada como perspectiva, ou que querem afogar sua alma num todo universal, sem individualidade, como as gotas de chuva no Oceano, o que vem a ser quase o mesmo. Se, pois, credes num futuro qualquer, sem dúvida, não admitis que ele seja o mesmo para todos, de outro modo onde estaria a utilidade do bem? Por que se constranger? por que não satisfazer todas as suas paixões, todos os seus desejos, fosse mesmo às expensas de outrem, uma vez que nele não seria nem mais e nem menos? Credes que esse futuro será mais ou menos feliz segundo o que tivermos feito durante a vida;

tendes então o desejo de ser tão feliz como seja possível, uma vez que isso deve ser pela eternidade? Tereis, por acaso, a pretensão de ser um dos homens mais perfeitos que tenham existido sobre a Terra, e ter assim direito, de uma só vez, à felicidade suprema dos eleitos? Não. Admitis, assim, que há homens que valem mais que vós e que têm direito a um melhor lugar, sem, por isso, que estejais entre os condenados. Pois bem! Colocai-vos, um instante pelo pensamento, nessa situação média que será a vossa, uma vez que vem disso convir, e suponde que alguém venha vos dizer: Sofreis, não sois tão felizes como o poderíeis ser, ao passo que tendes, diante de vós, seres que gozam de uma felicidade sem mácula, quereis trocar a vossa posição com a sua? – Sem dúvida, direis: que é preciso fazer? – Menos que nada, recomeçar o que fizestes mal feito e tratar de o fazer melhor. – Hesitareis em aceitar, fosse mesmo ao preço de várias existências de provas? Tomemos uma comparação mais prosaica. Se, a um homem que, sem estar na última das misérias, entretanto, experimenta privações em conseqüência da mediocridade de seus recursos se viesse a dizer: Eis uma imensa fortuna, podeis dela gozar, para isso é preciso trabalhar rudemente durante um minuto. Fosse ele o mais preguiçoso da Terra, diria sem hesitar: Trabalhemos um minuto, dois minutos, uma hora, um dia se for preciso; o que é isso para acabar a minha vida na abundância? Ora, o que é a duração da vida corpórea com relação à eternidade? menos que um minuto, menos que um segundo.

Ouvimos fazer este raciocínio: Deus, que é soberanamente bom, não pode impor ao homem recomeçar uma série de misérias e de tribulações? Se acharia, por acaso, que há mais bondade em condenar o homem a um sofrimento perpétuo por alguns momentos de erro, antes que lhe dar os meios de reparar as suas faltas? "Dois fabricantes tinham, cada um, um obreiro que podia aspirar a se tornar o sócio do chefe. Ora, ocorreu que esses dois obreiros empregam, uma vez, muito mal sua jornada e mereceram ser despedidos. Um dos fabricantes despediu o seu obreiro apesar de suas súplicas, e este não tendo encontrado trabalho, morreu de miséria. O outro disse ao seu: Perdestes um dia, disso me deveis uma compensação; fizestes mal o vosso trabalho, disso me deveis a reparação, eu vos permito recomeçar; tratai de fazer bem e eu vos conservarei, e podereis sempre aspirar à posição superior que vos prometi." Há necessidade de se perguntar qual dos dois fabricantes foi o mais humano? Deus, a própria clemência, seria mais inexorável que um homem? O pensamento de que nossa sorte está para sempre fixada, por alguns anos de prova, quando mesmo nem sempre dependeu de nós atingir a perfeição sobre a Terra, tem alguma coisa de pungente, ao passo que a idéia contrária é eminentemente consoladora; ela nos deixa a esperança. Assim, sem nos pronunciar pró ou contra a pluralidade das existências, sem admitir uma hipótese antes que outra, dizemos que, se tivermos a escolha, não há pessoa que prefira um julgamento sem apelação. Um filósofo disse que se Deus não existisse, seria preciso o inventar para a felicidade do gênero humano; se poderia dizer outro tanto quanto à pluralidade das existências. Mas, como dissemos, Deus não pede nossa permissão; não consulta o nosso gosto; isso é ou isso não é; vejamos de qual lado estão as probabilidades, e tomemos a coisa sob um outro ponto de vista, sempre abstração feita do ensino dos Espíritos, e unicamente como estudo filosófico.

Se não há reencarnação, não há senão uma existência corpórea, isso é evidente; se nossa existência atual é a única, a alma de cada homem é criada no seu nascimento, a menos que se admita a anterioridade da alma, caso que se perguntaria o que era a alma antes do nascimento, e se esse estado não constituía uma existência sob uma forma qualquer. Não há meio termo: ou a alma existia, ou não existia antes do corpo; se ela existia, qual era a sua situação? tinha ou não consciência dela mesma; se não tinha consciência, é quase como se não existisse; se tinha sua individualidade, era progressiva ou estacionária; num e noutro caso, que grau ela alcançou no corpo? Admitindo, segundo a crença vulgar, que a alma nasce com o corpo, ou, que vem a ser o mesmo, que anteriormente à sua encarnação ela não tem senão faculdades negativas colocamos as perguntas seguintes:

1. Por que a alma mostra aptidões tão diversas e independentes das adquiridas pela educação?

2. De onde vem a aptidão extra-normal de certas crianças em tenra idade, por tal ou tal ciência, ao passo que outras permanecem inferiores ou medíocres por toda a sua vida?

3. De onde vêm, em uns, as idéias inatas ou intuitivas que não existem em outros?

4. De onde vêm, em certas crianças, esses instintos precoces de vícios ou de virtudes, esses sentimentos inatos de dignidade ou de baixeza que contrastam com o meio no qual nasceram?

5. Por que certos homens, abstração feita da educação, são mais avançados uns do que outros?

6. Por que há selvagens e homens civilizados? Se tomardes uma criança hotentote amamentada, e a levardes aos nossos liceus mais renomados, jamais fareis dela um Laplace ou um Newton?

Perguntamos qual é a filosofia ou a teosofia que pode resolver esses problemas? Ou as almas, em seu nascimento, são iguais, ou elas são desiguais, isso não é duvidoso. Se são iguais, por que essas aptidões tão diferentes? Se diria que isso depende do organismo? mas, então, é a doutrina mais monstruosa e mais imoral. O homem não é mais que uma máquina, o joguete da matéria; não tem mais a responsabilidade de seus atos; pode tudo lançar sobre suas imperfeições físicas. Se elas são desiguais, foi porque Deus as criou assim; mas, então, por que essa superioridade inata concedida a alguns? Essa parcialidade está conforme a justiça de Deus e o igual amor que dá a todas as suas criaturas?

Admitamos, ao contrário, uma sucessão de existências anteriores progressivas, e tudo estará explicado. Os homens trazem, ao nascer, a intuição do que adquiriram; são mais ou menos avançados, segundo o número de existências que percorreram, segundo estejam mais ou menos distantes do ponto de partida: absolutamente como, em uma reunião de indivíduos de todas as idades cada um terá um desenvolvimento proporcional ao número de anos que viveu; as existências sucessivas serão, para a vida da alma, o que os anos são para a vida do corpo. Concentrai, um dia, mil indivíduos, desde um ano até oitenta; suponde que um véu seja lançado sobre todos os dias que precederam, e que, em vossa ignorância, credes assim todos nascidos no mesmo dia: vos perguntareis, naturalmente, como ocorre que uns sejam grandes e outros pequenos, uns velhos e os outros jovens, uns instruídos e os outros ainda ignorantes; mas se a nuvem que vos esconde o passado vem a se levantar, se aprendeis que todos viveram mais ou menos tempo, tudo vos será explicado. Deus, em sua justiça, não pôde criar almas mais ou menos perfeitas; mas, com a pluralidade das existências,a desigualdade que vedes nada mais tem de contrário à eqüidade mais rigorosa: é que nós não vemos senão o presente, e não o passado. Esse raciocínio repousa sobre um sistema, uma suposição gratuita? Não; partimos de um fato patente, incontestável: a desigualdade das aptidões e do desenvolvimento intelectual e moral, e encontramos esse fato inexplicável por todas as teorias em curso, ao passo que a sua explicação é simples, natural, lógica, por uma outra teoria. É racional preferir a que não explica à que explica?

Com respeito à sexta pergunta, sem dúvida, se dirá que o Hotentote é de uma raça inferior: então, perguntaremos se o Hotentote é um homem ou não. Se é um homem, por que Deus deserdou, a ele e à sua raça, dos privilégios concedidos à raça caucásica? Se não é um homem, por que procurar o fazer cristão? A Doutrina Espírita é mais ampla que tudo isso; por ela, não há várias espécies de homens, não há senão homens cujo espírito está mais ou menos atrasado, mais suscetível de progredir: isso não está mais conforme à justiça de Deus?

Acabamos de ver a alma em seu passado e em seu presente; se a considerarmos em seu futuro, encontraremos as mesmas dificuldades.

1. Se a nossa existência atual, só ela deve decidir nossa sorte futura, qual é, na vida futura, a posição respectiva do selvagem e do homem civilizado? Estão no mesmo nível, ou estão distantes na soma da felicidade eterna?

2. O homem que trabalhou toda a sua vida, para se melhorar, está no mesmo grau que aquele que ficou inferior, não por sua falta, mas porque não teve nem o tempo, nem a possibilidade de se melhorar?

3. O homem que fez mal, porque não pôde se esclarecer é passível de um estado de coisas que não dependeu dele?

4. Trabalha-se para esclarecer os homens, os moralizar, os civilizar; mas para um que se esclarece, há milhões que morrem cada dia antes que a luz tenha vindo até eles; qual é a sorte destes? São tratados como condenados? Em caso contrário, que fizeram para merecer estarem na mesma classe que os outros?

5. Qual é a sorte das crianças que morrem em tenra idade, antes de terem podido fazer nem bem nem mal? Se estão entre os eleitos, por que esse favor sem nada terem feito para o merecer? Por qual privilégio estão isentas das tribulações da vida?

Há uma doutrina que possa resolver essas questões? Admitamos as existências consecutivas, e tudo estará explicado de conformidade com a justiça de Deus. O que não se pôde fazer numa existência, se fará numa outra; assim é que ninguém escapa à lei do progresso, que cada um será recompensado segundo o seu mérito **real**, e que ninguém está excluído da felicidade suprema, à qual pode pretender, qualquer que sejam os obstáculos que haja encontrado em seu caminho.

Essas questões poderiam ser multiplicadas ao infinito, porque os problemas psicológicos e morais que não encontram sua solução senão na pluralidade das existências, são inumeráveis; nos limitamos aos mais gerais. Qualquer que seja, se dirá talvez, a doutrina da reencarnação não é admitida pela Igreja; isso seria, pois, o desmoronamento da religião. Nosso objetivo não é tratar essa questão nesse momento; nos basta haver demonstrado que ela é eminentemente moral e racional. Mais tarde, mostraremos que a religião, talvez, dela esteja menos distante que se pensa, e que com ela não sofreria mais do que sofreu com a descoberta do movimento da Terra e dos períodos geológicos que, à primeira vista, pareceram dar um desmentido aos textos sagrados. O ensino dos Espíritos é eminentemente cristão; se apóia sobre a imortalidade da alma, as penas e as recompensas futuras, o livre arbítrio do homem, a moral do Cristo; portanto, não é anti-religioso.

Raciocinamos, como dissemos, abstração feita de todo ensino espírita que, para certas pessoas, não é uma autoridade. Se nós, e tantos outros, adotamos a opinião da pluralidade das existências, não foi somente porque ela nos veio dos Espíritos, mas porque nos pareceu a mais lógica, e que só ela resolve as questões até agora insolúveis. Se nos viesse de um simples mortal a adotaríamos do mesmo modo, e não hesitaríamos antes em renunciar às nossas próprias idéias; do momento em que um erro é demonstrado, o amor-próprio tem mais a perder do que a ganhar se obstinando numa idéia falsa. Do mesmo modo, a teríamos repelido, embora vinda dos Espíritos, se ela nos parecesse contrária à razão, como as repelimos muitas outras, porque sabemos, por experiência, que não é preciso aceitar cegamente tudo o que vem de sua parte, não mais do que vem da parte dos homens. Resta-nos, pois, a examinar a questão da pluralidade das existências, do ponto de vista do ensino dos Espíritos, de qual maneira se deve a entender, e responder, enfim, às objeções mais sérias que se possa a ela opor; é o que faremos em um próximo artigo.

PROBLEMAS MORAIS

SOBRE O SUICÍDIO

Perguntas dirigidas a Saint Louis, por intermédio do Sr. C..., médium falante e vidente, na Sociedade Parisiense de Estudos Espíritas, sessão do dia 12 de outubro de 1858.

1. Por que o homem que tem a firme intenção de se destruir se revolta com a idéia de ser morto por um outro, e se defenderia contra os ataques no próprio momento em que vai cumprir seu desígnio? – R. Porque o homem tem sempre medo da morte; quando se a dá a si mesmo, está superexcitado e tem a cabeça desarranjada, e cumpre esse ato sem coragem nem medo, e sem, por assim dizer, ter o conhecimento do que faz, ao passo que, se tivesse a escolha, não veríeis tantos suicidas. O instinto do homem o leva a defender a sua vida, e, durante o tempo que se escoa entre o instante que seu semelhante se aproxima para o matar e aquele no qual o ato é cometido, ele tem sempre um movimento de repulsão instintiva da morte que o leva a repelir esse fantasma, que não é apavorante senão para o Espírito culpado. O homem que se suicida não experimenta esse sentimento, porque está cercado de Espíritos que o impelem, que o ajudam em seus desejos, e lhe fazem perder completamente a lembrança do que não é ele, quer dizer, de seus parentes e daqueles que o amam, e de uma outra existência. O homem nesse momento é todo egoísmo.

2. Aquele que, desgostoso da vida, mas não quer se suicidar e quer que sua morte sirva para alguma coisa, é culpável por procurá-la num campo de batalha, defendendo o seu país? – R. Sempre. O homem deve seguir o impulso que lhe é dado; qualquer que seja a carreira que abrace, qualquer que seja a vida que conduza, está sempre assistido por Espíritos que o conduzem e o dirigem com o seu desconhecimento; ora, procurar ir contra os seus conselhos é um crime, uma vez que aí estão colocados para nos dirigir, e que esses bons Espíritos, quando queremos agir por nós mesmos, aí estão para nos ajudar. Entretanto, se o homem conduzido por seu próprio Espírito, quer deixar esta vida, se o abandona, e reconhece sua falta mais tarde, quando se acha obrigado a recomeçar uma outra existência. O homem deve ser provado para se elevar; deter seus atos, pôr um entrave ao seu livre arbítrio, seria ir contra Deus, e as provas, nesse caso, se tornariam inúteis, uma vez que os Espíritos não cometeriam faltas. O Espírito foi criado simples e ignorante; é preciso, pois, para chegar às esferas felizes, que progrida, se eleve em ciência e em sabedoria, e não é senão na adversidade que o Espírito colhe sua elevação do coração e compreende melhor a grandeza de Deus.

3. Um dos assistentes observou que crê ver uma contradição entre essas últimas palavras de Saint Louis e as precedentes, quando disse que o homem pode ser levado ao suicídio por certos Espíritos que a isso o excitam. Nesse caso, cederia a um im-

pulso que lhe seria estranho. – R. Não há contradição. Quando eu disse que o homem impelido ao suicídio, estava cercado de Espíritos que o solicitavam a isso, não falei dos bons Espíritos que fazem todos os esforços para disso o desviar; deveria estar subentendido; todos sabemos que temos um Anjo guardião, ou, se preferis, um guia familiar. Ora, o homem tem seu livre arbítrio; se, apesar dos bons conselhos que lhe são dados, persevera nessa idéia que é um crime, ele a cumpre e é ajudado nisso pelos Espíritos levianos e impuros que o cercam, que ficam felizes em verem que ao homem, ou Espírito encarnado, também lhe falta coragem para seguir os conselhos de seu bom guia, e, freqüentemente, do Espírito de seus parentes mortos que o cercam, sobretudo em circunstâncias semelhantes.

CONVERSAS FAMILIARES DE ALÉM-TÚMULO

MÉHÉMET-ALI

(SEGUNDA CONVERSA.)

1. Em nome de Deus Todo-poderoso, peço ao Espírito de Méhémet-Ali consentir em se comunicar conosco. – R. Sim; eu sei por quê.

2. Prometestes voltar entre nós para nos instruir; sereis bastante bom para nos escutar e nos responder? – R. Não prometi; não estou comprometido.

3. Seja; em lugar de *prometi,* coloquemos que nos fizestes esperar.

– R. Quer dizer, para contentar vossa curiosidade; não importa! a isso me prestarei um pouco.

4. Uma vez que vivestes ao tempo dos Faraós, poderíeis nos dizer com que objetivo foram construídas as Pirâmides? – R. São sepulcros; sepulcros e templos: ali ocorriam as grandes manifestacões.

5. Tinham elas também um fim científico? – R. Não; o interesse religioso absorvia tudo.

6. Era preciso que os Egípcios, desde aquele tempo, fossem bem avançados nas artes mecânicas para cumprirem trabalhos que exigiam forças tão consideráveis. Poderíeis nos dar uma idéia

dos meios que empregavam? – R. Massas de homens gemeram sob o peso dessas pedras que atravessaram séculos: o homem era a máquina.

7.Que classe de homens se ocupavam com esses grandes trabalhos? – R. A que chamais o povo.

8. O povo estava no estado de escravidão, ou recebia um salário? – R. A força.

9. De onde vinha, aos Egípcios, o gosto de coisas colossais antes que das coisas graciosas que distinguiam os Gregos, embora tendo a mesma origem? – R. O Egípcio estava ferido com a grandeza de Deus; procurava o igualar ultrapassando suas forças.Sempre o homem!

10. Uma vez que fostes sacerdote nessa época, gostaríeis de nos dizer alguma coisa da religião dos antigos Egípcios. Qual era a crença do povo com respeito à Divindade? – R. Corrompidos, acreditavam em seus sacerdotes; eram deuses para eles, estes que os mantinham curvados.

11. Que pensavam do estado da alma depois da morte? – R. Criam naquilo que lhes diziam os sacerdotes.

12. Os sacerdotes, sob o duplo ponto de vista de Deus e da alma, tinham idéias mais sadias que o povo? – R. Sim, tinham a luz nas mãos; a ocultando aos outros, ainda a viam.

13. Os grandes do Estado partilhavam as crenças do povo ou a dos sacerdotes? – R. Entre os dois.

14. Qual era a origem do culto prestado aos animais? – R. Queriam desviar o homem de Deus, o rebaixando sob ele mesmo, lhe dando por deuses seres inferiores.

15. Concebe-se, até um certo ponto, o culto aos animais úteis, mas não se compreende o de animais imundos e nocivos, tais como as serpentes, os crocodilos, etc. – R. O homem adora o que teme. Era um jugo para o povo. Os sacerdotes podiam crer em deuses feitos por suas mãos!

16. Por qual bizarria adoravam, ao mesmo tempo, o crocodilo assim como os répteis, e o mangusto e o íbis que os destruíssem? – R. Aberração do Espírito; o homem procura, por toda parte, deuses para se ocultar aquilo que é.

17. Por que Osíris era representado com uma cabeça de gavião, e Anúbis como uma cabeça de cão? – R. O Egípcio gostava de personificar sobre claros emblemas: Anúbis era bom; o gavião, que dilacera, representava o cruel Osíris.

18. Como conciliar o respeito dos Egípcios pelos mortos, com o desprezo e o horror que tinham por aqueles que os enterrassem e os mumificassem? – R. O cadáver era um instrumento de manifestação: o Espírito, segundo eles, voltava no corpo que havia animado. O cadáver, um dos instrumentos do culto, era sagrado, e o desprezo perseguia àquele que ousasse violar a santidade da morte.

19. A conservação de corpos dava lugar a manifestações mais numerosas? – R. Mais longas; quer dizer que o Espírito voltava por mais longo tempo, tanto quanto o instrumento fosse mais dócil.

20. A conservação de corpos não tinha também uma causa de salubridade, em razão dos transbordamentos do Nilo? – R. Sim, para aqueles do povo.

21. A iniciação nos mistérios se fazia, no Egito, com práticas tão rigorosas quanto da Grécia? – R. Mais rigorosas.

22. Com qual objetivo impunha aos iniciados condições tão difíceis de serem cumpridas? – R. Para não ter senão almas superiores: aquelas sabiam compreender e se calar.

23. O ensino dado nos mistérios tinha por objetivo unicamente a revelação de coisas extra-humanas, ou também ali se ensinavam os preceitos da moral e do amor ao próximo? – R. Tudo isso era bem corrompido. O objetivo dos sacerdotes era dominar: não era de instruir.

O DOUTOR MUHR

Morto no Cairo, em 4 de junho de 1857. – Evocado a pedido do Sr. Jobard. Era, disse ele, um Espírito muito elevado em sua vida; médico homeopata; um verdadeiro apóstolo espírita; deve estar pelo menos em Júpiter.

1. Evocação. – R. Estou aqui.

2. Teríeis a bondade de nos dizer onde estais? – R. Eu estou errante.

3. Foi no dia 4 de junho deste ano que morrestes? – R. Foi no ano passado.

4. Lembrai-vos do vosso amigo, o Sr. Jobard? – R. Sim, estou freqüentemente perto dele.

5. Quando eu lhe transmitir essa resposta, isso o fará feliz, porque ele tem sempre uma grande afeição por vós? – R. Eu o sei; esse Espírito me é dos mais simpáticos.

6. Que entendíeis, em vossa vida, pelos gnomos? – R. Entendia por seres que podiam se materializar e tomar formas fantásticas.

7. Credes nisso sempre? – R. Mais do que nunca; disso tenho agora a certeza; mas gnomo é uma palavra que pode parecer ter muito da magia; gosto mais de dizer agora *Espírito* em vez de gnomo.

Nota. – Durante a sua vida, ele acreditava nos Espíritos e em suas manifestações; somente que os designava sob o nome de *gnomos,* ao passo que agora ele se serve da expressão mais genérica de *Espírito*.

8. Credes ainda que esses Espíritos, que chamáveis *gnomos* durante vossa vida, possam tomar formas materiais fantásticas? – R. Sim, mas sei que isso não se faz freqüentemente, porque há pessoas que poderiam se tornar loucas se vissem as aparências que esses Espíritos podem tomar.

9. Quais aparências podem tomar? – R. Animais: diabos.

10. É uma aparência material tangível, ou uma pura aparência como nos sonhos ou nas visões? – R. Um pouco mais material do que nos sonhos; as aparições que poderiam muito amedrontar não podem ser tangíveis; Deus não o permite.

11. A aparição do Espírito de Bergzabern, sob forma de homem ou de animal, era dessa natureza?– R. Sim, e desse gênero.

Nota. – Não sabemos se, em sua vida, ele acreditava que os Espíritos podiam tomar uma forma tangível; mas é evidente que agora ele entende falar da forma vaporosa e impalpável das aparições.

12. Credes que quando reencarnardes ireis a Júpiter? – R. Irei para um mundo que não se iguala ainda com Júpiter.

13. Será por vossa própria escolha que ireis para um mundo inferior a Júpiter, ou por que não mereceis ainda ir para esse planeta? – R. Prefiro acreditar não o merecer, e cumprir uma missão em um mundo menos avançado. Sei que chegarei à perfeição, é o que faz com que eu goste mais de ser modesto.

Nota. – Essa resposta é uma prova da superioridade desse Espírito; ela concorda com que nos disse o padre Ambroise: que há mais mérito em pedir uma missão num mundo inferior, que querer avançar muito depressa num mundo superior.

14. O senhor Jobard nos pede vos perguntar se estais satisfeitos com o artigo necrológico que escreveu sobre vós? – R. Jobard me deu uma nova prova de simpatia, escrevendo isso; eu lhe agradeço muito, e desejo que o quadro, um pouco exage-

rado, de virtudes e de talentos que ele fez, possa servir de exemplo àqueles que, dentre vós, seguem o rastro do progresso.

15. Uma vez que, em vossa vida, eras homeopata, que pensais agora da homeopatia? – R. Homeopatia é o começo das descobertas de fluidos latentes. Muitas outras descobertas tão preciosas se farão e formarão um todo harmonioso, que conduzirá vosso globo à perfeição.

16. Que mérito dais ao vosso livro intitulado: *O Médium do povo?* – R. É a pedra do obreiro que dei à obra.

Nota. – A resposta desse Espírito sobre a homeopatia vem em apoio da idéia dos *fluídos latentes* que já nos foi dada pelo Espírito do Sr. Badel, com respeito à sua imagem fotografada. Disso resulta que há fluidos cujas propriedades nos são desconhecidas ou passam desapercebidas, porque sua ação não é ostensiva, mas nem por isso menos real; a Humanidade se enriquece de conhecimentos novos, à medida que as circunstâncias lhe fazem conhecer suas *propriedades*.

SENHORA DE STAËL

Na sessão da Sociedade Parisiense de Estudos Espíritas de 28 de setembro de 1.858, o Espírito da Sra. de Staël. se comunica espontaneamente e sem ser chamado, sob a mão da senhorita E..., médium escrevente; dita a passagem seguinte:

Viver é sofrer; sim, mas a esperança não segue o sofrimento? Deus não colocou no coração dos mais infelizes a maior dose de esperança? Criança, o desgosto e a decepção seguem o nascimento; mas diante dele marcha a esperança que lhe diz: Avance, o objetivo é a felicidade: Deus é clemente.

Por que, dizem os espíritos fortes, por que nos vir ensinar uma nova religião, quando o Cristo pôs as bases de uma caridade tão grandiosa, de uma felicidade tão certa? Não temos a intenção de mudar o que o grande reformador ensinou. Não: somente viemos reafirmar nossa confiança, aumentar nossas esperanças. Quanto mais o mundo se civilize, mais deverá ter confiança, e mais também teremos necessidade de o sustentar. Não queremos mudar a face do Universo, viemos ajudar a o tornar melhor; e se, neste século, não se vier em ajuda ao homem, será muito infeliz pela falta de confiança e de esperança. Sim, homem sábio que lês nos outros, que procuras conhecer o que pouco te importa, e atiras longe de ti o que te concerne, abre os olhos, não desesperes; não digas mais: O nada pode ser possível, quando, em teu coração, deveria sentir o contrário. Vem assentar-te a esta mesa e espera: tu te instruirás de teu futuro, serás feliz. Aqui, há pão para todo o mundo: espíritos vos desenvolvereis; corpos vos nutrireis; sofrimentos, vos acalmareis; esperanças, florireis e embelezareis a vida para a fazer suportar.

Staël.

Nota. O Espírito faz alusão à mesa onde estavam os médiuns.

Perguntai-me. Responderei às vossas perguntas.

1. Não estando prevenidos de vossa visita, não temos assunto preparado.– R. Sei muito bem que perguntas particulares não podem ser resolvidas por mim; mas de coisas gerais se pode perguntar, mesmo a uma mulher que teve um pouco de espírito e tem agora muito de coração!

Nesse momento, uma senhora que assistia à sessão, pareceu desfalecer; mas não era senão uma espécie de êxtase que longe de ser penoso lhe era antes agradável. Oferece-se para a magnetizar: então o Espírito da senhora Staël disse espontaneamente: Não. deixai-a tranqüila, é preciso deixar a influência agir. – Depois, dirigindo-se à senhora: Tende confiança um coração vela junto de vós; quer vos falar; um dia virá.. Não precipitemos as emoções.

O Espírito que se comunicava com essa senhora, e que era o de sua irmã, escreveu, então, espontaneamente: Eu retornarei.

A Sra. de Staël, se dirigindo de novo, ela mesma, a essa senhora, escreveu: Uma palavra de consolação a um coração sofredor. Por que essas lágrimas de mulher para a irmã? esses retornos ao passado, quando todos os vossos pensamentos não deveriam ir senão para o futuro? Vosso coração sofre vossa alma tem necessidade de se dilatar. Pois bem! que essas lágrimas sejam um alívio e não produzidas pelos remorsos! Aquela que vos ama, e que chorais, está feliz com a sua felicidade! e esperai a reencontrar um dia: não a vedes; mas para ela não há separação porque, constantemente, pode estar junto de vós.

2. Gostaríeis de nos dizer o que pensais atualmente de vossos escritos? – R. Uma única palavra vos esclarecerá. Se eu voltasse e pudesse recomeçar, mudaria as duas terças partes e não guardaria senão a outra terça parte.

3. Poderíeis assinalar as coisas que desaprovais? – R. Não é muita exigência, porque o que não está justo, outros escritores o mudarão: fui muito homem para uma mulher.

4. Qual era a causa primeira do caráter viril que mostrastes durante a vida? – R. Isso depende da fase da existência em que se está.

Na sessão seguinte, em 12 de outubro, se lhe dirigem as perguntas seguintes, por intermédio do Sr. D.... médium escrevente.

5. Outro dia, viestes espontaneamente entre nós por intermédia da senhorita E... Teríeis a bondade de nos dizer qual motivo pôde vos levar a nos favorecer com vossa presença, sem que vos tivéssemos chamado?

– R. A simpatia que tenho por todos; ao mesmo tempo, o cumprimento de um dever que me impus em minha existência atual, ou antes, em minha existência passageira, uma vez que estou chamada a reviver: de resto, é o destino de todos os Espíritos.

6. Como vos é mais agradável: vir espontaneamente ou ser evocada?

– R. Gosto mais de ser evocada, porque é uma prova que se pensa em mim; mas sabeis, também, que é agradável para o Espírito livre poder conversar com o Espírito do homem; por isso, não deveis vos admirar ao me verdes chegar, de repente, entre vós.

7. Há vantagem em evocar os Espíritos antes que esperar a seu belprazer?

– R. Evocando, se tem um objetivo; os deixando vir, se corre grande risco de ter comunicações imperfeitas, sob muitos pontos de vista, porque os maus vêm tão bem quanto os bons.

8. Já vos comunicastes em outros círculos?

– R. Sim; mas, freqüentemente, me têm feito aparecer mais que eu não teria querido; quer dizer: freqüentemente, tomaram meu nome.

9. Teríeis a bondade de vir, algumas vezes, entre nós, para nos ditar alguns dos vossos belos pensamentos, que estaremos felizes em reproduzir para a instrução geral? – R. Bem voluntariamente: vou com prazer entre aqueles que trabalham seriamente para se instruírem: minha chegada de outro dia, disso é uma prova.

MÉDIUM PINTOR

(Extraído do Spiritualiste de Nova Orleans.)

Não podendo todo mundo ser convencido pelo mesmo gênero de manifestações espirituais, foi preciso se desenvolverem médiuns de muitas espécies. Há, nos Estados Unidos, os que fazem retratos de pessoas mortas há muito tempo, e que jamais conheceram; e como a semelhança é logo constatada, as pessoas sensatas, que testemunham esses fatos, não deixam de se converterem. O mais notável desses médiuns é talvez o senhor Roger, que já citamos (vol. 1 p. 239), e que habitava, então, Columbus, onde exercia sua profissão de alfaiate; poderíamos acrescentar que não teve outra educação, além daquela do seu estado.

Aos homens instruídos que disseram ou repetiram, a propósito da teoria espiritualista: "o recurso aos Espíritos não é senão uma hipótese; um exame atento prova que ela não é nem a mais racional, nem a mais verossímil," a eles, sobretudo, oferecemos a tradução seguinte, que abreviamos, de um artigo escrito em 27 de julho último, pelo senhor Fayette R. Gridley, de Attica (Indiana), aos editores do *Spiritual Age,* que o publicou por inteiro em sua folha de 14 de agosto:

No mês de maio último, o Sr. E. Roger, de Cardington (Ohio), que, como sabeis, é médium pintor e faz retratos de pessoas que não estão mais neste mundo, veio passar alguns dias em minha casa. Durante essa curta estada, foi arrebatado por um artista invisível que se deu por Benjamin West, e ele pintou alguns belos retratos, de tamanho natural, assim como outros menos satisfatórios.

Eis algumas particularidades relativas a dois desses retratos. Foram pintados pelo dito E. Roger, em um quarto escuro, em minha casa, no curto intervalo de uma hora e trinta minutos, dos quais em torno de uma meia-hora se passou sem que o médium fosse influenciado, e eu a aproveitei para examinar seu trabalho, que não estava ainda acabado. Roger foi arrebatado de novo e terminou esses retratos. Então, e sem nenhuma indicação quanto aos sujeitos assim representados, um dos retratos foi em seguida reconhecido como sendo de meu avô, Elisha Gridley; minha mulher, minha irmã, a senhora Chaney, e depois meu pai e minha mãe, todos foram unânimes em acharem a semelhança boa; é um *fac-símile* do velho, com todas as particularidades de sua cabeleira, de seu colarinho de camisa, etc. Quanto ao outro retrato, nenhum de nós o reconhecendo, o pendurei em minha loja, à vista dos passantes, e permaneceu uma semana sem ser reconhecido por ninguém. Esperávamos que alguém nos dissesse que representava um antigo habitante de Attica. Perdia a esperança em saber quem se quis pintar, quando uma noite, tendo formado um círculo espiritualista em minha casa, um Espírito se manifestou e me fez a comunicação que aqui está:

"Meu nome é Horace Gridley. Há mais de cinco anos deixei meu despojo. Morei vários anos em Natchez (Mississipi), onde ocupei o lugar de xerife. Meu único filho mora lá. Sou primo do vosso pai. Podereis ter outras informações sobre mim, vos dirigindo ao vosso tio, senhor" Gridley, de Brownsville (Tennessee). O retrato que tendes em vossa loja é o meu, à época em que vivia na Terra, pouco tempo antes de passar para esta nova existência, mais elevada, mais feliz e melhor; ele se me assemelha, *tanto ao menos quanto pude retomar minha fisionomia de então,* porque isso é indispensável quando nos pintam, e o fazemos o melhor que podemos em lembrança e segundo as condições que o momento o permite. O retrato em questão não está acabado como o teria desejado; há algumas ligeiras imperfeições que o senhor West disse provirem das condições nas quais se achava o médium. Entretanto, enviai esse retrato a Natchez, para que seja examinado; creio que será reconhecido."

Os fatos mencionados nessa comunicação eram perfeitamente ignorados por mim, tanto quanto de todos os habitantes de nosso lugar. Entretanto, uma vez, há alguns anos, ouvi dizer que meu pai tinha um parente em algum local dessa parte do vale do Mississipi; mas nenhum de nós sabia o nome desse parente, nem o lugar onde vivera, nem mesmo se estava morto, e não foi senão vários dias depois que tomei com meu pai (que habitava Delphi, a quarenta milhas daqui), qual havia sido o lugar de residência de seu primo, do qual não ouvira falar quase nada há sessenta anos. Não havíamos pensado em pedir os retratos de família; eu tinha simplesmente colocado, diante do médium, uma nota escrita contendo os nomes de uma vintena de antigos habitantes de Attica, partidos deste mundo, e desejamos obter o retrato de algum dentre eles. Penso, pois, que todas as pessoas racionais admitirão que o retrato, nem a comunicação de Horace Gridley, não puderam resultar de uma transmissão de pensamento de nós para o médium; aliás, é certo que o Sr. Roger jamais conheceu nenhum dos dois homens, dos quais fez os retratos, e muito provavelmente, deles, jamais ouviu falar, porque é Inglês de nascimento; ele veio para a América, há dez anos, e nunca foi mais ao sul que Cincinnati, ao passo que Horace Gridley, pelo que sei, não veio jamais mais norte que Memphis (Tenn), nos últimos trinta ou trinta e cinco anos de sua vida terrestre. Ignoro se jamais visitou a Inglaterra; mas isso não poderia ter sido senão antes do nascimento de Roger, porque este não tem mais que vinte e oito a trinta anos. Quanto ao meu avô, morto há mais ou menos dezenove anos, jamais saiu dos Estados Unidos, e jamais fizera seu retrato, de qualquer maneira.

Desde que recebi a comunicação que transcrevi mais acima, escrevi ao senhor Gridley, de Brownsville, e sua resposta veio corroborar o que ensinara a comunicação do Espírito; além do mais, com ele encontrei o nome do único filho de Horace Gridley, que é a Sra. L. M. Patterson, ainda residente em Natchez, onde seu pai morou muito tempo, e que morreu, ao que pensa meu tio, há mais ou menos seis anos, em Houston (Texas).

Escrevi, então, à senhora Patterson, minha prima recém-descoberta, e lhe enviei uma cópia daguerreotipada do retrato, que nos disseram ser de seu pai. Em minha carta ao meu tio, de Brownsville, não havia dito nada do objetivo principal de minhas pesquisas, e dela nada disse mais à senhora Patterson; nem por que enviava esse retrato, nem como o havia adquirido, nem qual era a pessoa que ele representava; perguntei simplesmente à minha prima se ela nele reconhecia alguém. Ela me respondeu que não podia certamente dizer de quem era esse retrato, porém ela me assegurava que se *assemelhava a seu pai à época de sua morte*. Escrevi-lhe em seguida que o tomáramos também pelo retrato de seu pai, mas sem lhe dizer como o havia obtido. A réplica de minha prima trazia, em substância, que no ambrotipo que eu lhe enviara, todos haviam reconhecido seu pai, antes que eu lhe dissesse que era ele o representado. Minha prima testemunhou muita surpresa de que eu tivesse um retrato de seu pai, quando ela mesma jamais tivera, e que seu pai jamais dissera que fizera seu retrato, não importa por quem. Não acreditava que dele existisse algum. Mostrou-se bem satisfeita com a minha remessa, sobretudo por causa de seus filhos, que têm muita veneração pela memória de seu pai.

Então lhe enviei o retrato original, autorizando-a a o guardar, se lhe aprouvesse; mas ainda não lhe disse como o havia obtido. As principais passagens do que ela me escreveu, em retorno, são as seguintes:

"Recebi vossa carta, assim como o retrato de meu pai, que me permitis guardar, se for assaz semelhante. Certamente o é muito; e como jamais tive outro retrato dele o guardo, uma vez que com isso consentis; o aceito com muito reconhecimento, embora me pareça que meu pai foi melhor que isso, quando se achava com boa saúde"

Antes do recebimento das duas últimas cartas da senhora Patterson, o acaso quis que o senhor Hedges, hoje de Delphi, mas outrora de Natchel, e o senhor Ewing, vindo recentemente de Vicksburg (Mississipi), vissem o retrato em questão e o reconhecessem como sendo de Horace Gridley, com quem ambos tiveram relações.

Acho que esses fatos têm muita significação para passarem em silêncio, e acreditei dever lhe comunicar para serem publicados. Asseguro-vos que, escrevendo este artigo, tomei muito cuidado para que tudo nele esteja correto.

Nota. Já conhecemos os médiuns desenhistas; além dos notáveis desenhos, dos quais demos um espécime, mas que nos retratam coisas das quais não podemos verificar a exatidão, vimos executar, sob os olhos, por médiuns inteiramente estranhos a essa arte, esboços muito reconhecíveis de pessoas mortas, que jamais haviam conhecido; mas daí para um retrato pintado dentro das regras há uma distância. Essa faculdade se liga a um fenômeno muito curioso do qual somos testemunhas neste momento, e de que falaremos proximamente.

INDEPENDÊNCIA SONAMBÚLICA

Muitas pessoas, que hoje aceitam perfeitamente o magnetismo, contestaram durante muito tempo a lucidez sonambúlica; é que, com efeito, essa faculdade veio confundir todas as noções que tínhamos sobre a percepção das coisas do mundo exterior, e, todavia desde há muito tempo se tinha o exemplo dos sonâmbulos naturais; que gozam de faculdades análogas e que, por um contraste bizarro, jamais se procurou aprofundar. Hoje, a clarividência sonambúlica é um fato adquirido, e, se ainda é contestado por algumas pessoas, é porque as idéias novas demoram para se enraizar, sobretudo quando é preciso renunciar àquelas por longo tempo nutridas; é também porque muitas pessoas acreditaram, como ocorre ainda com as manifestações espíritas, que o sonambulismo podia ser experimentado como máquina, sem levar em conta as condições especiais do fenômeno;

foi por isso que, não tendo obtido à vontade, e a propósito resultados sempre satisfatórios, disso se concluiu pela negativa. Fenômenos tão delicados exigem uma observação longa, assídua e perseverante, a fim de lhes apreender as nuanças freqüentemente fugitivas. É igualmente em conseqüência de uma observação incompleta dos fatos que certas pessoas, mesmo admitindo a clarividência dos sonâmbulos, contestam sua independência; segundo elas, sua visão não se estende além do pensamento daquele que os interroga; alguns pretendem mesmo que não há visão, mas simplesmente intuição e transmissão de pensamento, e citam exemplos em apoio. Ninguém duvida que o sonâmbulo, vendo o pensamento, algumas vezes pode o traduzir e ser dele o eco; não contestamos mesmo que não possa, em certos casos, o influenciar: não ocorresse senão isso no fenômeno, já não seria um fato bem curioso e bem digno de observação? A questão, portanto, não é saber se o sonâmbulo é ou pode ser influenciado por um pensamento estranho, isso não é duvidoso, mas bem saber se é sempre influenciado: isso é um resultado da experiência. Se o sonâmbulo não diz jamais senão o que sabeis, é incontestável que é o vosso pensamento que ele traduz; mas se, em certos casos, ele diz o que não sabeis, se contradiz vossa opinião, vossa maneira de ver, é evidente que é independente e não segue senão seu próprio impulso. Um único fato desse gênero, bem caracterizado, bastaria para provar que a sujeição do sonâmbulo ao pensamento de outrem não é uma coisa absoluta; ora, eles existem aos milhares; entre os que são de nosso conhecimento pessoal, citaremos os dois seguintes:

O Sr. Marillon, morando em Bercy, rua de Charenton, n 43, desaparecera no dia 13 de janeiro último. Todas as pesquisas para descobrir seus vestígios foram infrutíferas, nenhuma das pessoas na casa das quais estava habituado a ir, não o haviam visto; nenhum negócio podia motivar uma ausência prolongada; por outro lado, seu caráter, sua posição pecuniária, seu estado mental descartavam toda idéia de suicídio. Estava-se reduzido a pensar que ele perecera vítima de um crime ou de um acidente; mas, nesta última hipótese, poderia ser facilmente reconhecido e conduzido ao seu domicílio, ou, pelo menos, levado ao Necrotério. Todas as possibilidades eram, pois, para o crime; foi nesse pensamento que se fixou, tanto melhor porque se pensou que saíra para fazer um pagamento; mas onde e como o crime havia sido cometido? era o que se ignorava. Sua filha, então, recorreu a uma sonâmbula, a Sra. Roger, que em muitas outras circunstâncias semelhantes dera provas de uma lucidez notável, que pudemos constatar por nós mesmos. A

Sra. Roger seguiu o senhor Morillon desde a sua saída, de sua casa, às 3 horas depois de meio-dia, até lá pelas 7 horas da tarde, no momento em que se dispunha a reentrar; ela o viu, então, descer pela margem do Sena por um motivo premente; ali, disse ela, teve um ataque de apoplexia, e o vejo cair sobre uma pedra, se fazer uma fenda na testa, depois deslizar na água; portanto, isso não foi nem suicídio, nem crime; vejo ainda seu dinheiro e uma chave no bolso de seu paletó. Ela indica o lugar do acidente, mas, acrescenta ela, não é ali que ele está agora, foi facilmente arrastado pela corrente e será encontrado em tal lugar. Foi, com efeito, o que ocorreu; ele tinha a ferida indicada na fronte; a chave e o dinheiro estavam, em seu bolso e a posição de suas vestes indicavam, suficientemente, que a sonâmbula não se enganara sobre o motivo que o conduzira às margens do rio. Perguntamos onde, com todos esses detalhes, se pode ver a transmissão de um pensamento qualquer. Eis um outro fato onde a independência sonambúlica não é menos evidente.

O Sr. e a Sra. Belhomme, agricultores em Rueil, rua Saint-Denis, n 19, tinham reservado uma soma ao redor de 8 a 900 francos. Para maior segurança, a Sra. Belhomme a colocou em um armário, do qual uma parte estava reservada para roupa branca velha, a outra para roupa branca nova, e foi nesta última que o dinheiro foi colocado; nesse momento alguém entrou e a Sra. Belhomme se apressou em fechar o armário. Algum tempo depois, tendo necessidade do dinheiro, ela se persuadiu de o ter colocado na roupa velha, porque essa fora sua intenção, na idéia de que o velho tentaria menos os ladrões; mas, em sua precipitação, com a chegada do visitante, ela o havia colocado no outro compartimento. Estava de tal modo convencida de o ter colocado na roupa branca velha, que a idéia de o procurar alhures não lhe ocorreu; encontrando o lugar vazio, e se lembrando da visita, ela acreditou ter sido notada e roubada, e nessa persuasão, suas suposições, naturalmente, se dirigiam sobre o visitante.

A Sra. Belhomme conhecia a senhorita Marillon, da qual falamos mais acima, e lhe contou sua desventura. Esta lhe tendo ensinado o meio pelo qual seu pai fora encontrado, a exortou se dirigir à mesma sonâmbula, antes de tomar alguma providência. O Sr. e a Sra. Belhomme seguiram para a casa da Sra. Roger, bem convencidos de terem sido roubados, e na esperança de que se indicaria o ladrão que, em sua opinião, não podia ser senão o visitante. Tal era, pois, seu pensamento exclusivo; ora, a sonâmbula, depois de uma descrição minuciosa do local, lhes disse: não fostes roubados; vosso dinheiro está intacto em vosso outro armário, somente credes o ter colocado no de roupa velha, ao passo que o colocastes no de nova; retornai para vossa casa e aí o encontrareis; com efeito, foi o que ocorreu.

Nosso objetivo, narrando esses dois fatos, e poderíamos deles citar muitos outros também concludentes, foi de provar que a clarividência sonambúlica não é sempre o reflexo de um pensamento estranho; que o sonâmbulo pode ter, assim, uma lucidez própria, inteiramente independente. Disso resulta conseqüências de alta gravidade do ponto de vista psicológico; aí encontramos a chave de mais de um problema, que examinaremos ulteriormente, tratando das relações que existem entre o sonambulismo e o Espiritismo, relações que lançam uma luz toda nova sobre a questão.

UMA NOITE ESQUECIDA OU A FEITICEIRA MANOUZA

Milésima segunda noite dos contos árabes

Ditada pelo Espírito de Frédéric Soulié

PREFÁCIO DO EDITOR

No correr do ano de 1856, as experiências de manifestações espíritas que se fizeram na casa do senhor B..., Rua Lamartine, aí atraíram uma sociedade numerosa e escolhida. Os Espíritos que se comunicavam nesse círculo, eram mais ou menos sérios; alguns aí disseram coisas admiráveis de sabedoria, de uma profundidade notável, o que pode se julgar, pelo *O Livro dos Espíritos* que aí foi começado e feito em sua maior parte. Outras eram menos graves; seu humor jovial se prestava voluntariamente à distração, mas a uma distração de boa companhia que jamais saiu das conveniências. Desse número era Frédéric Soulié, que veio por si mesmo e sem ser convidado, mas cujas visitas inesperadas eram sempre, para a sociedade, um passatempo agradável. Sua conversa era espiritual, fina, mordaz, cheia de oportunidade, e jamais desmentiu o autor de *Memórias do Diabo;* de resto jamais se lisonjeou, e quando se lhe dirigiam algumas perguntas um pouco árduas de filosofia, ele confessava francamente sua insuficiência para as resolver, dizendo que era ainda muito ligado à matéria, e que ele preferia o alegre ao sério.

O médium que lhe servia de intérprete era a Srta. Caroline B..., uma das filhas do senhor da casa, médium do gênero exclusivamente passivo, não tendo jamais a menor consciência daquilo que escrevia, e podendo rir e conversar à direita ou à esquerda, o que fazia de bom grado, enquanto a sua mão caminhava O meio mecânico empregado foi, durante muito tempo, a *cesta pião,* descrita em nossa instrução prática. Mais tarde, o médium se serviu da psicografia direta.

Se perguntará, sem dúvida, que provas tínhamos que o Espírito que se comunicava era o de Frédéric Soulié, antes que qualquer outro. Não é aqui o caso de tratar a questão da identidade dos Espíritos; diremos somente que o de Soulié se revelou por mil circunstâncias de detalhes que não podem escapar a uma observação atenta; só uma palavra, um chiste, um fato pessoal narrado, vieram nos confirmar que era bem ele; várias vezes deu sua assinatura que foi confrontada com originais. Um dia pediram que desse seu retrato, e o médium, que não sabe desenhar, que nem jamais o viu, traçou um esboço de uma semelhança marcante.

Ninguém, da reunião, tivera relações com ele em sua vida; por que, pois, viera sem ser chamado? Foi porque se ligou a um dos assistentes, sem jamais consentir em dizer o motivo; ele vinha, quando essa pessoa estava presente; entrava com ela e saía com ela; de sorte que, quando ali não estava, ele não mais vinha, e, coisa estranha, era que quando ele lá estava, era muito difícil, senão impossível, haver comunicações com outros Espíritos; o próprio Espírito familiar da casa lhe cedia o lugar, dizendo que, por polidez, devia fazer as honras *da casa.*

Um dia, anunciou que nos daria um romance de sua autoria, e, com efeito, algum tempo depois, começou um relato cujo início muito prometia; o assunto era druídico e a cena se passava na Armorique ao tempo da dominação romana; infelizmente, parece que se assustou com a tarefa que empreendeu, porque, é preciso o dizer bem, um trabalho assíduo não era seu forte, e ele confessava que se comprazia, com o maior bom grado, na preguiça. Depois de algumas páginas ditadas, aí deixou seu romance, mas anunciou que nos escreveria um outro, que lhe desse menos trabalho: foi então que escreveu o conto do qual começamos a publicação. Mais de trinta pessoas assistiram a essa produção e podem lhe atestar a origem. Não a damos como obra de uma alta importância filosófica, mas como uma curiosa amostra de um trabalho de longo fôlego obtido dos Espíritos. Se notará como tudo nele tem seqüência, como tudo se encandeia com uma arte admirável. O que há de mais extraordinário, é que esse relato se reprisou cinco ou seis vezes diferentes, e, freqüentemente, depois de interrupções e de duas a três semanas; ora, a cada reprise, o relato se seguia como se fora escrito de um golpe, sem riscos, sem retorno e sem que houvesse necessidade de lembrar o que havia precedido. O damos tal como saiu do lápis do médium, sem mudar nada, nem no estilo, nem nas idéias, nem no encadeamento dos fatos. Algumas repetições de palavras, e alguns pequenos pecados de ortografia tendo sido assinalados, Soulié nos encarregou pessoalmente de os retificar, dizendo que nos assistiria nisso; quando tudo terminou, ele quis rever o conjunto, ao qual não fez senão algumas retificações sem importância, e deu autorização de o publicar como se o entendesse, fazendo, disse ele, de bom grado, a renuncia de seus direitos de autor. Todavia, consideramos não dever inseri-lo em nossa *Revista* sem o consentimento formal de seu amigo póstumo, a quem pertencia o direito, uma vez que em sua presença e por sua solicitação éramos devedores dessa produção de além-túmulo. O título foi dado pelo próprio Espírito de Frédéric Soulié.

A.K.

UMA NOITE ESQUECIDA

I

Havia, em Bagdá, uma mulher do tempo de Aladim; é a sua história que vou contar:

Num dos subúrbios de Bagdá morava, não longe do palácio da sultana Shéhérazad, uma velha mulher chamada Manouza. Essa velha era motivo de terror para toda a cidade, porque era feiticeira das mais apavorantes. Em sua casa, à noite, se passavam coisas tão assustadoras que, logo que o sol se deitava, ninguém se arriscava passar diante de sua morada, a menos que fosse uma amante, à procura de um filtro para uma senhora rebelde, ou uma mulher abandonada em busca de um bálsamo para colocar sobre a ferida que seu amante lhe fizera, a abandonando.

Um dia, pois, em que o sultão estava mais triste que de hábito, e que a cidade estava numa grande desolação, porque ele queria que perecesse a sultana favorita, e que a seu exemplo todos os maridos eram infiéis, um jovem deixou uma magnífica habitação situada ao lado do palácio da sultana. Esse jovem trajava uma túnica e um turbante de cor sombria; mas sob essas simples vestes havia um grande ar de distinção. Procurava se esconder ao longo das casas, como gatuno, ou amante temeroso de ser surpreendido. Dirigia seus passos para o lado de Manouza, a feiticeira. Uma viva ansiedade pintava sobre os seus traços, que mostravam a preocupação que o agitava. Atravessou as ruas, as praças com rapidez, e, todavia, com grande precaução.

Chegado perto da porta, hesitou alguns minutos, depois decidiu bater. Durante um quarto de hora, teve angústias mortais, porque ouvia ruídos que nenhum ouvido humano havia escutado; uma matilha de cães uivando com ferocidade, gritos lamentáveis, cantos de homens e de mulheres, como ao fim de uma orgia, e, para clarear todo esse tumulto, luzes correndo de alto a baixo da casa, fogos fátuos de todas as cores; depois, como por encantamento, tudo cessou: as luzes se extinguiram e a porta se abriu.

II

O visitante ficou um instante interdito, não sabendo se devia entrar no corredor sombrio, que se oferecia à visão. Enfim, se armando de coragem, penetrou audaciosamente. Depois de caminhar, às apalpadelas, o espaço de uns trinta passos, se encontrou em face de uma porta dando para uma sala, clareada somente por uma lâmpada de cobre de três bicos, suspensa no meio do teto.

A casa que, depois do ruído que ouvira da rua, parecia dever ser muito habitada, tinha agora o ar deserto; essa sala que era imensa, e devia, pela sua construção, ser a base do edifício, estava vazia, se excetuando os animais empalhados, de todas as espécies, com os quais estava guarnecida.

No meio dessa sala, havia uma pequena mesa coberta de livros de mágicos, e, diante dessa mesa, numa grande poltrona, estava sentada uma pequena velha, alta apenas dois côvados, e de tal modo embrulhada de xales e de turbantes, que era impossível ver seus traços. À aproximação do estranho, ela levantou a cabeça e mostrou, aos seus olhos, o mais terrível rosto que ele podia imaginar.

Eis-te aqui, senhor Noureddin, disse ela, fixando seus olhos de hiena sobre o jovem que entrara; se aproxime! Faz vários dias que meu crocodilo, de olhos de rubis, me anuncia tua visita. Dize se é um filtro o de que precisas; dize se é uma fortuna. 'Mas, que digo eu, uma fortuna! Não a tens que faz inveja ao próprio sultão? Não és o mais rico como és o mais belo? E provavelmente um filtro que vens procurar. Qual é, pois, a mulher que ousa te ser cruel? Enfim, não devo nada dizer; eu não sei nada, estou pronta para escutar tuas dificuldades e para lhes dar os remédios necessários, se, todavia, minha ciência tiver o poder de ser útil a ti. Mas que fazes, pois, a me olhar assim sem avançares? Terias medo? Talvez eu te apavore? Tal como me vês, antigamente era bela: mais bela que todas as mulheres hoje existentes em Bagdá; foram os desgostos que me tornaram tão feia. Mas que te causam meus sofrimentos? Aproxima-te; eu te escuto; somente não posso te dar senão dez minutos, assim, despacha-te.

Noureddin não estava muito tranqüilo; entretanto, não queria mostrar aos olhos de uma velha mulher a perturbação que o agitava, avançou e lhe disse: Mulher vim por uma coisa grave; de tua resposta depende a sorte de minha vida; vais decidir de minha felicidade ou de minha morte. Eis do que se trata.

O sultão quer matar Nazara; eu a amo; vou te contar de onde vem esse amor, e venho te pedir trazer um remédio, não à minha dor, mas a sua infeliz posição, porque eu não quero que ela morra. Sabes que meu palácio é vizinho daquele do sultão; nossos jardins se tocam. Há mais ou menos seis luas que, uma tarde, passeando nesses jardins, ouvi uma encantadora música acompanhada da mais deliciosa voz de mulher que jamais ouvi. Querendo saber de onde isso provinha, aproximei-me dos jardins vizinhos, e reconheci que era de um quarto de verdura habitado pela sultana favorita. Fiquei vários dias absorvido por esses sons melodiosos; noite e dia, revia a bela desconhecida cuja voz me seduzia; porque é preciso te dizer que, em meu pensamento, ela não podia ser senão bela. Passeava, cada tarde, nas mesmas alamedas onde ouvira essa encantadora harmonia; durante cinco dias, isso foi em vão; enfim, no sexto dia a música se fez ouvir de novo; então, não podendo mais me conter, me aproximei do muro e vi que era preciso pouco esforço para o escalar.

Depois de alguns momentos de hesitação, tomei uma grande decisão: passei do meu para o jardim vizinho; ali, vi, não uma mulher, mas uma huri, a huri favorita de Maomé, uma maravilha enfim! À minha visão, ela se assustou um pouco, mas, me lançando aos seus pés, lhe pedi que não tivesse nenhum temor em me ouvir; lhe disse que seu canto me atraíra e lhe assegurei que não encontraria, em minhas ações, senão o mais profundo respeito; ela teve a bondade de me ouvir.

A primeira noite se passou falando de música. Também cantei, e me ofereci para a acompanhar; ela nisso consentiu, e marcamos encontro para o dia seguinte, à mesma hora. Nessa hora, ela estava mais tranqüila; o sultão estava com seu conselho e a vigilância menor. As duas ou três primeiras noites se passaram inteiramente com a música; mas a música é a voz dos amantes, e desde o quarto dia não estávamos mais estranhos um ao outro: nós nos amamos. Que bela estava! Como sua alma era bela também! Fizemos, muitas vezes, o projeto de fugirmos. Ai! Por que não o executamos? Seria menos infeliz, e ela não estaria prestes a sucumbir. Essa bela flor não estaria no momento de ser colhida pela foice que vai arrebatá-la à luz.

(continua no próximo número)

VARIEDADES

O general Marceau

A *Gazette de Cologne* publicou a história seguinte, que lhe foi comunicada por seu correspondente em Coblentz, e que é atualmente o assunto de todas as conversações. O fato foi narrado pela *Patrie* de 10 de outubro de 1858.

Sabe-se que, abaixo do forte do Imperador François, perto da estrada de Cologne, se encontra um monumento do general francês Marceau, que tombou em Altenkirchen e foi sepultado em Coblentz, no monte Saint-Pierre, onde se acha agora a parte principal do forte. O monumento do general, que é uma pirâmide mutilada, foi mais tarde tirado quando começaram as fortificações de Coblentz. Todavia, por ordem expressa do brilhante rei Frédéric III, foi reconstruído no lugar onde se acha atualmente.

"O Sr. de Stramberg, que em seu *Reinischen antiquarius,* dá uma biografia muito detalhada de Marceau, conta que pessoas pretendem ter visto o general, à noite, por várias vezes, montado sobre um cavalo branco e levando o casaco branco dos caçadores franceses. Há algum tempo, se dizia em Coblentz que Marceau deixava seu túmulo, e que numerosas pessoas asseguravam o ter visto. Há alguns dias, um soldado, de guarda sobre o Petersberg (o monte Saint-Pierre), viu chegar a ele um cavaleiro branco, montado sobre um cavalo branco. Ele grita: Quem vem lá? Não tendo recebido resposta, a três interpelações, ele atira, e desmaia. Uma patrulha se precipita ao tiro e encontra o sentinela sem sentidos. Levado ao hospital, onde caiu perigosamente enfermo, pôde, entretanto, relatar o que viu. Uma outra versão disse que ele morreu em conseqüência da aventura. Eis a historieta tal qual pode ser retificada por toda a cidade de Coblentz."

ALLAN KARDEC.

REVISTA ESPÍRITA,

JORNAL

DE ESTUDOS PSICOLÓGICOS

Dezembro

Das aparições

O fenômeno das aparições se apresenta hoje sob um aspecto de alguma sorte novo, e que lança uma luz viva sobre os mistérios da vida além-túmulo. Antes de abordarmos os fatos estranhos que vamos relatar, cremos dever retornar sobre a explicação que deles foi dada, e a completar.

Não se pode perder de vista que, durante a vida, o Espírito está unido ao corpo por uma substância semi-material que designamos sob o nome de perispírito. O Espírito tem, pois, dois envoltórios: um grosseiro, pesado e *destrutível*: é o corpo; o outro etéreo, vaporoso e *indestrutível*: é o perispírito. A morte não é senão a destruição do envoltório grosseiro, é a veste de cima usada que se deixa; o envoltório semi-material persiste, e constitui, por assim dizer, um novo corpo para o Espírito. Essa matéria etérea não é a alma, anotemos bem, não é senão o primeiro envoltório da alma. A natureza íntima dessa substância, ainda, não nos é perfeitamente conhecida, mas a observação nos colocou no caminho de algumas dessas propriedades. Sabemos que ela desempenha um papel capital em todos os fenômenos espíritas; depois da morte é o agente intermediário entre o Espírito e a matéria, como o corpo durante a vida. Por aí se explicam uma multidão de problemas até agora insolúveis. Se verá, num artigo subseqüente, o papel que ela desempenha nas sensações do Espírito. Também a descoberta, se assim se pode exprimir, do perispírito, fez dar um passo imenso à ciência espírita; a fez entrar num caminho todo novo. Mas esse perispírito, direis, não é uma criação fantástica da imaginação? não é uma dessas suposições como, freqüentemente, se faz na ciência para explicar certos efeitos? Não,

não é uma obra de imaginação, porque foram os próprios Espíritos que o revelaram; não é uma idéia fantástica, porque pode ser constatada pelos sentidos, porque se pode *o ver e o tocar*. A coisa existe, só a palavra é nossa. São necessárias palavras novas para exprimirem coisas novas. Os próprios Espíritos a adotaram nas comunicações que temos com eles.

Por sua natureza e em seu estado normal, o perispírito é indivisível para nós, mas pode sofrer modificações que o tornem perceptível à visão, seja por uma espécie de condensação, seja por uma mudança na disposição molecular: é então que nos aparece sob uma forma vaporosa. A condensação (não é preciso tomar essa palavra pela letra, a empregamos na falta de uma outra), a condensação, dizíamos, pode ser tal que o perispírito adquire as propriedades de um corpo sólido e tangível; mas ele pode, instantaneamente, retomar seu estado etéreo e invisível. Podemos entender esse efeito pelo do vapor, que pode passar da invisibilidade ao estado brumoso, depois líquido, depois sólido, e **vice-versa**. Esses diferentes estados do perispírito são o produto da vontade do Espírito, e não de uma causa física exterior. Quando nos aparece, é que dá ao seu perispírito a propriedade necessária para o tornar visível, e essa propriedade ele pode a estender, a restringir, a fazer cessar à sua vontade.

Uma outra propriedade da substância do perispírito é a da penetrabilidade. Nenhuma matéria lhe faz obstáculo: atravessa todas, como a luz atravessa os corpos transparentes.

O perispírito, separado do corpo, toma uma forma determinada e limitada, e essa forma normal é a do corpo humano, mas não é constante; o Espírito pode lhe dar, à sua vontade, as aparências mais variadas e até a de um animal ou de uma chama. De resto, isto se concebe muito facilmente. Não se vêem homens darem, ao seu rosto, as expressões mais diversas, imitarem, a ponto de enganarem, a voz, o rosto de outras pessoas, parecerem corcundas, coxos, etc.? Quem reconheceria na cidade certos atores que não se vira senão caracterizado no palco? Se, pois, o homem pode assim dar, ao seu corpo material e rígido, aparências tão contrárias, com mais forte razão o Espírito o pode fazer com um envoltório eminentemente brando, flexível, e que pode se prestar a todos os caprichos da vontade. Os Espíritos nos aparecem, pois, geralmente sob uma forma humana; em seu estado normal, essa forma nada tem bem característica, nada que os distingue uns dos outros, de um modo bem marcado; nos bons Espíritos, ela é comumente bela e regular: Os longos cabelos flutuam sobre seus ombros, roupagens envolvem o corpo. Mas, se querem se dar a conhecer, tomam exatamente todos os traços sob os quais foram conhecidos e até a aparência das vestes, se isso for necessário. Assim, Esopo, por exemplo, como Espírito não é disforme, mas se for evocado, enquanto Esopo, tivesse tido várias existências depois, apareceria disforme e corcunda, com a roupa tradicional. O vestuário, talvez, é o que mais espanta; mas se considerando que faz parte integrante do envoltório semi-material, se concebe que o Espírito possa dar , a esse envoltório, a aparência de tal ou tal vestuário, como a de tal ou de tal rosto.

Os Espíritos podem aparecer seja em sonho, seja no estado de vigília. As aparições no estado de vigília não são nem raras nem novas; as houve em todos os tempos; delas a história narra um grande número; mas, sem remontar tão alto, em nossos dias elas são muito freqüentes, em muitas pessoas que as tiveram, à primeira vista, as tomaram pelo que se convencionou chamar de alucinações. São freqüentes, sobretudo, nos casos de morte de pessoas ausentes, que vêm visitar seus parentes ou amigos. Freqüentemente, elas não têm objetivo determinado, mas se pode dizer que, em geral, os Espíritos que nos aparecem assim são seres atraídos a nós pela simpatia. Conhecemos uma jovem senhora que via, muito freqüentemente, em sua casa, em seu quarto, com ou sem luz, homens que ali penetravam e dali se iam apesar das portas fechadas. Com isso estava muito atemorizada, e isso a tomara de uma pusilanimidade que se achava ridícula. Um dia, ela viu distintamente seu irmão, que estava na Califórnia, e que não estava morto de todo: prova que o Espírito dos vivos pode também transpor as distâncias e aparecer em um lugar ao passo que o corpo está alhures. Depois que essa senhora se iniciou no Espiritismo, não tem mais medo, porque tem consciência de suas visões, e sabe que os Espíritos, que vêm visitá-la, não podem lhe fazer mal. Quando seu irmão lhe apareceu, provavelmente estava adormecido; se ela entendesse a sua presença, poderia conversar com ele, e este último, em seu despertar , poderia disso conservar vaga lembrança .É provável, além disso, que nesse momento ele estivesse sonhando que estava perto de sua irmã.

Dissemos que o perispírito pode adquirir a tangibilidade; disso falamos a propósito das manifestações produzidas pelo senhor Home. Sabe-se que, várias vezes, fez aparecer mãos que se podiam apalpar, como mãos vivas, e que, de repente, se esvaneciam como uma sombra; mas não se vira, ainda, corpo inteiro sob essa forma tangível; isso não é todavia uma coisa impossível. Numa família do conhecimento íntimo de um de nossos assinantes, um Espírito se ligou à filha da casa, criança de 10 a 11 anos, sob a forma de um lindo rapaz da mesma idade. Era visível por ela como uma pessoa comum, e se tornava, à vontade, visível ou invisível a outras pessoas; lhe prestou todas as espécies de bons ofícios, lhe trouxe brinquedos, bombons, faz o serviço da casa, vai comprar o que se tem necessidade, e o que é mais, lhe paga. Isto não é uma lenda da mística Alemanha, nem é uma história da Idade Média, é um fato atual, que se passa, no momento em que escrevemos, em uma cidade da França, e numa família muito honrada. Fomos capazes de fazer, sobre esse fato, estudos plenos de interesse e que nos forneceram as revelações mais estranhas e as mais inesperadas. Dele proveremos nossos leitores, de modo mais completo, em um artigo especial que publicaremos brevemente.

SR. ADRIEN, MÉDIUM VIDENTE

Toda pessoa que pode ver os Espíritos sem auxílio de terceiro é, por isso mesmo, médium vidente; mas, em geral, as aparições são fortuitas, acidentais. Não conhecemos, ainda, ninguém apto a os ver de modo permanente, e à vontade. É dessa notável faculdade que está dotado o Sr. Adrien, um dos membros da Sociedade Parisiense de Estudos Espíritas. Ele é, ao mesmo tempo, médium vidente, escrevente, audiente e sensitivo. Como médium escrevente, ele escreve sob o ditado dos Espíritos, mas raramente de modo mecânico, como os médiuns puramente passivos; quer dizer que, embora escreva coisas estranhas ao seu pensamento, tem consciência do que escreve. Como médium audiente, ouve as vozes ocultas que lhe falam. Temos, na Sociedade, dois outros médiuns que gozam dessa última faculdade em muito alto grau. São, ao mesmo tempo, muito bons médiuns escreventes. Enfim, como médium sensitivo, sente os toques dos Espíritos e a pressão que exercem sobre ele; sente-lhes mesmo comoções elétricas muito violentas, que se comunicam às pessoas presentes. Quando magnetiza alguém, pode, à vontade, quando isso é necessário à saúde, produzir sobre ele os abalos da pilha voltaica.

Uma nova faculdade acaba de se revelar nele, a da dupla vista; sem ser sonâmbulo, e embora esteja perfeitamente desperto, vê à vontade, a uma distância ilimitada, mesmo além dos mares, o que se passa em uma localidade; vê as pessoas e o que elas fazem; descreve os lugares e os fatos com uma precisão cuja exatidão foi verificada. Nos apressamos em dizer que o Sr. Adrien não é um desses homens fracos e crédulos que se deixam ir pela imaginação; ao contrário, é um homem de caráter muito frio, muito calmo, e que vê tudo isso com o mais absoluto sangue frio, não dizemos com indiferença, longe disso, porque ele toma suas faculdades a sério, e as considera como um dom da Providência, que lhe foi concedido para o bem, também não se serve deles senão para as coisas úteis, e *jamais* para satisfazer uma vã curiosidade. É um homem jovem, de uma família distinta, muito honrada, de um caráter ameno e benevolente, e cuja educação cuidadosa se revela em sua linguagem e em todas as suas maneiras. Como marinheiro e como militar, percorreu uma parte da África, da Índia, e de nossas colônias.

De todas suas faculdades como médium, a mais notável, e, em nossa opinião, a mais preciosa, é a de médium vidente. Os Espíritos lhe aparecem sob a forma que descrevemos em nosso artigo precedente sobre as aparições; ele os vê com uma precisão da qual se pode julgar pelos retratos, que damos adiante, da viúva de Malabar e da Belle Cordière de Lyon. Mas, se dirá, o que prova que ele vê bem e que não é o joguete de uma ilusão? O que o prova, é que quando uma pessoa, que ele não conhece, evoca por seu intermédio um parente, um amigo que ele jamais viu, e dele faz um retrato surpreendente de semelhança e que pudemos mesmo constatar; não há, pois, para nós nenhuma dúvida sobre essa faculdade que ele goza no estado de vigília, e não como sonâmbulo.

O que há de mais notável ainda, talvez, é que não vê só os Espíritos evocados; ao mesmo tempo, vê todos aqueles que estão presentes, evocados ou não; ele os vê entrarem, saírem, irem, virem escutarem o que se diz, rirem ou levarem a sério, segundo seu caráter; em uns há gravidade; em outros, um ar zombeteiro e sardônico; algumas vezes um deles avança até um dos assistentes, lhe coloca a mão sobre a espádua ou se coloca ao seu lado, alguns se mantêm afastado; em uma palavra, em toda reunião, há sempre uma assembléia oculta composta de Espíritos atraídos por sua simpatia pelas pessoas, e pelas coisas pelas quais se ocupem. Nas ruas vê uma multidão, porque além dos Espíritos familiares que acompanham seus protegidos, há ali, como entre nós, a massa dos indiferentes e dos vadios. Em sua casa, nos disse, não está jamais só, e não se entedia nunca; tem sempre uma sociedade com a qual ele conversa.

Sua faculdade se estende não somente aos Espíritos dos mortos, mas aos dos vivos; quando vê uma pessoa, pode fazer abstração do corpo; então o Espírito lhe aparece como se estivesse separado dele, e pode conversar com ele. Em uma criança, por exemplo, pode ver o Espírito que está encarnado nela, apreciar a sua natureza, e saber o que era antes de sua encarnação.

Essa faculdade, estendida a esse grau, nos inicia, melhor que todas as comunicações escritas, na natureza do mundo dos Espíritos; o mostra tal qual é, e se não o vemos pelos nossos olhos, a descrição que dele nos dá o faz ver pelo pensamento; os Espíritos não são mais seres abstratos, são seres reais, que estão ali ao nosso lado, que nos acotovelam sem cessar, e como sabemos agora que seu contato pode ser material, compreendemos a causa de uma multidão de impressões que sentimos sem delas nos darmos conta. Também colocamos o Sr. Adrien no número dos mais notáveis médiuns, e na primeira classe daqueles que forneceram os elementos mais preciosos para o conhecimento do mundo espírita. Sobretudo, o colocamos na primeira classe por suas qualidades pessoais, que são as de um homem de bem por excelência, e que o tornam eminentemente simpático aos Espíritos da mais elevada ordem, o que não ocorre sempre entre os médiuns de influências puramente físicas. Sem dúvida, há entre estes últimos, os que farão mais sensação, que cativarão melhor a curiosidade; mas para o observador, para aquele que quer sondar os mistérios desse mundo maravilhoso, o Sr. Adrien é o mais poderoso auxiliar que já vimos. Também colocamos sua faculdade, e sua complacência, em proveito de nossa instrução pessoal, seja na intimidade, seja nas sessões da Sociedade, seja, enfim, na visita de diversos lugares de reunião. Estivemos juntos no teatro, nos bailes, nos passeios, nos hospitais, nos cemitérios, nas igrejas; assistimos a enterros, a casamentos, a batismos, a sermões: por toda parte observamos a natureza dos Espíritos que ali vinham se agrupar, entabulamos conversação com alguns, os interrogamos e aprendemos muitas coisas das quais aproveitaremos aos nossos leitores, porque nosso objetivo é os fazer penetrarem, como nós, nesse mundo tão novo para nós. O microscópio nos revelou um mundo dos infinitamente pequenos que não supúnhamos, embora estivesse sob nossos dedos; o telescópio nos revelou a infinidade de mundos celestes, que não supúnhamos mais; o Espiritismo nos descobre o mundo dos Espíritos que está por toda parte, ao nosso lado como nos espaços; mundo real que reage incessantemente sobre nós.

UM ESPÍRITO NO ENTERRO DE SEU CORPO

Estado da alma no momento da morte

Os Espíritos sempre nos disseram que a separação da alma e do corpo não se faz instantaneamente; ela começa, algumas vezes, antes da morte real, durante a agonia, quando a última pulsação se faz sentir; o desligamento não está ainda completo; ele se opera mais ou menos lentamente segundo as circunstâncias, e até a sua inteira liberdade a alma experimenta uma perturbação, uma confusão que não lhe permite se conscientizar de sua situação; está no estado de uma pessoa que desperta e cujas idéias são confusas. Esse estado nada tem de penoso para o homem cuja consciência é pura; sem muito se explicar do que vê, é calmo e espera sem medo o despertar completo; ao contrário, é cheio de angústias e de terror para aquele que teme o futuro. A duração dessa perturbação, dizemos nós, é variável; é muito menos longa naquele que, durante a vida, já elevou seus pensamentos e purificou sua alma; dois ou três dias lhe bastam, ao passo que, em outros, é preciso, algumas vezes, oito e mais. Frequentemente, assistimos a esse momento solene, e sempre vimos a mesma coisa; isso não é, pois, uma teoria, mas um resultado da observação, uma vez que é o Espírito quem fala e quem pinta sua própria situação. Eis aqui um exemplo mais característico e tanto mais interessante para o observador, que não se trata mais de um Espírito invisível escrevendo por um médium, mas bem de um Espírito visto e ouvido na presença de seu corpo, seja na câmara mortuária, seja na igreja durante o serviço fúnebre.

O Sr. X... vinha de ser atingido por um ataque de apoplexia; algumas horas depois de sua morte, o Sr. Adrien, um de seus amigos, se encontrava em seu quarto com a mulher do defunto; ele viu distintamente o Espírito deste passear em todos os sentidos, olhar alternativamente seu corpo e as pessoas presentes, depois se sentar numa poltrona; tinha exatamente a mesma aparência de quando vivo; estava vestido do mesmo modo, sobrecasaca preta, calça preta; tinha as mãos nos bolsos e o ar preocupado.

Durante esse tempo, a mulher procurava um papel na escrivaninha, seu marido a olha e diz: Procuras inutilmente, não encontrarás nada. Ela não desconfiava nada do que se passava, porque o Sr. X... não era visível senão para o Sr. Adrien.

No dia seguinte, durante o serviço fúnebre, o Sr. Adrien viu de novo o Espírito de seu amigo perambular ao lado do caixão, mas não tinha mais o vestuário da véspera; estava envolvido com uma espécie de roupagem. A conversação seguinte se iniciou entre eles. Notemos, de passagem, que o senhor Adrien não é sonâmbulo; que nesse momento, como no dia precedente, estava perfeitamente desperto, e que o Espírito lhe aparecia como se fosse um dos assistentes do enterro.

– P. Diga um pouco, caro Espírito, que sentes agora? – R. Do bem e do sofrimento. – P. Não compreendo isso. – R. Sinto que estou vivo, com minha verdadeira vida e, entretanto, vejo meu corpo aqui neste caixão; me apalpo e não me sinto, entretanto, sinto que vivo, que existo: sou, pois, dois seres? Ah! deixai-me sair desta noite, tenho pesadelo.

– P. Permanecerás por muito tempo assim? – R. Oh! não; graças a Deus, meu amigo; sinto que despertarei logo: seria horrível de outro modo; tenho as idéias confusas; tudo é neblina: sonho na *grande divisão* que acaba de ser feita... não compreendo ainda nada.

– P. Que efeito vos fez a morte? – R. A morte! eu não estou morto, meu filho, tu te enganas. Eu me levantei e fui atingido de repente, por um nevoeiro que me desceu sobre os olhos, depois despertei e julguei meu espanto ao me ver, me sentir vivo, e de ver ao lado, sobre a lage, meu outro *eu* deitado. Minhas idéias eram confusas; me enganei para me tranqüilizar, mas não pude; vi minha mulher chegar, me velar, se lamentar, e me perguntava por quê? Consolei-a, lhe falei, e ela não me respondia e nem me compreendia; aí está o que me torturava e tornava meu Espírito mais perturbado. Só tu me fizeste bem, porque me ouviste e compreendes o que quero; me ajuda a desembaraçar minhas idéias e me fazes grande bem; mas, por que os outros não fazem o mesmo? Eis o que me tortura... O cérebro está esmagado diante dessa dor... Vou a ver, talvez me ouça agora... Até logo, caro amigo; me chama e irei te ver... Te farei mesmo visita de amigo... Eu te surpreenderei... até logo.

O Sr. Adrien viu-o, em seguida, ir junto de seu filho que chorava... se inclinou para ele, ficou um momento nessa situação e partiu rapidamente. Não fora ouvido, e, sem dúvida, se figurou produzir um som; eu, eu estou persuadido, acrescenta o Sr. Adrien que o que dizia chegava ao coração da criança; eu vos provarei isso. Revi-o depois, ele está mais calmo.

Nota. – Esta narração está de acordo com tudo o que já havíamos observado sobre o fenômeno da separação da alma; ela confirma, com circunstâncias todas especiais, essa verdade, que depois da morte o Espírito ainda está ali presente. Acredita-se não ter, diante de si, senão um corpo inerte, ao passo que ele vê e ouve tudo o que se passa ao redor dele, que penetra o pensamento dos assistentes, que não há, entre eles e ele, senão a diferença da visibilidade e da invisibilidade; os prantos hipócritas de ávidos herdeiros não podem se lhe impor. Quantas decepções os Espíritos devem experimentar neste momento!

FENÔMENO DE BICORPOREIDADE

Um dos membros da Sociedade nos comunica uma carta de um de seus amigos, de Bologne-sur-Mer, na qual se lê a passagem seguinte. Essa carta está datada de 26 de julho de 1856.

"Meu filho, desde que o magnetizei, por ordens de nossos Espíritos, tornou-se um médium muito raro, pelo menos foi o que me revelou em seu estado sonambúlico, no qual o colocara a seu pedido, no dia 14 de maio último, e quatro ou cinco vezes depois.

"Para mim, está fora de dúvida que meu filho desperto conversa livremente com os Espíritos que deseja, por intermédio de seu guia, que chama familiarmente seu amigo; que, à sua vontade, se transporta em Espírito para onde deseja, e disso vou vos citar um fato, do qual tenho as provas escritas nas mãos.

"Há justamente um mês de hoje, estávamos os dois na sala de jantar. Eu lia o curso de magnetismo do Sr. Du Potet, quando meu filho toma o livro e o folheia; chegado a um certo lugar , seu guia lhe disse ao ouvido: Leia isso. Era a aventura de um doutor da América, cujo Espírito visitara um amigo, a 15 ou 20 léguas dali, enquanto ele dormia. Depois de o ler, meu filho disse: Bem que gostaria de fazer uma pequena viagem semelhante. – Pois bem! Onde queres tu ir? lhe disse seu guia. – A Londres, respondeu meu filho, ver meus amigos, e ele designou aqueles que queria visitar. "Amanhã é domingo, lhe respondeu; não estás obrigado a levantar cedo para trabalhar. Dormirás às oito horas e irás viajar a Londres até às oito e meia. Sexta-feira próxima, receberás uma carta de teus amigos, que te censurarão por permanecer tão pouco tempo com eles.

"Efetivamente, na manhã do dia seguinte, na hora indicada, ele adormeceu com um sono de chumbo; às oito e meia despertou, e não se lembrava de nada; de minha parte, não disse uma palavra, esperando a conseqüência.

"Na sexta-feira seguinte, eu trabalhava em uma de minhas máquinas e, segundo meu hábito, fumava, porque era antes do almoço; meu filho olha a fumaça de meu cachimbo e me diz: Olha! há uma carta em tua fumaça. – Como vês uma carta em minha fumaça? Vais a ver, respondeu, pois eis o Londres, na qual os amigos de meu filho lhe fazem uma censura por ter ido nessa cidade, no domingo precedente, e não ter ido os ver, tendo uma pessoa de seu conhecimento o encontrado. Tenho a carta, como disse, que prova que não inventei nada."

Contado o fato acima, um dos assistentes disse que a história narra vários fatos semelhantes. Citou Santo Alfonso de Liguori, que foi canonizado antes do tempo previsto por haver se mostrado, simultaneamente, em dois lugares diferentes, o que passou por um milagre.

Santo Antonio de Pádua estava na Espanha, e no momento em que pregava, seu pai (em Pádua) ia ao suplício, acusado de uma morte. Nesse momento, Santo Antônio aparece, demonstra a inocência de seu pai, e faz conhecer o verdadeiro criminoso, que mais tarde sofreu o castigo. Foi constatado que Santo Antônio, no mesmo momento, pregava na Espanha.

Santo Alfonso de Liguori tendo sido evocado, foram lhe dirigidas as perguntas seguintes.

1. O fato pelo qual fostes canonizado é real? – R. Sim.

2. Esse fenômeno é excepcional? – R. Não; pode se apresentar em todos os indivíduos desmaterializados.

3. Era um motivo justo para vos canonizar? – R. Sim, uma vez que, pela minha virtude, havia me elevado a Deus; sem isso, não poderia me transportar a dois lugares ao mesmo tempo.

4.Todos os indivíduos, nos quais esse fenômeno se apresenta merecem ser canonizados? – R. Não, porque nem todos são igualmente virtuosos.

5. Poderíeis nos dar a explicação desse fenômeno? – R. Sim; o homem, quando está completamente desmaterializado pela

sua virtude, que elevou sua alma a Deus, pode aparecer em dois lugares ao mesmo tempo, eis como. O Espírito encarnado, sentindo chegar o sono, pode pedir a Deus para se transportar para um lugar qualquer. Seu Espírito, ou sua alma, como quiserdes o chamar, abandona então seu corpo, seguido de uma parte de seu perispírito, e deixa a matéria imunda num estado vizinho da morte. Digo vizinho da morte, porque resta no corpo um laço que liga o perispírito e a alma à matéria, e esse laço não pode ser definido. O corpo aparece, pois, no lugar pedido. Creio que é tudo o que desejais saber.

6. Isso não nos dá a explicação da visibilidade e da tangibilidade do perispírito? – R. Achando-se o Espírito desligado da matéria, segundo seu grau de elevação, pode se tornar tangível à matéria.

7. Entretanto, certas aparições tangíveis, de mãos e de outras partes do corpo, pertencem, evidentemente, a Espíritos de uma ordem inferior. – R. São os Espíritos superiores que se servem de Espíritos inferiores para provarem a coisa.

8. O sono do corpo é indispensável para que o Espírito apareça em outros lugares? – R. A alma pode se dividir quando se sente levada para um lugar diferente daquele onde se encontra o corpo.

9. Um homem, estando mergulhado no sono, ao passo que seu Espírito aparece alhures, que ocorreria se fosse despertado subitamente? – R. Isso não ocorreria porque se alguém tivesse a intenção de despertá-lo, o Espírito reentraria no corpo, e preveria a intenção, já que o Espírito lê no pensamento.

Tácito reporta um fato análogo:

Durante os meses que Vespasiano passou em Alexandria, para esperar o retorno periódico dos ventos de verão e a estação na qual o mar se torna seguro, vários prodígios ocorreram, por onde se manifestou o favor do céu e o interesse que os deuses pareciam ter por esse príncipe...

Esses prodígios redobraram em Vespasiano o desejo de visitar a morada sagrada de deus para o consultar a respeito do império. Ordenou que o templo fosse fechado a todo mundo: tendo entrado ele mesmo todo atento ao que ia pronunciar o oráculo, percebeu, atrás de si, um dos principais Egípcios, de nome Basilídio, que sabia estar acamado, a várias jornadas de Alexandria. Informou-se com os sacerdotes se Basilídio viera esse dia ao templo; se informou com os transeuntes se o viram na cidade, enfim, enviou homens a cavalo, e se assegurou que naquele mesmo momento, ele estava a vinte e quatro milhas de distância. Então, ele não duvidou mais que a visão não fora sobrenatural, e o nome de Basilídio tomou o lugar do oráculo. (TACITO, Histórias, liv. IV, cap. 81 e 82. Tradução de Burnouf.)

Depois que essa comunicação nos foi dada, vários fatos do mesmo gênero, cuja fonte é autêntica, nos foram contados, e entre eles há muito recentes, que ocorreram, por assim dizer no nosso meio, e que se apresentaram com as circunstâncias mais singulares. As explicações, às quais deram lugar, alargaram singularmente o campo das observações psicológicas.

A questão dos homens duplos, relegada outrora entre os contos fantásticos, parece ter, assim, um fundo de verdade. A ela retornaremos brevemente.

SENSAÇÕES DOS ESPÍRITOS

Os Espíritos sofrem? Que sensações experimentam? Tais são as perguntas que se dirigem naturalmente e que tentaremos resolver. Devemos dizer, primeiramente, que para isso não nos contentamos com as respostas dos Espíritos; devemos, por numerosas observações de alguma sorte, tomar a sensação sobre o fato.

Em uma de nossas reuniões, e pouco antes que São Luís nos desse a bela dissertação sobre a avareza, que inserimos em nosso número do mês de fevereiro, um de nossos sócios contou o fato seguinte a propósito dessa mesma dissertação.

"Estávamos, disse ele, ocupados com evocações em uma pequena reunião de amigos, quando se apresentou, inopinadamente, e sem que o tivéssemos chamado, o Espírito de um homem que havíamos conhecido muito, e que, quando vivo, servira de modelo ao retrato do avaro traçado por São Luís; um desses homens que vive miseravelmente no meio da fortuna, que se privam, não pelos outros, mas para amontar sem proveito para ninguém. Era inverno, estávamos perto do fogo; de repente, esse Espírito nos lembrou seu nome, com o qual não sonhávamos de modo algum, e nos pediu a permissão de vir, durante três dias, se aquecer na nossa lareira, dizendo que sofre horrivelmente do frio que ele, voluntariamente, suportou durante sua vida, e que fez os outros suportarem por sua avareza.

Será, acrescentou ele, um abrandamento que obtive, se consentis em mo concender."

Esse Espírito sentia uma sensação penosa de frio; mas como o sentia? Aí estava a dificuldade. Dirigimos a São Luís as perguntas seguintes a esse respeito:

Consentiríeis em nos dizer como esse Espírito de avaro, que não tem mais corpo material, podia sentir o frio e pedir para se aquecer?

– R. Podes imaginar os sofrimentos do Espírito pelos sofrimentos morais.

– Concebemos os sofrimentos morais, como os desgostos, os remorsos, a vergonha; mas o calor e o frio, a dor física, não são efeitos morais; os Espíritos sentem essas espécies de sensações?

– R. Tua alma sente o frio? Não; mas tem a consciência da sensação que atua sobre o corpo.

– Disso pareceria resultar que esse Espírito de avaro não sente um frio efetivo; mas que ele teria a lembrança da sensação do frio que suportou, e que essa lembrança, sendo para ele como uma realidade, se tornava um suplício. – R. É quase isso. Está bem entendido que há uma distinção, que compreendeis perfeitamente, entre a dor física e a dor moral; não se deve confundir o efeito com a causa.

– Se compreendemos bem, se poderia, isso nos parece, explicar a coisa assim como segue:

O corpo é o instrumento da dor; senão a causa primeira, ao menos a causa imediata. A alma tem percepção dessa dor: essa percepção é o efeito. A lembrança que dela conserva pode ser tão penosa quanto a realidade, mas não pode ter ação física. Com efeito, um frio nem um calor intensos, podem desorganizar os tecidos: a alma não pode nem gelar nem queimar. Não vemos todos os dias, a lembrança ou apreensão de um mal físico produzir o efeito da realidade? Ocasionar mesmo a morte? Todo o mundo sabe que as pessoas amputadas sentem dor no membro que não existe mais. Seguramente, não é nesse membro que está a sede, nem mesmo o ponto de partida da dor. O cérebro dela conservou a impressão, eis tudo. Pode-se, pois, acreditar que há alguma coisa análoga no sofrimento do Espírito depois da morte. Essas reflexões são justas?

R. Sim; mais tarde compreendereis melhor ainda. Esperai que fatos novos venham vos fornecer novos motivos de observação e então deles podereis tirar conseqüências mais completas.

Isso se passou no começo do ano 1858; desde então, com efeito, um estudo mais aprofundado do perispírito, que desempenha um papel tão importante em todos os fenômenos espíritas, e do qual não se havia percebido, as aparições vaporosas ou tangíveis, o estado do Espírito no momento da morte, a idéia tão freqüente no Espírito que ainda está vivo, o quadro tão impressionante dos suicidas, dos supliciados, das pessoas absorvidas nos gozos materiais, e tantos outros fatos, vieram lançar luz sobre essa questão, e deram lugar às explicações das quais damos aqui o resumo.

O perispírito é o laço que une o Espírito à matéria do corpo: ele é haurido no meio ambiente, no fluido universal; tem, ao mesmo tempo, algo da eletricidade, do fluido magnético e, até a um certo ponto, da matéria inerte. Se poderia dizer que é a quintessência da matéria: é o princípio da vida orgânica, mas não o é da vida intelectual: a vida intelectual está no Espírito. É, além disso, o agente das sensações exteriores. No corpo, essas sensações estão localizadas pelos órgãos que lhes servem de canal. Destruído o corpo, as sensações são gerais. Eis porque o Espírito não diz que sofre antes da cabeça que dos pés. De resto, é preciso se guardar de confundir as sensações do perispírito, tornado independente, com as do corpo: não podemos tomar essas últimas senão como termo de comparação e não como analogia. Um excesso de calor ou de frio pode desorganizar os tecidos do corpo e não pode resultar nenhum prejuízo ao perispírito. Desligado do corpo, o Espírito pode sofrer, mas esse sofrimento não é o do corpo: entretanto, esse sofrimento não é um sofrimento exclusivamente moral, como o remorso, uma vez que se queixa do frio e do calor; não sofre mais no inverno que no verão: o vimos passar através de chamas sem nada sentirem de penoso; a temperatura, portanto, não causa sobre eles nenhuma impressão. A dor que sentem, portanto, não é uma dor física propriamente dita: é um vago sentimento íntimo, do qual o próprio Espírito não se dá sempre perfeita conta, precisamente porque a dor não é localizada e porque não é produzida por agentes exteriores: é antes uma lembrança que uma realidade, mas uma lembrança também muito penosa. Há, entretanto, algumas vezes, mais que uma lembrança, como vamos ver.

A experiência nos ensina que no momento da morte o perispírito se desliga mais ou menos lentamente do corpo; durante os primeiros instantes, o Espírito não se dá conta da sua situação; não crê estar morto; se sente viver; vê seu corpo de um lado, sabe que é o seu, e não compreende que esteja dele separado: esse estado dura tão longo tempo quanto exista um laço entre o corpo e o perispírito. Que se reporte à evocação do suicida dos banhos da Samaritana, que narramos no nosso número de junho. Como todos os outros, ele dizia: Não, não estou morto, e acrescentava: E, entretanto, sinto os vermes que me roem. Ora, seguramente os vermes não roíam o perispírito, e ainda menos o Espírito, não roíam senão o corpo. Mas como a separação do corpo e do perispírito não estava completa, disso resultava uma espécie de repercussão moral que lhe transmitia a sensação do que se passava no corpo. Repercussão talvez não seja a palavra, poderia fazer crer em um efeito muito material; era antes a visão do que se passava em seu corpo, ao qual se ligava seu perispírito, que produzia nele uma ilusão, que tomava por uma realidade. Assim, não era uma lembrança, uma vez que, durante a vida, não havia sido roído pelos vermes: era o sentimento da atualidade. Vê-se por aí as deduções que se podem tirar dos fatos, quando são observados atentamente. Durante a vida, o corpo recebe as impressões exteriores e as transmite ao Espírito, por intermédio do perispírito que constitui, provavelmente, o que se chama fluido nervoso. Estando o corpo morto não sente mais nada, porque não há mais nele nem Espírito nem perispírito. O perispírito, desligado do corpo, sente a sensação; mas como esta não lhe chega mais por um canal limitado, ela é geral. Ora, como, em realidade, não é senão um agente de transmissão, uma vez que é o Espírito quem tem a consciência, disso resulta que se pudesse existir um perispírito sem Espírito, não sentiria mais do que o corpo quando está morto; do mesmo modo que se o Espírito não tivesse perispírito, seria inacessível a toda sensação penosa; é o que ocorre para os Espíritos completamente depurados. Sabemos que quanto mais se depuram, mais a essência do perispírito se torna etérea; de onde se segue que a influência material diminui à medida que o Espírito progride, quer dizer, à medida que o próprio perispírito se torna menos grosseiro.

Mas, se dirá, as sensações agradáveis são transmitidas ao Espírito pelo perispírito, como as sensações desagradáveis; ora, se o Espírito puro é inacessível a umas, deve o ser igualmente às outras. Sim, sem dúvida, para aquelas que provêm unicamente da influência da matéria que conhecemos; o som de nossos instrumentos, o perfume de nossas flores não lhe causam nenhuma impressão, e, todavia, há neles sensações íntimas de um encanto indefinível, das quais não podemos fazer nenhuma idéia, porque somos, a esse respeito, como cegos de nascença a respeito da luz; sabemos que isso existe; mas por qual meio? Aí se detém para nós a ciência. Sabemos que há percepção, sensação, audição, visão, que essas faculdades são atributos de todo o ser e não, como no homem, de uma parte do ser; mas, ainda uma vez, por qual intermediário? é o que não sabemos. Os próprios Espíritos não podem disso nos darem conta, porque nossa língua não foi feita para exprimir idéias que não temos, não mais que numa população de cegos não existiriam termos para exprimirem os efeitos da luz; não mais que na língua dos selvagens, não há termos para exprimir nossas artes, nossas ciências e nossas doutrinas filosóficas.

Dizendo que os Espíritos são inacessíveis às impressões da nossa matéria, queremos falar de Espíritos muito elevados, cujo envoltório etéreo não tem analogia neste mundo. Não ocorre o mesmo com aqueles cujo perispírito é mais denso: e estes percebem nossos sons e nossos odores, mas não por uma parte limitada de seu ser, como quando vivo. Se poderia dizer que as vibrações moleculares se fazem sentir em todo o seu ser e chegam assim ao seu *sensorium commune,* que é o próprio Espírito, embora de modo diferente, e talvez também com uma impressão diferente, o que produz uma modificação na percepção. Eles ouvem o som de nossa voz, e todavia nos compreendem sem o socorro da palavra, unicamente pela transmissão do pensamento, e o que vem em apoio ao que dizemos, é que essa penetração é tanto mais fácil quanto o Espírito esteja mais desmaterializado. Quanto à visão, ela é independente de nossa luz. A faculdade de ver é um atributo essencial da alma: para ela não há obscuridade; entretanto, ela é mais extensa, mais penetrante, naqueles que estão mais depurados. A alma, ou o Espírito, portanto, tem em si mesma a faculdade de todas as percepções; na vida corpórea, elas estão obliteradas pela grosseria de nossos órgãos; na vida extracorpórea, elas o são menos e menos à medida que se torna transparente o envoltório semi-material.

Esse envoltório, haurido do meio ambiente, varia segundo a natureza dos mundos. Passando de um mundo a outro, os Espíritos mudam de envoltório, como nós mudamos de vestuário, passando do inverno ao verão, ou do pólo ao equador. Os Espíritos mais elevados, quando vêm nos visitar, revestem, pois, o perispírito terrestre, e, desde então, suas percepções se operam como nos Espíritos vulgares; mas tanto inferiores, como superiores, não ouvem e não sentem senão o que querem ouvir ou sentir. Sem terem órgãos sensitivos podem se tornar, à vontade, suas percepções ativas ou nulas; não há senão uma coisa que são obrigados a ouvir , são os conselhos dos bons Espíritos. A visão é sempre ativa, mas podem, reciprocamente, se tornarem invisíveis uns aos outros. Segundo a classe que ocupem, eles podem se ocultar daqueles que lhes são inferiores, mas não daqueles que lhes são superiores. Nos primeiros momentos que seguem à morte, a visão do Espírito é sempre perturbada e confusa; clareia à medida que ele se desliga, e pode adquirir a mesma claridade que durante a vida, independentemente de sua penetração através dos corpos que nos são opacos. Quanto à sua extensão através do espaço indefinido, no futuro e no passado, depende do grau de pureza e de elevação do Espírito.

Toda essa teoria, se dirá, não é muito tranqüilizadora. Pensávamos que uma vez desembaraçados de nosso grosseiro envoltório, instrumento das nossas dores, não sofreríamos mais, e eis que nos ensinais que sofreremos ainda; que, seja de uma maneira ou de outra, isso não é menos sofrer. Ah! sim, podemos ainda sofrer, e muito, e por muito tempo, mas podemos também não mais sofrer mesmo desde o instante em que deixamos esta vida corpórea.

Os sofrimentos deste mundo são, algumas vezes, independentes de nós, mas muitos são as conseqüências de nossa vontade. Que se remonte à fonte e se verá que o maior número é a conseqüência de causas que poderíamos evitar. Quantos males, quantas enfermidades, o homem deve aos excessos, à sua ambição, às suas paixões, em uma palavra! O homem que houvesse sempre vivido sobriamente, que não houvesse abusado de nada, que houvesse sempre sido simples em seus gostos, modesto em seus desejos, se pouparia de muitas tribulações. Ocorre o mesmo com o Espírito: os sofrimentos que suporta são sempre a conseqüência da maneira com a qual viveu na Terra; não terá mais, sem dúvida, a gota e os reumatismos, mas terá outros sofrimentos que não valem mais. Vimos que esses sofrimentos são o resultado de laços que ainda existem entre ele e a matéria; que quanto mais desligado da matéria, dito de outro modo, quanto mais desmaterializado, menos tem sensações penosas; ora, dele depende se livrar dessa influência, desde esta vida; tem o seu livre arbítrio e, por conseqüência, a escolha entre fazer ou não fazer: que dome suas paixões animais, que não tenha ódio, nem inveja, nem ciúme, nem orgulho; que não seja dominado pelo egoísmo, que purifique sua alma pelos bons sentimentos, que faça o bem, que dê às coisas deste mundo a importância que elas merecem, então, mesmo sob seu envoltório corporal, está já depurado, e já desligado da matéria, e quando deixa esse envoltório, dele não sofre mais a influência; os sofrimentos físicos que experimenta não lhe deixam nenhuma lembrança penosa; dele não lhe resta nenhuma impressão desagradável, porque não afetaram senão o corpo e não o Espírito; é feliz de estar livre dele, e a calma de sua consciência o livra de todo sofrimento moral. Disso interrogamos milhares, tendo pertencido a todas as classes da sociedade, a todas as posições sociais; os estudamos em todos os períodos de sua vida espírita, desde o instante em que deixaram seus corpos; nós os seguimos passo a passo, nessa vida de além-túmulo, para observar as mudanças que se operaram neles, em suas idéias, em suas sensações, e sob esse aspecto os homens mais vulgares não foram os que nos forneceram os objetos de estudo menos preciosos. Ora, vimos sempre que os sofrimentos estão em relação com a conduta, da qual sofrem as conseqüências, e que essa nova existência é a fonte de uma felicidade inefável para aqueles que seguiram o bom caminho; donde se segue que aqueles que sofrem, é porque o quiseram, e não devem disso culpar senão a si mesmos, tão bem no outro mundo quanto neste.

Alguns críticos ridicularizaram certas de nossas evocações, a do assassino Lemaire, por exemplo, achando singular que se ocupasse com seres tão ignóbeis, quando existem tantos Espíritos superiores à sua disposição. Esquecem que é por aí que, de algum modo, aprendemos a natureza do fato, ou, para melhor dizer, na sua ignorância da ciência espírita, não vêem, nessas entrevistas, senão uma conversa, mais ou menos divertida, da qual não compreendem a importância. Lemos em alguma parte que um filósofo dizia, depois de conversar com um camponês: Eu mais aprendi com esse rústico que com todos os sábios; é que ele sabia ver outra coisa senão a superfície. Para o observador nada é perdido, encontra úteis ensinamentos até no criptógamo que cresce sobre o estrume. O médico recusa tocar uma chaga horrenda, quando se trata de aprofundar a causa de um mal?

Acrescentamos ainda uma palavra a esse respeito. Os sofrimentos de além-túmulo têm um fim; sabemos que é dado ao Espírito mais inferior se elevar e se purificar por novas provas; isso pode ser longo, muito longo, mas depende dele abreviar esse tempo penoso, porque Deus o escuta sempre se ele se submete à sua vontade. Quanto mais o Espírito está desmaterializado, mais suas percepções são vastas e lúcidas; quanto mais está sob o império da matéria, o que depende inteiramente de seu gênero de vida terrestre, mais elas são limitadas e como veladas; tanto a visão moral de um se estende ao infinito, tanto a do outro é restrita. Os Espíritos inferiores não têm, pois, senão uma noção vaga, confusa, incompleta, e freqüentemente nula, do futuro; não vêem o fim de seus sofrimentos, por isso crêem sofrer sempre, e ainda para eles é um castigo. Se a posição de uns é aflitiva, terrível mesmo, não é desesperadora; a de outros é eminentemente consoladora; está pois em nós escolher. Isto é da mais alta moralidade. Os céticos duvidam da sorte que nos espera depois da morte, nós lhes mostramos o que isso é, e com isso cremos lhes prestar serviço; também vimos mais de um se corrigir de seu erro, ou pelo menos se pôr a refletir sobre o que criticavam antes. Não é nada de tal senão de se dar conta da possibilidade das coisas. Se tivesse sido sempre assim, não haveria tantos incrédulos, e a religião e a moral pública ganhariam com isso. A dúvida religiosa não vem, em muitos, senão da dificuldade, para eles, de compreenderem certas coisas; são Espíritos positivos não organizados para a fé cega, que não admitem senão o que, para eles, tem uma razão de ser. Tornai essas coisas acessíveis à sua inteligência, e as aceitam, porque no fundo não pedem melhor do que crerem, sendo a dúvida para eles uma situação mais penosa que se crê ou que querem o dizer.

Em tudo o que precede não há nada de sistemas, nada de idéias pessoais; não foram mesmo alguns Espíritos privilegiados que nos ditaram essa teoria, é um resultado de estudos feitos sobre as individualidades, corroborados e confirmados por Espíritos dos quais a linguagem não pode deixar dúvida sobre sua superioridade. Nós o julgamos por suas palavras, e não sobre o nome que trazem ou que podem se dar.

DISSERTAÇÕES DE ALÉM-TÚMULO

O sono

Pobres homens que poucos conheceis os fenômenos mais comuns que fazem vossa vida! Credes ser bem sábios, credes possuir uma vasta erudição, e a esta pergunta de todas as crianças: Que fazemos quando dormimos? O que são os sonhos? Permaneceis interditados. Não tenho a pretensão de vos fazer compreender o que vou vos explicar, porque há coisas às quais vosso Espírito não pode ainda se submeter, não admitindo senão o que compreende.

O sono liberta inteiramente a alma do corpo. Quando se dorme, se está, momentaneamente, no estado em que se acha de um modo fixo depois da morte. Os Espíritos que são logo desligados da matéria em sua morte, tiveram sonos inteligentes; aqueles, quando dormem, se juntam à sociedade de outros seres superiores a eles: viajam, conversam e se instruem com eles; trabalham mesmo em obras que encontram prontas quando morrem. Isso deve nos ensinar, uma vez mais, a não temermos a morte, porque morreis todos os dias, segundo a palavra de um santo.

É assim para os Espíritos elevados; mas para a massa dos homens que na morte devem permanecer longas horas nessa perturbação, nessa incerteza da qual vos falaram, aqueles vão, seja em mundos inferiores à Terra, onde antigas afeições os chamam, seja procurar prazeres talvez ainda mais baixos que aqueles que têm aqui; vão haurir doutrinas mais vis, mais ignóbeis, mais nocivas do que aquelas que professam em vosso meio. E o que faz a simpatia sobre a Terra não é outra coisa senão esse fato, que se sente ao despertar, de se aproximar pelo coração daqueles com quem viemos de passar oito ou nove horas de felicidade ou de prazer. O que explica também essas antipatias invencíveis, é que se sabe, no fundo de seu coração, que aquelas pessoas têm uma outra consciência que a nossa, porque se as conhece sem as ter jamais visto com os olhos. É ainda o que explica a indiferença, uma vez que não se deseja fazer novos amigos, quando se sabe que existem outros que vos amam e que vos querem. Em uma palavra, o sono influi mais que pensais em vossa vida.

Pelo efeito do sono, os Espíritos encarnados estão sempre em relação com o mundo dos Espíritos, e é o que faz que os Espíritos superiores consintam, sem muita repulsa, se encarnarem entre vós. Deus quis que, durante seu contato com o vício, eles possam ir se retemperarem nas fontes do bem, para eles mesmos não falirem, eles que vêm instruir os outros. O sono é a porta que Deus lhes abre até os amigos do céu; é a recreação depois do trabalho, na espera da grande libertação, a liberação final que deverá os devolver ao seu verdadeiro meio.

O sonho é a lembrança daquilo que vosso Espírito viu durante o sono, mas notai que não sonhais sempre, porque não vos lembrais sempre do que vistes, ou de tudo o que vistes. Vossa alma não está em todo desenvolvimento; não é, freqüentemente, senão a lembrança de uma perturbação que acompanha vossa partida ou vossa reentrada, à qual se junta a do que fizestes ou do que vos preocupou no estado de vigília; sem isso, como explicaríeis esses sonhos absurdos que têm os mais sábios como os mais simples? Os maus Espíritos se servem também dos sonhos para atormentar as almas fracas e pusilâmines.

De resto, vereis em pouco se desenvolver uma nova espécie de sonho; ela é tão antiga quanto a que conheceis, mas a ignorais. O sonho de Joana, o sonho de Jacó o sonho dos profetas judeus e de alguns adivinhadores indianos; aquele sonho é a lembrança da alma inteiramente desligada do corpo, a lembrança dessa segunda vida, da qual vos falei ainda há pouco.

Procurai distinguir bem essas duas espécies de sonho dos quais vos lembrareis, sem isso cairíeis nas contradições e nos erros, que seriam funestos à vossa fé.

Nota. – O Espírito que ditou esta comunicação, instado a dar seu nome, respondeu: "Para quê? Credes, pois, que não haja senão os Espíritos de vossos grandes homens que vêm vos dizer coisas boas? Contai, pois, por nada todos aqueles que não conheceis ou que não têm nome sobre a vossa Terra? Sabei que muitos não tomam um nome senão para vos contentar."

As Flores

Nota. – Esta comunicação e a seguinte foram obtidas pelo Sr. F...,o mesmo do qual falamos no nosso número de outubro, a propósito dos Obsedados e Subjugados; se pode julgar, por aí, a diferença que há entre a natureza de suas comunicações atuais e as de outrora, Sua vontade triunfou completamente da obsessão, da qual era objeto, e seu mau Espírito não reapareceu mais. Estas duas dissertações lhe foram ditadas por Bernard Palissy.

As flores foram criadas, nos mundos, como símbolos da beleza, da pureza e da esperança.

Como o homem que vê as corolas se entreabrirem, todas as primaveras, e as flores fenecerem para darem frutos deliciosos, como o homem não pensa que sua vida florirá também, mas para produzir frutos eternos? Que vos importa, pois, a tempestade e as tormentas? Essas flores não perecerão jamais, nem a mais frágil obra do Criador. Coragem, pois, homens que tombais no caminho, vos levantai de novo como o lírio depois da tempestade, mais puro e mais radioso. Como as flores, os ventos vos sacodem à direita e à esquerda, os ventos vos derrubam, vos arrastam para a lama, mas quando o sol reaparece, levantais de novo, também, vossas cabeças mais nobres e maiores.

Amai, pois, as flores, elas são os emblemas de vossa vida, e não deveis corar por serdes comparados a elas.Tende-as em vossos jardins, em vossas casas, mesmos em vossos templos, elas estão por toda parte; em todos os lugares elas levam à poesia, elevam a alma daquele que sabe as compreender. Não foi nas flores que Deus ostentou todas as suas magnificências?

De onde conheceríeis as cores suaves com as quais o Criador alegrou a natureza sem as flores? Antes que o homem tivesse escavado as entranhas da terra para encontrar o rubi e o topázio, tinha as flores diante de si, e essa variedade infinita de nuanças já o consolava na monotonia da superfície terrestre. Amai, pois, as flores: sereis mais puros, mais amantes; talvez sereis mais crianças, mas sereis as crianças queridas de Deus, e vossas almas, simples e sem mácula, serão acessíveis a todo seu amor, a toda alegria com a qual abraça vossos corações.

As flores querem ser cuidadas por mãos esclarecidas; a inteligência é necessária para a sua prosperidade; errastes, por muito tempo sobre a Terra, em deixar esse cuidado a mãos inábeis que as mutilam, crendo as embelezar. Nada é mais triste que as árvores redondas ou pontiagudas de alguns de vossos jardins: pirâmides de verdura que fazem o efeito de pilha de feno. Deixai a Natureza alçar seu vôo sob mil formas diversas: aí está à graça. Feliz aquele que sabe admirar a beleza de um talo que se balança semeando sua poeira fecundante! feliz aquele que vê em suas tintas brilhantes um infinito de graça, de delicadeza, de colorido, de nuanças que se afastam e se procuram, se perdem e se reencontram! feliz aquele que sabe compreender a beleza da gradação dos tons, desde a raiz castanha-escura que se casa com a terra, como as cores se fundem, desde o vermelho-escarlate da tulipa e da papoula! (Por que esses nomes rudes e bizarros?) Estudai tudo isso, e notai as folhas que saem, uma das outras, como gerações infinitas até o seu desabrochamento completo sob a cúpula do céu.

As flores não parecem deixar a Terra para se lançarem até os outros mundos? Não parecem, freqüentemente, baixar a cabeça de dor por não poderem se elevar mais alto ainda? Não as credes, em sua beleza, mais perto de Deus? Imitai-as, pois, e tornai-vos sempre maiores, mais e mais belos.

Vossa maneira de aprender a botânica é também defeituosa; não é tudo saber o nome de uma planta. Te convidarei, quando tiveres tempo, a trabalhar também numa obra desse gênero. Remeto, pois, para mais tarde as lições que queria te dar nestes dias; serão mais úteis quando tiverdes a aplicação sob a mão. Aí falaremos do gênero de cultura, dos lugares que lhes convém, da arrumação do edifício para o arejamento e a salubridade das habitações.

Se fores imprimir isso, passa os últimos parágrafos; seriam tomados por anúncios.

Do papel da Mulher

Sendo a mulher mais finamente desenhada que o homem, indica naturalmente uma alma mais delicada; assim é que, nos meios semelhantes, em todos os mundos, a mãe será sempre mais bonita que o pai; porque é ela que a criança vê primeiro; é para a figura angélica de uma jovem mulher que a criança volve seus olhos sem cessar; é para a mãe que a criança seca seus prantos, apóia seus olhares, ainda fracos e incertos. A criança tem, pois, uma intuição natural do belo.

A mulher, sobretudo, sabe se fazer notar pela delicadeza de seus pensamentos, a graça de seus gestos, a pureza de suas palavras; tudo o que vem dela deve se harmonizar com a sua pessoa, que Deus criou bela.

Seus longos cabelos, que ondeiam sobre seu pescoço, são a imagem da doçura, e da facilidade com a qual sua cabeça se dobra sem romper sob as provas. Refletem a luz dos sóis, como a alma da mulher deve refletir a mais pura luz de Deus. Jovens, deixai vossos cabelos flutuarem; Deus os criou para isso: parecereis, ao mesmo tempo, mais naturais e mais ornadas.

A mulher deve ser simples em seu vestuário; ela saiu bastante bela da mão do Criador para não ter necessidade de adornos. Que o branco e o azul se casem sobre os vossos ombros. Deixai também flutuar vossos vestidos; que vossos vestidos sejam vistos se estendendo atrás de vós, em um longo traço de gaze, como uma leve nuvem indicando que ainda há pouco estivestes aí.

Mas que farão o enfeite, o vestuário, a beleza, os cabelos ondulantes ou flutuantes, amarrados ou apertados, se o sorriso tão doce das mães e das amantes não brilharem sobre os vossos lábios! se os vossos olhos não semeiam a bondade, a caridade, a esperança nas lágrimas de alegria que deixam correr, nos relâmpagos que jorram desse braseiro de amor desconhecido!

Mulheres, não temais arrebatar os homens pela vossa beleza, pela vossa graça, pela vossa superioridade; mas que os homens saibam que, para serem dignos de vós, é preciso que sejam tão grandes quantos sois belas, tão sábios quanto sois boas, tão instruídos quanto sois ingênuas e simples. É preciso que eles saibam que devem vos merecer, que sois o preço da virtude e da honra; não dessa honra que se cobre de um capacete, e de um escudo, e brilha nas lutas e nos torneios, o pé sobre a fronte de um inimigo caído; não, mas a honra segundo Deus.

Homens, sede úteis, e quando os pobres bendizerem vosso nome, as mulheres serão vossas iguais; formareis então um todo; sereis a cabeça e as mulheres serão o coração; sereis o pensamento benfazejo, e as mulheres serão as mãos liberais. Uni-vos, pois, não só pelo amor, mas ainda pelo bem que podereis fazer a dois. Que esses bons pensamentos e essas boas ações, realizadas por dois corações amantes, sejam os anéis dessa cadeia de ouro e de diamante que se chama o casamento e, então, quando os anéis forem bastante numerosos, Deus vos chamará para junto dele, e continuareis a ajuntar, ainda, as argolas precedentes, mas na Terra as argolas eram de um metal pesado e frio, no céu serão de luz e de fogo.

POESIA ESPÍRITA

O despertar de um Espírito

NOTA. – Estes versos foram escritos, espontaneamente, por meio de uma cesta sustentada por uma jovem senhora e uma criança. Pensamos que mais de um poeta poderia se honrar com eles. Foram-nos comunicados por um de nossos assinantes.

Quanto a Natureza é bela e quanto o ar é ameno!
Senhor! Rendo graças e te admiro, de joelhos.
Possa o hino de alegria de meu reconhecimento
Subir, como o incenso, até a tua onipotência.
Assim, diante dos olhos de suas duas irmãs em luto,
Fizeste sair outrora Lázaro de seu sepulcro;
De Jairo desvairado, a filha bem-amada

Foi em seu leito de morte por tua voz reanimada.
Do mesmo modo, Deus poderoso! Me estendeste a mão;
Levanta-te! tu me disseste: não o disseste em vão.
Por que não sou, ai, senão um vil montão de lama?
Gostaria de te louvar com a voz de um anjo;
Tua obra jamais me pareceu tão bela!
É àquele que sai da noite do túmulo
Que o dia parece puro, a luz brilhante,
O sol radioso e a vida embriagadora.
Então o ar é mais doce que o leite e o mel;
Cada som parece uma palavra nos concertos do céu.
A voz surda dos ventos exala uma harmonia
Que aumenta no vago e se torna infinita.
O que o Espírito concebe, o que fere os olhos,
O que se pode adivinhar no livro dos céus,
No espaço dos mares, sob as vagas profundas,
Em todos os oceanos, os abismos, os mundos,
Tudo se arredonda em esfera, e sente-se que no meio
Esses raios convergentes conduzem a Deus.
E tu, cujo olhar plana sobre as estrelas,
Que te ocultas no céu como um rei sob seus véus,
Qual é, pois, tua grandeza, se esse vasto universo
Não é senão um ponto aos seus olhos, e o espaço dos mares
Não é mesmo um espelho para teu esplendor imenso?
Qual é, pois, tua grandeza, qual é, pois, tua essência?
Que palácio tão vasto construíste ó Rei!
Os astros não saberiam nos separar de ti.
O sol a teus pés, poder sem medida,
Parece o ônix que um príncipe amarra ao seu sapato.
O que admiro em ti, sobretudo, ó majestade!
É bem menos tua grandeza que a imensa bondade
Que se revela em tudo, assim como a luz,
E de um ser impotente atende a prece.

JODELLE.

CONVERSAS FAMILIARES DE ALÉM-TÚMULO

Uma viúva de Malabar

Desejávamos interrogar uma dessas mulheres da Índia, que têm o uso de se queimarem sobre o corpo de seu marido. Não as conhecendo, tínhamos pedido a São Luís se consentiria em nos enviar uma que estivesse em condições de responder às nossas perguntas, de maneira um pouco satisfatória. Ele nos respondeu que o faria de bom grado, em alguma ocasião. Na sessão da Sociedade, do dia 2 de novembro de 1858, o senhor Adrien, médium vidente, viu uma delas disposta a falar, e da qual fez o seguinte retrato:

Olhos grandes, negros, colorido amarelo no branco; figura arredondada, face rechonchuda e gorda; pele amarelo-açafrão polido; cílios longos, sobrancelhas arqueadas, negras; nariz mais ou menos achatado, boca grande e sensual; belos dentes grandes e lisos; cabelos escorridos, abundantes, negros e espessos de gordura. Corpo bastante grosso, atarracado e gordo. Lenços de pescoço a envolvem deixando a metade do peito nu. Braceletes nos braços e nas pernas.

1. Lembrai-vos, mais ou menos, em que época vivestes na Índia, e onde fostes queimada sobre o corpo de vosso marido? – R. Ela fez sinal que não se lembra. – São Luís respondeu que foi há cem anos.

2. Lembrai-vos do nome que tínheis? – R. Fátima.

3. Que religião professáveis? – R. O maometismo.

4. Mas o maometismo não manda tais sacrifícios? – R. Nasci muçulmana, mas meu marido era da religião de Brahma. Tive que me conformar com o uso do país em que residia. As mulheres não se pertencem.

5. Que idade tínheis quando morrestes? – R. Tinha, creio, em torno de vinte anos.

Nota. – O senhor Adrien observou que ela parecia ter pelo menos vinte e oito a trinta; mas que nesse país as mulheres envelhecem mais depressa.

6. Vos sacrificaste voluntariamente? – R. Preferiria me casar com um outro. Refleti bem, e concebereis que pensamos todos do mesmo modo. Segui o costume; mas no fundo preferia não o fazer. Esperei vários dias o outro marido, e ninguém veio; então, obedeci à lei.

7. Que sentimento pôde ditar essa lei? – R. Idéia supersticiosa. Afigura-se que, em se queimando, se é mais agradável à

Divindade; que resgatamos as faltas daquele que perdemos, e que vamos o ajudar a viver feliz no outro mundo.

8. Vosso marido vos foi grato pelo vosso sacrifício? – R. Jamais procurei rever meu marido.

9. Há mulheres que se sacrificam assim deliberadamente? – R. Há pouco delas; uma em mil, e ainda, no fundo, elas não gostariam de o fazer.

10. Que se passou convosco no momento em que a vida corporal se extinguiu? – R. A perturbação; tive uma neblina, e depois não sei o que se passou. Minhas idéias não se ordenaram senão depois de muito tempo. Ia por toda parte, e, entretanto, não via bem; e ainda agora, não estou inteiramente esclarecida; tenho muitas encarnações a sofrer para me elevar; mas não me queimarei mais... Não vejo a necessidade de se queimar, de se lançar no meio das chamas para se elevar... sobretudo por faltas que não se cometeu; depois, isso não me agradou... De resto, não o procurei saber, me daríeis alegria orando um pouco por mim; porque compreendo que não há senão a prece para suportar com coragem as provas que nos são enviadas... Ah! se eu tivesse a fé!

11. Pedis para orarmos por vós; mas somos cristãos, e nossas preces poderiam vos ser agradáveis? – R. Não há senão um Deus para todos os homens.

Nota. – Em várias das sessões seguintes a mesma mulher veio entre os Espíritos que as assistiam. Ela disse que vinha para se instruir. Parecia sensível ao interesse que se lhe testemunhava, porque ela nos seguiu várias vezes em outras reuniões e mesmo na rua.

A bela Cordoeira

Notícia. – Louise Charly, apelidada Labé, cognominada a Belle Cordière, nascida em Lyon, sob François I. Ela era de uma beleza perfeita e recebeu uma educação muito cuidadosa; sabia o grego e o latim, falava o espanhol e o italiano com uma pureza perfeita, e fazia nessas duas línguas, poesias que não teriam renegado os escritores nacionais. Formada em todos os exercícios do corpo, conhecia a equitação, a ginástica e o manejo das armas. Dotada de um caráter muito enérgico, se distinguia, ao lado de seu pai, entre os mais valentes combatentes, no cerco de Perpignan, em 1542, sob o nome do capitão Loys. Esse cerco não tendo sido bem sucedido, ela renunciou ao ofício das armas e retornou a

Lyon com seu pai. Esposou um rico fabricante de cordames, de nome Ennemond Perrin, e logo ela não foi conhecida senão sob o nome de a Belle Cordière, nome que permaneceu na rua em que ela residia, e sobre o local no qual estavam as oficinas de seu marido. Ela instituiu em sua casa reuniões literárias, onde eram convidados os espíritos mais esclarecidos da província. Tem-se dela uma coleção de poesias. Sua reputação de beleza e de mulher de espírito, atraindo para sua casa a elite dos homens, excitou o ciúme das senhoras lionesas que procuraram se vingar dela pela calúnia; mas sua conduta sempre foi irrepreensível. Tendo-a evocado, na sessão da Sociedade Parisiense de Estudos Espíritas, de 26 de outubro de 1858, nos foi dito que ela não podia vir ainda, por motivos que não foram explicados. No dia 9 de novembro atendeu ao nosso chamado, e eis o retrato que dela fez o senhor Adrien, nosso médium vidente:

Cabeça oval; tez pálida, mate; olhos negros, belos e notáveis, sobrancelhas arqueadas; fronte desenvolvida e inteligente, nariz grego, fino; boca média, lábios indicando a bondade de espírito; dentes muitos bonitos, pequenos, bem enfileirados; cabelos negros de azeviche, ligeiramente crespos. Belo porte da cabeça; talhe grande e bem solto. Vestuário de rouparias brancas.

Nota. – Sem dúvida, nada prova que esse retrato, e o precedente, não estavam na imaginação do médium, porque não temos controle; mas quando o faz com detalhes tão precisos de pessoas contemporanêas que jamais viu, e que são reconhecidas por parentes ou amigos, não se pode duvidar da realidade; de onde se pode concluir que, uma vez que ele vê uns com uma verdade incontestável, pode a ver em outros. Uma outra circunstância, que deve ser tomada em consideração, é que ele vê sempre o mesmo Espírito sob a mesma forma, e que, ainda que o fosse com vários meses de intervalo, o retrato não varia. Seria preciso supor nele uma memória fenomenal, para crer que ele possa se lembrar assim dos menores traços de todos os Espíritos, dos quais fez a descrição e que se contam por centenas.

1. Evocação. – R. Estou aqui.

2. Teríeis a bondade de nos responder a algumas perguntas que gostaríamos de vos endereçar? – R. Com prazer.

3. Lembrai-vos da época em que fostes conhecida sob o nome de a Belle Cordière? – R. Sim.

4. De onde poderiam provir as qualidades viris que vos levou a abraçar a profissão das armas que, segundo as leis da

Natureza, está antes nas atribuições dos homens? – R. Isso sorria ao meu espírito ávido de grandes coisas; mais tarde ele se voltou para um outro gênero de idéias mais sérias. As idéias com as quais se nasce, certamente, vêm de existências anteriores, das quais são o reflexo, todavia, elas se modificam muito, seja por novas resoluções, seja pela vontade de Deus.

5. Por que esses gostos militares não persistiram em vós, e como puderam, tão prontamente, ceder o lugar aos da mulher? – R. Vi coisas que não vos desejaria ver.

6. Fostes contemporânea de François I e de Charles-Quinto; poderíeis nos dar vossa opinião sobre esses dois homens e lhes traçar o paralelo? – R. Não quero julgar; tinham defeitos, vós conheceis; suas virtudes foram pouco numerosas: alguns traços de generosidade e eis tudo. Deixai isso, seu coração poderia sangrar ainda; eles sofrem bastante!

7. Qual era a fonte dessa alta inteligência que vos tornou apta a receber uma educação tão superior à das mulheres do vosso tempo? – R. *Existências penosas* e a vontade de Deus!

8. Havia, pois, em vós um progresso anterior? – R. Isso não pode ser de outro modo.

9. Essa instrução vos fez progredir como Espírito? – R. Sim.

10. Pareceis haver sido feliz sobre a Terra: o sois mais agora? – R. Que pergunta! Tão feliz que se seja na Terra, a felicidade do Céu é bem outra coisa! Quantos tesouros e quantas riquezas, que conhecereis um dia, e dos quais não suspeitais ou ignorais completamente!

11. Que entendeis por *Céu?* – R. Entendo por *Céu* os outros mundos.

12. Que mundo habitais agora? – R. Resido num mundo que não conheceis; mas sou pouco ligada a ele: a matéria nos liga pouco.

13. É Júpiter? – R. Júpiter é um mundo feliz; mas pensais que só ele, entre todos, seja favorecido por Deus? São tão numerosos quanto os grãos de areia do Oceano.

14. Conservastes o gênio poético que tínheis neste mundo? – R. Vos responderia com prazer, mas temo chocar outros Espíritos, ou me colocar abaixo do que sou: o que faria que minha resposta se tornasse inútil, se tornando sem razão.

15. Poderíeis nos dizer qual classe poderíamos vos consignar entre os Espíritos?

– Sem resposta.

(A São Luís.) São Luís poderia nos responder a esse respeito? – R. Ela está aqui: não posso dizer o que ela não quer dizer. Não vedes que ela é das mais elevadas, entre os Espíritos que evocais comumente? De resto, nossos Espíritos não podem apreciar exatamente as distâncias que os separam: elas são incompreensíveis para vós, e todavia são imensas!

16. (A Louise Charly). Sob qual forma estais entre nós? – R. Adrien acaba de me pintar.

17. Por que essa forma antes que uma outra, por que, enfim, no mundo em que estais, não sois tal qual éreis na Terra? – R. Evocastes-me poeta, vim poeta.

18. Poderíeis nos ditar algumas poesias ou um trecho qualquer de literatura? Estaríamos felizes tendo alguma coisa vossa. – R. Procurai vos proporcionar meus antigos escritos. Não gostamos dessas provas, sobretudo em público: o farei, todavia, de outra vez.

Nota. – Sabe-se que os Espíritos não gostam das provas, e as perguntas dessa natureza têm sempre, mais ou menos, esse caráter, sem dúvida, é por isso que eles não se submetem a elas quase nunca. Espontaneamente, e no momento em que menos esperamos, freqüentemente, nos dão as coisas mais surpreendentes, as provas que teríamos solicitado em vão; mas basta, quase sempre, que se lhes peça uma coisa para que se não a obtenha, sobretudo, se ela denota um sentimento de curiosidade. Os Espíritos, e principalmente os Espíritos elevados, querem nos provar que não estão às nossas ordens.

A Belle Cordière, espontaneamente, no dia seguinte, fez escrever pelo médium escrevente, que lhe serviu de intérprete.

"Vou te ditar o que prometi; não são versos, que não os quero mais fazer; aliás, não me lembro mais dos que fiz, e não gostarias deles: será a mais modesta prosa.

"Sobre a Terra, gabei o amor, a doçura e os bons sentimentos: falei um pouco daquilo que não conhecia. Aqui, não é o amor que é preciso, é uma caridade grande, austera, esclarecida; uma caridade forte e constante *que não há senão um exemplo sobre a Terra*.

"Pensai, ó homens! que de vós depende serdes felizes e fazerdes o vosso mundo um dos mais avançados do céu: não tendes que fazer senão calarem ódios e inimizades, senão esquecer rancores e cóleras, senão perder o orgulho e a vaidade. Deixai tudo isso como um fardo que vos será preciso abandonar, cedo ou tarde. Esse fardo é para vós um tesouro na Terra, eu o sei; por isso teríeis o mérito em o abandonar e o perder, mas no céu esse fardo se torna um obstáculo para a vossa felicidade. Crede-me, pois: apressai vosso progresso, a felicidade que vem de Deus é a verdadeira felicidade. Onde encontrareis os prazeres que valham as alegrias que dá aos seus eleitos, aos seus anjos?

"Deus ama os homens que procuram avançar em seu caminho, contai, pois, com seu apoio. Não tendes confiança nele? Crede-o, pois, perjuro, porque não vos entregais a ele inteiramente, sem restrição? Infelizmente não quereis ouvir, ou poucos dentre vós ouvem; preferis o hoje ao dia de amanhã; vossa visão limitada limita vossos sentimentos, vosso coração e vossa alma, e sofreis para avançar, em lugar de avançar natural e facilmente pelo caminho do bem, por vossa própria vontade, porque o sofrimento é o meio que Deus emprega para vos moralizar. Que não eviteis essa rota segura, mas terrível para o viajor. Terminarei vos exortando a não mais olhar a morte como um flagelo, mas como a porta da verdadeira vida e da verdadeira felicidade.

LOUISE CHARLY.

VARIEDADES

Monomania

Leu-se, na *Gazette de Mons:* "Um indivíduo atacado de monomania religiosa, seqüestrado há sete anos no estabelecimento do senhor Stuart, e que até ali se mostrara de uma natureza muito doce, chegou a enganar a vigilância de seus guardas e a se apoderar de uma faca. Estes, não podendo fazê-lo devolver essa arma, informaram o diretor do que se passava.

"O senhor Stuart logo se colocou perto desse furioso, e, não consultando senão sua coragem quis desarmá-lo; mas, apenas havia dado alguns passos ao encontro do louco, este se arrojou sobre ele com a rapidez do relâmpago e o atingiu a golpes redobrados. Não foi senão com muita dificuldade que se chegou a dominar o assassino.

"Das sete feridas, com as quais o senhor Stuart fora atingido, uma era mortal: a que recebera no baixo ventre; e segunda-feira, às três horas e meia, sucumbiu em conseqüência de uma hemorragia que se declarara nessa cavidade."

Que se diria se esse indivíduo estivesse atacado de uma monomania espírita, ou mesmo se, em sua loucura, tivesse falado de Espíritos? E todavia isso se poderia, uma vez que há muitas monomanias religiosas, e todas as ciências forneceram seu contingente. Que se poderia racionalmente disso concluir contra o Espiritismo, senão que, em conseqüência da fragilidade de sua organização, o homem pode se exaltar sobre esse ponto como sobre tantos outros? O meio de prevenir essa exaltação não é combater a idéia; de outro modo se correria o risco de se ver renovarem os prodígios das Cévènes. Se jamais se organizasse uma cruzada contra o Espiritismo, o veríamos se propagar mais e mais; por que, como se opor a um fenômeno que não tem nem lugar nem tempo preferidos; que pode se reproduzir em todos os países, em todas as famílias, na intimidade, no segredo mais absoluto, melhor ainda que em público? O meio de prevenir os inconvenientes, o dissemos em nossa *Instrução prática,* é o fazer compreender de tal modo que nele não se veje mais que um fenômeno natural, mesmo naquilo que ofereça de mais extraordinário.

Uma questão de prioridade com relação ao Espiritismo

Um dos nossos assinantes, o Sr. Ch. Renard, de Rambouillet, nos dirigiu a carta seguinte:

"Senhor e digno irmão em Espiritismo, li, ou antes, devorei com um prazer indizível, os números de vossa Revista, à medida que os recebia. Isso não é de admirar de minha parte, visto que meus parentes eram adivinhadores de geração em geração. Uma de minhas tias-avós foi mesmo condenada ao fogo por contumácia no crime de Vauldrie e de assistente do sabbat; não evitou a fogueira senão porque se refugiou na casa de uma de suas irmãs, abadessa de religosas enclausuradas. Isso fez com que eu herdasse algumas migalhas de ciências ocultas, O que não me impediu de passar pela crença, se fé há, pelo materialismo e pelo ceticismo. Enfim, fatigado, doente de negação, as obras do célebre extático Swedenborg me conduziram à verdade e ao bem; eu mesmo me tomei extático, me assegurei *ad vivum* de verdades que os Espíritos materializados do nosso globo não podem compreender. Tive comunicações de todas as espécies; fatos de visibilidade, de tangibilidade, transporte de objetos perdidos, etc. Teríeis, bom irmão, a bondade de inserir a nota adiante num de vossos números? certamente, não pelo meu amor-próprio, mas por causa da minha qualidade de Francês.

"As pequenas causas produzem, às vezes, grandes efeitos. Por volta de 1840, travei conhecimento com o Sr. Cahagnet, torneiro marceneiro, vindo para Rambouillet por razões de saúde. Esse operário, fora de série pela sua inteligência, eu o apreciava e o iniciava no magnetismo humano; lhe disse um dia: Tenho quase a certeza de que um sonâmbulo lúcido está apto para ver as almas dos falecidos e entabular conversação com elas; ele se espantou. Convidei-o a fazer essa experiência quando tivesse um lúcido; foi bem sucedido e publicou um primeiro volume de experiências necromânticas, seguido de outros volumes e brochuras, que foram traduzidos na América sob o título de *Telégrafo celeste*. Em seguida o extático Davis publicou suas visões ou excursões no mundo espírita. Franklin fez, sobre os desmaterializados, pesquisas que conduziram às manifestações e a comunicações mais fáceis que outrora. As primeiras pessoas que ele mediatizou nos Estados Unidos foram uma senhora viúva Fox e suas duas senhoritas. Há uma singular coincidência entre esse nome e o meu, uma vez que a palavra inglesa *fox* significa renard.

"Há muito tempo os Espíritos disseram que se podia comunicar com os Espíritos de outros globos e deles receber desenhos e descrições. Expus essa coisa ao senhor Cahagnet, mas ele não foi mais longe que nosso satélite.

"Sou, etc. CH. RENARD."

Nota. – A questão de prioridade, em matéria de Espiritismo, sem contradita, é uma questão secundária; mas não é menos notável senão depois da importação dos fenômenos americanos, uma multidão de fatos autênticos ignorados do público, revelaram a produção de fenômenos semelhantes seja em França, seja em outros países da Europa, em uma época contemporânea ou anterior. É do nosso conhecimento que muitas pessoas se ocupavam com os fenômenos espíritas bem antes que fossem questão as mesas girantes, e disso temos provas por datas seguras. O Sr. Renard parece ser desse número, e, segundo ele, suas experiências não foram estranhas às feitas na América. Registramos sua observação como interessando à história do Espiritismo e para provar, uma vez mais, que essa ciência tem raízes no mundo inteiro, o que tira, àqueles que gostariam de lhe opor uma barreira, toda chance de sucesso. Abafada em um ponto, ela renascerá mais viva em cem outros, até o momento em que a dúvida não será mais permitida, ela tomará seu lugar entre as crenças usuais; será bem preciso, então, que seus adversários, bom grado ou malgrado, nela tomem seu partido.

AOS LEITORES DA REVISTA ESPÍRITA

Conclusão do ano de 1858

A Revista Espírita acaba de completar seu primeiro ano, e estamos felizes em anunciar que, doravante, sua existência estando assegurada pelo número de seus assinantes, que aumentam a cada dia, prosseguirá o curso de suas publicações. Os testemunhos de simpatia que recebemos de todas as partes, o sufrágio dos homens mais eminentes, pelo seu saber e pela sua posição social, são para nós um poderoso encorajamento na tarefa laboriosa que empreendemos; que aqueles, pois, que nos sustentaram no cumprimento de nossa obra, recebam aqui o testemunho de toda a nossa gratidão. Se não tivéssemos encontrado nem contradições, nem críticas, isso seria um fato inaudito nos fastos da publicidade, sobretudo quando se trata da emissão de idéias igualmente novas; mas, se devemos nos admirar de alguma coisa, é de as haver encontrado tão poucas em comparação com as provas de aprovação que nos foram dadas, e isso devido sem dúvida, bem menos ao mérito do escritor que ao atrativo do assunto que tratamos, ao crédito que toma, cada dia, até nas mais altas regiões da sociedade; nós o devemos também, disso estamos convencidos, à dignidade que sempre conservamos frente a frente com os nossos adversários, deixando o público julgar entre a moderação de uma parte, e a inconveniência da outra. O Espiritismo caminha a passos de gigante no mundo inteiro; todos os dias religa alguns dissidentes pela força das coisas, e se, de nossa parte, podemos lançar alguns grãos na balança desse grande movimento que se opera, e que marcará nossa época como uma era nova, não será contundindo, chocando de frente aqueles mesmos que se quer trazer de novo; é pelo raciocínio que se faz escutar, e não por injúrias. Os Espíritos superiores que nos assistem, nos dão, a esse respeito, o preceito e o exemplo; seria indigno de uma doutrina que não prega senão o amor e a benevolência, se abaixar até a arena do personalismo; deixamos esse papel àqueles que não a compreendem. Nada nos fará, pois, desviar da linha que seguimos, da calma e do sangue frio, que não cessaremos de considerar no exame racional de todas as questões, sabendo que por aí fazemos mais partidários sérios do Espiritismo que pelo amargor e pela acrimônia.

Na instrução que publicamos, na cabeça do nosso primeiro número, traçamos o plano que nos propúnhamos seguir: citar os fatos, mas também os escrutar e os passar pelo escalpelo da observação; os apreciar e lhes deduzir as conseqüências. No início, toda atenção estava concentrada sobre os fenômenos materiais, que alimentaram, então, a curiosidade pública, mas a curiosidade não tem senão um tempo; uma vez satisfeita, se deixa o seu objeto como uma criança deixa o seu brinquedo. Os Espíritos nos disseram então: "Este é o primeiro período, que passará logo para dar lugar a idéias mais elevadas; fatos novos vão se revelar que marcarão um novo, o período filosófico, e a doutrina crescerá em pouco tempo, como a criança que deixa seu berço. Não vos inquieteis com o escárnio, os escarnecedores serão escarnecidos eles mesmos, e amanhã encontrareis zelosos defensores entre os vossos mais ardorosos adversários de hoje. Deus quer que assim seja, e estamos encarregados de executar a sua vontade; a má vontade de alguns homens não prevalecerá contra ela; o orgulho daqueles que querem saber mais que ele será rebaixado."

Estamos longe, com efeito, das mesas girantes, que não divertem mais quase nada, porque se deixa de tudo; não há senão o que fala ao nosso julgamento, do qual não se cansa, e o Espiritismo voga a plenas velas, em seu segundo período; cada um compreendeu que é toda urna ciência que se funda, toda urna filosofia, toda uma nova ordem de idéias; e era preciso seguir esse movimento, contribuir mesmo para ele, sob pena de não mais bastar à tarefa; eis porque nos esforçamos por nos mantermos nessa altura, sem nos fecharmos nos estreitos limites de um boletim anedótico. Elevando-se à categoria de doutrina filosófica, o Espiritismo conquistou inumeráveis adeptos, mesmo entre aqueles que não foram testemunhas de nenhum fato material; é que o homem ama o que fala à sua razão, o que pode se dar conta, e que encontra, na filosofia espírita, outra coisa que um passatempo, alguma coisa que preenche, nele, o vazio pungente da incerteza. Penetrando nesse mundo extracorpóreo pelos caminhos da observação, quisemos nele fazer nossos leitores penetrarem, e o fazer compreenderem; cabe a eles julgarem se alcançamos nosso objetivo. Prosseguiremos, pois, em nossa tarefa durante o ano que vai começar, e que tudo anuncia dever ser fecundo. Novos fatos, de uma ordem estranha, surgem neste momento e nos revelam novos mistérios; nós os registraremos cuidadosamente, e neles procuraremos a luz com tanta perseverança quanto no passado, porque tudo pressagia que o Espiritismo vai entrar numa nova fase, mais grandiosa e mais sublime ainda.

ALLAN KARDEC.

NOTA. A grande quantidade de matérias nos obriga a remeter para o próximo número a continuação do nosso artigo sobre a Pluralidade das existências, e a do conto de Frédéric Soulié.

ALLAN KARDEC.

Impresso por
EGB
Editora Gráfica Bernardi Ltda
Tel/Fax: (11) 6422-6459 / (11) 6422-7248
E-mail: egbgrafica@globo.com